Buch

Der Wunsch nach einem Kind gehört wohl zu den intimsten Lebensbereichen einer Frau oder eines Paares. Und doch wird dieses urmenschliche Grundrecht in China millionenfach mißachtet: Drakonische Gesetze regeln dort die Geburtenkontrolle. Über die bittere Realität der chinesischen Ein-Kind-Politik ist mit all ihren Konsequenzen im Westen nur wenig bekannt.
Als Krankenschwester hat Chi An den immensen seelischen und physischen Druck auf Frauen aller Schichten kennengelernt – zuletzt am eigenen Leib. Hin- und hergerissen zwischen Treue zur Partei und dem Wunsch nach einem zweiten Kind, trifft sie ihre persönliche Entscheidung, die sie schließlich ins Exil treibt.

Autoren

Chi An, geboren 1949, lebte bis Ende der achtziger Jahre als Krankenschwester in China. Sie erhielt dann politisches Asyl in den USA, wo sie seither mit ihrer Familie lebt.

Stephen Mosher ist Direktor des Asian Studies Center am Claremont Institute in Kalifornien und Autor zahlreicher Publikationen zur chinesischen Politik und Gesellschaft. In Zusammenarbeit mit ihm entstand dieses Buch.

CHI AN
STEVEN MOSHER

Das zerrissene Herz
Der dramatische Kampf einer Mutter um ihr Recht auf ein Kind

Aus dem Englischen
von Susanne Kahn-Ackermann

GOLDMANN VERLAG

Umwelthinweis:
Alle bedruckten Materialien dieses Taschenbuches
sind chlorfrei und umweltschonend.
Das Papier enthält Recycling-Anteile.

Der Goldmann Verlag
ist ein Unternehmen der Verlagsgruppe Bertelsmann

Vollständige Taschenbuchausgabe Juni 1996
Wilhelm Goldmann Verlag, München
© 1994 der deutschsprachigen Ausgabe
Wilhelm Goldmann Verlag, München
© 1993 der Originalausgabe Steven W. Mosher
Originalverlag: Harcourt Brace & Company, New York
Originaltitel: A Mother's Ordeal
Umschlaggestaltung: Design Team München
Umschlagabbildung: TIB/Sund
Druck: Elsnerdruck, Berlin
Verlagsnummer: 12693
kf · Herstellung: Sebastian Strohmaier
Made in Germany
ISBN 3-442-12693-2

1 3 5 7 9 10 8 6 4 2

Inhalt

Vorbemerkung 7
Prolog 15
1 »Nur eine Tochter« 19
2 Hungersnot und Tod 41
3 Ausbildung zur Krankenschwester 66
4 »Schluß mit dem Unterricht, macht Revolution« 86
5 Ausstieg aus den Roten Garden 116
6 Aufs Land geschickt 136
7 Auf der Suche nach einem »Eheobjekt« 159
8 Heirat – in gewisser Weise 185
9 »In guten und in schlechten Zeiten vereint« 201
10 »Ich bin im Glück« 213
11 Ein »Gang durch die Hölle« 232
12 »Behebende Maßnahmen« 249
13 Rückkehr ins Dorf der Drei Brüder 279
14 Der kleine Junge, der nicht sterben wollte 305
15 Schwangere Frauen auf der Flucht 325
16 Ankunft in den USA 355
17 »Bereinigt euer Problem« 373
18 Ich habe eine Tochter 386
19 Asyl! 402

Vorbemerkung

Schon lange, bevor ich Chi An kennenlernte, deren Lebensgeschichte hier erzählt wird, hatte ich mit den Familienplanungsmaßnahmen chinesischer Ausprägung Bekanntschaft gemacht. Es war das Jahr 1980. Damals hielt ich mich als einer der ersten amerikanischen Sozialwissenschaftler, die in der 1949 gegründeten Volksrepublik China Forschungsarbeiten durchführen durften, in der Provinz Kanton auf, wo ich Untersuchungen über eine Agrarkommune anstellte. Eines Tages wurden einige hundert junge Kommunefrauen, alle mit dem zweiten oder dritten Kind schwanger, angewiesen, an Familienplanungsversammlungen teilzunehmen. Nachforschungen ergaben, daß die Provinzregierung heimlich die Order ausgegeben hatte, in diesem Jahr das Bevölkerungswachstum um ein Prozent zu senken. Den örtlichen Funktionären blieb nur eine Möglichkeit, dieser Anordnung zu entsprechen. Sie starteten für den Monat März eine Familienplanungs-»Kampagne«, um während dieser Zeit so viele Frauen wie möglich zu einem Schwangerschaftsabbruch zu bringen.

Die Richtlinien für die Kampagne waren simpel: Hatte eine Frau schon ein Kind, so durfte sie innerhalb einer Frist von vier Jahren kein zweites Kind bekommen, und ein drittes Kind war strikt verboten. Darüber hinaus sollte jede Frau, die bis zum 1. November 1979 schon drei oder mehr Kinder hatte, sterilisiert werden.

In den folgenden Wochen wurde ich Augenzeuge all der drakonischen Maßnahmen, die diese Kampagne beinhaltete. Ich ging mit den jungen Frauen zu den Familienplanungs-»Schulungen« (wie sie später ähnlich von Chi An organisiert wurden und in diesem Buch geschildert werden) und erlebte, wie sie von hohen Parteifunktionären bedrängt und bedroht wurden. Ich folgte ihnen, wenn sie zum Kreiskrankenhaus eskortiert wurden. Und mit Erlaubnis der örtlichen Funktionäre, die dem zu Besuch weilenden Fremden nur allzugerne die Effizienz vorführen wollten, mit der sie die Familienplanungspolitik betrieben, sah ich auch bei den Abtreibungen und Sterilisationen zu. Ich sprach mit den zutiefst deprimierten Ehemännern und verzweifelten Großeltern und interviewte die pokergesichtigen verantwortlichen Funktionäre. Als ich China ein paar Monate später verließ, klangen mir noch immer die Hilferufe der Frauen in den Ohren.

Die Forderungen der chinesischen Familienplaner eskalierten in den folgenden Jahren. Die Ein-Kind-Politik, von Deng Xiaoping in einer Rede von 1979 zum erstenmal skizziert, wurde 1981 nun landesweit durchgesetzt. Der Erlaß zu den »technischen Aspekten der Familienplanungspolitik« folgte zwei Jahre später. Er gilt noch immer und schreibt vor, daß Frauen im gebärfähigen Alter nach dem ersten Kind eine Spirale eingesetzt wird, daß die Frau oder der Mann sich nach der Geburt eines zweiten Kindes sterilisieren lassen müssen (wobei es im allgemeinen die Frau ist, die sich diesem Eingriff unterziehen muß), und daß Frauen, die ohne Genehmigung schwanger sind, abtreiben müssen. Mitte der achtziger Jahre wurden gemäß der statistischen Unterlagen der chinesischen Regierung jährlich über dreißig Millionen solcher Eingriffe vorgenommen, also Abtreibungen und Sterilisationen durchgeführt und Spiralen eingesetzt. Und viele, wenn nicht fast alle dieser Eingriffe wurden an Frauen vorgenommen, die man nur unter Druck dazu gebracht hatte.

Die Richtlinien zur Durchsetzung der Ein-Kind-Politik sind gewöhnlich euphemistisch verbrämt, aber manchmal kommt die wahre Absicht doch eindeutig zum Vorschein:

Hat ein Paar zwei oder mehr Kinder, dann sollen der Mann oder die Frau sterilisiert werden... Wir sollten, wenn wir es mit Schwangerschaften zu tun haben, die nicht mit der Planung übereinstimmen, den Anweisungen zur Sterilisation strikt Folge leisten und behebende Maßnahmen [Abtreibung] ergreifen.

Die Familienplanungspolitik soll durchgesetzt werden... Maßnahmen zur Belohnung des Guten und Bestrafung des Bösen sollen eingeführt werden.

Alle frisch verheirateten Ehepaare müssen ihre Geburtserlaubnis vorzeigen, wenn die Frau ein Kind erwartet. Kann ein Paar diese Genehmigung nicht vorweisen, muß die Frau sich den Maßnahmen zur Geburtenkontrolle unterziehen (Abtreibung und Einsetzung einer Spirale).

Die Regierung der Provinz Sichuan verlangt, daß zur Kontrolle des Bevölkerungswachstums in der gesamten Provinz frühe Eheschließungen, die Geburt von Kindern bei sehr jungen Paaren und die von unehelichen Kindern verhindert werden... Frauen, die mit einem unehelichen Kind schwanger sind und noch nicht das gesetzlich erlaubte Heiratsalter erreicht haben, müssen sich innerhalb des vorgeschriebenen Zeitraums behebender Maßnahmen [Abtreibung] unterziehen.

Ist ein nicht genehmigtes Baby schon das zweite, dritte oder noch weitere Kind eines Paares, und willigt das Paar nicht in eine Sterilisation ein, dann bekommt diese Familie keine Erlaubnis zum Bau eines Hauses, werden ihr Wasser und Elektrizität abgestellt... bekommt sie keine Getreidemarken, werden ihr der Führerschein und alle privaten Geschäftslizenzen entzogen.

Diese Zitate sind dem kürzlich erschienenen Buch von Dr. John Aird, *Slaughter of the Innocents: Coercive Control in China*, entnommen. Dr. Aird, der frühere Leiter der für China zuständigen Abteilung im Staatlichen Amt für Statistik der Vereinigten Staaten, arbeitete sich buchstäblich durch Tausende von chinesischen Familienplanungsdokumenten, um den Hinweisen auf die Anwendung von Zwangsmaßnahmen nachzugehen. Hier seine unverblümte und eindeutige Schlußfolgerung, die es wert ist, ausführlicher zitiert zu werden:

Das chinesische Familienplanungsprogramm wird gegen den Willen des Volkes und mit Hilfe einer Vielzahl von Zwangsmaßnahmen durchgeführt. Trotz der Dementis von offizieller Seite und verschiedentlicher Bemühungen, einige der extremeren Auswüchse abzustellen, waren seit den frühen siebziger Jahren (wenn nicht schon vorher), Zwangsmaßnahmen integrierter Bestandteil dieses Programms... Nach wie vor besteht der Zwang zur Einsetzung einer Spirale, zur Sterilisation und zur Abtreibung. Die Zeitung der chinesischen Familienplanungsbehörde hat eindeutige Verfügungen herausgegeben, um das Programm mit allen nötigen Mitteln und Maßnahmen durchzusetzen... Die Betonung liegt auf »praktischem Handeln«, »effektiven Maßnahmen« und »faktischen Resultaten«. Zum erstenmal befürworten Artikel in der chinesischen Presse ganz offen Zwangsmaßnahmen bei der Durchsetzung der Familienplanungspolitik... Das chinesische Familienplanungsprogramm ist zwingend notwendig, nicht wegen irgendwelcher Auswüchse auf lokaler Ebene, sondern weil es die direkte und beabsichtigte Konsequenz der chinesischen Politik ist.

Während sich die meisten Chinabeobachter Dr. Airds Schlußfolgerung anschließen würden, ist die Berichterstattung über Pekings Familienplanungsprogramm in den westlichen Medien eine sehr sporadische Angelegenheit. Einige der sozialen Auswirkungen der Ein-Kind-Politik, wie etwa das sogenannte

»Kleine-Kaiser«-Syndrom, das sich nun bei vielen Einzelkindern in China zeigt, waren Gegenstand zahlreicher Artikel. Auf die Verletzung der Menschenrechte in diesem Zusammenhang wurde hingegen nur selten hingewiesen. Dies ist in erster Linie ein Problem des Zugangs zu Informationen, denn Peking hat in den letzten Jahren einen Großteil des Familienplanungsprogramms zum Tabuthema für ausländische Korrespondenten erklärt. Genehmigungen für Interviews mit dem verantwortlichen Leiter der staatlichen Familienplanungskommission werden bereitwillig erteilt, aber Fragen zu Übergriffen werden mit sorgfältig schriftlich formulierten Ausführungen über eine »Verbesserung des Arbeitsstils« und »Freiwilligkeit« beantwortet. Bitten, als Beobachter an einer »Schulung« teilnehmen zu können oder ein Kamerateam während einer Familienplanungsveranstaltung in eine der staatlichen Kliniken schicken zu dürfen, werden routinemäßig abgelehnt.

Insiderberichte über Chinas Familienplanungsprogramm gab es bislang nur selten – und immer wurden sie unter Pseudonym veröffentlicht –, zweifellos aus Angst vor Repressalien. Die bisher erschienenen Berichte bestätigen unabhängig voneinander die schrecklichen Vorkommnisse, die in diesem Buch geschildert werden. Zum Beispiel durfte eine chinesische Journalistin eine Familienplanungs-»Kampftruppe« begleiten, die den Auftrag hatte, elf ohne Genehmigung schwanger gewordene Frauen in Gewahrsam zu nehmen. Sie schildert, wie fünf dieser Frauen mitten in der Nacht gewaltsam aus ihrem Haus gezerrt und zum Kreiskrankenhaus geschleppt wurden. Die anderen sechs Frauen waren geflohen, aber man drohte ihren Familien, ihr Haus einzureißen, wenn die Frauen nicht binnen einer Woche zur Abtreibung in der Klinik erschienen. Dies war keine leere Drohung. Auf dem Rückweg sah sie sechs niedergerissene Häuser. Keine Familie im Dorf darf den Menschen, deren Häuser zerstört wurden, Unterkunft gewähren.

Später besuchte die Journalistin auch das Krankenhaus. Dort sah sie Hunderte von Frauen – von denen einige über den sechsten Monat hinaus waren –, dicht gedrängt in dunklen Korridoren und provisorischen Zelten, die auf den Eingriff im »Abtreibungszentrum« warteten, das im Hof des Krankenhauses eingerichtet worden war. Daneben stand eine öffentliche Toilette. Sie ging hinein: Man konnte einfach nirgendwo den Fuß hinsetzen – alles war voll mit blutdurchtränktem Toilettenpapier. Hinter der Toilette standen eine Reihe von Abfalltonnen: Dort kamen die abgetriebenen Babys hinein – einige von ihnen waren acht Monate alt –, die dann später irgendwo anders abgeladen wurden.

In den letzten Jahren wurden auch verschiedene Artikel über das Familienplanungsprogramm in chinesischen Dissidentenzeitschriften veröffentlicht. Zum Beispiel schildert ein chinesischer Arzt in der ersten Ausgabe von *China Spring Digest* seine Erfahrungen mit erzwungenen Schwangerschaftsabbrüchen im Spätstadium. Sein kurzer Artikel, »*Massacres of the Innocents in China*« läßt einen in jeder Hinsicht so schaudern wie das, was Chi An erlebte.

Als Chi An und ihr Mann mich 1987 in San Diego zum erstenmal um Hilfe baten, wußte ich kaum etwas von ihrer Vergangenheit. Mir reichte es zu erfahren, daß sie von den chinesischen Funktionären gedrängt wurde, eine Abtreibung vorzunehmen. Ich war erzürnt darüber, daß diese Funktionäre den Versuch unternahmen, die Ein-Kind-Politik einem chinesischen Paar aufzuzwingen, das in den Vereinigten Staaten lebte. Um Chi An und ihrer Familie bei ihrer Bitte um politisches Asyl zu helfen, veröffentlichte ich Artikel in der *Washington Post* und im *Reader's Digest* und schilderte, wie sie unter Druck gesetzt wurden.

Doch je mehr ich über Chi Ans Vergangenheit erfuhr, desto klarer wurde mir, wie einmalig ihre Geschichte ist. Sie war ausgebildet worden, Abtreibungen vorzunehmen, und war selbst zu einer Abtreibung gezwungen worden. Sie war dazu gedrängt worden, eine Ein-Kind-Vereinbarung zu unterzeichnen, und arbeitete dann selbst für die Durchsetzung der Geburtenkontrolle. Sie war Täterin und Opfer zugleich und sah sich nun damit konfrontiert, erneut zum Opfer zu werden. Hier war eine Insidergeschichte über das chinesische Familienplanungsprogramm, eine ungewöhnlichere Geschichte als jeder Roman. Ich drängte Chi An, zusammen mit mir ihre Erfahrungen zu Papier zu bringen.

Die Idee gefiel ihr, weil es ihr ein Anliegen war, staatliche Übergriffe auf die Privatsphäre der Menschen, deren Zeugin sie geworden war, öffentlich zu machen. Im Juli 1991 gingen wir an die Arbeit. Von Anfang an hatten wir beschlossen, jede mögliche Vorsichtsmaßnahme zu ergreifen, um sicherzustellen, daß sich dieser Bericht nicht ungünstig auf ihre noch in China lebenden Familienangehörigen und Freunde auswirken würde. Die meisten der in diesem Buch erwähnten Personen, von Chi An und ihrem Mann Wei Xin angefangen, haben eine sorgsam ausgeklügelte fiktive Identität bekommen, das heißt, wir haben die Namen und andere unwesentliche Details ihres Lebens geändert. Diese Änderungen berühren in keiner Weise den wesentlichen Inhalt von Chi Ans und Wei Xins Erfahrungen mit dem Familienplanungsprogramm oder ihrer Beziehung zueinander. Zur Wahrung der Vertraulichkeit mußten wir auch noch einige andere Dinge ändern. So ist Chi An nicht in Shenyang aufgewachsen, sondern in einer anderen Stadt, nicht allzuweit entfernt. Dort wurde sie auch in den Prozeduren der Familienplanung ausgebildet und arbeitete in einem großen staatlichen Unternehmen, das ich die Liaoning Lastwagenfabrik genannt habe.

Ich habe Hunderte von Stunden damit verbracht, Chi An zu interviewen. Anfangs war sie ein bißchen schüchtern, aber dann zeigte sich bei ihr ein exzellentes Erzähltalent. Wichtige Ereignisse in ihrem Leben – der Tod ihres Vaters, die Geburt ihres Sohnes Dacheng, die Ein-Kind-Vereinbarung, die sie unterzeichnen mußte, der kleine Junge, der nicht sterben wollte –, das alles wurde wieder mit ihrer Erzählung lebendig. Chi Ans

Mutter wie auch Wei Xin und Dacheng trugen dazu bei, viele Details ihrer Geschichte zu bestätigen und zu ergänzen.

Bei den in diesem Buch veröffentlichten Briefen wie etwa den Drohbriefen, die Chi An von ihrer Fabrik erhielt, ist der Wortlaut authentisch wiedergegeben, und ich besitze Kopien der Originale. Aussagen höherer chinesischer Führungspersonen über das Familienplanungsprogramm wurden anhand offizieller Dokumente aus dieser Zeit verifiziert. Aird zitiert ebenfalls viele, Deng Xiaopings Ultimatum zu diesem Thema eingeschlossen: »Ergreift an Maßnahmen zur Reduzierung des Bevölkerungswachstums, was immer ihr an Maßnahmen ergreifen müßt, aber tut es!«

Ich wollte Chi Ans Geschichte den Leserinnen und Lesern so direkt und ungefiltert wie möglich präsentieren und habe mich deshalb zu der unkonventionellen Methode entschlossen, Chi An durch mich in Ich-Form erzählen zu lassen. Das heißt, daß oft ein bißchen mehr als die wortwörtliche Übersetzung von Chi Ans Sätzen ins Englische (alle unsere auf Tonband aufgenommenen Gespräche wurden in chinesischer Sprache geführt) vonnöten war. Es stellte sich heraus, daß sie, wie viele Chinesen, ein exzellentes Gedächtnis hat und sich Begebenheiten und Unterhaltungen sehr detailliert in Erinnerung rufen kann. Tatsächlich mußte ich viele ihrer Geschichten, vor allem aus ihrer Kindheit, im Kern zusammenfassen oder sogar ganz auslassen. In anderen Fällen, vor allem dann, wenn es um die Geschichte ging, in denen Chi An selbst Abtreibungen durchführte, mußte ich ihr die Einzelheiten mühsam entlocken.

Zum Schluß möchte ich darauf hinweisen, daß meine persönlichen Erfahrungen mit Chinas Familienplanungsprogramm zwar hilfreich waren, um verstehen zu können, was Chi An durchmachen mußte, und es den Leserinnen und Lesern zu übermitteln, daß dies aber doch Chi Ans Geschichte ist, nicht die meine.

Steven Mosher

Prolog

Meine Hände zitterten, als ich den Brief öffnete, den ich von der Liaoning Lastwagenfabrik, meiner Arbeitseinheit, erhalten hatte. Der Inhalt dieses Briefes würde über das Schicksal des Kindes bestimmen, mit dem ich schwanger war.

Juli 1987

Genossin Chi An,
Deine Nachricht, daß Du, ohne es zu beabsichtigen, schwanger geworden bist, hat mich überrascht. Ich habe Erkundigungen eingezogen, ob die Vorschriften der Ein-Kind-Politik auch für im Ausland lebende chinesische Staatsbürger gelten...

Ich fürchte, daß ich keine guten Nachrichten für Dich habe. Als Du vor drei Jahren in die USA fuhrst, wurde die Geburtenregelungspolitik in unserem Land bereits sehr streng gehandhabt. Diese Politik – »ein Paar, ein Kind« – wird jetzt sogar noch strikter durchgesetzt, vor allem seit im letzten Jahr die Weisung Nummer Sieben (des Zentralkomitees der Kommunistischen Partei Chinas) herausgegeben wurde. Generalparteisekretär Zhao Zhiyang wies kürzlich die Funktionäre an, ihre Anstrengungen zur Durchsetzung des technischen Aspekts der Geburtenkontrolle zu verdoppeln (Einsetzung der Spirale nach dem ersten Kind, Sterilisation nach dem zweiten und Abtreibung im Falle eine Schwangerschaft ohne Genehmigung, das heißt, ohne eine Geburtserlaubnis erhalten zu haben).

In den letzten Monaten wurden »illegal« schwangere Frauen dazu gezwungen, auch noch im achten und neunten

Monat oder sogar zum Zeitpunkt der Geburt abzutreiben. Manche Frauen behaupten, daß sie ihr Baby schreien gehört hätten, daß ihnen aber dann später von offizieller Seite gesagt wurde, ihr Kind sei eine Totgeburt gewesen. Es kam vor, daß schwangere Frauen unter Anwendung physischer Gewalt in die Abtreibungskliniken gezerrt und getrieben wurden. Auch solche extremen Vorfälle fanden die Unterstützung der höheren Funktionäre, die sagen, daß gegen die Politik der Geburtenkontrolle nicht verstoßen werden darf.

Du gehörst unabhängig davon, wo Du gegenwärtig lebst, offiziell noch immer zur Einheit der Liaoning Lastwagenfabrik. Wenn Du Ende des Jahres schwanger zurückkommst, wird Dir unter keinen Umständen erlaubt werden, dieses Kind zu bekommen, auch wenn Du schon im achten oder neunten Monat sein solltest. Wenn Du dieses Kind wirklich haben willst, dann bleib in den USA, bis das Kind geboren ist. Ich kann Dir nicht mit Sicherheit sagen, wie die Partei darauf reagieren wird, wenn Du mit einem zweiten Kind zurückkommst. Es wird sicher Geldstrafen und wahrscheinlich auch andere Maßnahmen geben. Aber Du wirst wenigstens Dein Kind haben.

Bitte denke, bevor Du eine Entscheidung fällst, sehr sorgfältig über die Ein-Kind-Politik unseres Landes nach und prüfe, wie viel Dir an diesem Baby liegt. Komm nicht zurück, bevor Du eine Entscheidung gefällt hast.

Ich wünsche Dir und Deiner Familie Gesundheit und Glück, und verbleibe Deine Freundin,
Gong Chang
Familienplanungsbüro der Liaoning Lastwagenfabrik, Shenyang, Provinz Liaoning Volksrepublik China

Vor einigen Wochen hatte ich Gong Chang geschrieben und sie darüber informiert, daß ich unbeabsichtigt mit einem zweiten Kind schwanger geworden war. Zwar war ich mir nicht sicher, ob sie für meine Lage Verständnis aufbringen würde, aber ich wußte mit Bestimmtheit, daß sie ebenso überrascht sein würde, wie ich es gewesen war. Vor meiner Abreise aus China hatten wir beide im Büro für Geburtenkontrolle der Liaoning Lastwagenfabrik gearbeitet und unter den Tausenden dieser Einheit angehörenden Arbeitern und deren Familien die Ein-Kind-Politik durchgesetzt. Und ich war doch diejenige gewesen, die, wenn möglich, noch eifriger als Gong Chang die »illegal« schwangeren Frauen aufgespürt und dafür gesorgt hatte, daß sie abtrieben.

»Ich bin ein verantwortungsbewußter Kader«, so hatte ich in meinem Brief sorgsam formuliert. »Ich habe nicht absichtlich gegen die Geburtenkontrollregelungen verstoßen. Ich habe meine Spirale verloren und wurde unbeabsichtigt schwanger. Und welche Entscheidung der Parteisekretär in meinem Fall auch treffen mag, ich werde mich ihr beugen. Doch wenn irgend möglich, würde ich dieses Kind gerne behalten. Könntest du herausfinden, ob die Beschränkung auf ein Kind auch für Paare gilt, die außerhalb Chinas leben?«

Ich brauchte Gong Chang nicht daran zu erinnern, daß ich, wie die meisten Frauen in China, nach der Geburt meines ersten Kindes dazu gezwungen worden war, eine Einwilligung zu unterzeichnen, wonach ich mich auf dieses eine Kind beschränken würde. Oder daran, daß ich jetzt in den Vereinigten Staaten lebte, wo mein Mann Wei Xin als Gastdozent Forschungsstudien betrieb. Meine besonderen Umstände sprachen gewiß für sich und ließen vielleicht eine Ausnahme zu.

Eine Rückkehr nach China ohne die Erlaubnis, mein Kind auszutragen, wäre für mich gefährlich und für mein ungeborenes Kind tödlich gewesen. Gong Changs Brief bestätigte nur, was ich schon von den in allen Teilen Chinas verstreuten Freunden Wei Xins gehört hatte, die sich bei uns meldeten. Alle kannten Fälle, in denen die örtlichen Geburtenkontrollfunktionäre schwangere Frauen unter Anwendung physischer Gewalt in die Abtreibungskliniken gezerrt hatten. Und keiner hatte je davon gehört, daß ein Funktionär für sein Verhalten diszipliniert worden wäre. Ein junger Mann aus Sichuan erzählte eine mir grauenhaft vertraute Geschichte von Amtsärzten, die »illegal« Neugeborene mit einer Formaldehydinjektion in die weiche Stelle oben am Kopf umbrachten. In den ländlichen Teilen von Zhejiang, der Heimatprovinz eines anderen Freundes, zog man, so war zu hören, die Strangulierungsmethode vor.

Ich war froh, daß ich an solchen Verbrechen nicht mehr teilhatte. Vielmehr war ich nun in völliger Verkehrung meiner früheren Rolle diejenige, die mit einem »illegalen« Kind schwanger war. Wenn Generalsekretär Zhao auf »behebenden Maßnahmen« bei Frauen bestand, die außerplanmäßig schwanger waren, dann war auch ich damit gemeint. Die Angst und Verzweiflung der Frauen, die ich in der Vergangenheit verfolgt hatte, würde nun auch ich empfinden.

Ich las den Brief noch einmal durch. Ich würde keine Erlaubnis für ein zweites Kind bekommen. Wenn ich es wirklich haben wollte, so warnte mich Gong Chang, dann sollte ich mit meiner Rückkehr nach China noch warten, bis es geboren war.

Will ich dieses Kind wirklich? so fragte ich mich zum hundertstenmal. *Will ich wirklich dieses Kind?*

1 »Nur eine Tochter«

Der absolute Liebling meiner Mutter war stets mein älterer Bruder Liang-yue. Mit seiner Geburt im Jahr 1948, meine Mutter war gerade ein Jahr verheiratet, erfüllte sie die höchste Pflicht einer chinesischen Frau: die Fortsetzung der männlichen Linie der Familie ihres Mannes. Bis dahin hatten meine Großeltern ihre Schwiegertochter kaum besser als ein Dienstmädchen behandelt, nicht weil sie absichtlich grausam zu ihr waren – obwohl viele Schwiegertöchter unmenschlich behandelt und manche bis zum Selbstmord getrieben wurden –, sondern weil sie einfach als Mittel zum Zweck, nämlich einen Stammhalter zu gebären, und nicht als eigenständige Person betrachtet wurde. Jetzt aber, da sie die Mutter eines Sohnes war, verbesserte sich ihr Status innerhalb der Familie drastisch. Meine Großmutter bestand darauf, sich während der dreißig Tage Bettruhe, die traditionell nach der Geburt eines Kindes vorgeschrieben waren, höchstpersönlich um sie zu kümmern und ihr heißes Wasser für die morgendliche Wäsche zu bringen und ebenso die täglichen Mahlzeiten.

Die Sitte verlangte auch, daß, solange diese dreißig Tage nicht um waren, mein Bruder weder einen Namen bekam, noch seine Geburt öffentlich gefeiert wurde, damit der Himmel auf das Glück meiner Familie nicht neidisch wurde und meinen Bruder unerwartet abberief. Meine Großeltern verwendeten diese Wochen auf die Vorbereitung des »vollen Monats«, wie das Fest zur Begrüßung und Aufnahme eines neugeborenen Sohnes in die Familie genannt wurde. Mein Vater, der zur Geburt seines Sohnes nicht anwesend gewesen war, nahm sich anläßlich dieses Ereignisses Urlaub von seinem Ingenieurstudium an der Universität von Shenyang. Als der Tag des »vollen Monats« kam, wurde er zu einem Fest von einer Großartigkeit und Pracht, wie es unser ärmliches Dorf nur selten gesehen hatte. Zweihundert Verwandte und Nachbarn – die meisten waren beides – ließen sich an Tischen nieder, auf denen sich die Speisen türmten. Der Gaoliangschnaps floß reichlich, und immer wieder wurde ein Toast auf meinen Vater und Großvater und ihr großes Glück, einen Nachkommen zu haben, ausgebracht. Jeder Gast erhielt ein hartgekochtes, festlich rotgefärbtes Ei, die Farbe, die neues Leben symbolisierte. Die Kosten für dieses Fest, zu denen ja noch die Kosten der Hochzeit im Jahr zuvor kamen, verschuldeten meine Großeltern auf Jahre hinaus. Doch da war nichts zu machen; nichts war wichtiger als die angemessene Begrüßung und Aufnahme des neuesten Familiensprosses im Klan der Yang. Und nichts weniger würde die Vorfahren zufriedenstellen.

Im Gegensatz dazu wurde meine Ankunft zwanzig Monate später kaum zur Kenntnis genommen. Mein Vater blieb bei seinen Büchern. Es gab kein Fest des »vollen Monats«, keine rotgefärbten Eier. So belanglos war meine Ankunft in der Welt, daß sich niemand mehr an das genaue Datum erinnern kann. Meine Mutter, die den Tag der Geburt meines älteren Bruders noch sehr deutlich im Gedächtnis hat, hat die Umstände meiner Geburt vergessen. Sie weiß, es war Oktober, und glaubt, es war ungefähr eine Woche nach der Gründung der Volksrepublik China, ist sich aber des genauen Datums nicht sicher. Als ich später alt genug war, um das Fehlen eines eigenen Geburtstages als Manko zu empfinden, legte ich mein Geburtsdatum auf den 8. Oktober 1949 fest und beschloß, von nun an an diesem Tag Geburtstag zu feiern. Meine Familie, meine Mutter eingeschlossen, achtete aber nie sonderlich darauf.

An den 1. Oktober 1949 hingegen kann sich meine Mutter sehr gut erinnern. Dies war der Tag, an dem Mao Zedong die

Schaffung eines Neuen China ankündigte. »China hat sich erhoben«, verkündete er von einem Podest beim Tor des Himmlischen Friedens im Zentrum Pekings. Die Kommunisten mochten zwar die Herrschaft über die alte Hauptstadt der Qing- und Ming-Reiche errungen haben, aber ein Großteil des restlichen Chinas befand sich noch im Würgegriff des Bürgerkrieges. Der Süden und Südwesten blieben in der Hand der auf dem Rückzug befindlichen Truppen der Nationalistischen Armee, während Banditen das ländliche Gebiet der südlichen Mandschurei durchstreiften, wo wir lebten, und die Bevölkerung terrorisierten. Meine Mutter hatte zwar für die Kommunisten nicht besonders viel übrig, war aber doch über die Aussicht erleichtert, daß nun ein Jahrzehnt des Krieges dem Ende zuging. Nachdem sie die vorgeschriebenen dreißig Tage abgewartet hatte, gab sie mir den Namen Chi An, was »Morgendämmerung des Friedens« bedeutet.

Doch weder ich noch mein grandios klingender Name vermochten meine Großmutter zu beeindrucken, die mich bis zu ihrem Tode einfach *yatou*, »Mädchen«, nannte. In ihrer Vorstellungswelt waren nur Enkelsöhne wichtig genug, um einen Namen zu erhalten. Außerdem gefiel es ihr diesmal gar nicht, meine Mutter, nachdem sie nur eine *yatou* zur Welt gebracht hatte, einen ganzen Monat von ihren Haushaltspflichten entbinden zu müssen. Tatsächlich murrte sie so sehr darüber, daß meine Mutter nach nur drei Tagen Ruhepause das Bett verließ und ihre Arbeit im Haushalt wieder aufnahm. Die Betreuung eines Neugeborenen und eines Kleinkindes zusammen mit ihren ständigen Haushaltspflichten erschöpften sie jedoch so sehr, daß ihre Milch bald versiegte.

Wir waren viel zu arm, um eine Amme anstellen oder teure Kuhmilch kaufen zu können. Das magere Stipendium, das mein Vater als Student erhielt, deckte kaum die Unkosten für seine Mahlzeiten und Bücher. Und das neue Regime war ohnehin nicht gerade darauf erpicht, daß Studenten verheiratet waren, ganz zu schweigen davon, daß sie auch noch Kinder hatten. Die

Felder meiner Großeltern hatten zwar in diesem Jahr eine gute Gaoliangernte erbracht – grobkörniges chinesisches Sorghum –, doch ein Großteil davon war verkauft worden, um Schulden abzubezahlen. Meine Großeltern hatten gerade nur so viel zurückbehalten, daß wir durch den Winter kamen. Mein älterer Bruder hatte inzwischen seine ersten Zähne, um gedämpften Gaoliang essen zu können. Ich aber mußte von Gaoliangsaft leben, was man bei uns *jiao budz* oder »Kautuch« nannte, weil er nach einer Methode zubereitet wird, bei der die Mutter die Gaoliangkörner zunächst kaut und dann mit der daraus entstehenden Flüssigkeit wieder ausspuckt und schließlich das Ganze mit einem Seihtuch auspreßt.

Es dauert Stunden, um auch nur für eine einzige Mahlzeit genügend *jiao budz* zu erhalten, was für meine Mutter bedeutete, daß sie im Grunde den ganzen Tag mit meiner Nahrungszubereitung beschäftigt war. *Jiao budz* blieb über mehrere Jahre hinweg meine Hauptnahrung, auch noch, als ich schon fast alle meine ersten Zähne hatte, da mein Magen den gedämpften Gaoliang nicht vertrug. Als ich später in der Schwesternschule Ernährungslehre studierte, wurde mir klar, daß *jiao budz* eigentlich nur aus Zuckerwasser besteht und kein Protein, Fett oder Kalzium enthält. Es war ein Wunder, daß ich überhaupt überlebte.

Ich wuchs zu einem kränklichen Kind heran und lag oft mit einer Erkältung oder einer Grippe zu Bett. Meine Beine waren so schwach und krumm von Rachitis, daß ich erst mit drei Jahren laufen konnte. Als mein Vater 1953 sein Universitätsstudium beendete und eine Dozentenstelle bekam, konnten es sich meine Eltern dann schließlich leisten, mich besser zu ernähren. Mit einer Diät aus Reisbrei, Sojamilch und trockenem Zwieback wurde mein Körper allmählich kräftiger, aber ich entsinne mich, daß es ein sehr langsamer Prozeß war. Auch als ich mich auf den Beinen halten konnte, trugen sie mich zwei Jahre lang nur sehr unstet, und ich war weder imstande zu rennen noch zu springen oder zu hüpfen. Wenn andere Kinder spielten, konnte ich nur dasitzen und ihnen zusehen, eine Beobachterrolle, die ich manchmal richtig haßte.

Gleich nachdem mein Vater zum Dozent an der Fakultät für mechanisches Ingenieurwesen am Shenyang Institut für Wissenschaft und Technologie ernannt worden war, schickte sich meine Mutter mit uns an, zu ihm zu ziehen. Sie brannte darauf, endlich ein Leben mit ihrem Mann führen zu können, von dem sie in den nun fünf Jahren ihrer Ehe mit Ausnahme von wenigen Monaten stets getrennt gewesen war. Und außerdem wollte sie endlich ihren eigenen Haushalt führen, fernab von der ewigen Überwachung ihrer herrischen Schwiegermutter. Die Beamten der Universitätsverwaltung, die meinen Vater in einem Zimmer im Wohnheim für die jüngeren Dozenten unterzubringen gedachten, waren nicht gerade erbaut, als sie erfuhren, daß ihr neuer Dozent nicht nur verheiratet war, sondern auch schon zwei Kinder hatte, und überdies ein drittes unterwegs war. Das Quartier, das uns die Universität dann zuwies, schien zunächst nicht gerade das, was wir uns erwünscht hätten. Eine Wohnung im ersten Stock eines zweistöckigen Gebäudes am anderen Ende von Shenyang, dreißig Kilometer vom Campus entfernt. Wir waren dort die einzige Familie eines Fakultätsmitglieds. Die Haushaltsvorstände aller anderen Familien waren Köche, Hausmeister und Büroangestellte der Universität. Mein Vater mußte eine Stunde lang mit dem Bus fahren und zweimal umsteigen, um zu seinem Institut zu kommen.

Das Gebäude war in den dreißiger Jahren von den Japanern erbaut worden, und die Wohnung selbst war, wenn man einmal von der Entfernung zur Universität absah, ganz hübsch. Für meine Mutter stellte sie im Gegensatz zu dem baufälligen, aus Ziegelstücken und Lehm erbauten Haus, das wir gerade verlassen hatten, ganz gewiß eine gewaltige Verbesserung dar. Statt der paar krummen an Querbalken genagelten Bretter und einem hölzernen Riegel hatte sie eine ordentliche Tür mit einer

Messingklinke, mit Messingscharnieren und einer Messingklappe vor dem Briefschlitz. Sie war entzückt zu entdecken, daß sie zudem über alle modernen Annehmlichkeiten verfügte: Ein Wasserklosett, ein Bad, eine Küche – und alles *in* der Wohnung. Die Toilette war zwar nichts weiter als eine mit Porzellan ausgekleidete Öffnung im Boden, aber darüber war ein Tank angebracht, aus dem das Wasser floß, wenn man an der Schnur zog. Das Bad war mit einem japanischen *ofuru*, einem tiefen Badezuber aus Holz und einem Gasboiler für heißes Wasser ausgestattet. In der Küche stand ein winziger zweiflammiger Gasherd, für meine Mutter alles kleine Wunder an Bequemlichkeit.

Später merkten wir, was für ein Glück wir mit der Zuweisung dieser Wohnung hatten, denn nach Shenyanger Standard war sie luxuriös. Die meisten Gebäude in der Stadt, einschließlich derer auf dem Universitätsgelände und sogar auch der von der Regierung neu erbauten Wohnblocks, waren innen nicht mit sanitären Anlagen oder Küchen ausgestattet, und das trotz des äußerst harten Klimas – extreme Schwankungen zwischen subarktischen Wintern und sengenden Sommern mit nur ein paar Wochen Frühling oder Herbst dazwischen. Behelfskocher wanderten je nach Jahreszeit von Ort zu Ort: Im Sommer, wenn die Temperatur mittags fast auf 40 Grad anstieg, wurden sie auf den Dächern oder Bürgersteigen aufgestellt. Im Winter, wenn die Temperatur gelegentlich auf minus 40 Grad sank, standen sie innen in den fensterlosen Gängen. Auch die Waschgewohnheiten wechselten mit der Jahreszeit. Im Sommer wuschen sich die Leute häufig in der Wohnung oder auf dem Dach mit einem Schwamm ab. Im Winter, wenn die Tagestemperatur selten über den Gefrierpunkt stieg, behielten sie ihre wattierte Baumwollkleidung Tag und Nacht an und wuschen sich oft wochenlang nicht. Gewöhnlich gab es pro Stockwerk nur eine Wassertoilette, so daß man auch im tiefsten Winter gezwungen war, zur Verrichtung seiner Notdurft die Wohnung zu verlassen und den Hausflur entlangzurennen. Die Wohnung verfügte sogar über einen Abfallschacht, der sich in der Küche befand, was ebenfalls von großem Vorteil war, denn so mußten wir, vor allem im Winter, nicht nach unten steigen und das Haus verlassen, um den Abfall wegzubringen. (Als mein Vater sich später das Anrecht auf die Zuteilung einer Wohnung auf dem Universitätsgelände erworben hatte, überredete meine Mutter ihn, in dieser Wohnung zu bleiben. Und dort sollte sie dann für die nächsten fünfundvierzig Jahre leben.)

Am besten aber gefielen meiner Mutter an ihrem neuen Quartier die zwei Schlafzimmer. Im Dorf hatten wir alle zusammen – Kinder, Eltern und Großeltern – auf einem Kang geschlafen, einem aufgemauerten Podest, das nur sehr launenhaft vom Küchenherd beheizt wurde. Doch diese Schlafzimmer waren mit japanischen Tatamis ausgestattet, dicken Matten aus Reisstroh, die auf einem Holzpodest lagen und nicht nur sehr viel bequemer als die harten Ziegel des Kangs, sondern auch im Winter wärmer und im Sommer kühler waren. Meine Mutter wies meinem Vater und sich das größere der beiden Zimmer zu und überließ meinem Bruder und mir das kleinere, wobei sich im nächsten Jahr mein jüngerer Bruder, Ming-yue, zu uns gesellte. Zum erstenmal in ihrem Eheleben hatten meine Eltern nun ein Zimmer für sich und damit die Möglichkeit, ungestört miteinander zu reden. Wie mir meine Mutter später erzählte, hatten sie sich, als sie heirateten, kaum gekannt, denn in jener Zeit galt es im Dorf als unmoralisch, wenn sich ein unverheirateter Mann mit einer unverheirateten Frau traf. In jenem ersten Winter in Shenyang faßte meine Mutter nach fünf Ehejahren und drei Kindern zunächst eine tiefe Zuneigung zu meinem Vater und schließlich verliebte sie sich in ihn.

Mein älterer Bruder und ich tollten gerne auf unseren Tatamis herum, aber dieser Sport nahm ein paar Jahre später ein abruptes Ende. Die Familie des Kochs nebenan hatte ihre Matten weggenommen, um sie zu lüften, und dabei unter einem der Holzpodeste das Schwert eines japanischen Offiziers entdeckt. Der Koch kam mit dem Schwert herüber, um es meinem Vater zu zeigen. »Ich frage mich, wie viele chinesische Köpfe es wohl abgeschlagen hat«, sagte mein Vater und ließ es ein paarmal durch die Luft sausen. »Du lieferst es wohl besser morgen bei den Behörden ab.« Ich war zutiefst entsetzt. Meine Eltern hatten nie viel über die japanische Besatzungszeit gesprochen, aber ich wußte, daß viele Greueltaten begangen worden waren. Ich weigerte mich, in dieser Nacht in meinem Zimmer zu schlafen, aus Angst, es könnte auch unter meinem Tatami ein Schwert versteckt sein, das viele chinesische Köpfe abgeschlagen hatte. Ich war so verstört, daß mir meine Eltern schließlich erlaubten, in ihrem Zimmer zu schlafen. Nicht, daß sich das auf meine geistige Verfassung groß ausgewirkt hätte: Kaum war ich eingeschlafen, sah ich einen japanischen Offizier mit gezogenem Schwert unter der Matratze hervorkriechen und drohend auf mich zukommen. Er hob das Schwert und wollte mir gerade den Kopf abschlagen, als ich schreiend aufwachte.

Die örtlichen Behörden lösten jedoch bald mein Problem. Eine Polizeitruppe mußte das ganze Gebäude nach Waffen und anderer Konterbande durchsuchen. Es wurden zwar keine weiteren Schwerter entdeckt, aber die Tatamis mit ihren Podesten wurden nun auf Dauer entfernt. Als ich den nackten Betonboden in meinem Zimmer sah, hörten meine Alpträume auf. Von da an schliefen mein Bruder und ich auf einer Matratze, die auf einem einfachen Lattenrost lag. Einige Zeit später wurden auch die japanischen Badezuber entfernt, nicht, weil man in ihnen irgendwelche Waffen entdeckt hatte, sondern weil die städtischen Versorgungsbetriebe entschieden, daß für das heiße Wasser zuviel Gas verbraucht wurde. Danach funktionierte meine Mutter das Badezimmer zur Abstellkammer um, und wir wuschen uns mit einem Schwamm ab, wie alle anderen auch. Wir konnten uns trotzdem noch glücklich schätzen, weil wir im Winter in der Küche Wasser warm machen und uns dann dort schnell waschen und trockenreiben konnten, wo es ein bißchen wärmer war als in der restlichen Wohnung.

Sparsamkeit war für meine Mutter, die ihre prägenden Jahre in bitterster Armut verbracht hatte, ein Lebensstil. Kurz nach ihrem vierten Geburtstag hatte sie ihre Mutter wie auch ihren Vater bei einer Choleraepidemie verloren. Ihre beiden älteren Brüder wurden von ihren relativ wohlhabenden Großeltern väterlicherseits aufgenommen, sie aber wurde zur *laolao*, ihrer Großmutter mütterlicherseits geschickt. Diese war eine arme Witwe, die ihren Lebensunterhalt mit Näharbeiten und der Bestellung zweier gepachteter Felder verdienen mußte. Die Felder gaben nicht viel her, und die Ernte war nie gut.

Als Mutter dann heiratete, verbesserten sich ihre Lebensumstände kaum. Die Studienjahre meines Vaters zogen sich durch das Chaos des Bürgerkriegs und seiner Nachwirren in die Länge, und er war nicht in der Lage, uns Geld zu schicken. Und Mutter fühlte sich bei seinen Eltern nicht wohl, die uns, so schien es ihr, nicht einmal unsere Mahlzeiten gönnen wollten.

Als Vater dann 1953 seinen Studienabschluß machte und an der Universität zu unterrichten begann, betrug sein Gehalt siebenundfünfzig Yuan im Monat, etwa das, was auch unsere Nachbarn aus der Arbeiterschicht verdienten. Aber derart tief eingefleischte Gewohnheiten lassen sich nicht leicht durchbrechen, und Mutter drehte weiterhin jeden Pfennig zweimal um. Obst war ein Luxus, den wir uns nicht leisten konnten, und unsere Mahlzeiten bestanden oft aus nichts weiter als Gaoliangfladen oder Mantous (einer Art einfacher Dampfnudeln) mit ein bißchen Chinakohl dazu. Auch durften wir keineswegs soviel essen, wie wir wollten. Meine Mutter teilte das Essen sorgsam unter uns auf, und einen Nachschlag gab es nicht. Es half nichts, daß die Kinder unserer Nachbarn, von denen manche ärmer waren als wir, gelegentlich einen Schnitz Wassermelone oder einen Lutscher bekamen. Solche Köstlichkeiten kosteten zwar nur einen Pfennig, aber meine Mutter beharrte darauf, daß wir sie uns nicht leisten konnten. Ich lernte bald, nicht einmal mehr darum zu bitten, denn das führte nur regelmäßig zu einer langen Strafpredigt.

Auch in anderer Hinsicht war meine Mutter mit uns sehr streng. Wir durften in der Wohnung nicht herumrennen oder herumhüpfen. Wir durften nur mit leiser Stimme sprechen, außer bei den Mahlzeiten, wo wir überhaupt nicht reden durften. Widerrede jeglicher Art war strikt verboten. Wenn uns meine Mutter bat, irgend etwas zu tun, dann hatten wir mit »ja, Mutter« zu antworten und es ohne ein weiteres Wort zu erledigen.

Als ich fünf Jahre alt war, haßte ich die Sachen, die mir meine Mutter anzog. Sie waren noch häßlicher als abgelegte Stücke von anderen, denn es waren ihre eigenen alten Kleider, die sie an den Nähten auftrennte und auf meine Größe zugeschnitten wieder zusammennähte. Sie schlabberten an mir herum und waren furchtbar altmodisch, im ländlichen Stil des Dorfes meiner Mutter gehalten. Die Farben, ohnehin schon sehr trist, waren von der Sonne und zahllosen Wäschen ausgebleicht. Und was am schlimmsten war: Überall zogen sich in merkwürdigster Anordnung Streifen von nicht ausgebleichter Farbe durch, Stoffteile, die vorher zu einem Saum oder einer Umrandung gehört hatten. Die anderen Kinder im Gebäudeblock, von ihren Eltern in hübsche, farbige Blusen und Hosen gekleidet, die ihnen auch paßten, lachten mich alle aus: als *tubaozi* verspotteten sie mich, »Bauerntölpel«.

Im Winter lachten sie sogar noch lauter. Statt Geld für Schuhe auszugeben, nähte meine Mutter sie mir selbst, so wie sie es auch im Dorf getan hatte. Sie waren aus schwarzem Tuch, und sie schnitt sie absichtlich groß zu, damit sie, um meine Füße warm zu halten, innen mit Baumwolle ausgestopft werden konnten. In diesen klobigen, aufgeblasenen Dingern nahmen sich meine Füße wie riesige schwarze Kugeln aus, und ich, die ich ohnehin nicht allzu schnell zu Fuß war, kam noch langsamer voran. Mein Winterhut – ebenfalls von meiner Mutter verfertigt – war gleichermaßen bizarr. Er hatte eine konische Form und ringelte sich an der Spitze wie eine Narrenkappe. Fünfzehn Jahre vor der Kulturrevolution, als Funktionäre der Kommunistischen Partei mit Schandhüten auf dem Kopf durch die Straßen der chinesischen Städte getrieben wurden, setzte mir meine eigene Mutter schon eine solche Kappe auf. Die Nachbarskinder erfanden einen besonderen Spitznamen für mich, der mir einige Jahre lang anhaftete: *lao-san-guai*, »Alte Dreifach-Gspinnerte« nannten sie mich wegen meines Hutes, meiner Schuhe und meiner Kleidung.

Ich hatte nur ein einziges Kleid – aus weichem Baumwollstoff und mit roten und weißen Blumen bedruckt –, das ich präsentabel fand. Mein Vater hatte es mir als Neujahrsgeschenk gekauft, und ich hing sehr daran. Wäre es nach mir gegangen, so hätte ich es jeden Tag angezogen, aber das war nicht gestattet. Ich durfte es nur am Sonntag tragen, wenn unsere Eltern uns drei Kinder zu einem Ausflug mitnahmen. Meine Mutter schloß dieses Kleid sogar in ihrem Schrank ein, damit ich nicht in Versuchung geriet, es anzuziehen.

Es war nicht so, daß meine Mutter zu mir strenger gewesen wäre als zu meinen Brüdern. Wenn sie je die traditionelle Einstellung meiner Großmutter geteilt haben sollte, wonach Jungen kostbar und Mädchen wertlos waren, dann hatte sie sie bald nach ihrem Umzug in die Stadt aufgegeben. Sie verzog weder ihre Söhne, noch lud sie ihrer Tochter alle Haushaltspflichten auf, wie es so viele chinesische Frauen taten.

Anders als meine Mutter, die nur selten lächelte, hatte mein Vater ein offenes und sonniges Naturell. So kurz angebunden und distanziert sie mir gegenüber war, so geduldig und liebevoll ging er mit mir um. Sein Nachhausekommen jeden Tag um sechs Uhr abends war von einem absolut festgelegten Ritual begleitet. Ich erwartete ihn an der Wohnungstür. Er kam die Treppe heraufgestürmt, nahm mich in die Arme und umarmte mich ganz fest. Dann trug er mich zum Waschbecken, goß etwas warmes Wasser hinein und wusch mir Gesicht und Hände. Danach kämmte er mein Haar, bis auch jede kleine Strähne ordentlich an ihrem Platz war. Schließlich setzte er sich in den Mahagonisessel, der nur ihm vorbehalten war, nahm mich auf den Schoß und strich mir über den Kopf, während er sich mit meinen Brüdern und mir unterhielt.

Zur Schlafenszeit trug er mich sogar ins Bett und deckte mich für die Nacht sanft zu. Zu jener Zeit ging ich davon aus, daß ich sein Liebling war und mir diese Sonderbehandlung zustand, aber vielleicht war er, da ich solange kränklich gewesen war, nur daran gewöhnt, sich besonders um mich zu kümmern. Was auch immer der Grund dafür sein mochte, ich gedieh jedenfalls unter seiner Fürsorge. Meine Mutter protestierte gelegentlich gegen dieses »Knuddeln«, wie sie es nannte, und murmelte, daß er mich vorzog, erzürnte sich aber nie wirklich darüber. Sie war immer entspannter, wenn mein Vater zu Hause war; seine Gegenwart schuf eine Zuflucht, in die ihre Angst vor Hungersnot und Verlassenwerden nicht einzudringen vermochte. Mein Vater, ob er sich nun des verwandelnden Einflusses, den er auf sie hatte, bewußt war oder nicht, verbrachte jedenfalls die Abende nur selten ohne uns. Im Sommer waren die meisten Männer unserer Nachbarschaft auf den schmalen Gassen zu finden, wo sie rauchten und Schach spielten; im Winter wurden diese Spiele ins Innere verlegt, wo sich die Männer zudem mit einem Glas Gaoliangschnaps gegen die Kälte wappneten. Wenn sie zu Hause blieben, dann nur, um zu schlummern. Mein Vater aber verbrachte seine Freizeit mit uns.

Zu dieser Zeit war die Straße, in der wir lebten, voll von Kindern. Die Ein-Kind-Politik lag noch viele Jahre in der Zukunft, und Ehepaare wurden von der Regierung sogar zur Gründung großer Familien ermuntert. Meine Mutter war allerdings mit dieser Politik nicht einverstanden. Als wir noch klein waren und nicht viel helfen konnten, beklagte sie sich oft laut darüber, wieviel Arbeit wir ihr machten. »Ihr Kinder seid eine Last«, sagte sie dann zu uns. »Zwei Kinder sind genug. Und ich brauche meine ganze Energie, um euch drei sauber zu halten und satt zu kriegen. Was für ein bitteres Schicksal ich doch habe. Warum habe ich so viele Kinder? Wie soll ich euch alle satt kriegen? Und was tu ich bloß, wenn ich wieder schwanger werde?«

Mein jüngerer Bruder Ming-yue und ich sahen uns dann aus den Augenwinkeln an und fragten uns, wer von uns wohl das unerwünschte Kind war. Er war das dritte Kind, ich aber war ein Mädchen.

Ende 1954 beschloß meine Mutter plötzlich, sich zur Lehrerin ausbilden zu lassen. Dieser Schritt zu diesem Zeitpunkt war nicht ganz allein ihre Idee gewesen. In den frühen fünfziger Jahren gab es eine Propagandawelle nach der anderen, um Frauen dazu zu ermuntern, »einen Beitrag zur Revolution zu leisten«. Die Regierungspresse war ständig bemüht, den Frauen einzuhämmern, daß die Hausarbeit und die Sorge für die Kinder allein nicht nur sinnlose Plackerei, sondern im gesamtgesellschaftlichen Kontext praktisch ein parasitäres Dasein bedeuteten. Frauen sollten zu ihrem eigenen Wohl befreit werden. Die Zeitungen zitierten Friedrich Engels' Aussage, wonach die Emanzipation der Frau und ihre Gleichberechtigung mit dem Mann unmöglich ist und bleibt, solange die Frau von der sozialproduktiven Arbeit ausgeschlossen und auf die Hausarbeit im privaten Bereich beschränkt bleibt. Mit demselben Übereifer, der spätere politische Kampagnen auszeichnete, wurden Frauen – unabhängig von ihren Wünschen – gezwungen, ihr Heim zu verlassen und für den Staat zu arbeiten. Die Straßenkomitees, die niedrigste Ebene städtischer Verwaltung, wurden aufgefordert, einfache Fabriken und Kindertagesstätten zu errichten und die Hausfrauen am Ort für das Arbeiterheer zu mobilisieren.

Die zusätzliche Sicherheit eines zweiten Einkommens, wenn sie Lehrerin war, hatte meine Mutter schon lange gelockt, aber sie hatte warten wollen, bis ihre Kinder größer waren. Doch sie änderte ihre Meinung, nachdem ihr der Vorsitzende unseres Straßenkomitees einen Besuch abgestattet hatte. Er erzählte ihr, daß das Komitee gerade eine neue Werkstatt zur Wiederverwertung von Glühbirnen eingerichtet hätte, und bat sie, dort zu arbeiten und Drähte in den ausgebrannten Glühbirnen auszuwechseln. Meine Mutter wollte diese mächtige Person, die die Augen und Ohren der Partei in diesem Viertel repräsentierte, nicht durch eine unverblümte Ablehnung seines Angebots vor den Kopf stoßen. So dankte sie ihm höflich dafür, daß er an sie gedacht hatte, und fuhr dann rasch improvisierend fort, ihm zu erläutern, daß sie sein freundliches Angebot leider nicht annehmen könnte, da sie schon Pläne gefaßt habe, im Herbst mit einer Lehrerausbildung zu beginnen.

So kam es, daß meine Eltern mich und meinen jüngeren Bruder Ende 1954 in einem Wochenkindergarten an der Universität meines Vaters unterbrachten. Jeden Montag nahm er uns mit dem Bus mit und lieferte uns im Kindergarten ab, wo wir bis Samstagmittag blieben. Dann holte er uns wieder ab. Ich fand die Kindergärtnerinnen streng, das Regiment einschüchternd und die anderen Kinder aggressiv. Vor allem fehlte mir die tröstliche Gegenwart meines älteren Bruders, der dieser Verbannung entkommen war, weil er gerade mit der ersten Klasse Grundschule anfing. Ich war todunglücklich und weinte mich jede Nacht in den Schlaf.

Zum Glück blieb ich nur ein Jahr in diesem Kindergarten. Kurz vor meinem siebten Geburtstag kam ich nach Hause, um in die Grundschule eingeschult zu werden. Nachdem ich den Kindergarten verlassen hatte, zog sich mein jüngerer Bruder mehr und mehr zurück, vor allem von meiner Mutter. Schließlich weigerte er sich an einem Wochenende, überhaupt auf sie zu reagieren. Er sah nicht einmal auf, wenn sie ihn rief, und blieb feindselig in der anderen Ecke des Zimmers stehen. Nach diesem Vorfall traf mein Vater ein Abkommen mit der Frau des Hausmeisters in unserem Gebäude, und sie kümmerte sich von nun an untertags um Ming-yue.

Wir waren alle sehr erleichtert, als Mutter ihren Abschluß machte. Und durch einen Glückstreffer wurde sie Lehrerin an der Grundschule, die auch mein älterer Bruder und ich besuchten, und die nur wenige Gehminuten von unserer Wohnung entfernt war.

Im Herbst 1958, ich war in der dritten Klasse, verkündete unser Direktor und zugleich der Sekretär des Parteikomitees der Schule bei einer Schulversammlung, daß China zum »Großen Sprung nach vorn« ansetze. »Der Vorsitzende Mao sagt, daß der Stahl der kommandierende General der Industrie ist!« rief Direktor Gao. »Er hat uns aufgerufen, Großbritannien innerhalb von fünfzehn Jahren in der Eisen- und Stahlproduktion zu überflügeln. China wird nicht länger eine rückständige Nation sein. Wir werden überall Schmelzöfen bauen. Wir werden gleich hier auf unserem Schulgelände einen Schmelzofen bauen. Wir werden die erste Schule in Shenyang sein, die dem Aufruf des Vorsitzenden Mao Folge leistet!« Seine Begeisterung war ansteckend. Als er die Versammlung mit dem Ruf beschloß: »Ein jeder mache Stahl!« fielen wir alle enthusiastisch mit ein. Und viele Monate lang sollte »Ein jeder mache Stahl!« die Parole sein, nach der wir lebten.

Direktor Gao, vom Ehrgeiz beseelt, der erste Roheisen produzierende Sekretär eines Parteikomitees in ganz Shenyang zu sein, war hoch erfreut über den Vorschlag meiner Mutter, daß vielleicht mein Vater, der doch Ingenieur war, den Bau des Schmelzofens leiten und überwachen könnte. Mein Vater brauchte nur einen Tag, um vom Direktor seiner Universitätsfakultät und zugleich Parteisekretär, einen befristeten Urlaub zu bekommen, und machte sich schon am folgenden Morgen im Schulhof an die Arbeit. Ich hatte mich zunächst unglaublich gefreut, daß mein Vater in unsere Schule kam, da ich glaubte, nun mehr Zeit mit ihm verbringen zu können. Aber ich hatte nicht mit dem Wunsch unseres Direktors gerechnet, bei seinen Parteioberen unbedingt Eindruck schinden zu wollen. Damit die Lehrer sich ganz und gar dem Bau eines Schmelzofens widmen konnten, wurde der Unterricht ausgesetzt, und wir Schüler wurden nach Hause geschickt. Die nächsten Wochen bekam ich meine Eltern kaum noch zu Gesicht.

Gao trieb seinen Arbeitertrupp bis zur totalen Erschöpfung an. Es wurde eine Tag- und eine Nachtschicht von jeweils zwölf

Stunden eingerichtet, so daß rund um die Uhr geschuftet wurde. Als die Mauern des Schmelzofens hochgezogen werden sollten, wurden die Schüler der sechsten Klasse zurückbeordert, um Steine zu schleppen und Mörtel zu mischen. Was meinen Vater anging, so lebte, aß und atmete er fast einen ganzen Monat lang einzig und allein nur noch für den Schmelzofen.

Unser Schmelzofen war dann doch nicht der erste, der in der Stadt entzündet wurde, aber dank der Fachkenntnisse meines Vaters und unseres umfangreichen Vorrats an Baumaterial war er zumindest einer der besten. Bei der Einweihungszeremonie hielt Direktor Gao eine leidenschaftliche Rede, in der er die Leistungen der Schule den Gedanken des Vorsitzenden Mao und seiner weisen Parteiführung zuschrieb. »Heute, in der Ära des Vorsitzenden Mao Zedong, ist der Himmel auf die Erde gekommen«, jubelte er. »Wenn die Partei ruft, schreiten Abermillionen der Massen sofort zur Tat.« Meinen Vater erwähnte er nicht einmal, eine Unterlassung, die mich noch jahrelang kränkte. Trotzdem platzte ich beinahe vor Stolz, als Direktor Gao ausrief: »Macht Stahl!«, denn es war mein Vater, der die Kohle im Schmelzofen entzündete. Bräunlich gelber Rauch stieg aus dem Kamin in die frostige Herbstluft auf. Dann war es an der Zeit, im Chor »Ein jeder mache Stahl!« und »Lang lebe der Große Sprung nach vorn« zu brüllen, und in meinem kindlichen Stolz und Überschwang versuchte ich, die anderen zu übertönen.

Trotz der großen Bemühungen meines Vaters waren wir doch nie imstande, in unserem neuen Schmelzofen auch nur eine einzige Ladung Eisenerz zu schmelzen, denn wir hatten nur weiche Braunkohle zur Verfügung, die nicht genügend Hitze abgab. Direktor Gao verfiel rasch auf das Mittel der Schikane. Um die Eisen- und Stahlquote der Schule zu erfüllen, mußten wir Schüler Alteisen in jeglicher Form sammeln, das sich relativ leicht in Barren umschmelzen ließ und dann bei den Behörden abgeliefert wurde. Jeder Schüler hatte, je nach Altersstufe, eine bestimmte monatliche Quote zu erfüllen.

So begann unsere große Jagd nach Alteisen. Zunächst machte sie Spaß, aber mit den Monaten wurde es für uns immer schwieriger, die Quoten zu erfüllen. Liang-yue und ich durchkämmten schmutzige Hintergassen, filzten die Fahrradreparaturwerkstatt unseres Viertels und krochen sogar eines späten Abends auf dem Boden und unter den Tischen der Glühbirnenwerkstatt des Straßenkomitees herum. Unsere Beute bestand nur aus ein paar Schrauben. Es war, als sei vor uns schon eine eisenfressende Heuschreckenschar in die Stadt eingefallen, die uns keinen Eisenkrümel mehr übriggelassen hatte.

Unser Unterricht war mal so, mal so, abgehalten von müden Lehrern, die ebenfalls die ganze Nacht unterwegs gewesen waren. Und obwohl in unserem Schmelzofen lediglich Eisenteile eingeschmolzen wurden, mußte man sich doch rund um die Uhr um ihn kümmern. Irgend jemand verbrannte sich immer, entweder im Kampf mit dem glühendheißen Wok an den Händen, oder an den Füßen und Waden, auf die flüssiges Metall getropft war. In diesem Herbst trugen meine Eltern schon frühzeitig ihre wattierte Kleidung, Schuhe und Handschuhe, weil sie Schutz boten.

Mao hatte Quantität gefordert, und Qualität bekam er. Im ganzen Land wurden ungefähr sechshunderttausend wacklige Schmelzöfen errichtet, die, wie der unsere, vierundzwanzig Stunden am Tag in Gang gehalten wurden. Der tatsächliche Ausstoß belief sich durch diese massiven Anstrengungen rasch auf Millionen von Tonnen, der wahrscheinlich von übereifrigen Kadern in ihren offiziellen Berichten noch einmal auf das Zwei- bis Dreifache aufgeblasen wurde. Mao wurde durch die Zahlen, die er zu sehen bekam, so ermutigt, daß er immer höhere Ziele ansetzte. Wir würden keine fünfzehn Jahre brauchen, um England in der Stahlproduktion zu überflügeln, verkündete er. China schaffe das auch in fünf Jahren. Und nach ein paar Monaten verkürzte er diese Frist sogar auf atemberaubende drei Jahre. »Drei Jahre Leiden, tausend Jahre Glück«, so lautete eine der jubilierenden Parolen. Es war nur eine Fata Morgana.

Mao aber führte in seinem Streben die gesamte Nation im Gewaltmarsch in eine Wüste von Hunger und Not.

Mao war von der fixen Idee besessen, daß die Spatzen zuviel Getreide auffraßen, und so startete er eine landesweite Kampagne, um den Himmel Chinas von allen Vögeln zu säubern. Zweimal in der Woche ließ uns unser Lehrer in Zweierreihen antreten und führte uns dann, die rote Fahne hoch erhoben, aufs Land. Jeder von uns hatte irgend etwas in der Hand, um damit Krach zu machen. Ich hatte eine Waschschüssel und einen Stock, während andere Kinder Trillerpfeifen, Wokdeckel und Pfannen mitführten. Wann immer wir auf eine Vogelschar stießen, veranstalteten wir einen Höllenlärm, bliesen auf unseren Trillerpfeifen und trommelten mit aller Macht auf unseren Waschschüsseln und Woks herum. Die erschreckten Vögel flogen davon. Und wenn sie versuchten, sich an anderer Stelle niederzulassen, rannten wir oder ein anderer Trupp dorthin, um sie wegzuscheuchen. Nach Stunden des in völliger Verwirrung Herumkreisens und -flatterns fielen die Vögel dann allmählich erschöpft vom Himmel und stürzten sich zu Tode.

Ich freute mich auf diese Ausflüge in die grüne Landschaft, auf das Wandern auf schmalen Pfaden im warmen Sonnenschein. Und welches Kind macht nicht gerne Krach? Unser Lehrer, der im Klassenzimmer auf absoluter Ruhe bestand, ermunterte uns nun, noch mehr Krach zu machen. Was die Bemühungen zur Dezimierung der Spatzenbevölkerung anging, so starben Abermillionen von Vögeln in ganz China, doch das Resultat war nicht das, was sich Mao erwartet hatte: Das Resultat war eine Insektenplage, die zu einem weitaus größeren Verlust an Getreide führte, als es die Vögel je zu fressen vermocht hätten.

Unsere Mutter war zu jener Zeit mit der »Produktion von Stahl« beschäftigt und kam meist erst nach Hause, wenn wir schon längst im Bett lagen, und meinen Vater sahen wir so gut wie gar nicht mehr. Auf Vorschlag von Direktor Gao war mein jüngerer Bruder wieder in den Wochenkindergarten gebracht worden, damit meine Mutter »mehr Zeit hatte, sich dem ›Großen Sprung nach vorn‹ zu widmen«. So waren mein älterer Bruder Liang-yue und ich Abend für Abend allein zu Hause. Wir tüftelten ein System aus, um das Einkaufen, das Kochen und die nötige Hausarbeit zu bewältigen. Mein Bruder trug die Verantwortung für den Einkauf von Nahrungsmitteln und anderen Notwendigkeiten. Er holte jeden Samstag die Getreideration ab und kaufte jeden Nachmittag nach der Schule auf dem Bauernmarkt das Gemüse. Ich blieb derweilen zu Hause, machte die Wohnung sauber und kümmerte mich um die Wäsche. Wenn er von seinen Einkäufen zurückkehrte, säuberte ich das eingekaufte Gemüse und schmorte es. Das und gedämpfter Reis oder Gaoliang war dann unsere Mahlzeit. Nach dem Abwasch setzten mein Bruder und ich uns hin, um die Hausaufgaben zu machen, sofern uns unsere geplagten Lehrer welche aufgegeben hatten. Mein Bruder und ich kamen gut miteinander aus, und ich war heimlich sehr mit mir zufrieden, daß ich imstande war zu kochen und den ganzen Haushalt zu bewältigen.

Doch meine Tage als Köchin waren gezählt, als Mao anordnete, daß alle »aus demselben großen Topf essen« sollten. Überall in Stadt und Land wurden kommunale Kantinen eingerichtet. Mao hat den Kommunismus als »öffentliche Kantinen mit freien Mahlzeiten« definiert, sagte meine Mutter. Privates Kochen war nicht länger erlaubt. Von da an mußten wir unsere Abendmahlzeiten mit den anderen Lehrern und ihren Kindern in der Schulkantine einnehmen.

Das Kantinenessen war, wie ich entdeckte, eine ebenso einfache Angelegenheit, wie ich sie zu Hause serviert hatte. Es schmeckte auch nicht besser, wie ich fand. Ich wagte allerdings nicht, meine diesbezügliche Meinung irgend jemandem mitzuteilen. Mein Bruder und ich gingen jedoch ganz willig jeden Abend in die Kantine, weil wir dort mit unseren Eltern essen und uns wieder als Familie fühlen konnten. Das Ende unserer heimischen Mahlzeiten machte es uns auch leicht, im folgenden Monat die Quote für den Schmelzofen zu erfüllen. Mein Bruder und ich übergaben unserem Lehrer ganz einfach die zwei Woks unserer Familie und eine kleine Sammlung geeigneter Küchenutensilien, und sie verschwanden prompt im großen Eisenbrei, der ständig im Schmelzofen brodelte.

Damals ließ uns meine Mutter glauben, daß sie über diese künftige Befreiung von den Küchenpflichten glücklich war. »Ich heiße diese Weisung des Vorsitzenden Mao gut«, sagte sie voller Enthusiasmus. »Jetzt gibt's kein Warten mehr in langen Schlangen, um verwelktes Gemüse zu erstehen, kein Kochen und keinen Abwasch mehr.« Jahre später gestand sie mir aber, daß dies nur ein tapferer Versuch war, die Fassade aufrechtzuerhalten. »Schritt für Schritt wurden wir aus unserer Familie herausgezogen und in ein reglementiertes, kollektives Leben hineingezwungen«, erinnerte sie sich. »Es gefiel mir nicht, daß ich angewiesen wurde, meinen jüngsten Sohn in einen Wochenkindergarten zu stecken. Er war so ein guter Junge, daß die Hausmeistersfrau bereit war, ihn umsonst zu hüten. Es gefiel mir nicht, daß wir angewiesen wurden, in der Kantine zu essen. Es gab sogar Gerüchte, daß wir alle in Wohnheime umsiedeln sollten, nach Geschlechtern getrennt. Die alten Propagandasprüche der Nationalisten, wonach die Kommunisten uns unsere Kinder wegnehmen und die Frauen Allgemeingut werden würden, schienen drauf und dran, sich zu bewahrheiten. Ich hatte große Angst.«

Wir nahmen unsere Mahlzeiten mehrere Monate lang in der Schulkantine ein. Wir jubelten, als uns Direktor Gao verkündete, daß nach Aussage der *Volkszeitung* China 1958 mehr Weizen produziert hatte als die USA. Er ermunterte uns, soviel zu essen, wie wir wollten, denn das neue China hätte einen solchen Überfluß an Nahrungsmitteln, daß sie gar nicht mehr gelagert werden könnten.

Dann schloß die Kantine plötzlich mitten im Winter ihre Pforten. Direktor Gao bezeichnete das Problem als zeitweiligen Rückschlag. Der Transport von Nahrungsmitteln vom Lande habe sich nur etwas verzögert. Er sagte, wir würden genug Getreidemarken bekommen, um uns über die Runden zu bringen, bis die Kantine wieder eröffnet würde. Aber die Köche flüsterten, daß es in ganz Shenyang nur noch sehr wenig Essensvorräte gäbe, und als wir unsere Getreideration abholten, mußten wir feststellen, daß sie reduziert worden war. Davon hatte Direktor Gao nichts gesagt.

Die Kantine wurde nie wieder eröffnet, und der Winter 1959 war hart. Aber wir konnten uns immer noch glücklich schätzen. Mit den Gehältern meiner Eltern und den Ersparnissen meiner Mutter hatten wir genug Geld, um Getreide und einen gebrauchten Wok zu kaufen – auf dem Schwarzmarkt –, und obwohl die Nahrungsmittelpreise Woche um Woche inflationär anstiegen.

Bei all den Sorgen und Wirren, die der »Große Sprung nach vorn« mit sich brachte, war meine Mutter nicht glücklich, als sie merkte, daß sie wieder schwanger war. Ich bekam zum erstenmal etwas davon mit, als ich hörte, wie sie zu meinem Vater sagte, sie wolle »daß das Baby *nadiao,* also weggemacht wird«. Ich konnte die Antwort meines Vaters nicht genau verstehen, aber seine Stimme war leise und beschwichtigend. Wochenlang sorgte ich mich um das Schicksal meines Geschwisters und war sehr erleichtert, als der Zustand meiner Mutter schließlich für alle sichtbar wurde.

Mein jüngster Bruder, Ying-yue, kam im Dezember 1959 zur Welt, zwei Monate nach meinem elften Geburtstag. Wegen der Steißlage des Kindes und nachdem der einen Tag lang andauernde Versuch einer normalen Geburt fehlschlug, brauchte meine Mutter rasch eine Kaiserschnittoperation. Sie schien, vielleicht, weil er so viel gekostet hatte, wenig mit ihm zu tun haben zu wollen. Obwohl sie alle ihre anderen Kinder gestillt hatte, wurde Ying-yue, so entschied sie, ein Flaschenbaby. Sie kehrte schnellstmöglich wieder zu ihrem Unterricht zurück und überließ Ying-yue der Obhut der Hausmeistersfrau, die in ihn vernarrt war. An den Abenden und Wochenenden kümmerte ich mich um ihn und verzog ihn sogar noch mehr.

Chinesische Mädchen werden oft dazu gezwungen, Kindermädchen für ihre jüngeren Brüder zu spielen. Viele ergeben sich resigniert in diese Aufgabe, manche sind auch sehr zornig darüber. Anders bei mir. Mir gefiel es außerordentlich, für Ying-yue zu sorgen, und ich widmete mich aus ganzem Herzen dieser Aufgabe. Zum erstenmal in meinem Leben hatte ich etwas ganz für mich allein. Ying-yue war die Puppe, nach der ich mich als Kind gesehnt, die ich aber nie bekommen hatte.

Die glücklichste Zeit in meiner Kindheit, von den besonderen Augenblicken mit meinem Vater abgesehen, war die, die ich mit meinem kleinen Bruder Ying-yue verbrachte. Ich tat alles, um ihn glücklich zu machen, ich erzählte ihm Geschichten und brachte ihn zum Lachen. Ying-yue wuchs zu einem glücklichen, kleinen Burschen heran, mit einem offenen Lächeln und einem natürlichen Selbstbewußtsein, das sich entwickelt, wenn man unter Menschen aufwächst, von denen man geliebt wird. Darin erinnerte er mich an meinen Vater, der das gleiche offene Lächeln und fröhliche Naturell hatte.

2 Hungersnot und Tod

An einem Sonntag gegen Ende Juni weckte uns mein Vater, kaum daß es hell geworden war. »Was haltet ihr davon«, fragte er fröhlich, während wir uns aufsetzten, streckten und die Augen rieben, »wenn wir alle im Kristallsee schwimmen gehen?« Wir waren sofort hellwach, klatschten in die Hände und bejubelten seinen Vorschlag. Die erste wirkliche Hitzewelle dieser Jahreszeit hatte voll eingesetzt, gerade das richtige Wetter für weite Sandstrände und klares blaues Wasser.

Mein Vater kannte den Kristallsee gut. Er hatte kürzlich zwei Wochen in einer an dessen Ufer gelegenen Rehabilitationsklinik verbracht, nachdem er eine schwere Arthritis in beiden Knien bekommen hatte. Dort war er täglich mit heißem Wachs und Rotlichtbestrahlung sowie mit Kortisonspritzen behandelt worden. Insgeheim war er aber davon überzeugt, daß es seine heimlichen Schwimmausflüge waren, die seine Gelenke wieder geheilt hatten. Den Patienten war es verboten, ins Wasser zu gehen, doch Schwimmen war der Lieblingssport meines Vaters, und so schlich er sich, wann immer er konnte, zu einer nahegelegenen kleinen Bucht. Er war erst vor drei Wochen entlassen worden, und sein linkes Knie war noch immer etwas schwach, aber ich wußte, daß er uns unbedingt diesen See zeigen wollte.

»Die Universität hat für die Dozenten und ihre Familien einen Ausflug zum Kristallsee organisiert«, erklärte er uns. »Die Busse fahren um neun Uhr von der Universität ab. Wenn wir uns beeilen, erreichen wir sie noch.« Wir waren aus dem Bett, noch bevor mein Vater seine Rede beendet hatte, und zogen uns aufgeregt durcheinanderschnatternd an. Meine Mutter übertönte uns mit scharfer Stimme: »Ihr wißt«, so drang es aus der Küche, »daß wir heute nirgendwo hingehen. Die Winterkleidung muß gewaschen und weggeräumt werden.«

Mein Vater zwinkerte uns mit verschwörerischer Miene zu und verschwand in die Küche. »Ich wasche die Sachen für dich«, hörten wir ihn fröhlich sagen. »Du machst das Frühstück. Wenn ich fertig bin, fahren wir zum See.«

Vater sammelte rasch all unsere wattierten Sachen und Hosen ein, während Mutter den Waschzuber mit kochend heißem Wasser füllte. Es ist eine schwere und erschöpfende Arbeit, nur mit Seifenlauge und einem Waschbrett den tiefsitzenden Schmutz eines ganzen Winters aus den dicken, wattierten Baumwollsachen zu rubbeln. Vaters weißes Hemd war von Schweiß durchnäßt. Doch er weigerte sich, auf Mutters flehentliche Bitten zu hören, und sich Zeit für ein Frühstück oder wenigstens eine Tasse heißes Wasser zu nehmen. Er rubbelte und rubbelte und unterhielt uns dabei mit Geschichten vom Kristallsee.

Es war schon nach zehn, als Vater schließlich fertig war. Wir halfen ihm, die schweren nassen Sachen aufs Dach zu schleppen, wo wir sie auf Bambusgestellen zum Trocknen aufhängten. Wenn wir vom See zurückkämen, würden unsere Wintersachen trocken sein und bis zum ersten kalten Herbstwind weggepackt werden können.

Die Universitätsbusse waren schon lange abgefahren, und so mußten wir einen städtischen Bus ins Zentrum von Shenyang nehmen und dort noch mal umsteigen. Als wir schließlich am See ankamen, war es fast Mittag. Wir brauchten nicht lange, um die große Universitätsgruppe ausfindig zu machen. Sie saß zusammengedrängt auf einem kleinen Stück Strand nahe beim Turm der Strandwache. Mein Vater ging hinüber, um seine Kollegen zu begrüßen, und führte uns dann in eine andere Richtung. »Wir wollen nicht bei ihnen bleiben«, sagte er, sobald wir außer Hörweite waren. »Zu viele Leute und kein Schatten. Ich bring euch zu einem sehr schönen Platz, den ich letzten Monat entdeckt habe.«

Wir marschierten hinter ihm her und kamen nach wenigen Minuten bei seiner kleinen Bucht an, die von hohen Kiefern umstanden war. Es war ein idyllischer Strand, an dem sich weit weniger Menschen aufhielten. Wir suchten uns eine Stelle im Schatten und breiteten unsere Strohmatten aus.

»Ich geh zurück und hol uns was zu essen«, sagte er zu meiner Mutter. »Ich hab den ganzen Tag noch nichts gegessen und bin am Verhungern. Chi An und Liang-yue können mitkommen.«

Liang-yue und ich sahen sehnsuchtsvoll auf das kühle, einladende Wasser und warfen uns dann einen Blick zu. Ming-yue plätscherte schon am seichten Uferrand. »Können wir nicht erst kurz ins Wasser gehen?« bettelte Liang-yue. »Nur um uns abzukühlen?«

»Ich brauche eure Hilfe...«, begann Vater, hielt dann aber inne, als er Liang-yues Enttäuschung bemerkte. »Ich hab eine Idee«, fuhr er spontan fort und legte den Arm um die Schulter meines Bruders. »Du kannst mir zeigen, was für ein guter Schwimmer du bist. Wir machen ein Wettschwimmen zur Insel.« In der Mitte des Sees befand sich eine niedrige, kiefernbestandene Insel. »Wir holen uns was zu essen, wenn wir zurück sind.«

Sie zogen ihre Badehosen an, machten rasch ein paar Aufwärmübungen und stürzten sich ins Wasser. »Wer zuerst bei der Insel ankommt, ist ein Held!« rief mein Vater. Sie hatten kaum ein paar Schwimmzüge gemacht, als mein jüngerer Bruder in Tränen ausbrach. »Vater, Vater«, weinte Ming-yue mit herzzerreißender Stimme: »Komm zurück!«

Vater kehrte um und humpelte an den Strand zurück. Er umarmte Ming-yue. »Ich bin ja bald zurück«, sagte er. »Hab keine Angst.« Dann stürzte er sich wieder ins Wasser. Schnell hatte er die ersten hundert Meter zurückgelegt. Er drehte sich um und winkte uns zu. Dieser Moment erfüllte mich mit einer düsteren

Vorahnung, denn es war, als winke er uns Lebewohl zu. Ich konnte meinen Blick nicht von ihm abwenden, während er und mein Bruder immer weiter in den See hinausschwammen und ihre Köpfe schließlich nur noch als Punkte zu sehen waren.

Meine Mutter legte Ying-yue, das Baby, zum Schlafen und kramte ihr Nähzeug hervor. Anscheinend machte sie sich keine Sorgen um die Schwimmer. Und bald vertrieben die heiße Sonne und das kühle Wasser auch meine Besorgnis. Ming-yue und ich rannten herum und spielten – eine sehr lange Zeit, wie es uns schien.

Und plötzlich war mein älterer Bruder wieder da und sah sich um, als erwarte er jemanden zu sehen.

»Wo ist Vater?« wiederholte er mit zittriger Stimme und rang keuchend nach Luft.

»Wo ist Vater?« wiederholte ich dümmlich seine Worte und fühlte, wie plötzlich Übelkeit in mir aufstieg. Wie hatte ich Vaters Müdigkeit vergessen können, sein lahmes Bein und dann diese lange Schwimmstrecke?

Liang-yue rannte zu meiner Mutter. »Vater war vor mir bei der Insel, und dann haben wir uns ein paar Minuten ausgeruht. Dann haben wir uns auf den Rückweg gemacht. Ich dachte, Vater sei direkt hinter mir, aber als ich ins seichte Wasser kam und mich umdrehte, war er nicht da.«

»Vielleicht... ist er gegangen, um Essen zu kaufen«, sagte Mutter mit einem sehr seltsamen, verzweifelnden Ton in der Stimme. Ihre Hände hatten in ihrer Bewegung innegehalten und lagen nun leblos im Schoß.

Liang-yue rannte sofort los, um nachzusehen, ob Vater in der Kantine war. Wir andern standen wie die Opfer eines Schiffbruchs um meine Mutter geschart am Strand. »Er würde nie in der Badehose Essen kaufen gehen«, murmelte sie mit benommenem Gesichtsausdruck immer wieder vor sich hin.

Liang-yue kam zurückgerannt. »Ich konnte ihn nicht finden, Mutter!« rief er. Dann brach er plötzlich in Tränen aus, warf sich auf den Boden und trommelte mit den Fäusten in den Sand.

Dieser Anblick brachte Leben in meine Mutter. Augenblicklich hatte sie ihre Sandalen abgestreift und rannte los zum Turm der Strandwache. Ich packte Ying-yue und wir stürmten ihr nach.

»Der Vater meiner Kinder ist nicht zurückgekommen!«, rief sie zum Rettungsschwimmer hinauf. »Er war auf dem Weg zurück von der Insel.«

Der Rettungsschwimmer sah einen langen Augenblick auf den See hinaus und kletterte dann von seinem Turm. »Wie lange ist das her?« fragte er ruhig.

»Ungefähr dreißig Minuten.«

»Dann ist es zu spät«, sagte er und schüttelte den Kopf. »Ihr Mann ist schon ertrunken. Wir müssen warten, bis wir den See absuchen und seinen Körper bergen können.«

Wut verdunkelte das Gesicht meiner Mutter. »Sie werden auf der Stelle nach ihm suchen!« schrie sie. »Gehen Sie und holen Sie den Oberrettungsschwimmer! Gehen Sie!«

Die beiden Rettungsschwimmer folgten meiner Mutter zur Bucht und trugen das leichte Floß mit sich, das sie bei derartigen Rettungsaktionen benutzten. Sie fanden meinen Vater sehr bald, legten ihn mit dem Gesicht nach unten auf den Strand und versuchten, ihn wiederzubeleben.

Sie bemühten sich eine scheinbar endlos lange Zeit um ihn und hielten gelegentlich inne, um auf einen Herzschlag zu lauschen. »Es hat keinen Sinn«, sagte der Oberrettungsschwimmer schließlich mit abgewandtem Blick zu meiner Mutter. »Er ist tot.«

Die nächsten Tage vergingen wie in einem grauen Nebel. Eine lange Prozession wohlmeinender Freunde und Verwandter kam, um ihr Beileid auszudrücken, was uns aber unseren Verlust nur um so schlimmer empfinden ließ. Vor allem Mutter verfiel in eine tiefe Depression und verbrachte mehr und mehr Zeit im Bett. Ich weiß nicht, wie wir diese Tage hätten überstehen sollen, wenn nicht die Eltern meines Vaters, die meine Mutter seit ihrem Umzug nach Shenyang nicht mehr gesehen hatte, gekommen und in dieser Zeit bei uns geblieben wären. Meine Großmutter kochte und kümmerte sich um den Haushalt, während mein Großvater alles für die Feuerbestattung vorbereitete, da die Kommunistische Partei die traditionelle Bestattungsart verboten hatte. Am festgesetzten Tag gingen wir zum städtischen Krematorium und nahmen ein kleines Holzkästchen in Empfang, alles, was von unserem Vater noch übriggeblieben war. Wir setzten seine Asche auf einem kleinen Friedhof bei, nicht weit von unserem Wohnblock.

Dieser traurige Tag markierte nicht das Ende, sondern den Beginn unserer Trauer. Die schwere Düsternis, die sich mit dem Tod unseres Vaters über uns gelegt hatte, vertiefte sich mit den Wochen immer mehr, bis sie uns alle in einem dicken, lautlosen Nebel des Leids erstarren ließ. Wir fühlten uns nicht einmal mehr als Familie, denn es waren die Liebe und die Fröhlichkeit meines Vaters gewesen, die uns, wie ich nun entdeckte, miteinander verbunden hatte. Zurückgeblieben waren eine unglückliche Frau und vier jammervolle Kinder, trauernd, aber unfähig oder nicht willens, einander Trost zu spenden.

Liang-yue redete endlos mit Ming-yue und mir über die Umstände von Vaters Tod, für den er sich die Schuld gab. Diese Selbstanschuldigungen endeten stets damit, daß wir alle schluchzend dasaßen, und nach den ersten paar Malen begannen mein jüngerer Bruder und ich ihm aus dem Weg zu gehen. Danach fing er an, im Haus herumzuwandern und mit sich selbst zu reden, und ich fragte mich allmählich, ob er den Verstand verlor.

Mein jüngerer Bruder sprach wenig, brach aber bei der geringsten Erwähnung meines Vaters in Tränen aus. Er redete nicht darüber, doch er hatte offensichtlich Alpträume, denn ich hörte ihn oft in der Nacht aufschreien. Er saß dann kerzengerade im Bett und rief: »Vater, Vater! Komm zurück!« Die Worte, die er mit der gleichen verzweifelten Stimme am Strand gerufen hatte.

Ich hatte keine Zeit für Liang-yues Selbstvorwürfe oder Ming-yues nächtliche Schrecken; ich war viel zu sehr damit beschäftigt, mich in eine Phantasiewelt zurückzuziehen. Ich weigerte mich zu glauben, daß Vater tot war. Er war einfach nur auf einer langen Reise, so redete ich mir ein, und würde bald wieder zurückkommen und bei uns sein. Ich bin mir nicht sicher, wie stark ich an dieses angenehme Märchen glaubte, aber es ließ mich die schwierigen Wochen nach dem Tode meines Vaters durchstehen. Zumindest war ich diejenige, die, nachdem meine Großeltern wieder abgereist waren, den Haushalt in Gang hielt, einkaufte, einfache Mahlzeiten kochte und die Wäsche wusch. Alle diese Dinge tat ich nicht für meine Mutter oder meine Brüder, ich tat sie für meinen Vater. Ich malte mir aus, was es für eine Freude sein würde, wenn er wieder nach Hause käme. Und wie er mich nach seiner Rückkehr loben würde!

Eine sehr ausgeklügelte Version meiner Tagträume fand bald in meine nächtlichen Traumbilder Eingang. Und zwar träumte ich jede Nacht den gleichen Traum von seiner Rückkehr: Er stand da mit breitem Lächeln und mit Geschenken beladen. Die Familie erlebte eine glückliche Wiedervereinigung. Dann setzte er mich auf seinen Schoß und bürstete mir das Haar, wie er es stets getan hatte. »Warum bist du so lange weggewesen?« fragte ich ihn dann. Er gab keine Antwort und lächelte nur.

Ich wachte immer ganz glücklich aus dem Traum auf. Er war so lebhaft, daß ich überzeugt war, mein Vater sei zurückgekehrt. Dann rannte ich ins Zimmer meiner Eltern, nur um meine Mutter allein schlafend vorzufinden.

Im Laufe der Wochen nistete sich allmählich dann doch die Realität von Vaters Tod in meinem Bewußtsein ein. Danach verschwand auch die Freude des Traums mit dem Moment meines Aufwachens, und ich vergoß bittere Tränen über den Verlust. Den Traum aber träumte ich noch monatelang danach.

Vaters Tod traf Mutter am härtesten. Sie hatte uns immer gesagt, sie habe ein *kuming*, ein bitteres Schicksal, und es sei ihr vorherbestimmt, ihr ganzes Leben lang Not und Unglück zu erleiden. Bis zu ihrem Umzug nach Shenyang hatte sie sich nichts vom Leben versprochen und so ziemlich das bekommen, was sie sich vom Leben erwartet hatte. Vater hatte das alles geändert und ihr Sicherheit und Wohlbefinden geschenkt.

Er hatte sie sogar vor dem Druck des »Großen Sprungs nach vorn« beschützt – vor den irrationalen Ängsten, die dieser von Menschen produzierte Wirbelsturm säte, und seiner Ernte, der nur allzu realen Hungersnot. In jenem schwarzen Winter 1959 und auch im folgenden Frühling hatte er uns fast täglich erzählt, daß bessere Tage kommen würden und wir nichts zu fürchten hätten, solange wir an einem Strang zögen. Je schlimmer die Zustände wurden, desto heiterer wurde er in seiner Zuversicht. Wir alle fühlten uns sicher im Umfeld seiner stetigen Liebe und betrachteten die Welt aus dem Blickwinkel des reinen Optimismus. Und niemand brauchte ein solches Refugium dringender als meine Mutter.

Sie versank nun, wie mir später klar wurde, in eine lange und schwere Depression. Sie, die ohnehin immer eine stille Person gewesen war, sehr streng und ohne ein Lächeln, es sei denn in der Gegenwart unseres Vaters, legte sich nun ins Bett, schlief zwölf bis vierzehn Stunden am Stück und starrte in den kurzen Zeiten, die sie wach war, mit starrem Blick an die Decke. Sie stand nur auf, um auf die Toilette zu gehen, und legte sich dann sofort wieder hin. Sie nahm sehr stark ab, da sie fast nichts aß. Sie zeigte keinerlei Interesse an mir oder meinen Brüdern, auch nicht an Ying-yue, dem Baby, das ihre Liebe und Aufmerksamkeit verzweifelt gebraucht hätte.

Ich hatte die Schrankschublade entdeckt, in der sie ihr Geld aufbewahrte, und nahm regelmäßig das heraus, was ich zum Essenseinkauf brauchte. Sie sah nur wenige Schritte entfernt vom Bett aus zu, sagte aber kein Wort, obwohl sie doch vor ihrer Krankheit jeden Pfennig genau abgezählt hatte. Sie trauerte auch nicht auf normale Weise, denn ich sah sie nie mit roten Augen und hörte sie auch nie weinen. Wochen vergingen.

Am Anfang kümmerte es mich nicht, daß uns Mutter, in ihrer Dunkelheit versunken, verlassen hatte. Ich war zu sehr damit beschäftigt, für Vater den Haushalt zu führen, der ja bald zurückkommen würde. Erst als ich mir seinen Tod eingestand und akzeptierte, daß er nie mehr zurückkommen würde, wandte ich meine Gedanken meiner Mutter zu. Mir wurde klar, daß sie unbedingt wieder auf die Beine kommen mußte. Ich war erst elf Jahre alt und sollte nun in die fünfte Klasse kommen. Ich hatte mich, so gut ich konnte, um alle gekümmert, war aber nicht imstande, das noch sehr viel länger durchzuhalten. Ich war von der Verantwortung für die Haushaltsführung völlig ausgelaugt und sehnte mich danach, wieder das Leben eines normalen elfjährigen Mädchens zu führen. Um meinetwillen mußte sie unbedingt wieder gesund werden.

Das Problem war, daß ich keine Ahnung hatte, was ich tun sollte. Sie war so still und in sich zurückgezogen, daß meine Aufmunterungsversuche absolut keinen Widerhall fanden. Sie lag im Bett, meist mit dem Gesicht zur Wand, und Fragen beantwortete sie bestenfalls mit einsilbigem Brummen.

Schließlich war es eher einem Zufall als einem Plan zu verdanken, daß ich ihre Aufmerksamkeit gewann. Wir hatten nichts mehr zu essen, und ich brauchte zehn Yuan, um die monatliche Goaliangration abzuholen. In der Schublade meiner Mutter befanden sich aber nur noch ein Yuan und etwas Wechselgeld. »Wir haben nicht mehr genug Geld für die Getreideration«, sagte ich zu ihr. »Ich habe fast alles Geld verbraucht, das du in der Schublade hattest.«

Sie drehte sich um, sah mich an und setzte sich auf. Langsam überzogen sich ihre Wangen mit Zornesröte. »Du verschwenderisches Kind«, grummelte sie schließlich. »Wir brauchen dieses Geld zum Überleben. Vor allem jetzt, da dein Vater... nicht mehr bei uns ist.« Ihre Stimme war erst leise und zögerlich, gewann aber dann an Tempo und Lautstärke, als sie fortfuhr, mich zu schelten. »Weißt du nicht, daß wir mitten in einer Hungersnot sind? Wie kannst du bloß alles Geld so schnell verbraucht haben?« Minutenlang schalt sie so weiter und brachte sich allmählich in Wallung. Ich hätte vor Freude weinen können. Nie hatte sich eine Strafpredigt so gut angehört.

Am nächsten Morgen verließ meine Mutter das Bett und zog sich an. Sie wollte zur Universität, so sagte sie uns, um festzustellen, warum ihr erster Pensionsscheck nicht eingetroffen war. Als Vaters überlebender Ehepartner müßte sie weiterhin achtzig Prozent seines Monatsgehalts beziehen. »Es tut mir leid, ich kann Ihnen keine Pension bewilligen«, sagte ihr dann der Parteisekretär der Universität. »Wir haben den Ausflug an den Kristallsee als kollektives Unternehmen der Universität genehmigt. Aber Ihr Mann hat sich vorsätzlich geweigert, daran teilzunehmen. Er hat die Fahrt nicht mit den dafür vorgesehenen Bussen unternommen. Und am Strand hat er sich, statt sich seiner Einheit anzuschließen, von uns abgesondert. Wäre er ertrunken, während er an einer kollektiven Aktivität teilnahm, dann hätten Sie auf eine Pension Anspruch. Aber da Sie sich individuellen Aktivitäten gewidmet haben, trägt die Universität natürlich keine Verantwortung...«

Meine Mutter wollte protestieren, doch Parteisekretär Zhang hob die Hände. »Da gibt es die, die der Meinung sind, daß Sie nichts von der Universität bekommen sollten«, fuhr er fort. »Dieser Ansicht bin ich nicht. Ich finde das zu hart, ohne menschliches Mitgefühl. Obwohl Ihr verstorbener Mann gelegentlich einem kleinbürgerlichen Verhalten nachgab, war er doch der Partei gegenüber absolut loyal, und er war ein guter Lehrer. Ich habe deshalb angeordnet, daß Ihnen die einem Jahresgehalt entsprechende Summe gezahlt wird, natürlich auf achtzig Prozent reduziert.« Sollte meine Mutter gegen seine Entscheidung Einwände erheben, so warnte er, würde er dafür sorgen, daß sie gar nichts bekam.

Meine Mutter war nicht in der Position, mit ihm verhandeln zu können. Es stand zuviel auf dem Spiel. Wir hatten unsere letzten Ersparnisse aufgebraucht. Die Tonkrüge, in denen wir unsere Getreiderationen aufbewahrten, waren leer. Mutter akzeptierte sein Angebot und bat nur darum, daß ihr die ganze Summe sofort ausgezahlt würde. Sie beklagte sich nach ihrer Rückkehr bitter darüber, wie »die Universitätsfunktionäre eine arme Witwe übervorteilten«. Ich hörte kaum, was sie sagte. Ich sonnte mich nur in ihrer neu erwachten Lebenskraft. Es war mir egal, ob sie je wieder lächelte; auch Zorn war ein Zeichen von Leben.

Sekretär Zhang tat noch etwas für unsere Familie. Er sorgte dafür, daß Liang-yue eine Lehrstelle in einer der Universität angeschlossenen Maschinenwerkzeugfabrik bekam. Normalerweise mußten Lehrlinge die untere Stufe der Mittelschule abgeschlossen haben und mindestens fünfzehn Jahre alt sein, aber für meinen Bruder, der erst dreizehneinhalb war, wurde eine Ausnahme gemacht. Liang-yue, der in Vaters Fußstapfen treten und auch hatte Ingenieur werden wollen, weinte, als er erfuhr, daß er aus der Schule genommen würde. Die Familie brauchte jedoch die vierundzwanzig Yuan, die er monatlich nach Hause bringen würde, sagte meine Mutter und erledigte damit die Sache ein für allemal.

Drei Monate später wurde die Fabrik, in der mein Bruder nun arbeitete, von der Luftwaffe übernommen. Um den Wissensstand der Arbeitskräfte zu verbessern, wurden alle Lehrlinge einer nahegelegenen Technischen Hochschule zugewiesen. Nach Absolvierung eines regulären dreijährigen Studienkurses sollten sie dann als voll qualifizierte Techniker in die Fabrik zurückkehren. Mein Bruder war über die Aussicht einer weiterführenden Ausbildung begeistert. Dann – die Hungersnot wurde täglich schlimmer – schloß die Hochschule mitten im ersten Studienjahr die Pforten. »Glück ist nie von langer Dauer«, tröstete meine Mutter Liang-yue, der diese Nachricht sehr schlecht aufnahm. Aber als man dann die Studenten zur Erntehilfe aufs Land abkommandierte, weigerte sie sich, ihn gehen zu lassen. »In den Dörfern gibt es nichts zu essen. Die Bauern essen schon die Rinde von den Bäumen.«

Vater starb, als die Hungerkatastrophe auf ihrem Höhepunkt war, und diese beiden Ereignisse sind in meiner Erinnerung untrennbar miteinander verbunden. Die schreckliche Leere, die sein plötzlicher Tod hinterließ, vermischte sich unmerklich mit den Schmerzen eines leeren Magens und der Angst vor dem Verhungern. Meine Mutter ging mit dem Geld, das sie von der Universität erhalten hatte, außerordentlich geschickt um, und eine Weile lang aßen meine Brüder und ich besser als unsere Nachbarn. Aber die Schwarzmarktpreise schossen in die Höhe, als die Nahrungsmittel immer knapper wurden, und noch weit vor Ende 1960 war die Geldschublade wieder leer.

Meine Nahrung vor der Hungersnot war ziemlich eintönig gewesen. Mein Magen vertrug kein grobkörniges Getreide wie Gaoliang oder Futtermais, und deshalb bestand meine Mahlzeit stets aus gekochtem, gedämpftem oder gebratenem Reis oder aus Weizen in Form von Nudeln, Fladen oder Klößen. Dazu gab es ausschließlich gekochten Kohl, das billigste Gemüse auf dem Markt. Als die monatliche Fleischration 1959 abgeschafft wurde, machte das für mich wenig Unterschied, da meine Mutter ohnehin fast nie Fleisch oder Fisch kaufte, mit oder ohne Bezugsscheinen. Die Abschaffung der Ölration zum Kochen Anfang 1960 war allerdings ein Schlag, denn jetzt konnte mein Reis nicht mehr gebraten, sondern nur noch zu einem Brei gekocht oder gedämpft werden. Und mir fehlte der Kohl, der zusammen mit allen anderen Gemüsen zur selben Zeit vom öffentlichen Markt verschwand. Übrig blieb allein die Getreideration, und auch diese wurde sehr schnell reduziert.

Der Tiefpunkt kam zu Beginn des Jahres 1960, als meine Mutter feststellte, daß ihre Ration auf bloße zehn *jin*, also gute zehn Pfund gesenkt worden war. Die Kinderrationen für meine Brüder und mich waren nach unserem jeweiligen Alter gestaffelt. Ich erhielt etwa die Hälfte einer Erwachsenenration, Liang-yue ein bißchen mehr, Ming-yue und Ying-yue ein bißchen weniger. Das einzige Zugeständnis an unser zartes Alter bestand darin, daß unsere ganze Ration in Reis ausgegeben wurde, der nahrhafter und leichter verdaulich war als das grobkörnige Getreide, das meine Mutter bekam.

Meine Brüder und ich mußten im Monat mit etwas weniger als insgesamt sieben Pfund auskommen. Das bedeutete ungefähr 250 Gramm gekochten Reis pro Tag oder eine große Schüssel voll für uns alle – zu wenig, um davon zu leben. Bald hatten wir hohle Wangen, stachen unsere Rippen hervor und verloren wir unseren jugendlichen Elan. Wir rannten und hüpften nicht mehr zur Schule, sondern schlurften dahin, setzten bewußt langsam einen Fuß vor den anderen und gingen wie uralte Menschen.

Mutter, die noch schlimme Erinnerungen an den Hunger in ihrer Kindheit hatte, erzählte uns, daß wir alle verhungern würden. »Unsere Getreideration reicht nicht aus, um uns am Leben zu erhalten«, sagte sie. »Bei dem bißchen Nahrung verhungern die Menschen sehr schnell. Wir werden den Frühling nicht mehr erleben.«

Doch trotz ihrer ständigen Bemerkungen über unseren bevorstehenden Untergang schien sie entschlossen, uns durchzubringen. Sie teilte uns unsere Rationen sehr sorgsam zu und hielt einen strikten Zeitplan für die Mahlzeiten ein. Frühstück gab es Punkt sechs Uhr dreißig, Mittagessen um halb zwölf und Abendessen um halb sechs. Wie sehr wir auch betteln mochten, Essen gab es nicht eine Minute früher. Außerdem sorgte sie dafür, daß wir jeden Abend um halb sieben im Bett lagen und nicht vor dem Frühstück aufstanden. »Je mehr ihr schlaft und je weniger ihr euch bewegt, desto weniger hungrig seid ihr«, sagte sie. Trotzdem wachte ich häufig mitten in der Nacht mit einem nagenden Hungergefühl im Bauch auf. Schlief ich, so träumte ich oft vom Essen, was meinen Appetit nur noch mehr anregte. Das kleine Reisschälchen, das ich dreimal am Tag erhielt, war stets in Sekunden verschlungen und konnte meinen zunehmenden Heißhunger kaum stillen.

Die Schulen blieben geöffnet, und meine Brüder und ich nahmen weiterhin am Unterricht teil. Mutter erlaubte uns nicht, zu

Hause zu bleiben, wie es viele andere Kinder taten. Ich war immer eine gute Schülerin gewesen, fand es aber jetzt unmöglich, mich auf das, was die Lehrerin sagte, zu konzentrieren. Das einzige Thema, das mich interessierte, war das Essen, aber wir durften in der Schule nicht über den Nahrungsmangel sprechen. Ich versuchte zuzuhören, wenn die Lehrerin jeden Morgen mit ihrem Unterricht begann, aber bald schon wurden ihre Worte von den wütenden Forderungen meines leeren Magens überlagert. Dann nahm ich eine Weile Zuflucht zu angenehmen Tagträumen von meinem Vater, aber der Hunger hatte ein längeres Gedächtnis als mein Geist. Er wuchs und wuchs, bis er mein ganzes Sein erfüllte.

Meine Unaufmerksamkeit im Unterricht spielte kaum eine Rolle. Die Lehrer lebten von den gleichen kärglichen Rationen wie wir alle und brachten nicht mehr die Energie zur Strenge auf. Auch sie bewegten sich langsam durch den Tag. Meine Lehrerin stand nicht mehr vor der Tafel, sondern blieb sitzen, was es noch schwieriger machte, ihrer Rede zu folgen. Kinder, die im Unterricht gähnten, wurden nicht mehr gescholten, und die, die einschliefen, wurden sanft wachgerüttelt. »Mußt du nach Hause und dich ausruhen?« fragte die Lehrerin dann mit besorgter Stimme. Nachmittags, wenn die Energie aller auf dem Tiefpunkt war, wies sie uns an, die Köpfe auf die Pulte zu legen und die Augen zu schließen. Sie machte es ebenso. In dieser Weise verdösten wir ganze Nachmittage und rappelten uns, wenn die Glocke das Ende des Schultags verkündete, wieder hoch.

Eines Tages wurde mitten im schwärzesten Winter eine Schulversammlung abgehalten. Direktor Gao, nun etwas dünner geworden und nicht mehr ganz so übersprudelnd, stand auf und klagte die Sowjetunion an. »Unser ehemaliger ›großer Bruder‹ hat uns verraten«, verkündete er uns. »Chruschtschow, der Revisionist, hat alle sowjetischen Ingenieure und Techniker nach Hause geholt, die unserm Land beim sozialistischen Aufbau geholfen haben. Er hat alle Verträge über eine wissenschaftliche und technische Zusammenarbeit zerrissen. Er hat alle Darlehen der Sowjetunion an China zurückgefordert.«

Ich schenkte dem, was Direktor Gao da sagte, wenig Aufmerksamkeit, bis er das Thema Essen zur Sprache brachte. »Vorsitzender Mao hat gesagt, daß wir unsere Schulden an die Sowjetunion zurückzahlen müssen«, fuhr er fort. »China darf keine Schuldnernation sein. Das ist eine Sache des nationalen Stolzes. Wir müssen knausern und sparen, bis die Darlehen zurückgezahlt sind. Deshalb haben wir kein Obst, kein Gemüse, kein Getreide. Es wird verkauft, um Geld aufzutreiben. Für unseren Nahrungsmittelmangel ist das rücksichtslose Verhalten der Sowjetunion verantwortlich.«

Das war eine Erleuchtung für mich, wenn auch nicht so, wie sich Direktor Gao das gedacht hatte. Zum erstenmal begriff ich, daß nicht nur in und um Shenyang herum die Nahrungsmittel knapp waren, sondern auch in anderen Regionen Chinas. Und das bestätigte sich, als unsere Familie ein paar Wochen später eine Sonderration von zehn Pfund Weizenmehl aus dem staatlichen Getreidelager erhielt. Die Regierung hatte das Mehl zur Kaschierung seiner Herkunft in heimisch hergestellte Säcke umverpackt, aber die Lagerangestellten erzählten flüsternd, daß es aus Kanada käme. Ich war schockiert, daß die Partei, die immer noch den enormen Anstieg der Getreideproduktion während des »Großen Sprungs nach vorn« rühmte, Weizen aus einem fremden Land importierte – aus einem verhaßten kapitalistischen Land noch dazu. Liang-yue und ich schlossen daraus, daß in ganz China kein Getreide mehr zu haben war. Und daß die Gerüchte über eine massive Hungersnot im ganzen Land stimmen mußten.

Später wurde mir klar, daß Maos Zwangsmaßnahmen dafür verantwortlich waren. Der Vorsitzende hatte sich eingebildet, daß er seine Landsleute, wenn er sie zwang, zusammen aus demselben großen Topf zu essen und auf denselben großen Feldern zu arbeiten, dazu bringen würde, das Gemeinwohl über ihr enges Eigeninteresse zu stellen. Aber mit seinen Hirngespinsten hatten die schlauen Bauern nichts am Hut. Die alten Loyalitäten gegenüber der eigenen Person, der Familie und Verwandtschaft standen nach wie vor an erster Stelle. Natürlich marschierten die Bauern eifrig morgens, mittags und abends in die Kantinen, um sich an ihren kostenlosen Mahlzeiten sattzuessen. Aber wenn es dann an der Zeit war, auf die Felder zu gehen, trödelten sie dahin. Wohl wissend, daß sie ohnehin ihr Essen bekämen, ob sie nun arbeiteten oder nicht, arbeiteten sie so wenig wie möglich und zogen es vor, sich mit ihren vollen Bäuchen auszuruhen.

Die Nahrungsmittelproduktion wurde zudem geschmälert, weil ein so großer Nachdruck auf die »Stahlproduktion« gelegt wurde. Die Führer der neuen Volkskommunen öffneten alle Schleusen in ihren Bemühungen, die von ihren Parteioberen festgesetzten Quoten zu erfüllen. Man schätzt, daß auf dem Höhepunkt der Kampagne mehr als einhundert Millionen arbeitsfähige Menschen an den Schmelzöfen arbeiteten, sie mit Alteisen fütterten und Tag und Nacht in Gang hielten. Die Ernte 1958 fiel nicht wegen schlechter Wetterbedingungen, wie Mao später behauptete, kärglich aus, sondern weil zuviel davon auf den Feldern verrottete. Und die Ernte 1959 war sogar noch katastrophaler.

Mit Fortdauer der Hungersnot begannen viele Menschen in Shenyang an Hungerödemen zu leiden. Auch wir blieben nicht davon verschont. Mit Ausnahme des Babys schwollen unsere Körper an und wurden weißgelblich wie weiße Rüben. Unter unserer Haut sammelte sich so viel Wasser an, daß wir nicht mehr bluteten, wenn wir uns schnitten. Statt Blut tropfte eine schwach rosafarbene Flüssigkeit heraus. Auch bildete sich kein Wundschorf, und selbst der kleinste Kratzer verheilte lange nicht.

Und da wir infolge der Unterernährung immer schwächer wurden, bekamen wir auch verschiedene andere Krankheiten. Wir waren alle anämisch und Mutter wie auch Liang-yue bekamen eine Hepatitis B. Die Ärzte konnten kaum mehr tun als Mutters Krankenurlaub zu verlängern. Es gab keine Medikamente. »Wenn Sie irgendwo etwas Plazentapulver auftreiben könnten...«, flüsterte ihr ein mitfühlender Arzt zu.

Es gab einen blühenden Schwarzmarkt für menschliche Plazentas, die zur Nahrungsergänzung von chinesischen Pharmazeuten getrocknet und zu Pulver zerrieben wurden. Plazentapulver, wie es genannt wurde, enthielt bekanntermaßen eine Menge Eisen und Protein und war ein gutes Heilmittel für Anämie und Ödeme. Das Problem war, daß im Frühling 1961 eine einzige Unze (ca. 28 Gramm) für zehn Yuan und mehr verkauft wurde. Die meisten Frauen hatten mit der Hungersnot aufgehört zu menstruieren, und es wurden weniger Babys geboren.

Viele unserer Nachbarn hatten ihre Möbel verkauft, um Lebensmittel und Medizin zu kaufen, aber wir hatten nichts, was wir hätten verkaufen können. Gleich nach Vaters Tod hatte die Universität die lackierten Mahagonimöbel, die sie uns geliehen hatte, zurückgefordert, und wir saßen in einer leeren Wohnung. Wir organisierten uns ein Dutzend Lattenkisten verschiedener Größe, die wir als Tische und Stühle benutzten. Die meisten davon waren so unstabil, daß sie ohnehin ständig zusammenzubrechen drohten. »Wenn nur euer Vater nicht gestorben wäre«, stohnte Mutter, »dann befänden wir uns jetzt nicht in einer solchen Lage.«

Aber sie wußte, sie mußte irgendwie Geld auftreiben. Vor allem Liang-yue, dessen Hepatitis sich zu verschlimmern schien, mußte besser essen, um sich erholen zu können. Das Wetter war inzwischen warm geworden, und Mutter beschloß, den größten Teil unserer Winterkleidung zu verkaufen, um Essen zu kaufen. Unsere wattierten Baumwolljacken und Hosen brachten an die zwanzig Yuan auf dem Schwarzmarkt, genug, um eine Unze Plazentapulver und ein paar Pfund Mehl zu kaufen. Die zeitweilige Verbesserung unserer Nahrung hinderte die von den Ödemen hervorgerufenen Schwellungen, und mein Bruder erholte sich rasch.

Nachdem diese Zusatznahrung aufgebraucht war, verkündete meine Mutter, daß es nun an der Zeit sei, »Blattpfannkuchen« zu backen. Die Straße, an der wir wohnten, war zu beiden Seiten von majestätischen Pappeln umsäumt. Es war ein feuchter warmer Frühling gewesen, und die Bäume waren von einem dichten Mantel grüner Blätter überzogen. Meine Mutter ließ Liang-yue mit einem Korb den nächststehenden Baum erklettern und ihren Anweisungen gemäß nur die zartesten und frischesten Blätter abpflücken. Diese wurden über Nacht in Wasser eingeweicht, um sie von der Gerbsäure zu befreien. Dann tauchten wir die nassen Blätter von beiden Seiten in Mehl und brieten sie eines nach dem anderen ohne Öl im Wok. Heraus kam ein unregelmäßig geformter Pfannkuchen mit einem Blatt in der Mitte.

Der Geruch dieser brutzelnden Blattpfannkuchen machte mir den Mund wässrig, aber sie schmeckten bei weitem nicht so gut, wie sie aussahen. Trotz des Einweichens behielten die Pappelblätter einen bitteren Geschmack, der meine Speicheldrüsen zu lautem Protest veranlaßte. Das schlimmste aber waren die Verdauungsstörungen, die sie bewirkten. Einen Tag, nachdem meine Mutter sie zum Bestandteil unserer Mahlzeiten gemacht hatte, regte sich in unserem Darm so gut wie nichts mehr. Eine Woche lang fühlten wir uns zunehmend aufgeschwemmter und verkrampfter. Schließlich sagte meine Mutter, wir müßten die harten, kleinen Kotbällchen mit den Fingern herauspulen. Meine Brüder und ich waren viel zu hungrig, um uns groß darum zu kümmern; wir verschlangen weiterhin ohne Protest diese Pfannkuchen.

Unsere Nachbarn, die Stadtmenschen waren, wußten nicht, daß man Pappelblätter essen kann. Sie lachten uns aus, als wir anfingen, körbeweise Blätter abzupflücken. Aber die Nachricht von unseren Blattpfannkuchen verbreitete sich rasch. Bald kletterten jeden Tag Dutzende von Menschen auf die Bäume und ließen ganze Äste völlig kahl zurück. Selbst grüne Zweige wurden abgebrochen. Am Ende war an keinem der

Bäume noch irgendein Zeichen grünenden Lebens zu entdecken. Es sah aus, als sei der Winter vorzeitig zurückgekehrt.

Die Lage auf dem Land muß noch verzweifelter gewesen sein, denn die Straßen von Shenyang waren voll von hungrigen Bettlern: zerlumpten, abgerissenen Vogelscheuchen mit hohlen Wangen und leblosen Augen, die lebenden Skeletten glichen. Da waren die Kinder mit ihren dürren Gliedmaßen und aufgeschwollenen Bäuchen, die erbarmungswürdig nach Essen riefen. Da waren junge Männer so verrückt vor Hunger, daß sie einem die Blattpfannkuchen aus der Hand gerissen hätten, wenn man sich zu nah an sie herangewagt hätte.

Den schlimmsten Anblick boten die, die an Ödemen litten. Viele hatten mit ihren »Rübenfüßen« weite Strecken zurückgelegt, und ihre Füße und Knöchel waren mit riesigen Blasen bedeckt. Ich erinnere mich an einen Bauern, dessen ganze rechte Fußsohle von einer einzigen Blase bedeckt war. Er humpelte schrecklich. Aber er war noch besser dran als viele andere, deren Füße so wund und vereitert waren, daß sie gar nicht mehr laufen konnten und auf Händen und Knien kriechen mußten, um zu betteln.

Trotz des Anblicks dieser Bettler hatte ich zu jener Zeit kaum eine Vorstellung, wie schlimm die Dinge auf dem Land tatsächlich standen. Ich war geneigt, die Geschichten von Dörfern, deren Bewohner durch den Hungertod dezimiert wurden, und von Weilern, in denen keine lebende Seele mehr übrigblieb, als Übertreibungen abzutun. Erst Jahre später auf der Schwesternschule erfuhr ich von Mitschülerinnen, die vom Land kamen, von den Schrecken, die sie durchgemacht hatten. Eine von ihnen erzählte mir, daß in ihrem Dorf gleich zu Beginn der Hungersnot der kommunale Schweinestall aus Futtermangel geschlossen worden war. Die noch vorhandenen Sorghumhülsen und entkernten Maiskolben wurden zu einer Art Brei verkocht und von den Menschen gegessen. Die Schweine hingegen wurden zur kommunalen Latrine gebracht und mit menschlichen

Exkrementen gefüttert. »Alle waren angewiesen, ihr ›großes Geschäft‹ in der Latrine zu verrichten, damit die Schweine genug zu fressen hatten«, erzählte sie mir. »Aber ich habe mich doch auf die Felder geschlichen. Ich konnte es nicht ertragen, daß, sobald ich mich niedersetzte, drei oder vier Schweine mit ihrem Rüssel an mir herumschnüffelten, jedes darauf aus, als erstes an meine Exkremente zu kommen.« Die Dorfbewohner sprachen allerdings bald das Todesurteil über die hungrigen Schweine und schlachteten und verspeisten sie, bevor sie noch magerer wurden.

Eine andere Freundin erzählte mir, wie stark die Hungersnot die Bevölkerung ihres Heimatdorfes dezimiert hatte. Einige Bauern, die zur Arbeit gezwungen waren, aber nicht mehr die Kraft dazu hatten, brachen auf den Feldern zusammen und starben. Andere versuchten, in die Stadt zu fliehen, hauchten aber schon nach ein oder zwei Kilometern ihr Leben vor Erschöpfung aus. Die, die blieben, von Hunger geschwächt und durch Unterernährung unmäßig aufgeschwollen, starben oft im Bett, und um ihre Leichname standen weinende, aufgequollene Kinder, die um Essen flehten. Sie selbst hatte Glück, sagte meine Klassenkameradin. Sie und ihr Vater hätten überlebt, indem sie jeden Tag die Hügel nach Blättern und Samen aller Art abgesucht hätten. »Einmal haben mein Vater und ich eine ganze Woche damit verbracht, die Rinde von einer großen Ulme abzuschälen. Wir zogen die dünne Schicht lebendiger Zellen von der Innenseite der Rinde ab, trockneten sie und zerrieben sie dann zu Pulver. Ein paar Wochen lang lebten wir dann von Baumrindenbrei.« Als ich sie nach dem Rest ihrer Familie fragte, wandte sie die Augen ab. »Meine Mutter ist zuerst gestorben, dann mein Bruder, der noch ein Baby war, und dann meine zwei jüngeren Schwestern«, sagte sie leise. »In meiner Familie haben nur mein Vater und ich überlebt.«

Die Parteizeitung des Bezirks Shenyang berichtete sogar über Fälle von Kannibalismus auf dem Land, denen ich allerdings kaum Glauben schenken konnte, bis mir eine andere

Klassenkameradin erzählte, daß dies auch in ihrem eigenen Dorf vorgekommen sei. Eine Bäuerin konnte das unaufhörliche Gebettel um Essen und Weinen ihrer zweijährigen Tochter nicht mehr ertragen und erwürgte sie, vielleicht auch, um sie von ihrem Leid zu erlösen. Sie übergab das tote Kind ihrem Mann, damit er es begraben sollte. Der aber, vor Hunger völlig von Sinnen, warf ihren Körper zusammen mit den paar Essensresten, die sie noch ergattert hatten, in den Kochtopf. Er zwang seine Frau, eine Schale von diesem Gericht zu essen. Diese aber berichtete in einem Anfall von Gewissensbissen den Behörden vom Verbrechen ihres Mannes. Die Tatsache, daß sie freiwillig ihre Schuld bekannt hatte, spielte keine Rolle. Zwar gibt es im Gesetzbuch der Volksrepublik kein Gesetz gegen Kannibalismus, doch das Amt für Öffentliche Sicherheit behandelte solche Fälle, die nur allzu häufig waren, mit äußerster Härte. Mann und Frau wurden festgenommen und ohne viel Federlesens hingerichtet.

Hätte der Vorsitzende Mao zugegeben, so wurde mir später klar, daß China vor einer Hungerkatastrophe stand, und hätte er um internationale Hilfe in dieser Not gebeten, dann hätten Millionen von Leben gerettet werden können. Aber statt Chinas Probleme aufzudecken – und seine eigene Inkompetenz als Führer –, versuchte er, die Hungerkatastrophe zu vertuschen und verurteilte damit viele seiner Landsleute zu einem langsamen und qualvollen Tod. Mao war nicht nur unfähig, er war auch gegenüber dem Leiden meines Volkes auf grausame Weise gleichgültig.

Die Zahl der Toten in dieser vielleicht schlimmsten Hungerkatastrophe in Chinas langer Geschichte war enorm hoch. Nach den Zahlen, die später vom staatlichen Amt für Statistik veröffentlicht wurden, sank die Bevölkerungszahl Chinas von 672 Millionen im Jahr 1959 auf 658 Millionen im Jahr 1961, aber die tatsächliche Anzahl der Toten war über zweimal so hoch. Millionen Kinder kamen tot auf die Welt oder starben innerhalb des ersten oder zweiten Lebensjahrs, und ihre Namen wurden in den Zensusunterlagen nie aufgeführt. Und weitere Millionen von Menschen kamen, von den Jahren zunehmender Unterernährung geschwächt, 1962 und 1963 um. 1963 belief sich, statistisch gesehen, das Durchschnittsalter der Verstorbenen auf 9,7 Jahre, wohingegen es vor dem »Großen Sprung nach vorn« noch 17,6 gewesen war. Mit anderen Worten, über die Hälfte der Menschen, die in diesem Jahr in China starben, waren Kinder unter zehn Jahren.

Insgesamt starben, wie ich nun weiß, über 30 Millionen Menschen, die überwiegende Mehrheit davon Bauern, als direkte Folge des »Großen Sprungs nach vorn«. Die vertrauenswürdigste Schätzung stammt von Chen Yizhi, der von 1982 bis 1989 Mitglied des Brain Trusts des Generalsekretärs der Partei Zhao Ziyang war. Nachdem er fast alle Provinzen Chinas besucht und die dortigen lokalen Schätzungen der Todesfälle zusammengesammelt hatte, kam er auf eine Gesamtzahl von 43 bis 46 Millionen Toten. Damit wäre sie die größte Hungerkatastrophe in der Geschichte menschlicher Zivilisation.

Im Frühling 1962 wendeten sich die Dinge für uns wieder zum Besseren. Der Hausmeister, der unter uns wohnte, fand ein kleines Stückchen Land auf dem Universitätsgelände, wo wir einen Gemüsegarten anpflanzen konnten. Sobald das Wetter warm wurde und die Gefahr eines späten Frosts vorbei war, gruben wir den Boden um und pflanzten Mais, süße Kartoffeln und Tomaten an. In diesem Sommer verbrachten wir fast jeden Tag auf dem Universitätsgelände, wässerten die Pflanzen und hatten ein wachsames Auge auf Diebe. Die süßen Kartoffeln gediehen besonders gut, und am Sommerende trugen wir jede Woche ganze Körbe voll nach Hause. Für uns war die Hungersnot zu Ende.

Als ich später in die Vereinigten Staaten kam, stellte ich fest, daß die meisten Menschen von dieser Hungerkatastrophe nie gehört hatten. Ich konnte es kaum glauben, aber einige amerikanische Chinabeobachter waren sogar so weit gegangen zu behaupten, daß es eine Hungerkatastrophe in China überhaupt nicht gegeben habe. Mir ist nicht klar, ob es sich hier um ein bewußtes Verschweigen oder nur Gleichgültigkeit handelte. Doch egal, was es war, viele dieser Experten legten auch später wieder die gleiche Haltung gegenüber den Berichten über Greueltaten im Zusammenhang mit der Ein-Kind-Politik an den Tag.

Im Herbst 1962 hatte sich Mutter gesundheitlich so weit erholt, daß sie wieder zur Arbeit gehen konnte. Sie litt zwar immer noch gelegentlich unter Migräneanfällen und hatte seither auch ständig hohen Blutdruck, aber sie hatte sich von der Hepatitis, Anämie und den Ödemen erholt, deretwegen sie zeitweise bettlägrig gewesen war. Ihr Krankenurlaub war beendet, und sie unterrichtete wieder ganztags.

Mein älterer Bruder und ich machten uns mehr Sorgen um ihre geistige Verfassung, denn in vieler Hinsicht blieb sie eine Gefangene ihrer Vergangenheit. Sie war wütend auf ihre Eltern, weil sie sie so früh als Waise zurückgelassen hatten, sie war wütend auf ihren Mann, weil er gestorben war, und sie war wütend auf die Verwandten ihres Mannes, besonders seine Eltern, weil sie ihr nicht halfen, uns großzuziehen.

Mutter war ganz und gar nicht als glückliche Person zu bezeichnen, aber die Ordnung und Regelmäßigkeit, die sie sich nun auferlegte, ließ uns schließlich doch weniger um sie fürchten. Sie stellte jeden Tag den Wecker auf fünf Uhr morgens und stand, wenn er klingelte, sofort auf. Sie warf uns um sechs Uhr morgens aus dem Bett, und es gab Frühstück. Punkt sechs Uhr dreißig ging sie aus dem Haus, um um sechs Uhr fünfzig, zehn Minuten vor Unterrichtsbeginn, in der Schule zu sein. Abends kam sie Punkt halb sechs wieder nach Hause, und um neun Uhr ging sie ins Bett; wir Kinder lagen schon eine Stunde früher im Bett.

Mutters zwanghaftes Ordnungsstreben erstreckte sich auch auf meine Brüder und mich. Die Haushaltspflichten waren strikt unter uns aufgeteilt. Ich hatte mich vor allem um Ying-yue zu kümmern und das Abendessen zu kochen. Und hier waren Mutters Anweisungen äußerst detailliert; sie setzte genau fest, wieviel Kohl zu welchem Preis gekauft und wie er gekocht werden sollte.

Die Geldbörse wurde, wie der Rest unseres Lebens, von ihr noch strenger als früher kontrolliert. Sie bezog ein monatliches Gehalt von siebenundvierzig Yuan und verfolgte die Ausgaben bis buchstäblich auf den letzten Pfennig. Während meiner ganzen Kindheit habe ich nie auch nur einen einzigen Film gesehen. Kinokarten für Schüler, die in der Schule verkauft wurden und nur ein paar Pfennige kosteten, waren meiner Mutter schon zuviel. »Ich kann mir einfach nicht vorstellen«, sagte sie gerne, »warum die Leute gutes Geld ausgeben, um ein paar Schatten auf einer Leinwand tanzen zu sehen. Du vergeudest einen ganzen Nachmittag und hast nichts vorzuweisen.«

Es wäre verständlich gewesen, wenn ich meine Mutter dafür gehaßt hätte, daß sie unser Leben bis auf den letzten Pfennig derart reglementierte, aber irgendwie kam mir der Gedanke nie. Als ich jung war, akzeptierte ich sie einfach so, wie sie war, machte ihr keine Vorwürfe und bemitleidete sie auch nicht. Als ich älter wurde, erkannte ich, daß ihre Bitterkeit über Vaters Tod ihre ohnehin schon tiefe Unsicherheit nur noch verstärkt hatte. Nur wenn sie sich – und uns alle – in ein enges und starres Zeit- und Geldbudget einband, konnte sie mit den Schlägen, die ihr ihr unseliges Schicksal antat, fertig werden. Obschon mir schließlich klar wurde, daß ihre Ordnungssucht zwanghaft war, gab mir dies doch eine seltsame Sicherheit. Wenigstens war sie imstande zu funktionieren.

Als Liang-yues Technische Hochschule im Februar 1963 ihre Pforten erneut öffnete, durfte er sich wieder dort einschreiben, obwohl er sich vor zwei Jahren der Anordnung »aufs Land zu gehen« widersetzt hatte. Wir erfuhren, daß sich damals auch viele andere Studenten unerlaubt entfernt hatten, und daß die, die sich dem Lastwagenkonvoi aufs Land angeschlossen hatten, nicht lange dort geblieben waren. Zwei Monate nach ihrer Ankunft hatte der Kommandant der Staatsfarm, der sie zugewiesen worden waren, verkündet, daß alle Nahrungsmittelvorräte aufgebraucht seien. Liang-yues Kommilitonen desertierten daraufhin massenweise und schlichen sich heimlich nach Shenyang zurück. Und wie Liang-yue blieben auch sie während der schlimmsten Zeit der Hungersnot zu Hause.

Zurück an der Hochschule hatte Liang-yue nun auch wieder Anspruch auf sein Lehrlingsgehalt. Zahltag war der erste des Monats, und er kam dann nach Hause und wedelte mit seinen vierundzwanzig Yuan herum. »Das ist für dich, Mutter«, sagte er, sobald er die Aufmerksamkeit aller auf sich gezogen hatte, und überreichte ihr mit schwungvoller Geste das Geld.

Mutters Augen glänzten dann, und in ihrem Gesicht leuchtete fast so etwas wie ein Lächeln auf. »Du bist ein guter Sohn, Liang-yue«, antwortete sie. »Wenn der Rest von euch älter ist und eine Arbeit wie Liang-yue bekommt, dann werden die Dinge für uns alle besser werden. Wir werden uns besseres Essen und bessere Kleidung leisten können.«

Als ich mir Monat für Monat Mutters Lob für Liang-yue anhören mußte, litt ich allmählich unter dem, was Chinesen die »Krankheit der roten Augen« nennen, unter Eifersucht. Ich neidete Liang-yue nicht die klingenden Münzen, die er ständig in der Hosentasche zu tragen schien, sondern ich war eifersüchtig auf den Ausdruck der Freude, der Mutters Gesicht erhellte, wenn er ihr seinen Lohn überreichte, und auf die Lobesworte, mit denen sie ihn überhäufte. Ganz egal, wieviel ich in der Wohnung tat, ganz egal, wie viele Pflichten und Aufgaben ich erledigte, nicht einmal bekam ich von Mutter ein gutes Wort zu hören. Ich wußte, ich mußte Geld verdienen, und zwar viel Geld, um Mutters Gesicht so aufleuchten zu sehen.

3 Ausbildung zur Krankenschwester

Bei all dem Druck, dem ich in meiner Kindheit ausgesetzt war, wurde ich schnell erwachsen. Ich hatte keine Zeit, mit anderen Mädchen zu spielen oder zu schwatzen, und um ehrlich zu sein, ich habe diese Dinge auch gar nicht vermißt. In der Schule hatte ich keine enge Freundin, nicht weil ich etwa unbeliebt gewesen wäre, sondern weil mir die anderen Mädchen unreif erschienen. Zwischen uns war eine große Kluft, nicht an Jahren, doch in unserer Sichtweise.

Schon sehr früh hatte ich gründlich über meine Lebensziele nachgedacht. Fast alle meine Klassenkameradinnen wollten nach der Unterstufe der Mittelschule abgehen und entweder in der Fabrik oder im Büro arbeiten. Ich hingegen hatte die Absicht, mich anschließend um die Zulassung an einer Berufsschule mit dreijähriger Ausbildungszeit zu bewerben, um dann Krankenschwester oder Lehrerin wie meine Mutter werden zu können. Erhielt man die Zulassung für eine dieser Schulen, gab es ein großzügiges Stipendium vom Staat, und ich würde dann, so dachte ich, schon während meiner Ausbildungszeit meine Mutter und jüngeren Brüder unterstützen können. Hatte ich dann die Berufsschule abgeschlossen, würde ich einen guten Job mit guter Bezahlung bekommen und ihnen noch weit besser helfen können.

Um für die Zulassung an einer Berufsschule überhaupt nur in Betracht zu kommen, mußte ich gut in der Schule und, was noch wichtiger war, ein angesehenes Mitglied der Kommunistischen Jugendliga sein. Bei der endgültigen Entscheidung über die Zulassung spielten die Noten und der familiäre Klassenstatus eine gleichermaßen wichtige Rolle. Die guten Noten waren kein Problem, denn das Lernen war mir immer leicht gefallen. Ich hatte ein gutes Gedächtnis, ein gutes Verständnis für Zahlen und machte mich jeden Abend eifrig an meine Hausaufgaben. Mein Eintritt in die Kommunistische Jugendliga erwies sich hingegen als sehr viel schwieriger.

Schon als kleines Kind wußte ich, daß die Welt in rot und schwarz eingeteilt war. Die »Roten« gehörten zu den guten revolutionären Klassen – Arbeiter, arme Bauern, revolutionär gesinnte Funktionäre und dergleichen – und waren die, die von der Revolution begünstigt wurden. Die »Schwarzen« waren Angehörige der schlechten reaktionären Klassen und unerwünscht, wie Kapitalisten, Großgrundbesitzer, reiche Bauern, schlechte Elemente und Leute mit Verbindungen zur *Guomindang* oder Nationalistischen Partei. Diese Klasseneinteilungen stammten aus der Zeit der Revolution, als der familiäre Hintergrund jeder einzelnen Person in China durchleuchtet wurde. Der Klassenstatus eines Mannes beeinflußte nicht nur seine Zukunft, sondern auch die seiner Kinder, denn sie erbten den Klassenstatus ihres Vaters. Nur die Söhne und Töchter der Roten konnten in die Kommunistische Jugendliga eintreten, auf Eliteschulen gehen und auf aussichtsreiche Karrieren in der Regierung und Partei hoffen. Die Kinder von Schwarzen standen unter Beobachtung, konnten nur die Mittelschule absolvieren und bekamen niedrige Arbeiten zugewiesen.

Ich hatte mich immer als Rote betrachtet, da mein Vater 1950 in die Klasse der »Studenten« eingereiht wurde, die als gute Klasse galt. Der Klassenstatus meiner Mutter hingegen war fragwürdiger. 1950 wurde sie den »kleinen Ladenbesitzern« zugeordnet, weil ihre Großmutter ein kleines Stück Land an andere verpachtet hatte. Damit fiel sie irgendwo in die Kategorie zwischen mittleren und reichen Bauern, die weder den Roten noch den Schwarzen zugehörte. In der relativ entspannten Atmosphäre der fünfziger und frühen sechziger Jahre war

Mutters fragwürdige Klassenzugehörigkeit kein Handicap gewesen. Sie hatte trotz ihres Status' Lehrerin werden dürfen, ein hochrespektabler Beruf. Auch uns Kindern waren daraus keine Probleme entstanden. Meine Brüder und ich hatten uns in der Grundschule den Jungen Pionieren angeschlossen, ohne daß irgendwelche Fragen gestellt worden wären. Auf der Grundlage des Klassenstatus' meines Vaters gaben wir auch den unseren als »Student« an, und somit war alles in Ordnung.

Als ich in der neunten Klasse war und gerade das dafür nötige Mindestalter erreicht hatte, bewarb ich mich zum erstenmal an unserer Schule um die Aufnahme in die Kommunistische Jugendliga. Wie immer gab ich auch hier auf dem Formular meinen Klassenstatus als »Student« an. Zu meiner Überraschung wurde meine Bewerbung umgehend abgelehnt. Der Sekretär der Liga erklärte mir, durchaus nicht unfreundlich, daß »Student« nur eine vorübergehende Zuordnung für all jene gewesen war, die, wie mein Vater, in der Revolutionszeit studiert hatten. Es handle sich hier um keine wirkliche Klasse.

Um über meine Bewerbung entscheiden zu können, so fuhr er fort, müßte die Familiengeschichte meines Vaters untersucht werden. Wenn er wirklich ein Angehöriger der revolutionären Klassen gewesen war, dann würde man mich gerne in der Liga aufnehmen. Andernfalls, so deutete er düster an, müßte ich, bevor ich eintreten konnte, zwischen der Familie meines Vaters und mir »eine klare Linie ziehen«.

Meine Großeltern waren beide in der Hungersnot umgekommen. Ich schrieb an die letzten überlebenden direkten Verwandten in der Familie meines Vaters, seine beiden Brüder, und erklärte, daß ich in die Kommunistische Jugendliga eintreten wolle und mich deshalb nach ihrem Klassenstatus erkundigen müsse. Der ältere Bruder meines Vaters schrieb zurück, daß er *cheng-pin* sei, »unterstes städtisches Proletariat«, was so etwas wie ein Tagelöhner bedeutete. Mein Herz schwoll vor Stolz. Noch »roter« als ein Tagelöhner konnte man kaum sein. Noch am selben Tag füllte ich ein neues Bewerbungsformular aus, malte riesig groß *cheng-pin* in die Zeile für den Klassenstatus und gab es beim Zulassungskomitee ab.

Zwei Wochen später kam ein Brief vom jüngeren Bruder meines Vaters, der noch immer im Dorf meiner Großeltern lebte. »Liebe Nichte«, schrieb er:

Ich habe Deinen Brief mit der Frage nach dem Klassenstatus unserer Familie erhalten. Ich fürchte, daß Dich das, was ich Dir zu sagen habe, sehr unglücklich machen wird. Unsere Familie war einmal sehr reich. Mein Großvater – Dein Urgroßvater – besaß einmal 120 Mu [etwa 20 Morgen] Land und lebte im größten Haus des Dorfes. In den Jahren der japanischen Invasion ging jedoch alles verloren. Wir mußten unser Haus und Land verlassen und nach Peking fliehen. Nach dem Krieg blieb mein älterer Bruder in der Stadt, aber meine Eltern und ich entschieden uns zur Rückkehr in unser Dorf. Unser Haus war zerstört und unser Land hatten unsere ehemaligen Pächter übernommen, von denen einer nun der Dorfvorsteher war. Unsere Pächter, die gedacht hatten, daß wir alle umgekommen seien, waren über unsere Rückkehr nicht glücklich. Angeführt vom neuen Dorfvorsteher weigerten sie sich, uns Pacht zu zahlen. Wir beschlossen, ihnen das Land für einen symbolischen Preis zu überlassen und behielten nur ein paar Mu für uns. Das war 1945. Trotzdem wurden meine Eltern und ich sechs Jahre später bei der Landreform als Großgrundbesitzer angeklagt und angegriffen. Das war ungerecht, denn ich war ein kleiner Junge, als die Japaner kamen und wir fliehen mußten. Ich meine, unsere Familie sollte als »verarmte Großgrundbesitzer« klassifiziert werden, aber das örtliche Parteikomitee weigert sich, eine Änderung unseres Klassenstatus in Betracht zu ziehen. Zu meiner Schande werde ich weiterhin der Klasse der »Großgrundbesitzer« zugeordnet. Wenn mein verstorbener Bruder noch leben würde, hätte auch er diesen Klassenstatus. Und Du bist seine Tochter.

Dein Onkel

Die Nachricht, daß die Familie meines Vaters einst dem Stand der Großgrundbesitzer angehört hatte, einer Klasse, die man mich als unmenschliche Ausbeuter der Bauernschaft zu hassen gelehrt hatte, machte mich ganz krank. Was meine Aussichten auf einen Eintritt in die Kommunistische Jugendliga anging, so machte ich mir allerdings keine allzu großen Sorgen. Die Liga würde mich in ihrer Weisheit, dessen war ich mir sicher, in die Klasse der »verarmten Großgrundbesitzer« und nicht in die der verabscheuungswürdigen »Großgrundbesitzer« einreihen. Schließlich hatte ja mein Onkel selbst geschrieben, daß wir falsch klassifiziert worden waren. Aber »verarmter Großgrundbesitzer« war nicht annähernd so revolutionär wie »armes städtisches Lumpenproletariat«. Dieser Status fiel wie der »Kleingrundbesitzer« irgendwo in die Grauzone zwischen Roten und Schwarzen, war aber immer noch annehmbar genug, um mich in der Liga zuzulassen. In einem Anfall von Naivität und Aufrichtigkeit füllte ich das Bewerbungsformular zum drittenmal aus und gab meinen Klassenstatus als »verarmter Großgrundbesitzer« an. Ich legte den Brief meines Onkels bei und gab die Bewerbung im Glauben, durchaus gute Chancen zu haben, ab.

Der Sekretär der Ligazelle zitierte mich am nächsten Tag in sein Büro. Als ich hereinkam, starrte er mich mit strenger Miene an und begrüßte mich nicht einmal. Von der freundlichen Haltung, die er noch vor zwei Wochen eingenommen hatte, war nichts mehr zu bemerken.

»Was ist dein Klassenstatus?« fragte er mich scharf.

»Mein Onkel...«, begann ich unsicher.

»Der Klassenstatus deines Onkels ist ganz klar Großgrundbesitzer!« bellte er. »Und das ist auch deiner. Warum hast du fälschlicherweise ›verarmter Großgrundbesitzer‹ angegeben?«

»Aber der Brief meines Onkels...«, brachte ich noch heraus und brach dann in Tränen aus.

»Der Brief deines Onkels«, unterbrach er mich ungeduldig, »beweist nur, daß er sich weigert, das Urteil der Massen zu akzeptieren! Wenn die armen und untermittleren Bauern seines Dorfes ihn zum Großgrundbesitzer erklärt haben, dann ist er ein Großgrundbesitzer! Du solltest seinen Fehlern nicht folgen und fälschlicherweise behaupten, daß dein Klassenstatus ›verarmter Großgrundbesitzer‹ ist.« Er wedelte mit meinem Bewerbungsformular in der Luft herum.

»Wir können deine Bewerbung zur Aufnahme in die Kommunistische Jugendliga nicht akzeptieren«, sagte er nun etwas formeller. »Wenn du immer noch eintreten willst, dann mußt du eine Geschichte deiner Familie und einen Lebenslauf deiner Person schreiben. Wenn du damit fertig bist, dann gib alles deinem Tutor. Du mußt uns davon überzeugen, daß du eine klare Linie zwischen dir und dem Rest der Angehörigen deiner Großgrundbesitzerfamilie gezogen hast. Dann können wir uns das mit deiner Bewerbung noch mal überlegen.«

»Eine klare Linie ziehen« bedeutete, daß ich die vergangenen Fehler meiner Familie väterlicherseits kritisieren und künftig jeglichen Kontakt mit deren Angehörigen aufgeben mußte. Ich schrieb in meinem Lebenslauf, daß ich außer der Tatsache, daß sie Großgrundbesitzer gewesen waren, nichts über die Familiengeschichte meines Vaters gewußt hatte. Daß ich mir sicher war, daß meine Großeltern unrechterweise ihre Pächter ausgebeutet hatten, daß ich aber, da mein Vater tot war, keine Einzelheiten über ihre Verbrechen in Erfahrung bringen konnte. Daß ich nicht den Wunsch hatte, jetzt da ich wüßte, daß sie Klassenfeinde seien, Kontakt mit den überlebenden Mitgliedern dieser Familie zu pflegen. Ich gab den Lebenslauf bei meinem Tutor ab und war mir sicher, daß die Liga nun erkennen würde, daß ich schon lange eine klare Linie zwischen mir und der Familie meines Vaters gezogen hatte. Tatsächlich hatten wir mit den restlichen Überlebenden nie irgendwelchen Kontakt gepflegt.

In den vergangenen Jahren wären vielleicht meine Beteuerungen, daß ich von all diesen Dingen nichts gewußt hatte, akzeptiert worden. Man hätte meinen familiären Hintergrund großzügig übersehen, eine Ausnahme gemacht und mich in die Liga aufgenommen. Aber dies war das Jahr 1964, das Jahr, in dem Mao im Versuch, seine im »Großen Sprung nach vorn« verlorengegangene Autorität wiederzugewinnen, die Parole ausgab: »Vergeßt nie den Klassenkampf.« Sein Essay zu diesem Thema war in allen Zeitungen abgedruckt und vor ein paar Wochen bei einer Schulversammlung vorgelesen worden.

Fragen von Rot und Schwarz, die seit den frühen Fünfzigern keine große Rolle mehr gespielt hatten, beherrschten nun rasch unser Leben und Denken. Mao folgend, belehrten uns unsere Lehrer, daß wir »grausam und unbarmherzig« gegenüber den Klassenfeinden zu sein hätten. Ständige Wachsamkeit sei erforderlich, um die Komplotte der Reaktionäre zu vereiteln, die den Sturz der chinesischen Kommunistischen Partei anstrebten und China wieder der *Guomindang* und den amerikanischen Imperialisten ausliefern wollten. Zum Beweis flüsterten sie uns zu, daß Tschiang Kai-scheck 1962, auf dem Höhepunkt der Hungerkatastrophe, Tausende von nationalistischen Agenten auf das Festland geschleust hätte, um einen Aufstand anzuzetteln.

In dieser Atmosphäre der Paranoia rief meine Behauptung, daß ich von den Freveltaten meiner Vorfahren keine Kenntnis gehabt hätte, bei meinem Tutor große Skepsis hervor. »Du mußt offen und ehrlich sein«, sagte er, als er mir eine Woche später meinen ersten Versuch einer Familiengeschichte samt Lebenslauf zurückgab. »Wir müssen eine vollständige und freimütige Antwort auf die Frage erhalten, wie die Familie deines Vaters die armen Bauern ausgebeutet hat. Versuch nicht, irgend etwas zu verbergen, wenn du der Kommunistischen Jugendliga beitreten willst.«

Wieder brachte ich den Einwand hervor, daß ich nichts wußte, aber es half nichts. »Sei offen und ehrlich«, wiederholte er. »Laß nichts aus. Dann wissen wir, daß du in aller Aufrichtigkeit eine klare Linie zwischen dir und deinen Verwandten ziehen willst.« Er entließ mich mit einer Handbewegung. Ich wußte, daß angesichts meines familiären Hintergrunds die

Hoffnung auf den Besuch einer Berufsschule von meiner Aufnahme in die Kommunistische Jugendliga abhing. Im nächsten halben Jahr schrieb ich die ganze Geschichte immer und immer wieder um, wobei ich die »Wahrheit« mit jedem Mal ein wenig mehr ausschmückte. Beim fünften Anlauf verlangte mein Großvater ein räuberisches Pachtgeld von seinen Pächtern und schlug sie, wenn sie nicht zahlen konnten. An die Auswirkungen, die solche Märchen auf meine Onkel haben konnten, verschwendete ich keinen Gedanken. Und doch war mein Tutor noch immer nicht zufrieden.

Nachdem meine Lehrer erfahren hatten, daß ich die Enkelin eines Großgrundbesitzers war, wurde ich wie eine Ausgestoßene behandelt. Im Unterricht wurde ich nie aufgerufen, und schon der kleinste Verstoß gegen irgendwelche Regeln brachte mir einen Verweis ein. Obwohl ich mich mehr anstrengte als je zuvor, bekam ich schlechtere Noten, weil ich jetzt bei meinen Aufsätzen und Prüfungen strenger bewertet wurde. Lehrer, die mich früher freundlich behandelt hatten, ignorierten mich nun.

Nur mein Tutor, der offiziell für die Aufsicht über meine politische Entwicklung verantwortlich war, sprach noch außerhalb des Unterrichts mit mir. Wie alle Personen mit einer »problematischen Vergangenheit« mußte ich mindestens einmal die Woche meinem politischen Aufseher über meine Gedanken Bericht erstatten. Er ermunterte mich, sogar noch öfter seinen Rat zu suchen, »um meine geistige Rehabilitation« schneller voranzutreiben. Ich überwand meine Verlegenheit und wandte mich nun häufiger an ihn, ging manchmal morgens mit ihm gemeinsam zur Schule oder sprach mit ihm nach Schulschluß, bevor ich mich auf den Heimweg machte. »Und wie ist heute dein Verständnis?« begrüßte er mich regelmäßig. »Ein bißchen besser, denke ich«, antwortete ich dann immer bescheiden. Wollte ich mit meinen Plänen Erfolg haben, mußte er sich unbedingt eine gute Meinung von mir bilden.

Wenn mich meine Lehrer auch ausschlossen, so stand ich doch noch immer gut mit meinen Klassenkameraden, die bisher keine Ahnung hatten, daß ich von Großgrundbesitzern abstammte. Meine Lehrer waren übereingekommen, meinen Klassenstatus nicht publik zu machen, bis die Liga endgültig über meinen Antrag entschieden hatte, und ich war für ihre Diskretion dankbar. Wäre mein Klassenstatus bekannt geworden, dann hätten mich auch meine Mitschüler gemieden; sie hätten gar keine andere Wahl gehabt.

Von den zweiundfünfzig Schülern meiner Tutorenklasse waren bereits fünf als Klassenfeinde gebrandmarkt worden. Zwei waren die Söhne von ehemaligen nationalistischen Beamten, zwei waren die Töchter von Kapitalisten und eine war die Tochter eines rechtsabweichlerischen Elements. Dieser Mitschülerin hatte ich nahegestanden. Ihr Vater war 1957 während der Kampagne der »Hundert Blumen« zum rechtsabweichlerischen Element erklärt worden, als Mao die Leute dazu ermunterte, offen ihre Meinung zu äußern (»Laßt hundert Blumen blühen«), und anschließend viele, die es taten, verhaften ließ. Sie war eine gute Schülerin, die wie ich eine gute Ausbildung anstrebte. Vor sechs Monaten, als der Klassenkampf immer heftiger entbrannte, waren nun ihre Hoffnungen zunichte gemacht worden. Sie und vier andere Schüler mußten vor die Klasse treten und uns von »den Verbrechen gegen das Volk« berichten, die ihre Väter begangen hatten. »Zieht eine klare Linie zwischen euch und den Klassenfeinden«, hatte uns der Tutor zum Abschluß gewarnt. Danach wagte ich nicht mehr, mit meiner Freundin zu sprechen, obwohl ich ihr manchmal ein rasches Lächeln zuwarf, wenn sie in meine Richtung sah.

Manchmal nahmen diese Klassenvorurteile noch extremere Formen an. Im Juni 1964 kam ein Arzt in unsere Schule, um uns gegen Meningitis zu impfen, die in den feuchten Sommern Chinas häufig geradezu epidemische Ausmaße annahm. Mein Lehrer sonderte die fünf »Klassenfeinde« aus und ließ sie im Klassenzimmer warten. Den Rest von uns, die wir einen sauberen Klassenstatus hatten – mich bezog er noch darin ein –, führte er in die Kantine, wo wir dann geimpft wurden.

Später, auf dem Weg nach Hause, fragte ich ihn, warum die fünf nicht gegen Meningitis geimpft worden waren. Er sah mich von der Seite an, als sei die Antwort doch selbstverständlich. »Diese Leute haben eine schlechte Klassenherkunft, deshalb dürfen sie auch nicht in den Genuß der Privilegien der Arbeiterklasse kommen.«

»Und was passiert, wenn sie krank werden?« fragte ich.

»Das ist ihr Problem«, tat er barsch meinen Einwand ab. »Als Klassenfeinde, die die Massen ausgebeutet haben, verdienen sie es, wenn sie krank werden.«

Ohne nachzudenken fragte ich: »Aber was passiert, wenn sie krank werden und dann mit ihrer Krankheit uns Rote anstecken? Schließlich sitzen wir doch im selben Klassenzimmer.«

»Dein Verständnis vom Klassenkampf ist nicht gut«, sagte er, und sein scharfer Ton signalisierte mir, daß er dieses Gespräch zu beenden wünschte. »Dein Denken muß noch sehr verbessert werden.«

Mit Ausnahme der Klassenfeinde mußten sich alle Schüler der Mittelschule der *minbing,* der Volksmiliz anschließen. Diese Miliz übte auf dem Sportplatz der Schule, wo die Schüler in Formation marschieren lernten, Griffübungen am Gewehr mit einem Holzgewehr übten und »Handgranaten« aus Alteisenstücken warfen. Diesmal entschied mein Tutor, daß ich daran nicht teilnehmen durfte. Wer weiß, was die Enkelin eines Großgrundbesitzers anstellen mochte, wenn sie ein Gewehr bedienen und Handgranaten werfen lernte – so gab er mir zu verstehen. Glücklicherweise kannten meine Mitschüler den wirklichen Grund für meinen Ausschluß nicht. Sie glaubten alle, ich nähme nicht teil, weil ich so klein war, denn ich war einen Kopf kleiner als die meisten in meiner Klasse. So stand ich am Rand des Sportplatzes, wenn meine Freundinnen und Freunde das Gewehr präsentierten und Handgranaten warfen, und fühlte wieder einmal den Schmerz des Ausgeschlossenseins.

Doch war es wahrscheinlich ein Glück, daß ich von diesem Training ferngehalten wurde. Die Schockwelle der Paranoia, die ganz China erfaßt hatte, führte dazu, daß völlig unschuldige Vorfälle auf äußerst bizarre Weise mißinterpretiert wurden. Wir übten eines Tages im Sportunterricht Diskuswerfen. Meiner Freundin, dem rechtsabweichlerischen Element, entglitt beim Werfen die Diskusscheibe, die dann knapp an einem Mitglied der Kommunistischen Jugendliga vorbeisauste.

Meine Freundin wurde sofort des Versuchs bezichtigt, den Söhnen und Töchtern des Proletariats Schaden zuzufügen. Das arme schluchzende Mädchen wurde in die Versammlungshalle gezerrt, wo vor der versammelten Schülerschaft der Sportlehrer, mein Tutor, der Direktor und der Sekretär der Kommunistischen Jugendliga abwechselnd versuchten, dem Mädchen ein Geständnis abzuringen. Anfangs versuchte sie, ihre Unschuld zu beteuern, aber bald war sie in einem so aufgelösten Zustand, daß ihre Reaktion auf die wiederholten Anschuldigungen ein nur noch heftigeres Schluchzen war. Erst als der Ligasekretär versuchte, auch noch ihren Vater in die Sache hinzuziehen, antwortete sie so laut und vernehmlich, daß alle sie verstehen konnten.

»Mein Vater hatte nichts damit zu tun«, sagte sie mit fester Stimme. »Wenn ihr nicht glaubt, daß es ein Unfall war, wenn ihr jemandem die Schuld geben müßt, dann gebt sie mir.«

»Sie gesteht ihre Schuld!« jubelte der Sekretär. »Dies ist eine Wiederaufnahme des Klassenkampfes. Mit dieser Brut von rechtsabweichlerischen Elementen muß hart umgegangen werden.« Danach verschwand meine Freundin von der Schule. Später hörte ich, daß sie zu zwei Jahren Umerziehung in einem Arbeitslager verurteilt worden war, wo sie tagsüber viele Stunden lang auf den Feldern arbeiten und abends die Werke des Vorsitzenden Mao studieren mußte.

Nach diesem Vorfall hatte es mit meiner Bewunderung für meine Klassenkameraden in der Miliz ein Ende. Was war, wenn ich beim Granatenwerfen unabsichtlich jemandem mit einem drei Pfund schweren Stück Alteisen traf? Der Klassenkampf heizte sich mit den Monaten weiterhin auf. Und ich schrieb weiterhin wieder und wieder meine Familiengeschichte und meinen Lebenslauf um, die jedesmal umgehend von meinem Tutor abgelehnt wurden. Diese ständige Zurückweisung machte mich immer verzagter, bis ich mich schließlich in einem permanenten Zustand des Selbsthasses befand. Warum war ich nicht imstande, mein Denken so weit zu reformieren, daß ich eine klare Linie zwischen mir und den Klassenfeinden in der Familie meines Vaters ziehen konnte?

Erst Jahre später begriff ich die wahren Hintergründe. Für meinen Tutor spielte es gar keine Rolle, wie stark ich die Familie meines Vaters kritisierte und mich selbst in meinem Lebenslauf erniedrigte. Es wäre in der aufgeheizten Atmosphäre jener Zeit politisch gefährlich gewesen, die Enkelin eines Großgrundbesitzers für die Aufnahme in eine Organisation zu empfehlen, die den revolutionären Klassen vorbehalten war. Er hatte beschlossen, dieses Risiko nicht einzugehen.

Ich durfte der Kommunistischen Jugendliga nie beitreten. Dennoch gelang es mir, mich aufgrund meiner überdurchschnittlich guten Noten bei der Aufnahmeprüfung tatsächlich in eine Berufsschule zu schleusen. (Glücklicherweise disqualifizierte mich mein Klassenstatus doch nicht.) Zwei Jahre später wurde während der Kulturrevolution der Generalsekretär der Kommunistischen Jugendliga, Hu Yaobang, des Revisionismus bezichtigt. Kurz darauf wurde die Liga abgeschafft. Heimlich freute ich mich darüber.

In der Grundschule träumte ich davon, Lehrerin zu werden wie meine Mutter. Sie wurde nie einfach mit ihrem Namen angesprochen, sondern war selbst für ihre engsten Freunde Lehrerin Chen. In ihrer gesellschaftlichen Nische und angesehenen Position abgesichert, traten Lehrer selbstsicher auf, unterrichteten mit Autorität und beantworteten Fragen mit Gewißheit. Und ich würde auch einmal Lehrerin sein.

Doch ich war auch meines Vaters Tochter und hatte von ihm das fürsorgliche Wesen geerbt. Nach meinem Eintritt in die

Mittelschule zog mich diese Seite an mir zunehmend stärker in die Richtung eines medizinischen Berufs. Bei meinem nebulösen familiären Hintergrund kam der Beruf der Ärztin für mich nicht in Frage, aber die Schwesternschule war eine Möglichkeit. Es hatte mir immer Spaß gemacht, bedürftigen Menschen zu helfen. Und es hatte mir große Befriedigung verschafft, all die Kratzer und blauen Flecke der frühen Kindheit meines kleinen Bruders zu versorgen oder ihn bei seinen Erkältungen zu betreuen. Ich hatte mich bereitwillig um meine Mutter in den Monaten ihrer Depression nach Vaters Tod gekümmert. Und sie war weiterhin nie ganz gesund, ein Faktor, der mich stark beschäftigte. Als Krankenschwester, so sagte ich mir, würde ich, wenn sie älter wurde, besser für sie sorgen können. Je mehr ich darüber nachdachte, desto besser gefiel mir der Gedanke, Krankenschwester zu werden. Und als es dann in der neunten Klasse an der Zeit war, eine Wahl zu treffen, entschied ich mich für die Schwesternschule statt für die Oberstufe der Mittelschule. Trotz meiner späteren Erfahrungen mit der Ein-Kind-Politik habe ich diesen Entschluß nie bereut.

Im Herbst 1965 wurde ich an der Schwesternschule von Shenyang angenommen. Sie war Teil einer größeren staatlichen Institution, der Medizinischen Hochschule von Shenyang, die medizinische, zahnärztliche und pharmakologische Fakultäten umfaßte. Diese Fakultäten waren das Äquivalent zu den Technischen Hochschulen, die Abgänger von der Mittelschule für einen dreijährigen Studiengang aufnahmen. Eine Immatrikulation an der medizinischen Fakultät stellte etwas höhere Anforderungen. Hier mußte man die Oberstufe der Mittelschule absolviert haben, und die Studiendauer war ein Jahr länger: drei Jahre theoretischer Unterricht und ein Jahr Klinikpraktikum. Von den eintausendfünfhundert Studenten an der Hochschule studierten etwa tausend Medizin, vierhundert waren angehende Krankenschwestern, und die übrigen hundert waren zu ziemlich gleichen Teilen auf die zahnärztliche und pharmakologische Fakultät verteilt. Das Herzstück der Hochschule war ein großes Krankenhaus, wo der Lehrkörper wohnte und die Studenten ihre praktische Ausbildung erhielten. Hochschulabsolventen durften in ihrem Fachgebiet praktizieren und bekamen ihre Arbeitsstelle vom Staat zugewiesen.

Wie alle Fachhochschul- und Universitätsstudenten in China erhielt auch ich ein volles Stipendium. Unterricht und Wohnen waren frei, und ich bekam monatlich fünfzehn Yuan für Essen und verschiedene Unkosten. Ich war entschlossen, davon so viel wie möglich meiner Mutter abzugeben und sparte deshalb an allen Ecken und Enden. Um kein Geld für Zahnpasta ausgeben zu müssen, bürstete ich mir die Zähne mit Salz, das ich aus der Kantine mitnahm. Ich kaufte mir kein Haarshampoo im Laden, sondern verwendete dazu Seife aus dem Krankenhaus. Das meiste Geld brauchte ich für die Mahlzeiten, denn das Kantinenessen war zwar günstig, aber nicht umsonst. Ich wählte immer die billigsten Gerichte. Meine Mahlzeiten bestanden aus gedämpftem Reis oder Mantous und zusätzlich etwas Gemüsesuppe, die entweder aus Winterkürbis oder aus Rüben bestand. Da ich auf jeden Pfennig achtete, konnte ich, wie ich feststellte, mit vier Yuan im Monat auskommen. Die übrigen elf Yuan meines monatlichen Stipendiums gab ich meiner Mutter.

Obwohl ich immer die billigsten Mahlzeiten aß, war das Essen doch reichlich und nahrhaft, jedenfalls im Vergleich zu dem, was ich zu Hause gegessen hatte. Eine Folge dieser verbesserten Ernährung war, daß ich schließlich in die Pubertät kam. Zwei Monate nach meinem Eintritt in die Schwesternschule bekam ich meine erste Regelblutung. Kurz danach stellte ich fest, daß meine Hosen nicht mehr bis zu den Schuhen reichten. Als dieser Wachstumsschub nach einem Jahr endete, war ich einen Meter zweiundsechzig groß, was zwar der Durchschnittsgröße eines chinesischen Mädchens entspricht, aber doch einen halben Kopf größer war, als ich je zu hoffen gewagt hatte. Nachdem ich all die Jahre die Kleinste in der Klasse gewesen war, holte ich nun meine Mitschülerinnen ein und überragte sogar manche von ihnen.

Nachdem ich ausgezogen war, schien der Lebensdruck auf meine Mutter ein wenig nachzulassen. Ihr ältester Sohn besuchte eine Industriefachschule, die er bald beenden würde. Ihre einzige Tochter war in einer Schwesternschule und aß nicht mehr zu Hause. Die langen Jahre des »Bitternis Essens« schienen für meine Mutter nun allmählich ein Ende zu nehmen, und sie lächelte sogar ab und zu. Es bereitete mir großes Vergnügen, ihr jeden Monat meine elf Yuan zu überreichen, obwohl ich keine so große Show daraus machte wie mein älterer Bruder. Ich wartete, bis niemand hinsah, und steckte ihr dann rasch das Geld in die Hand. Der Ausdruck der Dankbarkeit in ihrem Gesicht war Lohn genug.

Der Lehrplan des ersten Jahres war dem theoretischen Unterricht in Biologie, Chemie, Biochemie, Anatomie und dergleichen gewidmet. Wir standen kurz vor den Abschlußprüfungen des ersten Jahres, als die Kulturrevolution ausbrach. »Schluß mit dem Unterricht, macht Revolution!« rief Mao den Studenten Chinas zu, und das war dann auch genau das, was wir taten. Unsere Jahresabschlußprüfungen wurden von der eingeschüchterten Hochschulverwaltung abgesagt, und wir verbrachten unsere Tage mit politischen Massenversammlungen und Straßendemonstrationen.

Unser zweites Jahr hätten wir an sich im Labor verbringen sollen, um den Umgang mit dem Mikroskop zu erlernen, tote Tiere zu sezieren und verschiedene Blut-, Urin und Gewebetests vorzunehmen. Statt dessen aber organisierten wir uns in verschiedene Fraktionen militanter Roter Garden, die um die Kontrolle über den Campus kämpften. Erst im April 1968 kehrten wir zu einem regulären Unterricht zurück. Während der letzten sechs Monate unserer Ausbildung lebten wir buchstäblich im Krankenhaus, wo wir in verschiedenen Fächern theoretischen Unterricht erhielten, der dann sofort bei den Patienten in die Praxis umgesetzt wurde. Trotzdem mußte eine Reihe von praktischen Ausbildungskursen abgesetzt oder zumindest drastisch gekürzt werden. Wir machten unseren Abschluß im Oktober 1968, wobei wir nur die Hälfte des normalen Lehrgangs absolviert hatten. Einige medizinische Techniken erlernte ich erst hinterher durch praktisches Ausprobieren, und die Patienten hatten unter meiner Unkenntnis zu leiden.

In einem unserer gekürzten Kurse ging es um Geburtshilfe und Gynäkologie. Hier lernten wir Schwangerschaftstests und Unterleibsuntersuchungen durchzuführen, Geburtshilfe zu leisten und auch die häufigsten Frauenleiden zu behandeln. Ein Arzt erklärte uns zunächst beispielsweise theoretisch alles über Unterleibsuntersuchungen, und paßte dann auf, wenn wir an der Patientin übten. Dieser Teil des Kurses machte mir großen Spaß, denn hier wurde Frauen bei ihren Problemen geholfen. Als ich zum erstenmal bei der Geburt eines Kindes dabei war, kam es mir wie ein großes Wunder vor. Dann war die Reihe an mir, einer Frau bei der Geburt beizustehen. Ich lachte vor Freude, als ich das winzige, zerknitterte Mädchen in meinen Händen hielt und es seine Lungen füllte und seine Ankunft in der Welt laut verkündete.

Geburtenkontrolle war ein wesentlicher Bestandteil des Lehrplans. Mao hatte ursprünglich die »Geburtenplanung«, wie es in China heißt, mißbilligt, die er mit Völkermord gleichsetzte. Seiner Führung folgend, hatte die *Volkszeitung* in den frühen fünfziger Jahren die Geburtenkontrolle als »ein Abschlachten des chinesischen Volkes ohne Blutvergießen« verdammt. Das Volk »ist die kostbarste aller Kategorien von Kapital«. Mao verfocht seine Anschauung so vehement, daß er 1957 den damaligen Präsidenten der Peking Universität, Professor Ma Yinchu, als dieser öffentlich für die Geburtenkontrolle eintrat, als rechtsabweichlerisches Element brandmarkte. Nach der Hungerkatastrophe änderte Mao seine Meinung über die Geburtenkontrolle (wenn auch nicht über Professor Ma, den er anfeindete, weil dieser sich erdreistet hatte, anderer Meinung zu sein als er), und die Geburtenpolitik wurde allmählich strenger. Wir nahmen viele Wochen lang die verschiedenen Empfängnisverhütungsmethoden durch – die verschiedenen Pillen, Spiralen und die Sterilisation – und deren richtigen Gebrauch und möglichen Nebenwirkungen. Wir lernten, wie man eine Spirale richtig einsetzt und einem Chirurgen bei einer Sterilisation assistiert. Wir lernten auch, zumindest in der Theorie, wie man eine Vasektomie durchführt. Theoretisch deshalb, weil wir keine Freiwilligen hatten, an denen wir diesen Eingriff hätten üben können. Bekanntermaßen weigern sich die chinesischen Männer im allgemeinen, sich einem solchen Eingriff zu unterziehen, und behaupten, er beraube sie ihrer männlichen Kräfte und mache sie unfähig, schwere Lasten zu tragen.

Der letzte Abschnitt des Kurses über »Geburtenplanung«, den wir kurz vor unserem Abschluß im Juni 1968 absolvierten, betraf die Abtreibung. Wir lernten, sie auf der Absaugmethode durchzuführen. Nach Abschluß unserer Ausbildung waren wir berechtigt, sie bis Ende des vierten Schwangerschaftsmonats vorzunehmen. Danach sollten Abtreibungen nur noch von Ärzten durchgeführt werden, da dann der Fötus durch einen chirurgischen Eingriff entfernt werden mußte. Unsere Unterweisung auf diesem Gebiet war kurz, nur eine Woche lang, aber ich werde sie nie vergessen. Die ersten drei Tage waren dem theoretischen Unterricht gewidmet, der vierte Tag dem Zuschauen und der fünfte der Praxis. Hier mußten wir unter Aufsicht eines Arztes einen solchen Abbruch durchführen, die Vorbereitung auf die Abtreibungen, die wir künftig dann selbst durchführen sollten.

Die mir zugewiesene Patientin war eine große, unbekümmerte Bauersfrau mit groben, knochigen Händen, die von lebenslanger harter Arbeit zeugten. In ihrer Akte stand, daß sie mit ihrem dritten Kind schwanger war. Zu jener Zeit wurden Ehepaare dazu gedrängt, nicht mehr als zwei Kinder zu bekommen, aber es war noch nicht verboten, ein drittes oder auch ein viertes Kind zu haben. Die meisten Bauern hatten denn auch mehr als zwei Kinder, diese Frau hingegen war freiwillig gekommen.

Ich setzte mich ihr gegenüber, um die restlichen Daten ihrer Schwangerschaftsgeschichte aufzunehmen. »Wie viele Kinder haben Sie schon?« begann ich.

»Ich habe schon zwei Jungen«, antwortete sie. »Die machen mir schwer zu schaffen. Die hören kaum auf das, was ich sage. Ihr Vater muß sie mindestens einmal am Tag verprügeln, um sie zu bändigen. Ich will ein Mädchen, das mir im Haus hilft, nicht noch einen Jungen. Ich will nicht noch einen Jungen...«

»Zwei Kinder«, notierte ich auf dem Formular und stellte, ihren Monolog unterbrechend, die nächste Frage: »Warum wollen Sie eine Abtreibung?«

»Ich will nicht noch einen Jungen«, wiederholte sie stur, als hätte sie mich gar nicht gehört. »Ich will ein Mädchen, das mir im Haus hilft, nicht noch einen Jungen.«

Ich hob die Hand, um sie in ihrem Wortschwall zu unterbrechen, und versuchte es noch einmal: »Ja, ich weiß, daß Sie nicht noch einen Jungen wollen. Aber warum wollen Sie eine Abtreibung?«

»Ich hab es Ihnen doch schon gesagt«, erwiderte sie in gutmütigem Ton. »Dieses Baby wird ein Junge. Ich will ein Mädchen, das mir im Haus hilft.«

»Aber wie können Sie denn wissen, was für ein Geschlecht dieses Kind hat?« fragte ich verblüfft.

»Mein Mann hat mir gesagt, daß dieses Baby ein Junge wird. Er hat im *sheng nan yu nü de yuce biao* nachgesehen.«

»Im was?« Sie hatte die Worte so schnell heruntergerattert, daß ich ihre Bedeutung nicht verstand.

»Im Weissagekalender für die Geburt von Jungen und Mädchen«, wiederholte sie kaum langsamer.

»Sie haben noch nie davon gehört? Wenn Sie wissen, wann das Baby fällig ist, und die Zeichen kennen, unter denen die Mutter und der Vater geboren wurden, dann kann Ihnen der Weissagekalender Auskunft geben, ob es ein Mädchen oder ein Junge wird. Mein Mann hat nachgesehen. Dieses Kind wird ein Junge.«

Ich war bis zu diesem Zeitpunkt noch kaum mit Leuten vom Land in Berührung gekommen. Ich wußte, daß viele Bauern ungebildet und abergläubisch waren, und nahm an, daß auf die Frau, die da vor mir saß, wohl beides zutraf. Sie glaubte wirklich, daß dieser »Weissagekalender« oder was immer es war, das Geschlecht ihres Kindes vorhersagen konnte. Diesen Schwachsinn würde ich ihr schnell austreiben. »Es gibt keine wissenschaftliche Methode, das Geschlecht Ihres Kindes vorherzusagen«, begann ich. »Wir können nicht wissen, ob es ein Mädchen oder ein Junge wird. Das ist ganz unmöglich.«

»Der Weissagekalender sagt, daß dieses Baby ein Junge wird«, antwortete sie eigensinnig. »Ich will nicht noch einen Jungen.«

Der unnachgiebige Ton in ihrer Stimme sagte mir, daß sie von ihrem Glauben an den »Weissagekalender« oder dem Grund, der sie heute hergebracht hatte, nicht leicht abrücken würde. Da war nichts zu machen. Ich seufzte innerlich und wandte mich wieder meinem Formular zu. Was sollte ich als Grund für die Abtreibung eintragen? Ich konnte ja wohl kaum hinschreiben: »Patientin glaubt, das Kind hat das falsche Geschlecht.« Dann müßte ich auch zur Erläuterung den Weissagekalender für die Geburt von Jungen und Mädchen anführen. Ich war versucht zu schreiben: »Bäuerlicher Aberglaube«, aber auch das würde einer ausführlicheren Erklärung bedürfen. Nach längerer Überlegung schrieb ich schließlich: »In Übereinstimmung mit der nationalen Politik wünscht die Patientin kein drittes Kind.«

»Wie lange sind Sie schon schwanger?« fragte ich, um auch noch die letzten Zeilen auf dem Fragebogen auszufüllen.

»Ungefähr drei Monate.«

Aber als sie mir das Datum ihrer letzten Periode nannte, errechnete ich, daß sie schon weit im vierten Monat und hart an der Grenze war, wo die Absaugmethode noch vorgenommen werden konnte.

Die Frau lag nun vorbereitet auf dem Operationstisch. Ich hielt die »Pistole«, wie wir sie nannten, einen Metallzylinder mit einer Art Pistolengriff, an dem die Absaugkanüle befestigt war. »Der Uterus wird sich zusammenziehen, sobald du mit dem Gebärmutterhals in Berührung kommst«, sagte mein Supervisor. »Paß also auf, daß du die Pistole stetig hältst. Wenn du im Uterus bist, mußt du sehr achtsam sein. Wenn du zu tief hineinkommst oder die Kanüle zu heftig bewegst, durchstößt du die Uteruswand. Wenn du nicht tief genug hineingehst, bleiben Teile des Fötus zurück. Dann kommt es zu einer heftigen Blutung.«

Ich führte den Metallzylinder in die Vagina ein und spürte einen leichten Krampf, als ich mit der Kanüle in den Gebärmutterhals eindrang. Dann bewegte ich die Pistole mit kleinen kreisenden Bewegungen, wie ich es gelernt hatte. »Es ist so, als ob du einen Apfel von innen heraus schälst«, sagte der Arzt. »Du mußt sehr behutsam sein.«

»Schau, ob wir alles haben«, sagte er, als ich fertig war.

Seinen Anweisungen folgend nahm ich den Sammelbehälter und entleerte seinen Inhalt in eine flache Pfanne. Dann spülte ich mit Wasser das Blut und die kleineren Partikel weg, die sich auf dem Pfannenboden abgelagert hatten.

»Jetzt schau genau hin«, sagte der Arzt. »Es ist wichtig, daß wir alles von dem Zeug draußen haben.«

Ich schaute hin und sah, daß das »Zeug« aus den Überresten dessen bestand, was noch vor ein paar Minuten ein dreizehn Wochen alter Fötus gewesen war. Ich konnte die Überreste von Armen und Beinen, dem Körper und dem Schädel erkennen. Im Geiste setzte ich alles zusammen, um festzustellen, ob etwas fehlte. Die meisten Teile waren so zerquetscht, daß sie kaum noch als menschliche Formen zu erkennen waren. Dann blieb mein Blick auf einer perfekten kleinen Hand haften, nicht mal einen halben Zentimeter lang. Vier winzige Finger und ein winziger Daumen, alles komplett mit winzigen, durchsichtigen Fingernägeln.

Und da wußte ich, was ich getan hatte.

4 »Schluß mit dem Unterricht, macht Revolution«

Nach meiner Aufnahme in die Schwesternschule begann sich das politische Klima allmählich und zunächst fast unmerklich aufzuheizen. Mao betrieb nach dem Debakel des »Großen Sprungs nach vorn« sein Comeback, und Proklamationen beherrschten bald unser aller Leben. Unserem ohnehin schon sehr gedrängten Lehrplan wurde noch ein politischer Unterricht hinzugefügt, dessen Grundlage hauptsächlich Maos Schriften waren. Es wurden Schulungsversammlungen abgehalten, um Maos neueste Lehren zu diesem oder jenem Thema bekanntzumachen und zu verbreiten. Diese krude, aber wirksame Indoktrinationsmethode hatte zwei Dinge zur Folge: Unsere Verehrung für Mao erreichte sehr bald die Dimensionen eines Kults, und wir befolgten schließlich seine »Weisungen« fraglos.

Die meisten seiner Anweisungen hatten zu jener Zeit nur am Rande mit Politik zu tun. Einmal erklärte er Gras und Blumen zu unnützer bourgeoiser Gefühlsduselei und rief uns dazu auf, statt dessen nützliche Pflanzen wie Baumwolle oder Kohl anzupflanzen. Unsere Schule hatte keine Wiese, die wir hätten attackieren können, aber wir machten das wieder wett, indem wir jedes noch so kleine ans Licht strebende Unkrautpflänzchen ausrupften, das wir irgendwo entdeckten. Als nächstes stürzten wir uns auf die Blumenbeete auf dem Hochschulgelände, wo wir statt eitler Blüten guten alten Chinakohl anpflanzten.

Ein andermal rief uns Mao zur »Hilfe bei der Landarbeit« auf. Diesmal übernahm die Hochschulverwaltung die Initiative. Sie sorgte dafür, daß wir pro Semester zwei Wochen lang in einer drei Gehstunden von Shenyang entfernten Volkskommune arbeiteten. Etwa dreißig von uns wurden jeweils einem der dreiundzwanzig Dörfer zugewiesen, die der Kommune angehörten. Im Frühling befreiten wir die frisch gepflanzten Felder, meist Mais und Sojabohnen, von Unkraut. Im Herbst halfen wir beim Einbringen der Ernte. Im Vergleich zum Leistungsniveau der Bauern arbeiteten wir langsam und ungeschickt, und weder die Quantität noch Qualität unserer Arbeit vermochte die Ortsansässigen zu beeindrucken. »Arbeitet härter, ihr kleinen Stadtratten«, riefen sie uns gutmütig zu. Oder auch: »Arbeitet schneller, ihr kleinen Bastarde.«

Harte Arbeit hin oder her, ich freute mich auf diese Landaufenthalte. Durch das gemeinsame Arbeiten, Essen und Nächtigen in einem Raum stellte sich unter uns rasch die lockere Kameradschaft von Kindern in einem Sommercamp her. Mit den Dorfbewohnern hatten wir nur wenig Kontakt. Jeden Morgen wurde uns vom Dorfvorsteher die Arbeit zugeteilt, aber danach waren wir mehr oder weniger uns selbst überlassen. Drei der älteren Mädchen boten sich meist an, das Essen für die ganze Gruppe zu kochen, das wir in der Regel, sofern das Wetter es erlaubte, im Freien einnahmen. Als Nachtquartier bekamen wir von den Dorfbewohnern zwei Ställe zugewiesen, in denen normalerweise die Büffel untergebracht waren, und die für uns großzügig mit frischem Stroh ausgestattet wurden. Die Jungen, die zwei zu eins in der Überzahl waren, nahmen den größeren Stall in Anspruch, während wir Mädchen im kleineren Stall im Stroh zusammenrückten. Nach unserer »Hilfe bei der Landarbeit« marschierten wir stets fröhlich und fit in die Stadt zurück. Der einzige Nachteil dieser Arbeitsurlaube bestand darin, daß wir in unserem Unterricht nachhinkten und nun um so härter arbeiten mußten, um die verlorene Zeit wieder aufzuholen.

Juni 1966 wurde es mit der Kulturrevolution ernst. Mao hatte Ende Mai seinen Gegnern die Kontrolle über die *Volks-*

zeitung entrissen und machte sie über Nacht zu seinem persönlichen Sprachorgan. Den Vorsitzenden hochjubelnde Slogans prangten in großen roten Schriftzeichen auf der Titelseite: DER VORSITZENDE MAO IST DIE ROTE SONNE IN UNSEREN HERZEN! ETABLIERT DEN VORSITZENDEN MAO ALS ABSOLUTE AUTORITÄT! WIR WERDEN JEDEN VERNICHTEN, DER SICH DEM VORSITZENDEN MAO ENTGEGENSTELLT! Unter diesen Slogans fand sich täglich ein eingerahmter Kasten mit Mao-Zitaten. Der Rest der Seite war mit langen Leitartikeln ausgefüllt, in denen die Massen ermahnt wurden, sich der großen proletarischen Kulturrevolution des Vorsitzenden Mao anzuschließen. Ziel dieser neuen Revolution war es, die »absolute Herrschaft des Vorsitzenden Mao zu etablieren« und alle »Ochsenteufel und Schlangendämonen«, wie Mao die Klassenfeinde nun nannte, hinwegzufegen. Manchmal nahm statt der Slogans, Zitate und Leitartikel auch Maos strahlendes Konterfei die ganze Titelseite ein.

Unsere Abschlußprüfungen wurden endlos hinausgeschoben, obwohl wir noch jeden Tag zum Unterricht kamen. Wir studierten den neuesten Leitartikel in der *Volkszeitung,* danach wandten wir unsere Aufmerksamkeit den *Zitaten des Vorsitzenden Mao* zu, einem kleinen Buch mit rotem Plastikeinband, das Passagen aus den Schriften Maos enthielt (und im Westen als »Mao-Bibel« bekannt wurde). Jedem wurde Mitte Juni ein Exemplar dieses »kostbaren roten Buches« ausgehändigt, das dann sogleich unser einziges Lehrbuch wurde. Wir trugen es ständig bei uns und wetteiferten, die darin enthaltenen Zitate zu rezitieren und auswendig zu lernen.

In unserer Schule wurde eine Arbeitsgruppe gebildet, die heimlich Nachforschungen über Hochschulfunktionäre und Fakultätsangehörige anstellte. Mitglieder dieser Arbeitsgruppe kamen in unseren Unterricht, um uns beim Studium von Maos Worten anzuleiten und uns aufzufordern, unsere Lehrer als »reaktionäre bourgeoise Intellektuelle« zu denunzieren. Die Leitartikel in der *Volkszeitung* wurden immer hitziger und schossen sich auf das Erziehungswesen als besonders korrupt und reaktionär ein. »Zerschlagt das Prüfungssystem«, schrillte die Zeitung. »Stellt die bourgeoisen Intellektuellen bloß, die sich als Lehrer maskieren.« Bei all meiner instinktiven Verehrung für den Vorsitzenden Mao und meinem tiefsitzenden Wunsch, ihm zu folgen und seine Befehle auszuführen, verstörte mich dieser Angriff auf das Erziehungswesen doch sehr. Wenn unsere eigenen Lehrer Klassenfeinde waren, dann mußten die Verräter und Spione überall sitzen, und es gab keine Autorität mehr, der ich noch mein Vertrauen hätte schenken können.

Als ich eines Tages den Zentralhof der Hochschule betrat, fand ich eine große Gruppe meiner Mitschüler um ein Plakat versammelt. Zunächst dachte ich, die Sicherheitskräfte hätten wieder jemanden öffentlich hingerichtet. Das Amt für Öffentliche Sicherheit der Stadtverwaltung von Shenyang hängte dann stets zur Abschreckung in den Schulen und an öffentlichen Plätzen Plakate mit gedruckten Bekanntmachungen auf. Als ich nähertrat, sah ich jedoch, daß dieses Plakat anders war. Es war größer, und die Schriftzeichen waren nicht gedruckt, sondern mit der Hand gemalt worden.

Ich begann zu lesen und stellte schockiert fest, daß es sich um eine Denunzierung unseres Sportlehrers, Professor Wang, handelte. »Isoliert und attackiert das kapitalistische giftige Unkraut, Wang Zaojun«, stand da als einleitender Satz.

Seine Verbrechen sind zu zahlreich, um sie alle aufzuzählen. Vor einigen Jahren hat sich dieser bourgeoise Intellektuelle von seiner Frau mittleren Alters scheiden lassen und eine junge Hochschulstudentin geheiratet, die früher eine seiner Studentinnen war. Er sagte seinen Studenten, daß er keine Kinder wolle, sondern nur Sex. Ein weiteres Verbrechen dieses Hundekopfs besteht darin, daß man ihn ganz allein in seiner Wohnung tanzen sah, wobei er einen Stuhl als Partnerin benutzte. Seine Kleidung und seine Frisur sind ein weiterer schlagender

Beweis dafür, daß er im Banne der verderblichen Haltung der kapitalistischen Klasse steht. Er kleidet sich wie eine Frau, trägt enge Hosen und farbenfrohe Hemden und läßt sein Haar länger wachsen, als es sich für einen Mann schickt. Diese Einstellung kommt von seinen Eltern, die indonesische Überseechinesen waren. Wang behauptet, daß er 1950 ins Mutterland zurückkehrte, um einen Beitrag zur Revolution zu leisten. In Wahrheit kam er zurück, um sich mit Frauen zu vergnügen. Der Beweis dafür ist nicht nur in seiner Scheidung und Wiederverheiratung zu finden, sondern auch in seinem lüsternen Verhalten während des Sportunterrichts. Wenn er Frauen unterrichtet, streicht er oft über ihren Busen und ihr Hinterteil und tut so, als ob dieses Betatschen zufällig geschähe. Dies sind die Handlungen eines kapitalistischen, giftigen Unkrauts. Wang Zaojun muß sich dem Volk stellen und seine Fehler eingestehen. Wenn er darin nicht einwilligt, muß er vernichtet werden.

Die Wandzeitung war von einigen anderen Dozenten der Sportabteilung unterzeichnet, die von der Arbeitsgruppe ermuntert worden waren, ihrer Mißbilligung des Verhaltens ihres Kollegen deutlich Ausdruck zu geben. Da ich selbst in einer der Klassen von Wang gewesen war, wußte ich, daß zumindest der Vorwurf ungehörigen Verhaltens berechtigt war. Eine wohlgeformte Mitschülerin hatte sich mehr als einmal bei mir beklagt, daß er sie betatschte, hatte aber nicht gewagt, sich offen dagegen zu verwahren aus Angst, daß er ihr schlechtere Noten gäbe oder sie hundertmal hinlegen und wieder aufsetzen ließe. Wangs Auftreten unterschied ihn auch von den anderen Dozenten. Obwohl er schon fünfzehn Jahre in China war, sprach er noch immer mit Akzent und wirkte in seinem Gebaren ausländisch. Doch mir war beigebracht worden, Lehrern Respekt entgegenzubringen. Derartige skandalöse Anschuldigungen in aller Öffentlichkeit ließen mir den Atem stocken. Die Gewalttätigkeit, die aus diesen großen, schwarzen Schriftzeichen sprang, erschreckte mich.

Am nächsten Tag kamen zu dieser Wandzeitung noch zwölf weitere mit Angriffen auf verschiedene Personen hinzu. Obwohl sie (wie wir später herausfanden) von Mitgliedern der Arbeitsgruppe verfaßt worden waren, waren sie mit Namen von Krankenschwestern, Köchen, Sekretärinnen und Reinigungspersonal des Krankenhauses und der Schule unterzeichnet. Das Angriffsziel waren diesmal Ärzte, die für eine Vielfalt an Vergehen kritisiert wurden. Ein Arzt, ein Doktor Chen, wurde beschimpft, weil »er in langärmeligen Hemden zur Schule kommt und einen Schirm bei sich hat, auch wenn es heiß ist. Dies ist das Verhalten eines verzogenen Angehörigen der kapitalistischen Klasse. Das Proletariat fürchtet die Sonnenstrahlen nicht.«

Andere Wandzeitungen brachten ernsthaftere Anschuldigungen vor, von denen die gravierendsten die brutale Behandlung von Patienten durch Ärzte mit einer schlechten Klassenherkunft zum Inhalt hatten. Eine typische Wandzeitung, die einen anderen Lehrer von mir aufs Korn nahm, lautete:

Dr. Bai ist der Sohn eines kapitalistischen Ausbeuters des Proletariats. Wegen seiner schlechten Klassenherkunft behandelt er die Bauern, als wären sie dumme Tiere. Einmal hat er einer Frau vom Land, die mit einer zwölf Zentimeter langen klaffenden Sichelwunde im Fuß zu ihm kam, reinen Alkohol direkt auf die Wunde gegossen. Ihre Schmerzensschreie waren im ganzen Krankenhaus zu hören. Doktor Bai behandelt die Angehörigen der armen Bauernklasse ohne Betäubung, ist aber sorgsam darauf bedacht, den Angehörigen seiner eigenen Klasse, die er mit Umsicht und Respekt behandelt, keinen Schmerz und keine Unannehmlichkeiten zu bereiten.

Ich las diese Wandzeitungen und war über das Verhalten dieser Ärzte gegenüber ihren Patienten entsetzt. Daß ein Arzt einer hilfesuchenden Patientin absichtlich Schmerz zufügen sollte, fand ich so barbarisch, daß ich es kaum zu glauben vermochte.

Die Erklärung des Vorsitzenden Mao für ein solches herzloses Verhalten war die einzige, die für mich Sinn ergab. Die reaktionären bourgeoisen Intellektuellen arbeiteten daran, die Revolution von innen heraus zu sabotieren, indem sie die armen Bauern brutal behandelten. Beim Gedanken an die Sorge des Vorsitzenden Mao um das Proletariat traten mir die Tränen in die Augen. Wenn er nicht wäre, hätten wir nie von den Greueltaten erfahren, die direkt vor unserer Nase an den roten Klassen verübt wurden. Und innerlich gelobte ich Mao wiederum Treue und schwor, seine Kulturrevolution weiterzuführen, bis alle Feinde des Kommunismus demaskiert und geschlagen wären.

Vom Arbeitsteam ermuntert, nahmen studentische Aktivisten die Ärzte und den Sportlehrer in Gewahrsam. Sie wurden in eines der Klassenzimmer, den Kuhstall, wie wir es nannten, gesperrt und nur gelegentlich zu »Befragungen« herausgeholt, die aber oft in Verprügelungen ausarteten. Zwei Wochen später wurden sie, nachdem sie eine Vielzahl von Verbrechen gestanden hatten, die weit über die auf den Wandzeitungen vorgebrachten Anschuldigungen hinausgingen, vor die Vollversammlung gezerrt und öffentlich kritisiert. Die »Objekte der Bekämpfung«, wie man sie nun nannte, standen mit gesenkten Köpfen da, während die Aktivisten ihre Verbrechen eines nach dem anderen laut vorlasen. Bei jeder neuen Enthüllung brüllten die Studenten vor Zorn. Ich überwand meine instinktive Abneigung gegen Militanz und schloß mich ihnen an. »Zerschmettert Dr. Bais Hundekopf!« schrie ich mit den anderen. »Vernichtet Dr. Jiang, wenn er nicht kapituliert!« Mittlerweile war ich selbst davon überzeugt, daß für diese Feinde der Revolution keine Strafe zu hart war.

Am 1. August ging Mao in seiner ohnehin schon flammenden Rhetorik noch einen Schritt weiter. Mit seiner stillschweigenden Unterstützung hatte eine Studentengruppe an der Peking Universität einen Monat zuvor eine neue Organisation gegründet, die sich die »Roten Garden des Vorsitzenden Mao«

nannte. Nun schrieb Mao einen offenen Brief an sie, in dem er ihnen für ihr neues Unternehmen seine »glühende und leidenschaftliche Unterstützung« versprach. Als wir in der Ausgabe der *Volkszeitung* vom 1. August Maos offenen Brief lasen, waren wir wie elektrisiert. Die Phalanx der Aktivisten an der Hochschule erklärte sich sofort zu den Roten Garden der Medizinischen Hochschule von Shenyang. Irgendwo trieben sie olivbraune Armeeuniformen und breite Ledergürtel mit Messingschnallen auf und befestigten am Ärmel das unverkennbare Signum der Roten Garden: eine rote Armbinde, auf der in großen goldenen Schriftzeichen *Hong Wei Bing* (Rote Garden) stand. Dann machten sie sich daran, andere für ihre Organisation zu rekrutieren. Und da man sich Maos Billigung sicher sein konnte, wollten alle beitreten.

Ich fand mich wieder einmal ausgeschlossen. Nach Pekinger Vorbild unterteilten die Führer der Roten Garden die Studenten in Rote, Schwarze und Graue. Die Roten waren in den Roten Garden willkommen. Die Schwarzen waren aufgrund ihrer schlechten Familienherkunft die Bösewichte in dem sich nun entfaltenden politischen Drama. Ich fiel in die dritte Kategorie, weil zwar an meiner persönlichen Biographie nichts auszusetzen, aber meine Familienherkunft schlecht war. Die Grauen waren Personen, die von ihrem Klassenstatus weder den Roten noch den Schwarzen angehörten, also die Söhne und Töchter von Angestellten, Geschäftsführern und mittelständischen Bauern. Die Grauen durften zwar nicht in die Roten Garden eintreten, wurden aber auch nicht verfolgt. Unsere Rolle in der Kulturrevolution blieb ambivalent.

Während nun eine Gruppe nach der anderen den Roten Garden der Medizinischen Hochschule von Shenyang zugeführt wurde, war mir zunehmend mehr daran gelegen zu beweisen, daß auch ich dessen würdig war. Bald marschierten über die Hälfte der Studenten in ausgeblichenen Uniformen, an die sie stolz ihre Armbinden geheftet hatten, auf dem Hochschulgelände herum. Weil ich unbedingt dazugehören wollte, lieh ich mir von einem ehemaligen Soldaten eine Armeeuniform, die meine Mutter auf meine Größe zuschnitt. Und obgleich ich, wie mir schmerzlich bewußt war, keine Armbinde hatte, und der alte Soldat sich auch nicht von dem zur Uniform gehörenden Ledergürtel trennen mochte, war dies doch besser, als in Zivilkleidung herumzulaufen.

So ausstaffiert, suchte ich den Führer der Roten Garden unserer Hochschule auf, einen neunzehnjährigen Medizinstudenten namens Yao. Man konnte ihn nicht hübsch nennen, aber er hatte ein frisches Aussehen. Regelmäßige Gesichtszüge, eine sehr helle Haut und das schwarzglänzende Haar sorgsam zu einem Linksscheitel gekämmt. (Vor der Kulturrevolution, so sagte man, hatte er den Scheitel rechts.) Das Beeindruckendste an ihm war seine Stimme. Er hatte den sanften und volltönenden Bariton eines natürlich begabten öffentlichen Redners, der auch noch in den hintersten Ecken einer großen Halle zu vernehmen war. »Wie kann ich bei der Kulturrevolution helfen?« fragte ich ihn.

Er ging meine Akte durch und wies mich dann an, als Hilfspersonal der Roten Garden in meiner Krankenschwesterfakultät zu arbeiten. »Der Führer dieser Truppe ist sehr militant«, sagte Yao mit seiner hypnotischen Stimme. »Folge seiner Führung in allem. Auf diese Weise kannst du das Handicap deiner Familienherkunft überwinden und ein echtes Mitglied der Roten Garden des Vorsitzenden Mao werden.«

Nachdem die Roten Garden organisiert waren, ließ Mao sie auf die Gesellschaft los. Am 18. August 1966 hielt Marschall Lin Biao, der bald Maos Vize werden sollte, eine Rede, in der er die Roten Garden dazu aufrief, »die vier alten Dinge zu zerstören.« Diese wurden vage als »alte Vorstellungen, alte Kultur, alte Sitten und alte Gewohnheiten« definiert. Wie immer folgten wir Maos Weisungen mit fanatischer Buchstäblichkeit. Meine Truppe mit dem militanten Führer an der Spitze verließ den Campus, entschlossen, alles zu zerstören, was mit der Vergangenheit oder dem Westen in Verbindung gebracht werden konnte. Viele Tage lang fielen wir in unserer Nachbarschaft über die Wohnungen von Familien her, die zu den »vier schwarzen Kategorien« gehörten, zerschnitten ihre traditionellen chinesischen Gewänder und westliche Kleidung, zerschmetterten Buddhastatuen und antike Vasen und zerrissen Fotografien und Rollbilder. Büchern wurde eine Sonderbehandlung zuteil. Wir schleppten sie auf das Hochschulgelände zurück und verbrannten sie in riesigen Freudenfeuern auf dem Sportplatz.

Wir fielen auch über unsere Stadtbibliothek her und warfen Tausende von literarischen Werken – alles von Kung-Fu-Geschichten bis hin zu den Romanen von Dickens – in die Flammen. Die Fanatischeren von uns wollten auch alle Bücher in Fremdsprachen verbrennen, die medizinischen Werke eingeschlossen. Die kühleren Köpfe behielten aber die Oberhand mit dem Argument, daß diese Fachbücher und Nachschlagewerke für die angemessene medizinische Betreuung der revolutionären Klassen gebraucht wurden.

Vor dem Aufbruch zu unseren Überfällen vergewisserte sich unser Führer stets, daß wir Bambusstöcke und Scheren bei uns hatten. Die Stöcke waren nützlich, um Blumentöpfe – »nutzlose bourgeoise Gefühlsduselei« – von den Fensterbänken zu fegen, und um die zu verprügeln, die sich unseren Bemühungen widersetzten, die »vier alten Dinge«, die sie in ihrem Besitz hatten, zu zerstören. Die breiten Ledergürtel mit ihrer schweren Messingschnalle, die viele von den Rotgardisten trugen, dienten ebenfalls diesem Zweck. Die Scheren waren nützlich, wenn wir auf der Straße Männern oder Frauen begegneten, die aus unserer Sicht »bourgeois« gekleidet waren. Den Männern wurden, wenn sie enge westliche Hosen trugen, die Hosenbeine aufgeschlitzt, und Frauen wurden ihre farbenfrohen Röcke in Fetzen geschnippelt. Frauen, die langes Haar trugen oder eine Dauerwelle hatten, wurden auf der Straße angehalten und bekamen einen Yin-Yang-Haarschnitt verpaßt, wie wir es nannten. Ihnen wurde auf der einen Seite alles Haar abgeschnitten, die andere Seite blieb, wie sie war. Dieser Haarschnitt nach dem traditionellen chinesischen Yin-Yang-Symbol mit einer dunklen *(yin)* und einer hellen *(yang)* Seite bedeutete, daß sie Dämonen und keine Menschen waren. Einmal stürmten wir die Straße der Schneider, in der ein paar Dutzend Schneider ihre Geschäfte hatten, und zerschnitten alle »dekadenten« westlichen Anzüge in den Auslagen. Wir zerschnitten auch fast ihren gesamten Vorrat an Wollstoffen und ließen nur die Stoffe in den langweiligsten und mattesten Farben übrig. Die Ladenbesitzer wagten nicht zu protestieren, sondern standen nur händeringend hinter ihrer Ladenkasse, während wir ihre Existenzgrundlage zerstörten. Sie wußten, daß der Vorsitzende Mao hinter uns stand.

Die Ungewißheit meines Status lastete immer schwerer auf mir. Im Hinterkopf lauerte die Angst, daß ich, wenn es mir nicht gelang, in die Roten Garden aufgenommen zu werden, ganz plötzlich zu einer Schwarzen erklärt werden könnte. Ungeachtet der Tatsache, daß mir die Gewalttätigkeiten zuwider waren, wollte ich doch unbedingt meine Loyalität zu Mao auf unmißverständliche Weise demonstrieren.

Yao, der Führer der Roten Garden, ließ sich oft in unserer Gruppe blicken, um sich mit mir zu unterhalten, wobei unsere Gespräche aber nie besonders persönlich wurden. Reden zu halten schien ihm leichter zu fallen als Konversation zu machen, selbst dann, wenn ich sein einziges Publikum war. Aber ich spürte, daß er Interesse an mir hatte, und das gab mir den Mut, ihn um einen Gefallen zu bitten. Ich hoffte auf einen Job im Hauptquartier der Roten Garden, was bedeutete, daß ich mich dann nicht mehr an den Überfällen auf Wohnungen und Passanten beteiligen mußte. »Könnte ich nicht auf bessere Weise zu unserem gemeinsamen Werk beitragen, wenn ich bei euch im Hauptquartier arbeiten würde?« fragte ich gesetzt. »So könnte ich an der Frontlinie der Kulturrevolution stehen.« Yao, diesmal wahrhaftig um eine Antwort verlegen, räusperte sich. »Ich... äh... denke, daß wir Hilfe im Propagandabüro brauchen können«, sagte er. »Ich werde dich der verantwortlichen Person vorstellen.«

Am nächsten Tag meldete ich mich in der Propagandaabteilung des Hauptquartiers der Roten Garden zur Arbeit. In der Hauptsache brachte sie ein wöchentliches Informationsblatt heraus, etwa vier Seiten lang, das *Informationsblatt des Hauptquartiers der Roten Garden der Medizinischen Hochschule von Shenyang*. Aber sie verteilte auch fast täglich Handzettel. Als ich mich dem Propagandabüro anschloß, arbeiteten bereits vier Leute dort. Es herrschte eine Atmosphäre des Fanatismus, und wir arbeiteten extrem viel und bis tief in die Nacht hinein. Da wir in einer Einparteiendiktatur aufgewachsen waren, die die Presse total kontrollierte, begriffen wir instinktiv, über welche Macht das gedruckte Wort verfügte. Wir waren entschlossen, uns mit absoluter und unerschütterlicher Loyalität für Mao einzusetzen, was bei seinen zuweilen vagen und widersprüchlichen Äußerungen nicht immer ganz einfach war. Jeder Satz mußte der Sache von Maos Reich dienen und sie vorantreiben. Da ich schnell und gut schreiben konnte, wurden mir die Entwürfe für die Handzettel übertragen, die politisch gesehen eine etwas weniger heikle Angelegenheit waren als etwa die Leitartikel in unserem Informationsblatt. Meine Entwürfe wurden dann von unserem Redakteur durchgesehen und getippt. Ich arbeitete häufig vom frühen Morgen bis nach Mitternacht, schrieb tagsüber die Handzettel und lieferte sie nachts aus. Das machte ich oft wochenlang am Stück, getragen von der Wichtigkeit meiner Mission. Ich war sicher, daß ich jetzt mit sechzehn erwachsen geworden war und an einem großen Unterfangen teilhatte, das das Gesicht Chinas verändern würde.

Der Höhepunkt des Tages kam um zehn Uhr morgens, wenn die neueste Ausgabe der *Volkszeitung* eintraf. Gemeinsam studierten wir eifrig die erste Seite. Erst rezitierten wir die eingerahmten Zitate des Vorsitzenden Mao, die oben auf der Seite standen, um sie uns einzuprägen. Dann verschlangen wir den neuesten Leitartikel, um zu sehen, welche neuen Offenbarungen uns der Vorsitzende für diesen Tag hatte zukommen lassen. Schließlich diskutierten wir darüber, was uns dieser Leitartikel über die Gedanken Maos enthüllte. Unsere Überlegungen zur Bedeutung des Leitartikels nahmen zuweilen Stunden in Anspruch, wenn wir die widersprüchlichen Interpretationen dieses Satzes erwogen oder jenen Satz zerlegten und analysierten.

Zwar studierten wir alle eifrig die »große revolutionäre Linie« des Vorsitzenden Mao, um ihm besser dienen zu können, aber es war nicht dieser Eifer allein, der die endlosen Diskussionen über Maos neueste Worte entfachte. Wir mußten in dem, was wir selbst in unseren Leitartikeln schrieben, sehr vorsichtig sein. In der aufgeheizten Atmosphäre jener Zeit konnte die geringfügigste Abweichung von der Linie des Vorsitzenden Anlaß zu Kritik geben. Oft ging ich in die Stadt, um die Texte der großen Wandzeitungen der anderen Roten Gardengruppen abzuschreiben, deren bestes Material wir dann Wort für Wort in unserer eigenen Publikation nachdruckten. Unser Redakteur hatte das Gefühl, daß es so sicherer sei. Jede Gruppe machte es so. Alle in Shenyang veröffentlichten Informationsblätter enthielten identische Absätze, da ihre Redakteure Sicherheit im Plagiat suchten. Auch Informationsblätter in so weit voneinander entfernten Städten wie etwa Shanghai und Harbin ähnelten sich sehr stark, weil sie alle in nur wenig veränderter Form die wesentlichsten Punkte wiedergaben. Wir mußten auch doppelt sichergehen, daß sich in den Entwürfen oder beim Setzen der Artikel keine Fehler einschlichen.

Einmal hatte ich es mit einem Handzettel eilig, der alle Roten Garden dazu aufrief, den »Vorsitzenden Mao zu schützen«, und übergab den fertigen Entwurf dem Redakteur, ohne ihn noch mal durchgelesen zu haben. So war mir entgangen, daß ich beim Schreiben einen Fehler gemacht und einmal im Text statt des Schriftzeichens für *schützen* das Schriftzeichen für *entledigen* eingesetzt hatte, so daß da nun »entledigt euch des Vorsitzenden Mao« zu lesen stand. Als mein Redakteur mich auf dieses Versehen hinwies, brach ich in Tränen aus. Er gab mir rasch die Seite zurück, wandte sich ab und wies mich an, die Seite neu zu schreiben. Hätten er und ich nicht so gut miteinander gestanden, hätte er mich leicht verhaften lassen können, weil ich zum Sturz des Vorsitzenden Mao aufgerufen hatte. Dies war ein Kapitalverbrechen, vor allem bei einer Grauen wie mir. Gegen diese Anschuldigung hätte ich mich nicht glaubwürdig verteidigen können. Zum erstenmal wurde mein Enthusiasmus durch Angst gedämpft, und ich schrieb nun langsamer. Meine Kalligraphie, die mir immer leicht und fließend von der Hand gegangen war, wurde nun zögerlich und steif, wenn ich sorgsam die Texte der Handzettel niederschrieb.

Ich bot mich oft freiwillig an, die fertigen Handzettel zu den beiden nördlich von unserem Campus gelegenen Universitäten zu bringen. Da ihnen nicht klar war, daß Mutters Wohnung auf dem Weg lag, waren alle von meiner Hingabe und Selbstlosigkeit beeindruckt. Ich genoß diese mitternächtlichen Besuche, denn ansonsten sah ich meine Familie kaum. Wir Studenten waren dazu aufgefordert, uns rund um die Uhr der Revolution zu widmen.

Meine Mutter teilte meinen Enthusiasmus für die Kulturrevolution nicht, und unsere Gespräche endeten oft im Streit. Sie fand die von Mao geschaffene chaotische Atmosphäre angsteinflößend und die »revolutionären Aktionen« der Roten Garden bedrohlich. Als Lehrerin war sie in ihrer Schule bereits von jungen Aktivisten verbal angegriffen worden, obwohl diese im Grunde noch Kinder waren. Ihrer Meinung nach bot das Leben schon genug an Unsicherheit, da mußte nicht absichtlich noch mehr geschaffen werden.

Ich war anderer Ansicht und plapperte die Richtlinien des Vorsitzenden Mao nach, denen zufolge die alte Lebensweise völlig zerstört werden mußte, bevor eine neue proletarische Gesellschaft aus den Ruinen erstehen konnte. Ich spürte, daß Mutter den Motiven Maos nicht ganz traute, wohingegen ich darin einen selbstlosen Versuch sah, das Los des chinesischen Volkes zu verbessern.

Mitte September kam unser Redakteur eines Abends mit einer alarmierenden Ankündigung in unser Propagandabüro gestürzt. »Morgen früh werden wir die größte bourgeoise und reaktionäre Autorität angreifen!« schrie er. »Fang Kai, der Präsident der Hochschule, wird öffentlich kritisiert werden.«

Wir schwiegen geschockt. Ich wußte, daß Fang Kai, wie alle älteren Hochschulfunktionäre, in den Kuhstall gesperrt und heimlich einige Wochen lang befragt worden war. Aber ich hatte angenommen, daß diese Untersuchung seine Unschuld erweisen würde. Präsident Fang war ein Veteran des Langen Marsches und seine Heldentaten in der Achten Roten Armee waren zur Legende geworden. Nicht nur war sein revolutionärer Hintergrund makellos, er war auch bei den Studenten sehr populär. Im Gegensatz zu anderen hohen Funktionären war er nie arrogant aufgetreten, sondern blieb auf seinen Rundgängen durch das Hochschulgelände bei den Studenten und Dozenten stehen und unterhielt sich mit ihnen. Abgesehen davon war er nicht nur der Präsident der Hochschule, sondern auch ein angesehenes Mitglied des Städtischen Parteikomitees von Shenyang. Ich konnte an den Gesichtern meiner Mitarbeiter ablesen, daß ihnen diese Wendung der Ereignisse ebensowenig gefiel wie mir.

Bevor ich mich noch von meinem Schock erholen konnte, wies mich mein Redakteur an, eine Ankündigung für die morgige öffentliche Kritikversammlung zu verfassen. Ich beeilte mich, seiner Anweisung Folge zu leisten, aber es war doch schon nach ein Uhr morgens, als der letzte Stapel Handzettel kopiert war. Jeder von uns schnappte sich einen Stapel und machte sich dann in eine andere Richtung auf. Ich radelte, so schnell ich konnte, in nördliche Richtung, hielt aber doch an, als ich nach einer halben Stunde die Wohnung meiner Mutter erreichte. Ich brauchte dringend eine Tasse heißen Tee, um den Nebel der Müdigkeit, der mich einhüllte, zu vertreiben. Als meine Mutter sah, wie erschöpft ich war, empfahl sie mir, über Nacht zu bleiben und meinen Botengang morgen früh zu erledigen. Ich schüttelte den Kopf. »Morgen früh greifen wir die größte bourgeoise und reaktionäre Autorität von allen an«, wiederholte ich die Worte meines Redakteurs. »Fang Kai, der Präsident der Hochschule, wird öffentlich kritisiert.«

Meine Mutter war entsetzt. Auch sie wußte von Fang Kais langen Jahren in der Achten Roten Armee. Sie begann in leisem dringlichen Ton auf mich einzureden. »Ich habe große Angst um dich. Bitte bedenke sehr sorgfältig, was du tust. Wenn du an dieser Kritikversammlung teilnehmen mußt, dann steh nicht in den ersten Reihen. Denk nach, bevor du den Mund aufmachst. Schrei die Slogans nicht zu laut. Sei nicht zu militant. Laß dich nicht manipulieren wie eine Marionette. Es kommt vielleicht der Tag, an dem du die Dinge, die du gesagt und getan hast, bedauerst.«

»Wir müssen Maos großer proletarischer Kulturrevolution folgen«, unterbrach ich sie mit lauter Stimme. »Wir müssen alle vernichten, die sich dem Vorsitzenden Mao entgegenstellen!«

Nach zwei Monaten Arbeit im Propagandabüro war mir das Sprechen in Slogans schon zur Natur geworden.

»Meine Erfahrung mit politischen Kampagnen in der Vergangenheit haben mich Vorsicht gelehrt«, fuhr meine Mutter, meinen Ausbruch ignorierend, mit leiser Stimme fort. »Du warst bei der Kampagne der ›Hundert Blumen‹ noch ein Kind. Laß mich dir in Erinnerung bringen, was damals passierte. Der Vorsitzende Mao rief die Leute dazu auf, die Partei für ihre Mängel und Fehler zu kritisieren. Zuerst waren die Leute vorsichtig, aber sie wurden kühner, als sie immer weiter dazu aufgefordert wurden, sich offen zu äußern. Und dann, als die Kritik sehr lautstark wurde, fiel die Axt. Diejenigen, die an der Partei etwas bemängelt hatten, wurden zu rechtsabweichlerischen Elementen erklärt und ins Gefängnis geworfen. Mao, siehst du, hatte nur ›die Schlange aus ihrem Kopf gelockt, um ihr den Kopf abzuschlagen‹.«

Der Angriff meiner Mutter auf den Vorsitzenden Mao schlug wie eine Bombe bei mir ein. Ich öffnete den Mund, aber für einen Moment kam kein Ton heraus. »Ich gehorche dem Vorsitzenden Mao!« brachte ich schließlich im Flüsterton heraus. Dann kehrte ich auf dem Absatz um und stürmte aus der Wohnung. Als ich zur Universität radelte, um meine Handzettel abzuliefern, klangen mir die verräterischen Worte meiner Mutter noch immer in den Ohren. Sie verhöhnten alles, an das ich glaubte. Als Anhängerin des Vorsitzenden Mao wußte ich, wem ich zu Loyalität verpflichtet war. »Vater ist uns lieb, Mutter ist uns lieb, aber niemand ist uns so lieb wie der Vorsitzende Mao«, hatte man uns in der Unterstufe der Mittelschule singen lassen. Und nie waren mir diese Worte wahrer erschienen als jetzt. Ich wußte, daß ich eigentlich meinem Roten Gardenführer berichten mußte, was meine Mutter da gesagt hatte. Damit hätte ich eine klare Linie zwischen mir und meiner Familie gezogen, wie es von mir verlangt worden war. Ich wäre für eine so dramatische Demonstration meiner Loyaliät zu Mao belohnt worden. Aber wie konnte ich meine eigene Mutter denunzieren, selbst wenn es bedeutet hätte, daß ich in die Roten Garden aufgenommen wurde?

Ich war noch immer mit diesem Dilemma beschäftigt, als ich meine Handzettel ablieferte und dann langsam zur Medizinischen Hochschule zurückradelte. Als ich um drei Uhr morgens dort ankam, hatte ich einen Entschluß gefaßt. Es gab nur eines, was ich tun konnte. Ich würde für die Illoyalität meiner Mutter Buße tun, indem ich mich ganz persönlich erneut zum Vorsitzenden Mao bekannte. Ich würde bei der kommenden Kritikversammlung einen revolutionären Geist zur Schau stellen, der alles in den Schatten stellte.

Nach nur wenigen Stunden Schlaf stand ich wieder auf und konnte es kaum erwarten, daß der Tag seinen Anfang nahm. Wie ich gehofft hatte, war ich eine der ersten in der großen Halle. Ich setzte mich absichtlich in die erste Reihe direkt vor die Bühne, wo ich gesehen und gehört werden konnte. Fang Kai war das erste Mitglied des Städtischen Parteikomitees, das öffentlich kritisiert wurde, und alle waren neugierig, welche Verbrechen er gestehen würde.

»Rote Gardenkämpfer«, begann Yao Punkt neun Uhr seine Rede. »Wir in Shenyang haben uns feierlich geschworen, die revolutionäre Linie des Vorsitzenden Mao zu schützen und zu verteidigen. Wir haben seine Anweisungen aufs getreulichste befolgt. Wir haben gründlich und mitleidslos auf die reaktionären, bourgeoisen Funktionäre, die reaktionären Intellektuellen und die kapitalistischen Blutsauger und Parasiten an unserer Schule eingeschlagen.« Seine hypnotische Stimme drang bis in die hintersten Ecken der Halle. Sie war erfüllt von Energie und dem unbedingten Glauben an den revolutionären Kampf, den er führte. »Wir haben recht getan!« rief er. »Wir haben es großartig gemacht!«

Die Menge war von Yaos Enthusiasmus angesteckt und sprang auf, um jubelnd Beifall zu spenden. »Lang lebe unser Vorsitzender Mao!« hörte ich mich laut schreien. Andere fielen mit ein, bis diese Loyalitätsbekundung tobend die ganze Halle erfüllte. Yao stand stolz aufgerichtet auf der Bühne, das Gesicht vor Erregung gerötet, glücklich über die Raserei, die er ausgelöst hatte.

»Jetzt müssen wir in unserem Kampf noch einen Schritt weitergehen«, fuhr er fort, nachdem wir uns wieder beruhigt hatten. »Unser Vorsitzender Mao hat uns vor den Personen in Machtpositionen gewarnt, die den kapitalistischen Weg gehen. Jahrelang haben diese Parteigänger des Kapitalismus heimlich daran gearbeitet, die Revolution aus dem Innern der Partei heraus zu untergraben. Sie haben die reaktionären Intellektuellen und anderen Klassenfeinden vor dem Zorn des Proletariats geschützt.« Der Gedanke an diese Abtrünnigen rief in der Menge ein Gegrummel des Abscheus hervor.

»Wir müssen diese Verräter demaskieren und vernichten!« Yaos Stimme schwoll erneut zu einem Crescendo an. »Wir müssen die große proletarische Kulturrevolution bis zum bitteren Ende durchführen. Wir wissen alle, daß der Präsident unserer Hochschule, Fang Kai, ein reaktionärer, bourgeoiser Funktionär war. Aber seine Verbrechen sind weit schlimmer, als ihr euch vorstellt. Fang Kai ist ein langjähriges Mitglied des Parteikomitees von Shenyang. Fang Kai wird heute morgen gestehen, daß er ein Parteigänger des Kapitalismus war!« Die Halle explodierte in hysterischen Wutausbrüchen.

In diesem Moment wurde Fang Kai von zwei stämmigen Studenten auf die Bühne gestoßen. Seine Kleidung war schmutzig und zerrissen, wahrscheinlich, weil er bei den Verhören mißhandelt worden war, aber auf seinem Gesicht war kein Kratzer zu sehen. Sobald er erschien, begannen ihn einige von uns in den ersten Reihen zu verhöhnen. »Wir werden dich in den Staub treten, Fang Kai! Wir werden dein Rückgrat zerschmettern, so daß du dich nie wieder erheben wirst. *Da dao Fang Kai!*« begannen wir zu skandieren. »Nieder mit Fang Kai!« Und sofort stimmte die ganze Halle darin ein: »Nieder mit Fang Kai!«

Fang Kai versuchte den Kopf zu heben, um uns anzusehen, aber die beiden Studenten packten seine Arme, drehten sie an den Ellbogen nach hinten und schoben sie nach oben. Um den Druck auf seine Arme zu mildern, konnte Fang nicht anders, als den Kopf senken, den Rücken beugen und in den Knien nachgeben. Er sah aus wie ein auf dem Startblock stehender Schwimmer, der auf den Startschuß wartet. Der Schmerz dieser unnatürlichen Körperhaltung würde bald unerträglich werden. Aber sobald Fang den Versuch machte, sich zu entspannen, drehten die Studenten mit bösartigem Ruck an seinen Armen und drohten sie auszukugeln.

Yao trug nun ohne Hast und mit großem Nachdruck eine Anschuldigung nach der anderen gegen Fang Kai vor, die er von einem Dokument ablas. Die Vorwürfe gegen den Präsidenten umfaßten praktisch alles, vom Hegen eines Vipernnests an Klassenfeinden – damit war gemeint, daß die Dozenten an den Fakultäten der Hochschule zu siebzig Prozent den Klassen der Großgrundbesitzer, reichen Bauern, den Konterrevolutionären, den schlechten und rechtsabweichlerischen Elementen angehörten – bis zur Vergeudung einer großen Summe Geldes für eine Gartenanlage samt Fischteich.

Nach jeder Enthüllung einer weiteren Missetat Fangs stießen wir im Publikum Schmähungen gegen ihn aus. Yao wandte sich dann an Fang Kai und fragte ihn rhetorisch: »Ist diese Anschuldigung wahr?« Fang erwiderte kein Wort darauf, aber einer der Gardisten packte ihn dann an den Haaren, drückte seinen Kopf nach oben und unten und zwang ihn so zu einem marionettenhaften Nicken. Fangs Gesicht blieb während der ganzen Prozedur regungslos und zeigte nicht die geringste Spur von Schuldgefühl oder Reue. Seine stoische Haltung machte mich wütend. Er sollte weinen und die Massen für seine Verbrechen um Vergebung bitten.

Die Anschuldigungen schienen kein Ende zu nehmen, und Yao brauchte fast zwei Stunden, bis er fertig war. Schließlich wandte sich der Rote Gardenführer an Präsident Fang und fragte: »Ist alles, was hier aufgeschrieben wurde, korrekt?« Nachdem einer der Gardisten ihn wiederum zu einem Nicken gezwungen hatte, gab er seine Arme frei. Fang hatte nun das Wort.

Fang Kai streckte langsam seinen steif gewordenen Rücken und richtete sich auf. Er nahm die Arme nach vorn und beugte und streckte sie. Man konnte fast die Gelenke knacken hören. Dann sah er mit noch immer regungslosem Gesichtsausdruck direkt ins Publikum. »Studenten«, begann er langsam. »Ihr kennt mich. Ich habe viele Jahre lang als Präsident der Medizinischen Hochschule von Shenyang gedient. In dieser Zeit habe ich mich reinen Gewissens und aus ganzem Herzen meiner Arbeit gewidmet, und ich habe nichts getan, was ich bedauern müßte. Seit ich mich 1936 der Kommunistischen Partei angeschlossen habe, war ich der Partei gegenüber immer äußerst loyal...«

Weiter kam er nicht. Wir alle merkten sofort, daß Fang Kai seine Verbrechen leugnete, und ein Höllenspektakel brach los.

»Falsches Zeugnis!« schrie die Person, die neben mir saß. »Schlaue Lügen!« rief jemand anders. »Wenn du stirbst, wirst du Aas für die Geier sein!« brüllte ein Dritter. Ich sprang auf und schüttelte voller Wut die Faust. »Du kannst dich dem Willen der Massen nicht entgegenstellen!« schrillte ich. »Gesteh deine Verbrechen, Parteigänger des Kapitalismus!« Haß stieg in mir auf. Ich wollte ihm ins regungslose Gesicht schlagen.

Ich sprang auf die Bühne und versetzte Fang Kai einen Boxhieb direkt auf den Mund. Es war der einzige Schlag, den ich ihm versetzte. Ein Dutzend anderer Leute folgte mir auf die Bühne, umringte ihn und schlug und trat aus allen Richtungen auf ihn ein. In wenigen Sekunden lag Fang auf dem Boden, und die Schläge prasselten weiter auf ihn nieder, während er sich auf dem Boden wand. Durch den Mob hindurch sah ich flüchtig sein Gesicht. Es war eine weiße Maske des Schmerzes. Aber ich habe ihn nicht einmal aufschreien gehört.

Während die Leute noch immer auf ihn eindroschen, kam Yao zu mir herüber, um mir zu gratulieren. »Du bist ein echtes Mitglied der Roten Garden«, sagte er lächelnd. »Du hast heute Außerordentliches geleistet. Du hast den anderen gezeigt, wie man mit diesen dickschädligen Parteigängern des Kapitalismus, die der Kulturrevolution entgegenarbeiten, verfährt. Ich werde mich dafür aussprechen, daß du bei den Roten-Garden-Rebellen aufgenommen wirst.«

Yao wandte sich um, um der Attackierung Fang Kais, der inzwischen ohnmächtig geworden war, ein Ende zu setzen. Ich sah aus einiger Entfernung zu, wie ein paar Rotgardisten seinen schlaffen Körper von der Bühne trugen. Aber ich schwamm zu sehr im Hochgefühl meines Triumphes, um auch nur einen Gedanken an seine Schmerzen und sein Leid zu verschwenden. Meine Zeit als Graue näherte sich dem Ende. Endlich würde ich in die Ränge der revolutionären Klassen als Gleichberechtigte aufgenommen werden!

Am Abend hatte sich meine anfängliche Euphorie verflüchtigt. Ich lag wach im Bett und sann über das, was ich getan hatte, nach. Nie zuvor hatte ich jemanden aus Wut geschlagen. Ich hatte nicht gedacht, daß ich zu solchem Haß und solcher Gewalttätigkeit fähig sei. Fang Kais angespanntes bleiches Gesicht trat mir wieder vor Augen. Versuchsweise streckte ich meine rechte Faust in die Dunkelheit aus und spürte wieder den Schock des Hiebes auf seinen Mund. Mir könnte es auch leicht passieren, daß ich solche Schläge bekomme, sann ich. Ich bin nur eine minderwertige Graue, und ich habe einen Parteiführer attackiert. Meine Kühnheit benahm mir den Atem. Was, wenn meine Mutter recht hatte? dachte ich. Was, wenn wir alle, die wir Fang Kai attackiert haben, eines Tages zu rechtsabweichlerischen Elementen erklärt werden?

Nein! sagte ich mir streng. Meine Loyalität gegenüber Mao würde bald öffentliche Anerkennung finden. Und was Fang Kai anging, so hatte er nur vorgegeben, ein revolutionärer Held und ein loyaler Anhänger Maos zu sein. Die Vorwürfe gegen ihn bewiesen, daß er schon lange die Kommunisten verlassen hatte. Fangs Parteimitgliedschaft war nur eine Maske, hinter der er seine wahren Farben versteckte. Der Mann, den ich angegriffen hatte, war kein Parteiführer, sondern ein verabscheuungswürdiger Angehöriger der Allerschwärzesten, ein Parteigänger des Kapitalismus, der keine Reue zeigte. Wir Roten Garden hatten recht getan, als wir ihn bestraften und züchtigten. Ich drehte mich um und schloß die Augen, um einzuschlafen, aber das Rätsel der Motive Fangs ließ mir keine Ruhe. Was hatte Fang Kai zu einem solchen Schritt veranlaßt? Wie konnte sich jemand von unserem Vorsitzenden Mao abwenden, unserer roten Sonne, dessen Worte unsere Herzen erwärmten und Licht in unsere Seele brachten? Fangs Seele muß tot sein, war meine Schlußfolgerung, bevor ich in einen traumlosen Schlaf versank.

Yao hielt Wort. Ein paar Tage später wurden ich und zwei andere Nicht-Rotgardisten, die sich ebenfalls an der Attacke auf Fang Kai beteiligt hatten, in derselben Halle in die Reihen der Roten Garden der Medizinischen Hochschule von Shenyang aufgenommen. Die gesamte Mannschaft der Roten Garden, inzwischen etwa siebenhundert Leute, nahm an der Zeremonie teil. In einer erhebenden Ansprache lobte Yao unsere »revolutionären Aktionen« gegen Fang, wobei die Anwesenden immer wieder in Jubelgeschrei ausbrachen. Dann leisteten wir, die rechte Faust hoch erhoben, mit der linken Hand das »kostbare rote Buch« an die Brust pressend, einen formellen Treueschwur auf den Vorsitzenden Mao.

»Wir schwören, daß wir den revolutionären Weg des Vorsitzenden Mao schützen werden«, sprachen wir Mao nach, wobei das vereinigte Stimmvolumen von uns dreien kaum an das seine heranreichte. »Wir werden bis zum bitteren Ende gegen die ›Ochsenteufel und Schlangendämonen‹ kämpfen, gegen die reaktionären, bourgeoisen Funktionäre und gegen die Machthaber, die den kapitalistischen Weg eingeschlagen haben. Wir werden die große proletarische Kulturrevolution bis zum bitteren Ende durchführen. Der Vorsitzende Mao ist unsere Stärke und unsere Macht! Wir können in den Himmel aufsteigen und tief in die Erde eindringen, weil unser großer Führer, der Vorsitzende Mao, unser Vorbild ist!« Schließlich heftete mir Yao die so lang ersehnte Armbinde mit den goldenen Schriftzeichen für »Rote-Garden-Rebellen« an den Ärmel. Es war der stolzeste Augenblick meines jungen Lebens.

Die Beziehungen unter den Roten Gardengruppen Shenyangs, die bislang relativ herzlich gewesen waren, begannen sich zu verschlechtern. Eine Organisation namens »Rotes Shenyang«, die ihre Basis im Institut für Wissenschaft und Technologie hatte, schuldigte uns in ihren Publikationen an, die revolutionäre Linie des Vorsitzenden Mao verraten zu haben. Wir fanden schnell heraus, daß es sich hier vor allem um die Söhne und Töchter von Funktionären auf der Stadt- und Provinzverwaltungsebene handelte, und brandmarkten sie nun in unserem eigenen Informationsblatt als »Loyalisten, die die Parteigänger des Kapitalismus in ihren Machtpositionen schützen wollen«.

Die Auseinandersetzung eskalierte, als Rote Shenyangs auf unserem Hochschulgelände Mitglieder zu rekrutieren begannen und uns bei der Anwerbung neuer Mitglieder Konkurrenz machten. Yao verdoppelte das Personal der Propagandaabteilung und wies uns an, unser Informationsblatt zweimal wöchentlich herauszubringen und es mit Breitseiten gegen die Roten Shenyangs zu füllen. Ich verbrachte, was an sich kaum möglich war, noch mehr Stunden im Propagandabüro, aber meine Energie und mein Enthusiasmus waren unerschöpflich. Ich war endlich ohne Vorbehalte oder Einschränkungen in Maos Stoßtruppen akzeptiert worden. Ende September machte mich der Leiter der Propagandaabteilung (ich vermute, auf Yaos Vorschlag hin) zu seiner Assistentin. Diese Beförderung bedeutete, daß ich während der häufigen Abwesenheiten der Chefs die Leitung innehatte, die Texte für die Handzettel redigierte und Genehmigungen für Käufe und Reisen ausstellte. Zum erstenmal in meinem Leben genoß ich wirkliche Autorität, und ich freute mich über diese Gelegenheit, dem Vorsitzenden Mao noch besser dienen zu können.

Mit der zunehmenden Propagandaschlacht intensivierten sich auch unsere Bemühungen, einander in Ehrfurchtsbezeugungen für Mao auszustechen. Eifrig durchforschten wir die *Volkszeitung* und andere Publikationen nach neuen Möglichkeiten, unsere tiefe Loyalität noch besser unter Beweis zu stellen. Als wir einen Bericht lasen, wonach einige Pekinger Rote Garden dreimal täglich zu Mao beteten, taten wir das prompt auch, »baten Ihn morgens um Seine Führung, brachten mittags unsere Handlungen mit Seinen Lehren in Übereinstimmung, und berichteten Ihm nachts alles«. Auf Yaos Befehl wurde im Eingang zur Kantine ein großes Mao-Poster aufgehängt. Vor jeder Mahlzeit verneigten wir uns demütig vor seinem Bild, priesen seine Weisheit und riefen ihn um Hilfe an.

Diese Andachten folgten einem geradezu militärisch festgelegten Ritual. Es war verboten, Mao in einer Gruppe von weniger als sechs Personen anzubeten – alles, was nach Individualität roch, wurde mißbilligt –, so daß diejenigen, die zuerst ankamen, vor den Doppeltüren der Kantine warteten, bis die nötige Anzahl beisammen war. Yao trat oft kurz vor oder nach mir ein, ob aus Gewohnheit oder Zufall, konnte ich nie ergründen. Die Anwesenden formierten sich dann zu einem kleinen Zug unter dem Kommando des hochrangigsten Rotgardisten. Dann marschierten wir, das kleine rote Buch mit der rechten Hand an die Brust gedrückt, den linken Arm militärisch schwingend, in den Vorraum, kamen vor dem Mao-Poster zum Stehen und vollzogen eine Rechtsumbewegung, um ihn anzusehen.

Unsere Eröffnungsanrufung lautete: »Lang lebe unser großer Führer, Vorsitzender Mao!«, was wir dreimal wiederholten. Während wir in Habachtstellung standen, intonierte unser Anführer das Eröffnungsgebet. »Lieber Vorsitzender Mao. Ihr seid der strahlendste, der großartigste, der wunderbarste Führer der Weltgeschichte. Vorsitzender Mao, Ihr habt mit Euren eigenen Händen die Große Proletarische Kulturrevolution in Gang gesetzt. Vorsitzender Mao, Ihr wart der Funke, der diesen großen Brand entzündete. Vorsitzender Mao, Ihr seid der, der uns eine so großartige Gelegenheit gab, unser proletarisches Bewußtsein zu verbessern und zu wahren Revolutionären zu werden.«

Danach rezitierten wir gemeinsam eine Art maoistisches Glaubensbekenntnis. »Vorsitzender Mao, Vorsitzender Mao«, sprachen wir im Singsang. »Auf welchem Weg auch immer wir Eurem Willen nach voranschreiten sollen, wir werden folgen. Wie stark der Sturm, wie wütend die Wellen, nie werden wir schwankend werden, nie werden wir zurückweichen. Wir folgen Euch nach und bringen die große proletarische Kulturrevolution bis zu ihrem Endsieg. Vorsitzender Mao, vertraut auf uns. Wir werden immer Eure Befehle ausführen.«

An dieser Stelle schoben wir gewöhnlich eine kurze Grußadresse an Lin Biao ein, den Armeekommandanten, den Mao zu seinem Vize gesalbt hatte. Wir wählten die Worte sehr sorgfältig, da wir keinesfalls den Anschein erwecken wollten, daß wir Lin Biao auf die gleiche Stufe wie Mao stellten. »Assistierender Kommandant Lin, mögest du stets gesund bleiben«, lautete die Formel, derer wir uns gewöhnlich bedienten. Dann endeten wir, wie wir begonnen hatten mit: »Lange lebe unser großer Führer, Vorsitzender Mao!« in dreimaliger Wiederholung. Anschließend marschierten wir geordnet in die Kantine ein und ließen uns zum Essen nieder.

Auch der »Loyalitätstanz für den Vorsitzenden Mao« wurde sehr populär, vor allem, nachdem wir entdeckt hatten, daß ihn unsere Rivalen dreimal in der Woche aufführten. Yao verfügte sofort, daß wir ihn täglich in aller Öffentlichkeit auf dem Zentralhof der Hochschule zelebrierten. Wir hoben die Hände über den Kopf und machten kleine Kreisbewegungen, als putzten wir imaginäre Fenster. Die Füße tanzten einen schleifenden Twostep – nach vorn, zur Seite, zurück und wieder nach vorn. Dabei sangen wir in einer Art langgezogenem Geheul: »Vorsitzender Mao, *uuuh,* Vorsitzender Mao, Vorsitzender Mao, *uuuh,* Vorsitzender Mao.« Wir bewegten uns langsam und getragen und nahmen unsere Zeremonie todernst. Fast sah es so aus, als übten wir T'ai Chi, nur daß chinesische Schattenboxer sich nach ihrem eigenen Rhythmus bewegen, wohingegen wir diesen lächerlichen Gesang und Tanz unisono vollführten. Die Aufführung dieser choreographischen Idiotie dauerte gewöhnlich einige Minuten lang, bis Yao zufrieden und der Ansicht war, daß wir unsere Hingabe ausreichend demonstriert hätten.

Im Oktober und November hielten wir dreimal in der Woche Kritikversammlungen ab. Obwohl er täglich in Verhören gedrillt wurde, hatten wir Fang Kai noch kein Geständnis abringen können. Zugleich hatten wir so viele andere Funktionäre der Hochschule in Gewahrsam genommen, daß der Kuhstall mit mutmaßlichen Missetätern gesteckt voll war. Eines Tages fragte mich Yao mit konspirativer Stimme, während er mich nach dem Frühstück zum Hauptquartier begleitete: »Würdest du mir gerne bei den Kritikversammlungen helfen?«

Ich schluckte. Ich hatte mir geschworen, Fang Kai, der regelmäßig von anderen verprügelt wurde, selbst nicht wieder zu attackieren.

»Ich bitte dich nicht, jemanden zu schlagen«, setzte Yao rasch hinzu, der mein Unbehagen bemerkte. »Aber ich brauche ein paar vertrauenswürdige Genossen, die das Publikum bei den Slogans anführen. Du sitzt immer in der ersten Reihe. Du hast eine hohe Position in der Propagandaabteilung. Du weißt, was du zu sagen hast. Und die anderen werden deiner Führung folgen.« Nachdem ich ihm meine Hilfe zugesichert hatte, erzählte er mir, daß er auch schon eine andere Person rekrutiert habe, die ebenfalls Slogans rufen würde. Wir sollten unter vier Augen besprechen, wie wir uns bei der Sache abwechseln wollten. Es war wichtig, daß alles spontan und nicht abgesprochen wirkte.

Ich nahm meine neue Aufgabe sehr ernst und saß stets schon einige Zeit vor Beginn der Versammlung an meinem angestammten Platz in der ersten Reihe. Wenn Yao dann die Verbrechen des Angeklagten vorlas, wurde ich zunehmend erregter und fiel in die Wutschreie, die aus den Reihen hinter mir kamen, mit ein. Sie waren keineswegs gespielt, denn zu jener Zeit empfand ich die Sache, für die wir uns engagierten, als zutiefst gerechtfertigt. Wenn Yao mit seiner Verlesung am Ende war, sprang ich auf und fing an, Slogans zu rufen im Vertrauen darauf, daß der Rest des Publikums sich mir anschließen würde, was auch jedesmal der Fall war. Der zweite Agitator übernahm dann bei jeder zweiten oder dritten Runde die Führung, oft genug, damit die Sache nicht abgekartet wirkte.

Damit ich auch in heißen Momenten nicht den Kopf verlor, hatte ich es mir zur Gewohnheit gemacht, die Slogans, die ich brüllen wollte, vorher aufzuschreiben. Das war nicht weiter schwierig. Zum einen war die kritisierte Person stets schuldig, und somit stand das Resultat der Versammlung schon fest. Zum anderen war das Repertoire an passenden Slogans nicht gerade umfangreich. Die Hauptsache war, daß der Name der Person stimmte und die Slogans zu ihren Verbrechen paßten. Es gab auch gewisse Formeln, die auf alle Verbrechen anwendbar waren, wie etwa: »Schützt den Vorsitzenden Mao, bekämpft Fang Kai.«

Eines Abends trug Yao wieder einmal seine Standardanschuldigungen gegen Fang Kai vor, die ich inzwischen auswendig kannte. Ich warf einen letzten Blick auf meinen Spickzettel und entdeckte zu meinem Entsetzen, daß ich »Bekämpft den Vorsitzenden Mao, verteidigt Fang Kai« darauf geschrieben hatte. Wieder einmal hatte ich das genaue Gegenteil von dem geschrieben, was ich meinte! Hätte ich aus Versehen einen solchen Satz ausgerufen, man wäre auf der Stelle über mich hergefallen. Rasch faltete ich den Spickzettel zusammen und steckte ihn weg. Als es dann an der Zeit war, Slogans zu brüllen, konnte ich meine Worte kaum herausbringen, und ich merkte, daß Yao mich fragend ansah. Nach der Versammlung kam der zweite Schock. Der Zettel war nicht mehr aufzufinden!

Spät nachts klopfte jemand an meine Zimmertür. Ich öffnete, und Yao kam mit zwei seiner Leutnants herein, ohne auch nur mit einem Nicken zu grüßen. Gewöhnlich betraten die Männer aus Schicklichkeitsgründen die Zimmer der Studentinnen nicht. Yao entließ meine alarmierte Zimmergenossin mit einem knappen »Warte draußen«. Dann drückte er mir ein Stück Papier in die Hand, als wolle er es möglichst schnell loswerden: Es war mein Spickzettel! Meine Hände begannen zu zittern und mein Mund wurde trocken. »Wie konntest du so etwas über unseren geliebten Vorsitzenden Mao schreiben?« brach es nach ein paar Sekunden aus ihm heraus. Offensichtlich war er nicht imstande, sich noch länger zu beherrschen. »Willst du zur Konterrevolutionärin-in-Aktion erklärt werden?«

Es war, als hätte er mich geschlagen. Tränen stiegen in mir hoch. Ein Konterrevolutionär-in-Aktion war jemand, der aktiv am Umsturz der Kommunistischen Partei arbeitete, das schlimmste Verbrechen, das man sich vorstellen konnte. In der Schule meiner Mutter war ein achtjähriges Mädchen zur Konterrevolutionärin-in-Aktion erklärt worden, nachdem sie gesagt hatte, daß ihr Präsident Liu Shaoqi leid täte, der als »Chinas Chruschtschow« und Hauptgegner Maos bekämpft wurde. Da sie noch ein Kind war, wurde sie nicht ins Gefängnis, aber in den Kuhstall zu den anderen Schwarzen und Parteigängern des Kapitalismus gesteckt. Ihre Eltern, die unter Druck standen und beweisen mußten, daß sie ihre Tochter nicht zu dieser konterrevolutionären Tat angestiftet hatten, hatten sie vor der Schulversammlung öffentlich kritisiert.

»Wir sagen uns öffentlich von dir als unserer Tochter los«, hatten beide geschrien und sie wiederholt heftig ins Gesicht geschlagen. Das kleine Mädchen, das einmal eine der Lieblingsschülerinnen meiner Mutter gewesen war, war nun kaum wiederzuerkennen. Ihre Augen leuchteten auf seltsame Weise, berichtete meine Mutter, und sie saß ständig in ihrer Ecke im Kuhstall und summte vor sich hin. Einmal hatten sie ihre Eltern in einem Anfall von Reue heimlich besucht, aber sie schien sie nicht mehr zu erkennen. Was würden die Roten Garden, wenn sie so etwas einem achtjährigen Mädchen antun konnten, wohl mit mir machen?

»Ich war in Eile«, stammelte ich schließlich. »Ich habe gar nicht bemerkt, was ich da geschrieben habe. Erst in der Versammlung habe ich es gesehen und war starr vor Entsetzen. Als ich den Slogan rief, habe ich ihn richtig gerufen. Es war nur ein Schreibfehler. Ich würde nie so etwas über unseren geliebten Vorsitzenden Mao sagen. Ich liebe unseren Vorsitzenden Mao von ganzem Herzen!«

»Auch *wenn* es ein Schreibfehler war, wie du sagst, dann muß es doch eine Erklärung dafür geben«, erwiderte Yao. »Ein solcher Gedanke muß dir mal in den Sinn gekommen sein, sonst hättest du das nicht geschrieben.«

»Nein!« rief ich. »Ich schwöre, ich hatte nie einen solchen Gedanken. Ich liebe unseren Vorsitzenden Mao von ganzem Herzen.« Ich setzte mich hilflos aufs Bett und brach in lautes Schluchzen aus.

Angesichts meines Kummers schien Yao etwas nachsichtiger zu werden. »Ich akzeptiere deine Erklärung«, sagte er abrupt. »Schreibe eine Selbstkritik und gib sie mir morgen.«

Wieder einmal war ich nur knapp einer Katastrophe entronnen. Die Tatsache, daß ich ein Mitglied der Roten Garden war, hatte den Ausschlag gegeben. Was hätte mir, einer elenden Grauen passieren können, wenn schon Fang Kai, einem Parteiführer, der so lange tiefes Vertrauen genossen hatte, vorgeworfen werden konnte, ein »heimlicher Feind des Kommunismus« zu sein. Es wäre für Yao eine Kleinigkeit gewesen, mich in den Kuhstall zu stecken. In dieser von der Kulturrevolution erzeugten Atmosphäre der Paranoia hätte niemand seine Entscheidung angezweifelt. Der Gedanke ließ mir den Atem stocken. Ich arbeitete bis in die frühen Morgenstunden an meiner Selbstkritik, formulierte sie um und feilte daran. Ich übte auch meine Bitten um Entschuldigung ein, die ich Yao persönlich vortragen wollte.

Als ich dann am nächsten Tag Yaos Büro aufsuchte, weigerte er sich, mich zu sehen. Ich mußte meine Selbstkritik seiner Sekretärin übergeben. Ein paar Tage später wurde ich aus der Propagandaabteilung entlassen und wieder einer normalen Roten Gardengruppe überstellt. Offensichtlich konnte man mir nicht mehr trauen. Yao mied mich von da an und sprach nie wieder ein Wort mit mir.

5 Ausstieg aus den Roten Garden

Seit einiger Zeit schon hatte ich Probleme mit meiner Verdauung. Ich kehrte zur Diät meiner Kindheit zurück – Reis mit gekochtem Kohl –, aber selbst dieses sanfte, fade Essen bekam mir kaum. Ich schien nichts mehr herunterbringen zu können und mir war permanent übel.

Zunächst dachte ich, meine Probleme seien auf die Überbeanspruchung in der Propagandaabteilung zurückzuführen. Als ich dann in eine reguläre Rote Gardegruppe versetzt wurde, waren die Tage lockerer, hatte ich nur leichte Nachtwachen im Kuhstall zu schieben und ab und zu an einer Razzia teilzunehmen. Doch meine permanente Übelkeit verstärkte sich. Die Gefangenen mit ihren traurigen Augen wichen zurück, sobald wir Rotgardisten den Raum betraten, und mein Magen zog sich zusammen. Ich fand immer eine Entschuldigung, um mich davonzuschleichen, wenn die arroganten jungen Leute mit ihren Verhören begannen.

Es hat nichts mit Überarbeitung zu tun, es sind die Nerven, dachte ich eines Nachmittags gegen Ende November, als ich gerade Wache stand. Ich muß ein Magengeschwür haben. Angst und Fanatismus umgaben mich nicht nur von allen Seiten, sie hatten auch in mir selbst Schaden angerichtet. Die Angst der Gefangenen, die ich bewachte, war meine Angst, ihr Gefängnis war mein Gefängnis geworden. Beinahe wäre ich eine von ihnen geworden. Noch ein Patzer, noch ein Versprecher, und ich bin eine von ihnen. Nach Beendigung meiner Schicht suchte ich den Kommandanten meiner Einheit auf. Ich sagte ihm, ich sei krank und würde gerne nach Hause gehen, um mich für ein paar Tage auszuruhen. Widerwillig gab er mir die Erlaubnis.

»Ah, du bist zurückgekommen, Kind«, begrüßte mich meine Mutter, ein seltenes Lächeln auf ihrem abgehärmten Gesicht. Es wurde sofort von einem besorgten Stirnrunzeln abgelöst, als ich ihr von meinen ständigen Magenproblemen erzählte. »Und wir haben keinen gedämpften Reis für dich«, sagte sie fast vorwurfsvoll zu sich selbst. »Nur grobkörnige Gaoliangfladen.«

»Mach dir keine Sorgen um mich«, antwortete ich leichthin. »Jetzt, wo ich zu Hause bin, werde ich bald keinen nervösen Magen mehr haben.« Und um meinen Worten Nachdruck zu verleihen, biß ich herzhaft und zuversichtlich in einen übriggebliebenen Gaoliangfladen. »Ich bin bald wieder in Ordnung.«

Ich wachte in den frühen Morgenstunden mit qualvollen Schmerzen auf. Ein riesiger Klumpen, hart und schwer, befand sich dort, wo einst mein Magen war. Ich konnte gerade noch zur Toilette stolpern, bevor sich dieser Klumpen in krampfartiges Würgen auflöste. Mein Magen entleerte sich schnell, aber das Würgen hielt noch lange an, nachdem ich den letzten Tropfen Gallenflüssigkeit ausgespuckt hatte und zusammengekrümmt auf dem Boden lag.

In der Dunkelheit spürte ich die kühlen Hände meiner Mutter, die mir das feuchte Haar aus der Stirn strich. »Steh auf, Liang-yue«, hörte ich sie meinen älteren Bruder rufen. »Chi An hat hohes Fieber. Wir müssen sie in ein Krankenhaus bringen.«

Es dauerte ein paar Sekunden, bis die Bedeutung ihrer Worte durch den mich einhüllenden Schmerz- und Fiebernebel drangen. »Ich bin gleich in Ordnung«, protestierte ich schwach, aber Mutter half mir schon die Treppen hinunter und auf das Fahrrad. Sie und mein Bruder schoben von beiden Seiten das Rad, lenkten mit der einen Hand und stützten mich mit der anderen.

Als mich der Arzt im Aufnahmeraum abtastete und mir auf den Magen drückte, schrie ich auf. Nachdem er mich untersucht hatte, richtete er sich wieder auf und wandte sich an meine Mutter. »Ihre Tochter hat fast vierzig Grad Fieber, und ihr Unterleib ist schmerzempfindlich. Bei einer Blinddarmentzündung liegt die schmerzende Stelle an sich etwas mehr rechts, aber wenn Sie meine Vermutung hören wollen, so ist es das. Der Chefchirurg wird sie wahrscheinlich noch heute morgen operieren wollen.«

Doch nur wenig später sank das Fieber ein wenig, und die stechenden Krämpfe im Unterleib wichen einem ständigen Pochen. Der Chefchirurg Doktor Ouyang, ein kleiner Mann mit freundlichem Gesicht und formellem Auftreten, wunderte sich über das plötzliche Verschwinden meiner »Blinddarmentzündung«. »Ich glaube, wir behalten Sie ein paar Tage zur Beobachtung hier«, sagte er höflich. »Das heißt, wenn Sie einverstanden sind.«

Ich nickte rasch. Ich hatte nach einem Zufluchtsort vor der Gewalt und dem Chaos in der Welt da draußen gesucht. Da ist das Krankenhaus so gut wie mein Zuhause, dachte ich und sah mich erfreut in dem kleinen ordentlichen Raum auf der chirurgischen Abteilung um, in den man mich gelegt hatte. Noch ahnte ich nicht, daß dieses Krankenhaus, statt eine Oase der Heilung und des Friedens zu sein, nicht anders als die Welt außerhalb seiner Mauern ein brodelndes Tollhaus politischer Zwistigkeiten war.

Es lagen noch sechs weitere Patientinnen im Raum. Ein geschwätziger Haufen, und sie alle stellten sich mir nacheinander vor. Nur die Frau im Bett neben mir lag mit geschlossenen Augen still und schweigsam da, ihr Hals dick bandagiert. Ein robust aussehender Mann in blauer Bauernkluft saß dösend auf einem Stuhl neben ihrem Bett.

»Sie heißt Ah Fei«, erklärte eine Patientin, deren Fuß in einem Gipsverband steckte. »Sie ist gestern operiert worden. Der Mann neben ihr ist ihr Ehemann, Ah Lung. Doktor Ouyang, der Chefchirurg, hat ein riesiges Krebsgeschwür an der Stelle gefunden, wo ihre Schilddrüse sein sollte. Er hat so viel herausgeschnitten, wie er konnte, aber es hat sich schon auf andere Körperteile ausgebreitet.«

»Es ist ein Jammer«, warf eine andere Zimmergenossin ein und gab einen mitleidsvollen Schnalzlaut von sich. »Ich habe gehört, wie Doktor Ouyang ihrem Mann, Ah Lung, sagte, daß sie nicht mehr lange zu leben hat. Und sie hat vier Kinder, das jüngste ist erst acht Monate alt!«

Eine Schwester streckte den Kopf zur Tür herein. »Es ist Zeit, unseren großen Führer, Vorsitzenden Mao um Weisung zu bitten«, bellte sie. »Alle versammeln sich bei der Schwesternstation.« Sie war so rasch verschwunden, wie sie aufgetaucht war.

Ihre Ankündigung kam für mich völlig unerwartet. »Sogar hier müssen wir...«, ich stoppte mitten im Satz und hielt mir rasch den Mund zu. Natürlich müssen wir hier im Krankenhaus unseren großen Führer, Vorsitzenden Mao um Weisung bitten, mahnte ich mich im stillen streng. Erst letzte Woche stand in der *Volkszeitung,* daß wir es jeden Tag tun müssen, auch wenn wir krank im Bett liegen!

Ich schob mich aus dem Bett und stand auf. Hinter mir hörte ich Ah Lung seine halb bewußtlose Frau anflehen. »Bitte... wach auf, Ah Fei«, sagte er stockend. »Wir müssen... unseren großen Führer, den Vorsitzenden Mao... um Weisung bitten.« Er sprach unbeholfen und stockend, selbst wenn man seinen starken Bauerndialekt berücksichtigte. Ah Fei murmelte etwas Unverständliches.

Meine instinktive Hilfsbereitschaft zwang mich, mich umzudrehen. Ah Lung und ich halfen seiner Frau gemeinsam aus dem Bett und auf die Füße und zogen und trugen sie halb zur Tür. Der Flur war voll mit den Lahmen, den Hinkenden, den Verwundeten, die sich alle langsam in Richtung Schwesternstation schoben. Es sah aus wie ein Flüchtlingsstrom nach einem Bombenangriff. Das ist Wahnsinn, sagte immer wieder eine Stimme in mir, als wir den Flur entlanghumpelten.

»Es ist Zeit anzufangen!« rief ungeduldig ein großer junger Mann im Arztkittel den letzten Patienten zu, die sich hereinkämpften. »Stellt euch in Reihen auf«, befahl er dann der armseligen Menge, die sich um ihn scharte.

»Das ist bestimmt nicht notwendig, Doktor Lu«, warf ein Mann ein, den ich als den Chefchirurgen erkannte. »Diese Leute sind krank.«

»Dann können sie ja den Vorsitzenden Mao bitten, daß er sie heilt«, schnappte Doktor Lu zurück. »Hier muß Ordnung herrschen. Oder sind Sie anderer Meinung, Doktor Ouyang?«

Der Chefchirurg warf seinem jüngeren Kollegen nur einen kurzen funkelnden Blick zu und begann dann unvermittelt mit dem Eröffnungsgesang des Rituals. »Lang lebe unser großer Führer, Vorsitzender Mao!« rief er. Der junge Arzt fiel sofort mit ein, und sein lauter Bariton übertönte die schwache Tenorstimme des Chefchirurgen. Der Rest von uns stimmte in schwachem Chor mit ein.

Ich begriff sofort, daß hier ein Machtkampf ausgefochten wurde. Diese beiden Männer – der Chefchirurg Doktor Ouyang und der ehrgeizige junge Arzt Doktor Lu – waren die Hauptantagonisten und versuchten, sich gegenseitig in ihrem »Rotgardistentum« zu übertrumpfen. Die Tatsache, daß sie gemeinsam das Ritual anführten, diente nur als Feigenblatt, das ihre tiefe Rivalität maskieren sollte.

Den Blick ehrfurchtsvoll auf das Mao-Poster gerichtet, wechselten sich die beiden in ihren Lobpreisungen und wörtlichen Zitaten aus seinen Werken ab. Dieses Duell dauerte einige Minuten lang. Die Anstrengung der Habachtstellung – jede andere Haltung hätte Respektlosigkeit gegenüber Mao bedeutet – machte sich allmählich bei den Patienten bemerkbar. Der erste sackte zu Boden, dann der nächste. Dort blieben sie liegen, denn niemand von den Ärzten oder dem Pflegepersonal wagte es, das Ritual zu unterbrechen und sich um sie zu kümmern.

Ich wandte leicht den Kopf, um zu sehen, wie es Ah Fei ging, und der Atem stockte mir. In der Mitte ihrer dicken Halsbandage war ein roter Fleck zu sehen, der immer größer wurde. Der Marsch auf dem Flur hatte ihre Wunde wieder aufplatzen lassen. Plötzlich rollte sie mit den Augen und sackte bewußtlos gegen ihren Mann. Ah Lung fing sie auf, hob sie, ohne weiter nachzudenken, in seine Arme, schwankte ein wenig unter der Last ihres schlaffen Körpers und machte sich auf den Rückweg zur chirurgischen Abteilung. Der Ausdruck des Zorns der Gerechten auf Doktor Lus Gesicht sagte mir, daß Ah Lung seinen vorzeitigen Abgang noch bereuen würde.

Alle wirkten sehr gedämpft, als sie sich nach »der Bitte um Weisung« wieder auf der Station eingefunden hatten. Ah Fei war noch immer bewußtlos und ihre Bandage inzwischen völlig blutdurchtränkt. Als die Schwester auf einer ihrer Rundgänge vorbeikam, bat sie der völlig verstörte Ah Lung, Doktor Lu zu rufen. »Ruf ihn doch selber«, erwiderte sie kalt. »Doktor Lu hat mit eurem Fall nichts mehr zu tun. Er hat angeordnet, daß deine Frau nicht weiter behandelt wird. Sie wird entlassen, sobald sie wieder bei Bewußtsein ist.«

»Bitte helft ihr!« rief Ah Lung, und seine belegte Stimme brach vor Verzweiflung. Er fiel vor der Schwester auf die Knie und schlug, einen übertriebenen Kotau vollziehend, immer wieder heftig mit dem Kopf auf dem Boden auf. Die Schwester zögerte.

»Ich komme von der Schwesternschule«, sagte ich ruhig. »Gibt es denn nichts, was wir für diese arme Frau tun können? Sie leidet schrecklich.«

Sie schürzte unentschlossen die Lippen und nickte dann nach einem endlos langen Augenblick fast unmerklich. Gemeinsam entfernten wir Ah Feis Halsbandage und ersetzten sie durch eine Kompresse, um die Blutung zu stoppen. Sie nahm auf eigene Verantwortung eine Bluttransfusion vor, und Ah Fei kam allmählich wieder zu Bewußtsein.

Während wir uns um Ah Fei kümmerten, fragte ich sie nach dem Grund für die Feindseligkeit zwischen den Ärzten Ouyang und Lu. Es war so, wie ich vermutet hatte. Zwei Rote Gardenfraktionen, die »Rebellen« und die »Loyalisten« kämpften erbittert um die Herrschaft über das Krankenhaus. Fast alle Ärzte und die meisten Schwestern hatten sich einer dieser beiden Fraktionen angeschlossen, einige zu ihrem eigenen Schutz. Die wenigen Ärzte, die versuchten, sich aus diesem politischen Machtkampf herauszuhalten, wurden beschuldigt, die »Professionalität« über die »richtige revolutionäre Gesinnung« zu stellen. Viele Schwestern waren sanfte und hilfreiche Seelen, denen von ihrem Wesen her Gewalttätigkeit zuwider war. »Wenn wir Schwestern nicht wären«, flüsterte sie mir zu, »dann wären schon viele Patienten durch Vernachlässigung gestorben.«

Gleich darauf hörten wir Doktor Lus harte Stimme im Flur ertönen. »Wer hat die Bluttransfusion angeordnet?« schrie er. »Ihr vergeudet unsere Mittel. Warum gebt ihr ihr das kostbare Blut des Proletariats? In einem Monat ist sie eh tot!«

Ich warf einen verlegenen Blick auf Ah Fei und ihren Mann. Sie sahen einander hilflos an und Tränen rannen ihnen über die Wangen. »Was wird mit meinen Kindern passieren?« hörte ich sie leise sagen. »Die armen Waisen.«

Diese Worte drangen mir tief ins Herz. Auch ich war gewissermaßen eine Waise. Ich hatte meinen Vater an den See verloren und meine Mutter für ein ganzes Jahr danach an ihre persönliche tiefe Qual. »Wie alt sind Ihre Kinder?« fragte ich.

»Mein ältester Junge ist acht«, flüsterte Ah Fei. »Meine beiden Mädchen sind fünf und drei. Und das Baby, mein kleiner Junge, ist erst acht Monate alt.« Sie brach erneut in Tränen aus.

»Mit Ihren Kindern wird alles gut werden«, sagte ich, bemüht sie zu trösten. »Der Himmel hat Augen. Sie sind ein guter Mensch. Der Himmel segnet die Guten und bestraft die Bösen.«

Dies waren einige der Lieblingssprüche der Hausmeistersfrau, die oft auf uns aufgepaßt hatte. In widrigen Situationen hatte sie sie stets angebracht, fest daran glaubend, daß ein guter Mensch, was immer er zu ertragen habe, schließlich doch belohnt werden würde. Ich war mir zwar nicht sicher, ob ich an einen Himmel glaubte, aber daß er nicht gerecht war, dessen war ich mir sicher. Mein Vater war der gütigste und wunderbarste Mensch gewesen, den ich kannte, und doch war er von uns genommen worden, als wir noch kleine Kinder waren. Wo war der Himmel da? Was war gerecht daran, wenn vier Kinder ohne Vater zurückblieben? Trotzdem wiederholte ich nun diese Sprüche vor der jungen Bauersfrau, und sie schien durch sie ein wenig getröstet zu werden.

Bald wurden wir wieder aus den Betten geworfen, um »um Weisung zu bitten«. Doktor Lu begann mit kurzen Slogans: »Schwört, die revolutionäre Linie des Vorsitzenden Mao zu schützen! Besiegt die Parteigänger des Kapitalismus!« Er wurde immer schneller und schneller, so daß sogar ich, die ich in Slogans geübt war, kaum mehr mitkam.

Ah Fei versuchte es erst gar nicht. Sie stand, der Ohnmacht nahe, von Anfang an an Ah Lungs Brust gelehnt. Ah Lung versuchte offensichtlich, ihr Schweigen wieder wettzumachen und brüllte die Slogans mit gezwungenem Enthusiasmus. Aber als Doktor Lu immer schneller wurde, geriet er aus dem Takt und stolperte immer noch durch den letzten Slogan, während wir schon beim nächsten waren. Schließlich verstummte er verwirrt.

Ohne Vorwarnung ging Doktor Lu auf ihn los. »Du weigerst dich, Slogans zu rufen!« brüllte er. »Versuchst du, die Großgrundbesitzer und Parteigänger des Kapitalismus zu schützen?« Ah Lung sah aus, als hätte ihn eine Axt gefällt. Seine Hände machten nahe dem Herzen eine flatternde Geste, als flehe er still um Gnade.

»Bindet ihn«, schnappte Doktor Lu. Ein paar seiner radikalen Anhänger packten Ah Lungs Arme, drehten sie auf den Rücken und fesselten sie mit Verbandsmaterial. »Warum hast du dich geweigert, Slogans zu rufen?« bellte Lu sein nun verschnürtes Opfer an. »Was hast du zu deinen Gunsten zu sagen? Gesteh deine Schuld, oder wir werden dich verprügeln.« Ah Lung machte keine Anstalten, die Fragen seines Peinigers zu beantworten. In seiner Schreckensangst hatte er sie wahrscheinlich gar nicht gehört.

»Der Bauer weigert sich, seine Schuld einzugestehen!« schnarrte Lu. »Erteilt ihm eine Lektion!« Sein Anhängerpack fiel mit aller Gewalt über ihn her, und Ah Lung begann vor Schmerzen zu ächzen und zu stöhnen.

Die Stimme von Ah Lungs Frau war über das Prügeln hinweg zu hören. Sie kniete vor Lu und hob flehend die Hände. »Prügelt ihn nicht zu Tode. Der Vater meiner Kinder ist ein einfältiger Mann. Er kann nicht sehr gut reden. Er wollte nicht absichtlich die Slogans nicht mehr rufen.«

Sie sprach weiter, und allmählich schien den Schlägern die Luft auszugehen. Es fielen immer weniger Hiebe.

»Sie wissen, daß ich an Krebs sterbe«, sprach Ah Fei weinend weiter. »Bitte prügelt den Vater meiner Kinder nicht zu Tode. Meine Kinder sind noch klein. Sie brauchen ihren Vater. Ich bitte Sie, sie nicht zu Waisen zu machen.«

Lus Anhänger öffneten die geballten Fäuste und zogen sich verlegen von Ah Lungs zusammengekrümmter Gestalt zurück.

Lu hörte gar nicht auf Ah Feis Bitten und versuchte, in seinen Anhängern wieder den Haß zu schüren. »Wir dürfen nie vergessen, daß wir Revolutionäre sind!« schrie er. »Wir dürfen uns nicht vor dem Chaos und dem Töten fürchten!« Aber Lus Anhänger blickten weiterhin zu Boden und ihre Arme hingen reglos an den Seiten. »Der Bauer muß in den Kuhstall, bis er seine Verbrechen gesteht«, sagte Lu schließlich, seine Niederlage einräumend. Er verbeugte sich kurz in Richtung des Mao-Posters und erklärte das Ritual für beendet.

An diesem Nachmittag wurde Ah Lung, der unfähig war, ein einziges Wort zu seiner Verteidigung vorzubringen, bis zur Besinnungslosigkeit verprügelt. Auch in den folgenden endlosen »Befragungen« erwies er sich als nicht minder unfähig, ein zufriedenstellendes »Geständnis« abzulegen.

Lus Fragen an Ah Lung wurden mit Stiefeln, Fäusten und Gürtelschnallen vorgetragen. Ah Lung antwortete darauf mit Schweigen und Blut.

Die Qualen, die ihr Mann erleiden mußte, waren schwer genug, aber Ah Fei litt noch mehr. Wer dabei erwischt würde, sich um diese »Gefährtin eines mutmaßlichen Konterrevolutionärs« zu kümmern, hätte sich vor ihm zu verantworten, tobte Lu vor den Schwestern. Auf seinen Befehl hin bekam Ah Fei keine lindernden Schmerzmittel mehr, wurde ihre Halsbandage nicht mehr gewechselt und ihre Bettschüssel nicht mehr ausgeleert. Ah Fei schien es kaum zu bemerken, denn die Festnahme Ah Lungs hatte ihren Lebensgeist gebrochen. Sie lag regungslos unter der zerschlissenen Decke, die ihr als Bettdecke diente, ihr Gesicht eine erstarrte Maske des Schmerzes. Unterdessen breitete sich ihr Krebs erbarmungslos im ganzen Körper aus.

Ich hatte vor diesem grausamen Eiferer nicht weniger Angst als die Schwestern. Vielleicht sogar noch mehr, denn mir wurde klar, an was für einem dünnen Faden meine politische Respektabilität hing. Doch der Anblick der still und vernachlässigt daliegenden Ah Fei war mehr, als ich ertragen konnte. So schlüpfte ich, wenn Lu und seine Informanten nicht da waren, aus dem Bett, kämpfte gegen meine Schmerzen und meine Schwäche an und tat, was ich für sie tun konnte. Am zweiten Tag starrten Ah Feis Augen nicht mehr leer in den Raum, sondern folgten mir bei meiner Arbeit. Sie brauchte noch zwei Tage, bis sie lächelte, und am nächsten Morgen bekam ich ein erstes einfaches Danke zu hören. Am Ende der Woche sprach sie unentwegt, als sei ein Damm in ihr gebrochen. Die Worte brachen in einem Schwall aus ihr heraus, weckten irgendwie auch wieder ihre Lebensgeister und nisteten sich in meinem Herzen ein.

Ah Fei wurde heiter, als sie mir von dem großherzigen, aber vom Verstand her etwas langsamen Mann erzählte, der vor zehn Jahren ihr Mann geworden war. Ein Lächeln spielte in ihrem Gesicht, als sie mir von ihren Kindern berichtete. Es quälte sie, daß sie bald ohne Mutter sein würden, aber sie haderte nicht mit ihrem Schicksal, sondern erinnerte sich einfach, ausführlich und sehr genau an die Zeiten ihres Lebens.

Mit jedem Tag wurde Ah Fei gebrechlicher. Die Kleider hingen lose an ihrer zum Skelett abgemagerten Gestalt, und schließlich konnte sie nur noch im Flüsterton sprechen. Aber paradoxerweise wurde ihr Gedächtnis immer schärfer, bis sie, so schien es mir, selbst die Haare auf dem Kopf ihrer Kinder zählen konnte. Sie sprach auch von der Zukunft, sah Hochzeiten und Enkel voraus, die sie nun nicht mehr erleben würde. Gegen Ende, als sie der Schmerz des sich rasch ausbreitenden Krebses bis tief in die Nacht hinein wachhielt, sprach sie stundenlang, bis sie schließlich erschöpft in einen dumpfen, traumlosen Schlaf fiel.

Wenn ich Ah Fei zuhörte, füllten sich meine Augen mit Tränen. Ohne wirklich zu wissen, was ich sagte, murmelte ich ein paar Worte über das Ende des Leidens und einen gerechten Himmel, Worte ebensosehr zu meinem wie zu ihrem Trost.

Als Doktor Lu schließlich verspätet bemerkte, daß Ah Fei ihrem Ende nahe war, entließ er ihren noch immer stummen Mann aus dem Kuhstall. Ich erkannte ihn kaum wieder. Sein Gesicht war von den vielen Malen, die er verprügelt worden war, völlig verfärbt und verquollen. Ah Fei selbst wurde dieser Anblick erspart, sie lag schon im Koma. Sie starb bei Tagesanbruch. Ihr Mann weinte tonlos neben ihrer ausgezehrten Gestalt. Wenigstens sie war nun außer Reichweite ihrer Peiniger.

Diese ganze Episode hatte große Auswirkungen auf mich. Wenn Leute zuvor verfolgt worden waren, so war ich mir nie ganz sicher gewesen, ob sie sich nicht doch der Dinge, derer sie bezichtigt wurden, schuldig gemacht hatten. Aber ich war mir absolut sicher, daß Ah Lung unschuldig war – es sei denn, es war mittlerweile ein Verbrechen, ein etwas begriffsstutziger, ungebildeter Bauer zu sein. Schließlich hätte auch ich einmal beinahe, trotz meiner ganzen Ausbildung, einen Slogan verstümmelt. Noch mehr entsetzt war ich über die Quälerei Ah Feis. Daß man einer sterbenden Frau die lindernden Schmerzmittel verweigerte, weil sie die »Gefährtin eines mutmaßlichen Konterrevolutionärs« war, schien mir das Werk unmenschlicher Monster statt menschlicher Wesen zu sein.

Da ich zunächst glaubte, daß der Vorsitzende Mao eine solche Grausamkeit nie unterstützen würde, gab ich wütend allein Lu die Schuld. Lu wollte unbedingt den Machtkampf gegen die »Loyalisten« gewinnen... Lu war vom Ehrgeiz zerfressen... Lu war besessen davon, der Roteste aller Roten zu sein. Aber als Ah Fei im Sterben lag, schlichen sich doch bei mir Zweifel an Mao selbst ein. Trat Lu nicht einfach in Maos Fußstapfen, wenn er gegenüber den »Klassenfeinden« keine Gnade walten ließ? Hatte Mao nicht selbst alle humanitären Erwägungen als »bourgeoise Heuchelei« verdammt? Wer hatte gesagt: »Gnade gegenüber dem Feind ist Grausamkeit gegenüber dem Volk?« Wer konnte mit einem einzigen Wort all dieser sinnlosen Brutalität ein Ende setzen?

Als ich das Krankenhaus verließ, war meine einstige heiß empfundene Inbrunst für die Kulturrevolution durch die Kälte der Angst ersetzt worden. Niemand war mehr in dieser Atmosphäre der Paranoia sicher. Und bei meiner uneindeutigen Herkunft und meinen wiederholten Schnitzern stand ich schon unter Verdacht. Man konnte nicht einfach seinen Rücktritt bei den Roten Garden einreichen. War man erst einmal in ihre Ränge aufgenommen, konnte man sie nie wieder verlassen. Jeder Versuch, aus dem System auszusteigen, würde mich geradewegs im Kuhstall landen lassen. Der einzig sichere Weg war die Beherzigung von Mutters Ratschlag: »Sag nicht zuviel. Steh nicht in den Frontlinien. Denk in aller Ruhe über das, was passiert, nach. Denk immer an die Opfer der Kampagne ›Hundert Blumen‹ von 1957. Sie kritisierten die Partei und wurden später zu rechtsabweichlerischen Elementen erklärt. Sieh zu, daß dir das nicht passiert.« Das war nun meine Parole. Ich würde keine Marionette mehr sein, die hirnlos Befehlen folgt. Ich würde im Hintergrund verschwinden und nur noch gerade so viel tun, daß ich keinen Verdacht erweckte. Meine militante Phase gehörte der Vergangenheit an.

»Ihr Fieber ist runter, und Ihre ständige Übelkeit scheint nachgelassen zu haben«, sagte Doktor Ouyang eine Woche nach meiner Einlieferung mit Verdacht auf »Blinddarmentzündung«. »Ich denke, es ist Zeit, daß Sie etwas feste Nahrung zu sich nehmen.«

Mir war das nur recht. All die Tage, die ich nur eine wässrige Brühe getrunken hatte, hatten mich ganz benommen und schwindlig gemacht. Keine Mahlzeit hatte je besser geschmeckt, als das fade Gericht aus Winterkürbissuppe und Reisbrei, das ich mittags bekam.

Aber mir war schon wieder übel, noch bevor das Tablett weggeräumt worden war. Die Übelkeit nahm ständig zu, bis ich mich nachmittags krampfartig übergeben mußte und jedes Reiskorn, das ich gegessen hatte, wieder ausspuckte. Ich bekam erneut hohes Fieber und verlor ein oder zwei Tage lang immer mal wieder das Bewußtsein.

Als ich aufwachte, hörte ich Doktor Ouyang mit einer mir unbekannten Frau sprechen. »Die Röntgenaufnahme zeigt eine Darmblockade«, sagte sie. »Dieser Abschnitt scheint im Durchmesser enger zu sein als ein Bleistift. Er ist auch entzündet, von daher das Fieber. Ich schlage vor, es mit Öl zu versuchen. Wenn das nicht wirkt, dann können Sie operieren.«

Die vorgeschlagene Behandlung war einfach, aber unangenehm. Einmal am Tag wurde mir Erdnußöl eingeflößt. Es dauerte vier Tage, bis ich es bei mir behalten konnte, aber dann zeigte die Prozedur Wirkungen und die Darmblockade öffnete sich allmählich.

Ich wurde mit der Ermahnung entlassen, nie wieder grobes Getreide wie Mais, Hirse oder Gaoliang zu essen, vor allem nicht Gaoliang mit seinem extrem hohen Gehalt an Ballaststoffen. »Wenn Sie das essen«, sagte Doktor Ouyang, »dann bekommen Sie mit Sicherheit wieder eine Darmblockade. Das nächste Mal überleben Sie sie vielleicht nicht.«

Ich begab mich vom Krankenhaus direkt nach Hause und berichtete Mutter von den warnenden Abschiedsworten des Arztes. »Nur noch Fleisch, Reis und Gemüse für dich«, sagte sie sofort. »Von heute an kümmere ich mich um deine Diät.« Als erste Mahlzeit servierte sie mir eine Schale gedämpften Reis, einen kleinen Teller fein geschnittenes Gemüse und – Wunder über Wunder – einen ganzen Fisch, etwa fünfundzwanzig Zentimeter lang, mit Erdnußöl und Sojasoße zubereitet und mit Knoblauch und Lauchzwiebeln garniert. Ich war von der Extravaganz meiner Mutter tief berührt.

Meine Verlegenheit nahm zu, als Mutter mir weiterhin Tag für Tag teure Mahlzeiten mit gedämpftem Reis, Gemüse und sogar Fleisch servierte, während sie und meine Brüder sich mit harten Gaoliangfladen oder Mantous beschieden. Ich aß so wenig wie möglich von dem, was sie mir vorsetzte. Meine Mutter dachte, es hätte mit meinem Magen zu tun, und schimpfte mich deshalb nicht. Ich verschwieg ihr, daß der wahre Grund dafür, daß ich nicht alles aufaß, mein Schuldgefühl war.

Ich erholte mich noch zu Hause, als im Januar 1967 die *Volkszeitung* berichtete, daß die Roten-Garden-Rebellen in Shanghai den Parteigängern des Kapitalismus die Macht entrissen hätten. Mao spendete diesem »Januarsturm« Beifall und rief seine Anhänger auf, es ihnen allerorten gleichzutun. Der Schrei »Greift nach der Macht!« hallte in ganz China wider. In Shenyang wurden Funktionäre auf allen Machtebenen an den Pranger gestellt und attackiert. Loyalistische Organisationen wurden aufs heftigste angegriffen und verschwanden praktisch über Nacht. Yao marschierte in die Hochburg der Roten Shenyangs, deren Verteidiger in Panik flohen. Lu befahl, Doktor Ouyang und die anderen Loyalistenführer im Krankenhaus zu verhaften und in den Kuhstall zu sperren, wo sie sich nun zu dem unglücklichen Ah Lung gesellten.

Mit ihrem Sieg über die Loyalisten und Maos Unterstützung im Rücken zogen die Rebellen der Medizinischen Hochschule von Shenyang, wie die Rebellen überall in China, ganze Schwärme von neuen Mitgliedern an. Das Mitgliederverzeichnis schwoll auf die doppelte Länge an, und diese verdoppelte sich noch einmal. Eine Weile lang kommandierten Yao und Lu gemeinsam diese riesige neue Organisation, aber die beiden Männer entzweiten sich bald. Die Rebellen spalteten sich in zwei rivalisierende Gruppen: in die Roten-Garden-Hauptquartierrebellen, nach wie vor angeführt von Yao, und die neu formierten Roten-Garden-Armeerebellen mit Doktor Lu an der Spitze, die ihre Unterstützung hauptsächlich aus dem Krankenhaus und von außerhalb des Campus bezogen. Ich blieb Mitglied bei den Hauptquartierrebellen und meldete mich gleich nach meiner Entlassung aus dem Krankenhaus beim Chef meiner alten Gruppe. Er akzeptierte, daß ich noch Zeit zur Erholung brauchte, und drängte mich nicht, meinen regulären Dienst als Wachposten wieder aufzunehmen. Später gewährte er mir auf eigene Verantwortung eine Art ausgedehnten Krankenurlaub, wofür ich ihm sehr dankbar war. Danach tauchte ich nur ab und zu wieder auf, denn meine Stippvisiten deprimierten mich, und das nicht nur, weil sich die Anzahl der Gefangenen im Kuhstall verdoppelt hatte. Meine ganze Einstellung zur Kulturrevolution hatte sich geändert.

Bei meinen Besuchen sah ich Kommandant Yao, wie er sich nun betitelte, nur einmal. Er trug eine neue maßgeschneiderte Armeeuniform und dazu eine Arroganz zur Schau, die ich früher an ihm nicht bemerkt hatte. Eine Schar katzbuckelnder Untergebener balgte sich praktisch um das Privileg, ihm die Tür öffnen zu dürfen. Die ganze Szene widerte mich an.

»Wo ist der Gedanke von der Gleichheit aller geblieben, den wir früher vertreten haben?« beschwerte ich mich bei einer Freundin in der Propagandaabteilung. »Allen diesen Führern geht es jetzt nur noch um sich selbst«, erwiderte sie und schüttelte mit unglücklicher Miene den Kopf. »Als die Loyalisten geschlagen waren, haben alle Mitglieder des Zentralkomitees der Hauptquartierrebellen wie verrückt um Autos, Büros und Personal gerangelt. Jetzt stolzieren sie in neuen Uniformen herum und sprechen sich mit eindrucksvollen Titeln an, die sie selbst erfunden haben. Sie reden zwar immer noch davon, die Kulturrevolution voranzutreiben, aber in Wirklichkeit sind sie nur noch am Essen, Trinken und Geldausgeben interessiert.« Sie sprach auch ganz nüchtern von den Affären, die eine Reihe von Führern, zumeist Medizinstudenten, mit den Schwesternschülerinnen hatten. »Natürlich wären noch im letzten Jahr solche Dinge undenkbar gewesen«, sagte sie. »Viele Paare treffen sich ganz offen, und nicht wenige leben sogar zusammen. Die Leute sagen, daß einige Schwesternschülerinnen schwanger wurden und ihre Freunde, Medizinstudenten, Abtreibungen vorgenommen haben.« Tatsächlich kamen in den nächsten zwei Jahren in ganz China als Folge der Promiskuität jener Zeit viele uneheliche Kinder zur Welt, aber bei den Frauen der Schwesternschule von Shenyang gab es keine solche Fälle.

Der Krieg der Worte zwischen den Hauptquartierrebellen und den Armeerebellen eskalierte weiterhin. Beschuldigungen flogen in schwindelerregendem Tempo hin und her und wurden immer gravierender. Kämpfe, die mit Knüppeln und sogar Waffen ausgetragen wurden, brachen zwischen den beiden gegnerischen Gruppen aus. Beide Seiten horteten heimlich kleine Arsenale an Faustfeuerwaffen und Gewehren, die sie von sympathisierenden Armee- und Polizeifunktionären bekamen.

Zwischen den beiden Parteien brach schließlich der offene Krieg aus, nachdem Yaos Freundin Vali durch die Kugel eines Heckenschützen getötet worden war. Nach ein paar unentschiedenen Schlachten mit schweren Verlusten richteten sich beide Seiten auf einen Zermürbungskrieg ein. Der Campus wurde praktisch in zwei Sektoren geteilt, mit einem breiten Streifen Niemandsland dazwischen. Die Heckenschützen waren eine ständige Bedrohung, und die Leute lernten schnell, welche Wege zwischen den Gebäuden noch sicher waren, und blieben im übrigen untertags von den Fenstern weg. Die meisten direkten Kämpfe fanden jedoch im Schutz der Dunkelheit statt. Im Laufe des nächsten Jahres wurden mindestens zwanzig Studenten der Medizinischen Hochschule getötet und hundert oder mehr verletzt. Und innerhalb des gesamten Stadtbereichs kamen noch sehr viel mehr Menschen ums Leben.

Diese sinnlose Gewalt machte mich krank und brachte mich an einen Wendepunkt. Es war Zeit, die Maske eines fortgesetzten Engagements bei den Hauptquartierrebellen fallenzulassen. Ich zog die Armeeuniform samt der Roten-Garden-Rebellenarmbinde, auf die ich einst so stolz gewesen war, aus und hängte sie in den Schrank. Ich schwor mir, keinen Fuß mehr auf den Campus zu setzen, solange das Töten nicht aufgehört hätte und die Ordnung wiederhergestellt war.

Den Rest des Jahres 1967 und die erste Zeit des Jahres 1968 blieb ich zu Hause und kümmerte mich um Ying-yue, der zu einem energiegeladenen Siebenjährigen herangewachsen war. Meine Uniform und vor allem die Armbinde mit den goldenen Schriftzeichen faszinierten ihn. »Ich will ein Rotgardist wie du und meine älteren Brüder sein«, sagte er mindestens ein dutzendmal am Tag. Er bettelte darum, daß ich ihm eine Armbinde auf seinen Ärmel nähte. Ich weigerte mich. Statt dessen rollte ich Stoffstreifen von alten Kleidern fest zu einem großen Ball zusammen, streifte die Filzarmbinde als Hülle darüber und nähte sie zusammen. Es bereitete mir ein perverses Vergnügen, Ying-yue zuzusehen, wenn er mit seinem neuen Ball spielte. »Du darfst nur in der Wohnung damit spielen«, warnte ich ihn. »Du darfst ihn nie mit nach draußen nehmen.« Ich war mir sicher, daß die anderen meinen kleinen Akt der Rebellion gegen die Roten Garden gar nicht amüsant finden würden.

Obwohl es mir zu jener Zeit nicht klar war, richtete sich dieser Akt auch gegen den Großen Steuermann selbst. Ich hatte im Austausch für ein vages Versprechen der Macht und eine billige Filzarmbinde meine Jugend, meinen Patriotismus und meinen Idealismus an Mao verkauft. Es war seine Gönnerschaft, die dieser Armbinde eine magische Macht verlieh, so daß sie zu einem heiligen und unantastbaren Symbol der Autorität wurde, die man dann dazu benutzte, Menschen ungestraft zu verfolgen, zu verstümmeln und auch zu töten. Es war nur recht und billig, daß ich diese Armbinde nun in ein Kinderspielzeug verwandelte. Sie hätte nie etwas anderes sein dürfen.

Mao muß Anfang 1968 in Rückschau auf die ersten zwei Jahre der Kulturrevolution äußerst erfreut darüber gewesen sein, daß so viele seiner Zeusblitze ins Ziel getroffen hatten. Die jugendlichen Roten Garden, die er Mitte 1966 zur Anarchie angestiftet hatte, hatten seine Feinde außerhalb der Partei vernichtet und den »vier schwarzen« und anderen »schlechten Elementen« einen Schlag versetzt, von dem sie sich nie wieder erholen würden. In den ersten Monaten des Jahres 1967 hatten die Rebellen dann seine Feinde innerhalb der Partei angegriffen und Zehntausende von sogenannten Parteigängern des Kapitalismus gefoltert und ins Gefängnis geworfen. Maos Erzrivale Liu Shaoqui war tot, und Deng Xiaoping befand sich in Gewahrsam der Rebellen. Die sich anschließenden Kämpfe unter den verschiedenen Rebellenfraktionen hatten wiederum seinen Zielen gedient, da sie alle Autorität außer der seinen zu Staub werden ließen. Jetzt war der Moment gekommen, wieder die Kontrolle zu seinen Bedingungen zu übernehmen. Die Armee, die bis zu diesem Augenblick aus all den Auseinandersetzungen und Kämpfen herausgehalten worden war, wurde nun angewiesen, mit aller Macht einzugreifen. Die Rebellenfraktionen wurden entwaffnet, und der offene Krieg hatte ein Ende.

Um die schon lange nicht mehr funktionierenden Parteiorganisationen und lokalen Verwaltungen zu ersetzen, erfand Mao ein neues Machtinstrument: Es wurden auf allen Ebenen, von der Provinzregierung bis zur Dorfverwaltung, Revolutionskomitees eingesetzt. Beherrscht wurden sie vom Militär, aber sie schlossen auch »revolutionäre Funktionäre« und Rebellen-Führer mit ein. Die Komitees schlugen nun in einer landesweiten Kampagne zur »Säuberung der Klassenreihen« zu, die im ganzen Volk Schrecken verbreitete. Niemand wurde verschont. Ehemalige Rote-Garden-Rebellen fanden sich Seite an

Seite mit verachteten Parteigängern des Kapitalismus und »dummen gewöhnlichen Kriminellen« im Gefängnis wieder. Die, die einst den Vorsitzenden Mao geliebt hatten, fürchteten ihn nun.

Die Universitäten wurden von »Propagandateams zur Verbreitung von Mao Zedongs Ideen« befriedet. Das Team, das die Kontrolle über unsere Hochschule übernahm, bestand aus dreißig Soldaten, die von einem pensionierten Armeeleutnant, der sich hochgedient hatte, befehligt wurden. Leutnant Liu kam vom Land und hatte ein freundliches, leutseliges Wesen. Aber er war sehr engstirnig und an niemandes Meinung interessiert außer an seiner eigenen. Wir verabscheuten bald seine Vorträge, die aus nichts weiter als den simpelsten Maophrasen bestanden. Alles war Vorsitzender Mao dies, Vorsitzender Mao das. Aus irgendwelchen Gründen, die nur ihm bekannt waren, entschied Leutnant Liu am Tag seiner Ankunft, daß die »wahren« revolutionären Rebellen die Armeerebellen und nicht die Hauptquartierrebellen gewesen seien. Das war ein Glückstreffer für Doktor Lu, der weiterhin nominell Kommandant der Rebellen bleiben durfte, denen nun die Hauptquartierrebellen einverleibt wurden.

Für Yao hingegen bedeutete dies eine Katastrophe. Sobald die Kampagne zur »Säuberung der Klassenreihen« einsetzte, wurde er verhaftet und ins Gefängnis gesteckt. Nicht, daß mich Yaos Unglück oder Lus Glück groß interessiert hätten. Ich war erleichtert, daß der Friede an der Hochschule wiederhergestellt wurde, und brannte darauf, mein Studium fortsetzen zu können.

Sobald sich die Situation beruhigt hatte, versammelten sich alle Schwesternschülerinnen und arbeiteten eine Petition an die neue Verwaltung aus mit der Bitte, den Unterricht wieder aufzunehmen. Wir alle unterzeichneten diese Petition, obgleich wir uns, abgesehen von diesem Punkt, in allen anderen Fragen völlig uneinig waren. Der Unterricht wurde im April

1968 wieder aufgenommen. Die nächsten sechs Monate studierten wir täglich achtzehn Stunden, um all die verlorene Zeit wieder einzuholen. Am 20. Oktober 1968 hatten wir unseren Abschluß in der Tasche.

6 Aufs Land geschickt

Nachdem wir unseren Abschluß gemacht hatten, warteten wir alle gespannt auf Nachrichten über den Arbeitsplatz, der uns nun zugewiesen würde. Und wir alle hofften, in Krankenhäuser in oder in der Umgebung von Shenyang geschickt zu werden, wo das Leben etwas komfortabler war als in den ferner gelegenen Orten. Nicht, daß unsere Wünsche irgendeine Rolle gespielt hätten: Unsere gesamte Zukunft wurde von einer Handvoll junger Kader im Amt für Arbeitszuteilung der Provinzverwaltung entschieden, die die Leute gleichsam wie identische Münzen in eine Anzahl von soundso vielen Schlitzen steckten. Alles hing von einer »guten Schicksalsfügung« ab.

Am Tag, an dem uns die jeweils zugeteilten Arbeitsplätze offiziell verkündet werden sollten, wurden wir von Leutnant Liu zu einer Versammlung zusammengerufen. Während wir ungeduldig darauf warteten, endlich zu erfahren, wohin wir beordert wurden, hob er zu einer Rede an, die in ihrem gestelzten Jargon direkt aus der *Volkszeitung* hätte stammen können. »Die armen Bauernklassen haben den jungen gebildeten Leuten, wie ihr es seid, viel beizubringen«, sagte er. »Deshalb hat unser großer Führer, der Vorsitzende Mao, die gebildeten jungen Leute, wie ihr es seid, dazu aufgerufen, sich aufs Land zu begeben.«

Meine Freundinnen und ich warfen uns verblüffte Blicke zu. So wie sich das anhörte, würden wir weder in Shenyang selbst noch in irgendeiner anderen größeren Stadt der Provinz eingesetzt werden. Sollten wir etwa in die Krankenhäuser auf dem

Land oder sogar in die fernab gelegenen Kommunekliniken geschickt werden? Niemand wagte zu fragen, aber nun hingen wir an seinen Lippen.

»Damit ihr von den armen Bauernklassen lernt und am sozialistischen Aufbau auf dem Lande teilnehmt, werdet ihr alle in die Region von Shanhaiguan geschickt«, endete Liu schließlich und setzte ein breites Lächeln auf.

Shanhaiguan? Ein leises, verunsichertes Gemurmel war zu hören. Diese Region war nicht ganz vierhundert Kilometer südwestlich von Shenyang entfernt – eine ganze Tagesreise mit dem Zug. Abgesehen von einem schmalen flachen Küstenstreifen war es eine zerklüftete und kaum bevölkerte Region.

»Wenn ihr in Shanhaiguan angekommen seid, werdet ihr in kleine Gruppen aufgeteilt und auf die Dörfer im Landesinneren geschickt«, setzte Liu, stetig lächelnd, seine Rede fort. »Ihr werdet nicht als Krankenschwestern arbeiten, denn das würde euch über die armen Bauernklassen stellen. Ihr werdet das Leben der Bauern teilen, ihr werdet mit ihnen wohnen, arbeiten und essen, damit ihr euer Denken besser reformiert. Macht euch dieses neue Leben in den Dörfern gut zunutze. Unser großer Führer, Vorsitzender Mao, glaubt, daß die armen Bauernklassen euch viel zu lehren haben. Ihr baut mit an Chinas großer, sozialistischer Zukunft.«

Liu schwafelte weiter darüber, was er alles im Laufe seiner Karriere in der Volksbefreiungsarmee von den Bauern gelernt hatte, aber ich hörte nicht mehr zu. Wenn der Vorsitzende Mao will, daß ich den Rest meines Lebens in einem Dorf verbringe, dann habe ich dort noch etwa eine Woche zu leben. Ich fürchtete nicht die Schinderei körperlicher Arbeit und auch nicht die primitiven Lebensbedingungen. Mich schreckte die armselige und grobkörnige Nahrung auf dem Land. Überall im hohen Norden Chinas war Gaoliang das Grundnahrungsmittel der Dörfler. Die Verschickung in ein Dorf kam einem Todesurteil gleich.

»Ihr werdet in zwei Wochen mit dem Zug nach Shanhaiguan abreisen«, hörte ich Liu wie aus großer Ferne sagen.

Am nächsten Morgen eilte ich früh zu Leutnants Lius Büro, wo ich schon eine kleine Gruppe meiner Kommilitoninnen draußen im Flur auf und ab wandern sah. Alle waren sie gekommen, um Leutnant Liu zu bitten, für sie eine Ausnahme von der Order zu machen, die unsere gesamte Abschlußklasse aufs Land verbannte.

Der Morgen war schon weit fortgeschritten, als ich an der Reihe war. »Als loyale Rotgardistin würde ich gerne voller Enthusiasmus dem Ruf unseres großen Führers, des Vorsitzenden Mao, folgen«, begann ich. »Leider habe ich ein gesundheitliches Problem, das mir... äh... große Unannehmlichkeiten bereitet, ... wenn ich aufs Land gehe.« Ich klärte Leutnant Liu über die Einzelheiten meines kürzlichen Krankenhausaufenthalts auf – über das hohe Fieber, die vielen Wochen, die ich im Bett hatte verbringen müssen, und die letztendliche Diagnostizierung einer partiellen Blockade im Dünndarm, die bedeutete, daß ich bei dem, was ich aß, nun sehr vorsichtig sein mußte. Während meiner Erläuterungen nickte und lächelte Liu ständig, was mich keineswegs beruhigte, sondern perverserweise noch nervöser machte, als ich ohnehin schon war. »Die Ärzte haben mich angewiesen, nie wieder Gaoliang zu essen«, stammelte ich zum Schluß. »Wenn ich das esse, kann es zu meinem Tod führen. Und in den Dörfern ist es manchmal, äh... schwierig..., an anderes Getreide zu kommen.«

»Du bist noch gar nicht in der Region von Shanhaiguan gewesen«, antwortete Liu, »und schon stellst du dir alle möglichen Probleme vor. Ich möchte dir ein kleines Geheimnis verraten.« Er beugte sich konspirativ vor. »Die Leute hier in Shenyang haben keine Ahnung, daß der Gaoliang auf den Dörfern von sehr viel besserer Qualität ist als das, was wir hier bekommen. Der Gaoliang auf dem Land ist leichter zu kauen, nahrhafter und leichter zu verdauen. Ich habe dir einen Vorschlag zu machen. Geh doch erst mal hin und probier es aus. Ich wette, daß du nach ein paar Mahlzeiten kein Problem mehr hast.« Nach ein paar Gaoliangmahlzeiten bin ich tot! schoß es mir durch den Kopf, aber ich hielt den Mund. Nach einem Moment sagte ich, die Worte sorgfältig abwägend: »Die Ärzte denken da anders, Leutnant Liu. Die Ärzte sagen, daß der Gaoliang zu einer Blockade in meinem Darm führt und mich todkrank macht. Ich mußte jedesmal, wenn ich Gaoliang gegessen habe – und sei es auch nur ganz wenig – anschließend ins Krankenhaus. Ich will den Bauern nicht zur Last fallen.«

»Die armen Bauernklassen werden gut für dich sorgen«, wischte Liu meine Einwände beiseite. »Solltest du krank werden, dann werden sie sich besser um dich kümmern als sogar dein Vater oder deine Mutter. Du mußt auf die revolutionären Klassen auf dem Lande vertrauen. Wie soll ich dein Denken reformieren, wenn du den armen Bauernklassen nicht vertraust?« Liu behielt sein schales Lächeln bei, aber seine Augen verengten sich und er beobachtete mich scharf. Kein Vertrauen in die armen Bauernklassen zu haben, war eine schwere Anschuldigung, schwer genug, um in dieser Zeit als Schwarze gebrandmarkt zu werden. Liu hatte den Einsatz erheblich erhöht.

»Ich vertraue den armen Bauernklassen aus ganzem Herzen und werde das auch weiterhin tun«, konterte ich und sprach, wie ich hoffte, mit überzeugender Aufrichtigkeit. »Ich weiß, ich brauche eine Umerziehung. Ich würde gerne am sozialistischen Aufbau auf dem Land teilnehmen. Aber wenn ich regelmäßig Gaoliang essen muß, wird mir das mit Sicherheit Probleme machen. Ich werde hohes Fieber bekommen und mich übergeben. Ich werde nicht imstande sein, auf den Feldern zu arbeiten. Und ich will den revolutionären Bauernklassen nicht zur Last fallen.«

»Meinst du etwa, daß du jeden Tag Gaoliang essen wirst?« fragte Liu ungeduldig. »Unter der Führung des Vorsitzenden Mao haben die Volkskommunen ihre Nahrungsmittelproduktion erheblich erweitert. Die Bauern essen ja besser als wir!«

Der Ausdruck der Ungläubigkeit muß sich angesichts dieser absurden Behauptung offen auf meinem Gesicht gezeigt haben, denn Leutnant Liu legte nun rasch eine andere Gangart ein.

»Viele von unseren hiesigen Rotgardisten werden in die dürren Steppen der Inneren Mongolei geschickt. Andere gehen in die *beidahuang* – die Große Nördliche Wildnis – im Nordosten der Mandschurei. Du solltest dich glücklich schätzen, noch im halbwegs zivilisierten China bleiben zu können.«

Ich schätzte mich ganz und gar nicht glücklich, sagte aber nichts. »Ich habe mir deine Akte aus dem Personalbüro der Roten-Garden-Rebellen kommen lassen und sie mir angesehen«, fuhr er fort und sprach nun langsam und sehr betont. Nie verschwand das Lächeln aus seinem Gesicht, doch in seiner Stimme lag jetzt ein schnarrender, drohender Unterton. »Ich weiß, daß du fast das ganze Jahr zu Hause geblieben bist. Du behauptest, daß dies aus gesundheitlichen Gründen geschah. Andere haben dich beschuldigt, ›die revolutionäre Linie verlassen zu haben‹. Diese Zeugen sagen, daß du dich schon sehr früh den *xiaoyao pai* angeschlossen hast, jenen, die sich drücken und es zufrieden waren, den gloriosen revolutionären Kampf an den Seitenlinien auszusitzen.«

»Aber ich *war* krank!« protestierte ich.

»Nach meiner Meinung«, entgegnete Lin nun mit unangenehmer Stimme, »leidest du nur an einer Krankheit: Du denkst wie eine verzogene Tochter aus einer reichen Familie, eine *xiaojie*. Du glaubst, daß du besser bist als andere Menschen und verlangst von der Volksregierung eine Sonderbehandlung. Die beste Kur für deine Krankheit ist ein Aufenthalt bei den Bauern auf dem Land. Ich verspreche dir, daß du dann ein für allemal geheilt sein wirst.« Er hielt inne und sah mich mit kaltem Lächeln an. »Solltest du dich weigern, aufs Land zu gehen, dann beweist du nur, daß du tatsächlich von der revolutionären Linie abgewichen bist. Ich müßte auf eine solche Weigerung mit größter Härte reagieren.«

Nachdem er mir nun ganz offen gedroht hatte, blieb mir keine andere Wahl, als Leutnant Liu in allen Punkten beizustimmen. Vielleicht sei ich ja tatsächlich durch das Stadtleben verdorben worden, sagte ich. Ich würde dem Ruf des Vorsitzenden Mao folgen und aufs Land gehen. Ich würde mein Bestes tun, um von den armen Bauernklassen zu lernen. Liu lächelte immer noch, als ich kurz darauf sein Büro verließ. Aus meiner Sicht war es eine Grimasse des Todes.

Die nächsten zwei Wochen vergingen wie im Fluge. Jeden Tag bekamen mehr und mehr Fachhochschulstudenten und Schüler der Mittelschule ihr Abschlußzeugnis und wurden angewiesen, zu fernen und weit abgelegenen Bestimmungsorten aufzubrechen. Ein Massenexodus der städtischen Jugend begann. Da die Regierungsbelange nun in den Händen der frisch etablierten Revolutionskomitees lagen, hatte Mao keine Verwendung mehr für die Roten Garden, die die alte Verwaltung aus den Sesseln der Macht gefegt hatten. Jetzt wollte er diese potentiellen Störenfriede aus dem Weg haben.

All der blumigen Rhetorik über unsere sozialistische Aufbauarbeit auf dem Land zum Trotz begriffen wir sofort, daß wir zur Strafe aufs Land verbannt wurden. Warum sonst sprach Mao davon, daß wir von den Bauern und durch »harte Arbeit« umerzogen werden müßten? Warum sonst sagte man uns, daß es sich hier um eine lebenslange Internierung auf dem Lande handelte, ohne Hoffnung darauf, je wieder auf Bewährung in die Stadt entlassen zu werden? Warum sonst wurden die radikalen Fraktionen der Roten Garden in ganz besonders rauhe und unwirtliche Gegenden geschickt? In einem Punkt allerdings hatte Leutnant Liu zugegebenermaßen recht: Verglichen mit der Öde der Inneren Mongolei oder der gefrorenen Tundra der Großen Nördlichen Wildnis war das ländliche Shanhaiguan nicht ganz so schrecklich uneinladend – außer für jemanden, der kein Gaoliang vertrug.

Nur allzu bald kam der 28. Dezember, der Tag unserer Abreise. Ich war schon früh auf und packte nervös meine Segeltuchtasche noch einmal um. »Ich habe noch etwas, das du einpacken sollst«, sagte meine Mutter, als sie mit zwei kleinen Säckchen in der Hand mein Zimmer betrat. Ich wußte, was sie enthielten, ohne nachsehen zu müssen. »Hier sind zwanzig *jin* Reis«, sagte Mutter betont gleichgültig. »Vielleicht kannst du den Reis mit dem Gaoliang mischen, um ihn besser zu verdauen.«

»Ach, Mutter«, sagte ich weich. Ich vermied ihren Blick, um nicht in Tränen auszubrechen, und schluckte, fest entschlossen, ihren Schmerz nicht noch zu vergrößern, indem ich mir den meinen anmerken ließ. »Du weißt, daß wir Jugendlichen, die wir aufs Land geschickt werden, den Anweisungen des Vorsitzenden Mao folgen und das Leben der Bauern teilen müssen. Und wir alle werden Gaoliang essen. Wie kann ich da Reis untermischen? Ich würde kritisiert werden.«

»Bitte nimm ihn«, drängte sie mich. »Du wirst ihn vielleicht brauchen.«

Ich blickte auf und sah, daß in Mutters Augen ungeweinte Tränen glänzten. Ich nickte brüsk. »Also gut«, sagte ich. »Ich nehme ihn mit.«

»Ich schicke dir mehr, wenn ich kann«, sagte sie und sah zu, wie ich die beiden Säckchen in der ohnehin schon überfüllten Tasche zu verstauen suchte.

Der Bahnhof von Shenyang war zur Feier unserer Abreise festlich geschmückt. Eine vom örtlichen Armeekommandanten geschickte Militärkapelle spielte einen aufmunternden Marsch nach dem anderen. Leutnant Liu und Doktor Lu hielten kurze, anfeuernde Ansprachen über die gloriosen Erfahrungen, die uns auf dem Land erwarteten. Trotz dieser gezwungenen Fröhlichkeit blieb unsere Stimmung düster. Die gramerfüllten Eltern meiner Kommilitoninnen flüsterten ihren abreisenden Kindern ängstlich letzte Anweisungen über das zu, was sie essen und anziehen sollten. Meine Mutter sagte nichts – was konnte sie schon sagen? –, aber sie umklammerte meine Hand so fest, daß es schmerzte.

Nach der letzten Ansprache spielte die Kapelle den Marsch der Roten Armee. Und dann saßen wir alle im Zug. Ich streckte den Kopf aus dem Fenster, um einen letzten Blick auf meine

Mutter zu werfen, und entdeckte sie schließlich am Rande der Menge. Sie rang die Hände und sah sehr viel älter aus als die siebenunddreißig Jahre, die sie zählte. Die Tränen, die sie so lange zurückgehalten hatte, rannen ihr nun übers Gesicht. Auch ich begann zu weinen, aber ob aus Traurigkeit oder Freude, konnte ich nicht sagen. Zum erstenmal in meinem Leben hatte ich das sichere Gefühl, daß sie mich liebte.

Wir kamen am Morgen des 29. Dezember in Jinzhou an und wurden vom Bahnhof sofort zu einer wartenden Kolonne von Armeelastwagen bugsiert. Drei Stunden lang holperten wir anschließend über unebene Landstraßen, die immer tiefer in die niedrigen, zerklüfteten Hügel hineinführten. Durch die kleine Öffnung auf der Rückseite des Lastwagens konnten wir nur sehen, was hinter uns lag, und nicht das, was vor uns war.

Als der Lastwagen mit einem Ruck zum Stehen kam, fanden wir uns vor dem Amt für Arbeitszuteilung des Kreises Jin wieder. Nach all dem Fanfarengeschmetter, mit dem wir verabschiedet worden waren, erwarteten alle, nun entsprechend begrüßt zu werden. Statt dessen bestand unser Begrüßungskomitee aus einem einzigen Mann, der ganz eindeutig schon längst im Pensionsalter war. Enttäuschtes Gewisper war zu hören.

»Willkommen im Kreis Jin«, sagte er, nachdem wir still geworden waren. »Da ich weiß, daß ihr von der langen Reise müde seid, werde ich keine Reden halten. Ich bin der Leiter des Amts für Arbeitszuteilung in diesem Kreis, das euch eure Arbeit zuweisen wird. Unser Kreis ist arm, und die meisten unserer Produktionsteams (Dörfer) sind mit nur zehn bis zwanzig Familien sehr klein. Keines kann es sich leisten, mehr als vier von euch gebildeten jungen Leuten aufzunehmen. Da ihr zweiundachtzig seid, müssen wir euch unter einundzwanzig Produktionsteams der Lilong-Volkskommune aufteilen. Morgen früh werde ich euch eure Zuweisungen bekanntgeben. Danach werdet ihr zur Lilong-Volkskommune aufbrechen.«

Damit waren wir entlassen. Der Rest meiner Kommilitoninnen machte sich rasch zum Übernachtungsquartier auf, das der

Amtsleiter für uns arrangiert hatte, aber irgend etwas in mir ließ mich ihm in sein Büro folgen. Vielleicht war es die Achtsamkeit, mit der er dafür gesorgt hatte, daß wir uns hier über Nacht ausruhen konnten, und die wir weitaus mehr schätzten als feierliche Ansprachen und rote Papierblumen. Vielleicht war es auch sein Lächeln, das mich ein wenig an meinen Vater erinnerte. Was immer es war, ich beschloß, ihm meine Geschichte zu erzählen.

Ich berichtete ihm rasch von meinem Krankenhausaufenthalt, meiner Darmblockade, meinen Ernährungsumständen und endete mit meinen erfolglosen Bemühungen, aus medizinischen Gründen von dieser Verpflichtung aufs Land entbunden zu werden.

»Ich bin keine verzogene junge Dame, die sich für besser als andere Menschen hält«, sagte ich ein wenig hitzig. »Ich habe wirklich ein ernsthaftes Problem. Es bringt mich um, wenn ich gezwungen werde, regelmäßig Gaoliang zu essen.«

Als ich mit meiner Rede am Ende war, starrte mich der Amtsleiter so lange an, daß ich allmählich nervös auf meinem Stuhl herumrutschte. »Ich glaube«, sagte er schließlich, »daß Sie heute der Himmel zu mir geschickt hat. Sehen Sie, ich habe genau das gleiche Problem. Als ich zum erstenmal Gaoliang aß, wurde ich schrecklich krank. Die Soldaten der Roten Armee in meinem Arbeitsteam, selber Bauern, lachten mich wegen meiner Reaktion aus und nannten mich ein Stadtjüngelchen. Ich schämte mich für meine vermeintliche Schwäche und schwor mir, sie zu überwinden. Und wissen Sie, was die Folge war? Ich ruinierte meine Gesundheit. Warum sehe ich so ausgemergelt aus? Der Gaoliang hat meinen Darm ruiniert. Ich kann außer Reisbrei und Brühe nichts essen. Ich kann nichts anderes bei mir behalten. Schwester, es ist keine Schande, wenn man den Gaoliang nicht verträgt. Sie sind für das Landleben einfach ungeeignet.«

»Vermittlung«, sagte er, nachdem er zum Telefon gegriffen hatte. »Geben Sie mir das Büro für Erziehungswesen der Provinz.« Dann führte er ein minutenlanges Gespräch mit irgendeinem Funktionär. »Sie ist für das Landleben ungeeignet«, bellte er schließlich in den Hörer. »Können Sie nicht hören? Wir können sie hier im Jin-Kreis nicht brauchen! Sie wird für die armen Bauern eine Last sein! Sie muß die Erlaubnis zur Rückkehr in die Stadt erhalten!« Er schmiß den Hörer auf die Gabel und wandte sich wieder mir zu.

»Ich fürchte, wir müssen Sie wegen Ihrer Krankheit nach Shenyang zurückschicken«, sagte er und ein Lächeln erhellte sein hageres Gesicht und ließ ihn um Jahre jünger aussehen. »Das Büro für Erziehungswesen der Provinz hat zugestimmt, daß dies der einzig gangbare Weg ist.« Ich sah zu, wie er eine Reiseorder ausstellte, in der auch die Tatsache vermerkt war, daß er sich mit dem Büro für Erziehungswesen der Provinz beraten hatte, und stempelte sie dann mit dem offiziellen Siegel seiner Behörde. Am nächsten Morgen verabschiedete ich mich von meinen Kommilitoninnen, die bereits auf die Lastwagen kletterten, die sie zur Lilong-Volkskommune bringen würden. Und noch am selben Nachmittag saß ich im Zug zurück nach Shenyang.

Meine Mutter, die alle Hoffnung aufgegeben hatte, mich je wiederzusehen, traute ihren Augen nicht, als ich an ihrer Türschwelle auftauchte. Rasch erzählte ich ihr von meiner Begegnung mit dem Leiter des Kreisamts für Arbeitszuteilung.

»Du bist auf einen *guiren*, einen Heiligen gestoßen«, sagte sie.

Danach rief sie als erstes Leutnant Liu an und informierte ihn darüber, daß man mir *befohlen* hatte, nach Shenyang zurückzukehren. Sie bat ihn, meine Aufenthaltsgenehmigung zu erneuern. Schon kaum eine Stunde später saß Leutnant Liu in unserem Wohnzimmer und studierte meine Reiseorder auf das sorgfältigste. Diesmal lächelte er nicht. Er konnte dem Büro für Erziehungswesen nicht trotzen und mich wieder aufs Land schicken, aber er war auch nicht in der Stimmung, mich wieder in Shenyang willkommen zu heißen. »Was immer die Meinung dieses Funktionärs vom Lande sein mag«, sagte er und wedelte verächtlich mit meiner Reiseorder in der Luft herum, »bin ich doch noch immer davon überzeugt, daß du von der revolutionären Linie abgewichen bist. Und ich bin nicht davon überzeugt, daß deine Gaoliangallergie etwas anderes als eine Aversion gegen harte Arbeit ist. Wenn du in Shenyang bleibst, dann als *hei hukou*, als ›illegale Einwohnerin‹. Vielleicht wirst du mich sehr bald darum bitten, wieder aufs Land zurück zu dürfen.«

Nachdem er gegangen war, fing ich zu weinen an. »Die anderen Mädchen erhielten ihren Lohn, als wir im Kreis Jin ankamen«, sagte ich zu meiner Mutter. »Ich nicht, weil ich nicht offiziell als aufs Land geschickte Jugendliche registriert wurde. Ich mußte mir sogar Geld für die Rückfahrt leihen. Wie soll ich ihnen das Geld zurückgeben? Jetzt wird mir keine Arbeitsstelle zugewiesen, weil ich nicht offiziell in Shenyang registriert bin. Ich empfange nicht einmal eine Reisration. Wie können wir es uns leisten, auf dem Schwarzmarkt Getreide zu kaufen? Wie sollen wir leben? Ich werde dir nur zur Last fallen. Was für ein nutzloses Mädchen ich bin – was für eine schlechte Tochter! Vielleicht sollte ich doch zurück aufs Land gehen.«

Davon wollte meine Mutter natürlich nichts hören. Am nächsten Tag ging sie zur städtischen Behörde, die für das Programm der Landverschickung zuständig war, und beschwerte sich beim entsprechenden Funktionär. Das Büro für Erziehungswesen der Provinz selbst hätte die Rückkehr ihrer Tochter nach Shenyang verfügt, sagte sie ihm, und nun blockiere dieser Untergeordnete, dieser Leutnant Liu, ihre Registrierung.

Ihr Besuch zeitigte drastische Folgen. Binnen einer Woche wurde meine Haushaltsregistrierung erneuert und ich bekam wieder meine Getreiderationen. Mir wurde zwar nicht sofort eine Arbeitsstelle zugewiesen, aber die Medizinische Hochschule von Shenyang bewilligte mir wieder ein Stipendium. In den nächsten sechs Monaten blieb ich zu Hause und ging nur einmal im Monat zur Hochschule, um mein Geld abzuholen. Zweimal sah ich dabei Leutnant Liu, der sich aber sofort in die andere Richtung wandte, sobald er meiner ansichtig wurde. Er hatte eine Fliege geschluckt, wie wir Chinesen sagen, und wollte nicht daran erinnert werden.

Nach diesen sechs Monaten bekam ich schließlich meine erste Arbeitsstelle. Ich war überglücklich, als ich erfuhr, daß ich dem Tuberkulosesanatorium von Shenyang zugewiesen worden war, das nur dreißig Busminuten von der Wohnung meiner Mutter entfernt war. Dort sollte ich die nächsten elf Jahre arbeiten.

Was meine Kommilitoninnen anging, so verbrachten die meisten von ihnen einige Jahre auf dem Land, bevor sie durch Bitten und Betteln, Bestechung oder sich Davonschleichen Shanhaiguan wieder verlassen konnten. Die letzten von ihnen tauchten erst Ende der siebziger Jahre wieder in Shenyang auf, ein Jahrzehnt nach ihrer Verbannung aufs Land.

Kurz nachdem ich meine Arbeit im Tuberkulosesanatorium aufgenommen hatte, wurde die Kampagne, von den armen Bauernklassen zu lernen, auf Berufe aller Art ausgedehnt. Jede Regierungsorganisation wurde angewiesen, ihre Kader im Rotationsverfahren für kurze Aufenthalte aufs Land zu schicken. Der Leiter unseres Sanatoriums, ein engagierter Arzt und praktisch veranlagter Mensch, teilte unsere Belegschaft rasch in drei Teams auf. Jedes Team bestand aus ungefähr zwölf Personen – einem Teamleiter, drei oder vier Ärzten, vier oder fünf Krankenschwestern und drei oder vier anderen Leuten vom technischen Personal. Jedes Team, entschied er, würde pro Halbjahr zwei Monate auf dem Land verbringen. Offiziell würden wir in den Dörfern mit den Bauern leben, um von ihnen »umerzogen« zu werden. Tatsächlich aber würden wir von Dorf zu Dorf gehen und den Bewohnern die dringend notwendige medizinische Betreuung zukommen lassen. Der Sanatoriumsleiter wies uns drei Aufgaben zu: Diagnostizierung von Tuberkulosefällen, wozu wir ein tragbares Röntgengerät mitbekamen, die

Impfung der Kinder gegen diese Krankheit und die Behandlung von allgemeinen Krankheiten, die bei den Bauern auftraten. Ein paar Jahre später fügte er, nachdem das Geburtenkontrollprogramm schließlich ernsthaft durchgesetzt wurde, noch eine vierte Aufgabe hinzu: die Durchführung von Sterilisationen und das Einsetzen von Spiralen bei den Bauersfrauen.

Ich sollte im folgenden Jahrzehnt alles in allem drei Jahre in den Dörfern verbringen, allerdings unter weitaus besseren Bedingungen als jenen, mit denen ich mich in Shanhaiguan konfrontiert gesehen hätte. Der Standort meines medizinischen Teams waren die jeweiligen Polikliniken der Kommune, in deren Kantinen oft gedämpfter Reis zur Verfügung stand. Wenn wir in die Dörfer gingen, was häufig der Fall war, dann nahm ich mir einen Reisvorrat mit und kochte mir meine eigenen Mahlzeiten. Alle im Team wußten von meinem gesundheitlichen Problem und brachten mir zumeist, da sie selbst Ärzte und Krankenschwestern waren, Verständnis entgegen. Nicht einmal unser radikalstes Teammitglied, ein ehemaliger Rote-Garden-Rebell, der noch immer für Mao schwärmte, bestand darauf, daß ich wie alle anderen Gaoliang aß. Ich achtete sorgsam auf meine Ernährungsweise und fühlte mich nur ab und zu ein wenig unwohl.

Unsere »Umerziehung« durch die Bauernschaft nahm die Form des »Bitternis Sprechens« an, ein Ritual, bei dem sich die älteren Bauern der Reihe nach an ihr hartes Leben vor der Befreiung erinnerten. Wenn wir in einem neuen Dorf ankamen, berief der örtliche Parteiführer eine Versammlung zum »Bitternis Sprechen« ein. Dann bekamen wir einige Stunden lang deprimierende Geschichten über habgierige Großgrundbesitzer, verhungernde Kinder und vor allem über von Japanern begangene Greueltaten zu hören.

Nach einer Weile hörten sich diese Geschichten alle mehr oder weniger gleich an, obwohl es gelegentlich auch eine Überraschung gab. Ich erinnere mich an eine Bauersfrau, der sich die harten Jahre tief ins Gesicht gegraben hatten, und die uns von der schrecklichen Hungersnot erzählte, die über ihr Dorf gekommen war. Zur Linderung der Not war ihnen Getreide versprochen worden, aber es war nie eingetroffen. Sie und ihr Mann hatten die letzten Gaoliangähren unter ihren beiden kleinen Töchtern aufgeteilt und blieben selbst hungrig. Ein paar Tage später hatte sich ihr Mann in einem letzten verzweifelten Versuch, Nahrung aufzutreiben, humpelnd in Richtung Shenyang aufgemacht, aber er hatte schon keine Kraft mehr in den Beinen. Man fand seinen Leichnam nur ein paar Kilometer vom Dorf entfernt. Sie zwang sich, jeden Tag hinauszugehen und über die kahlen Felder zu stolpern, auf der vergeblichen Suche nach genug Rinde, Blättern und Gras, um ihre beiden Töchter am Leben zu erhalten. Erst hauchte die eine, dann die andere Tochter ihr Leben in ihren Armen aus. Es war eine so herzzerreißende Geschichte von Leid und Verlust, daß ich vor Grauen die Augen schließen mußte.

»Mein einziger Trost im Alter ist nun mein Sohn«, sagte sie schließlich. »Dem Himmel sei Dank, daß er diese schwierigen Jahre überlebte. Er wurde 1958 in eine Kohlengrube geschickt, um diese Hinterhofschmelzöfen des Vorsitzenden Mao am Brennen zu halten, und kam erst zurück, als die schlimmste Hungersnot vorbei war.« Ich hatte die ganze Zeit angenommen, daß sie von einer Katastrophe vor der Zeit der Befreiung sprach, aber sie erzählte von den Jahren 1960 bis 1962. Ihre Familie war der Hungerkatastrophe beim »Großen Sprung nach vorn« zum Opfer gefallen!

Wenn wir dann unsere obligate Dosis an »Umerziehung« zwangsgeschluckt hatten, widmeten wir uns dem wirklichen Grund unseres Besuches: der medizinischen Betreuung der Dorfbewohner. Wir behandelten jedes nur denkbare Leiden, von Krätze und Würmern bis hin zu Verletzungen bei der Feldarbeit und Tuberkulose.

Ich stürzte mich bereitwillig in diese Arbeit und versuchte, mich nicht über Härten zu beklagen wie etwa der, daß wir auf dem bloßen harten Kang schlafen mußten oder uns eine Woche nicht richtig waschen konnten. Meine Mutter und mein Vater waren unter ähnlichen Bedingungen geboren worden und aufgewachsen. Manche meiner Sanatoriumskollegen sahen die Bauern als ungehobelte und ungebildete Tölpel an und behandelten sie auch so. Ich betrachtete sie als meine Cousinen und Cousins, Tanten und Onkel vom Land, denen ich nie zuvor begegnet war, und empfand eine starke Verbundenheit.

Mir, die ich die giftige Atmosphäre in der Stadt, wo Heuchelei und Täuschung an der Tagesordnung waren, kannte und vor ihr geflohen war, erschienen diese Bauern vollkommen arglos. Und sicherlich hätte ich keine für ihre Behandlung dankbareren Patienten finden können. »Du bist wirklich eine gute *guniang*, ein gutes Mädchen«, sagten sie, wenn ich ihnen eine Blase aufgestochen oder eine Schnittwunde genäht und verbunden hatte. »Wir werden dich in unserem ganzen Leben nicht vergessen.«

Die Gesundheit vieler älterer Dorfbewohner war infolge der langen Jahre harter Plackerei, schlechter Ernährung und chronischer Entzündungen zugrunde gerichtet worden. Es dauerte länger, bis ihre Wunden heilten, ihre Infektionen widerstanden eigensinnig den Medikamenten, und ihre tuberkulösen Lungen waren oft nicht mehr auszuheilen. Meist blieben wir in einem Dorf nur jeweils ein paar Tage, und vom medizinischen Standpunkt aus war es frustrierend, die Patienten verlassen zu müssen, bevor sich noch irgendwelche Zeichen der Besserung zeigten. Mich machte es froh, die jüngeren Leute zu behandeln, weil hier die Behandlung besser anschlug. Bei den noch jungen Erwachsenen konnte man in den häufigsten Fällen mit einer raschen Gesundung rechnen. Und bei den meist rotwangigen und widerstandsfähigen Kindern war oft eine drastische Verbesserung ihres Zustands zu erkennen.

Eines Tages kam ich, die Abenddämmerung brach schon herein, in einem winzigen Dorf an. Kaum mehr als ein Dutzend strohgedeckter Hütten aus Lehmziegeln schmiegten sich an den Hang des Hügels. Ich war allein, denn unser Team hatte sich getrennt, um diese Gegend mit ihren kleinen, weit verstreuten Dörfern besser abdecken zu können. Kaum hatte ich einen Fuß ins Dorf gesetzt, als ein junger Mann an der Tür einer der Hütten erschien. »Fräulein Doktor, Fräulein Doktor!« rief er mit dringlicher Stimme und winkte mich heran. »Es ist unsere kleine Tochter, Ah Lan.«

Drinnen in der Hütte lag ein dreijähriges Mädchen auf dem Familienkang. Die Mutter beugte sich mit besorgtem Gesicht über sie. Mit einem Blick konnte ich erkennen, daß das kleine Mädchen todkrank war. Sie atmete flach und ungleichmäßig, und ihre Lippen hatten einen bläulichen Schimmer. Ich fühlte ihre Stirn und die Fieberhitze sandte ein dringliches Warnsignal in meine Hand.

Ich packte rasch meine medizinische Ausrüstung aus, während der Vater mir erklärte, daß Ah Lan vor einer Woche eine Erkältung bekommen hatte. »Wir sind einfache Bauern«, sagte er. »Wir dachten, daß sie sich erholen würde, wenn wir sie einfach ein oder zwei Tage im Bett lassen. Sie war immer ein starkes, gesundes kleines Mädchen. Vor drei Tagen hat sie zu husten angefangen, ein tiefer, rasselnder Husten. Und gestern hat sie dieses hohe Fieber bekommen. Wir wollten sie heute in die Poliklinik bringen, aber wir hatten Angst...«. Die Stimme brach ihm mitten im Satz, aber ich wußte, was er hatte sagen wollen: daß Ah Lan die Reise nicht überleben würde.

Ich hörte Ah Lan mit dem Stethoskop ab. Und überall hörte ich das Zischen und Prasseln von Bläschen, während sie versuchte, Luft in ihre verstopften Lungen zu ziehen. Die Lungenentzündung war schon weit fortgeschritten; noch ein paar Stunden, und sie würde tot sein.

Ich richtete mich wieder auf und sah die Eltern an. »Lungenentzündung. Beide Lungenflügel«, erklärte ich ihnen. »Ah Lan ist sehr krank.« Ich strich dem Mädchen das feuchte Haar aus der Stirn. Bei meiner Berührung öffnete sie die Augen und sah mich hilflos an. »Aber es gibt ein paar Dinge, die wir versuchen können.«

Ich machte einen raschen Hauttest, um eine allergische Reaktion auszuschließen. Dann gab ich ihr eine Spritze mit einem hochwirksamen Antibiotikum. Ich befestigte einen Glukosetropf an ihrem Arm und gab ihr eine weitere Spritze, um das Fieber zu senken. Schließlich wusch ich sie noch zur Kühlung mit einem Schwamm ab. Nachdem ich alles getan hatte, was in meiner Macht stand, setzte ich mich neben sie auf den Kang, um Wache zu halten.

Wir verbrachten die Nacht im Dunkeln. Das Dorf hatte keine Elektrizität, und Öl war zu kostbar, um es in Lampen zu verschwenden. Ich brauchte kein Stethoskop mehr, um Ah Lans Zustand zu erkennen. Das Geräusch ihres mühsamen Atmens erfüllte das pechschwarze Innere der Hütte.

Im grauen Licht der heraufziehenden Morgendämmerung sah ich, wie der Blick der Mutter auf dem weißen, eingefallenen Gesicht ihres kleinen Mädchens haftete. Das Kind schien aus reiner Willenskraft zu atmen, zu atmen, um der Mutter eine Freude zu machen. Ich sah weg. Ich hatte alles getan, was ich tun konnte.

Als ich später am Morgen Ah Lan noch einmal mit dem Schwamm abwusch, bekam sie einen leichten Schweißausbruch, ein Zeichen, daß das Fieber endlich überwunden war. Danach sank die Temperatur sehr rasch und war bald wieder auf normal. Ihr Herz schlug regelmäßig und ein Anflug von Farbe kehrte in ihr Gesicht zurück. Sogar die Geräusche in ihren Lungen waren weniger auffällig. Ich gab ihr noch eine Spritze mit Antibiotika, und bald fiel sie in einen tiefen und friedlichen Schlaf. »Ich glaube, sie kommt in Ordnung«, sagte ich zur Mutter.

Ah Lan erholte sich mit einer Geschwindigkeit von ihrer Krankheit, wie sie nur Kinder zuwege bringen. Am Ende der Woche war ein gewisser Mangel an Elan noch das einzige Anzeichen ihrer gerade überstandenen Krankheit. Um einem Rückfall vorzubeugen, gab ich ihr weiterhin jeden Tag eine Spritze mit Antibiotika. Und jedesmal, wenn ich an der Tür der

Hütte auftauchte, rief die Mutter: »Hier kommt die *guniang*, die dein Leben gerettet hat, Ah Lan. Du darfst sie nie vergessen.«

Im April 1972, wenige Tage, bevor unser Team wieder zu seiner zweimonatigen Tour aufs Land aufbrechen sollte, berief der Sanatoriumsleiter eine Versammlung ein. »Im letzten Juli hat der Staatsrat unter der Leitung von Premier Zhou Enlai zur Verstärkung der Geburtenkontrolle aufgerufen«, begann er seine Rede. »Er verfügte, daß die Geburtenkontrolle ein entscheidender Faktor der sozialistischen Revolution und des sozialistischen Aufbaus ist. Die Senkung der Geburtenrate steht in Übereinklang mit den fundamentalen Interessen der Massen. Kürzlich sind neue Anordnungen erlassen worden, die sich auf unsere Arbeit in den Kommunen auswirken werden.

In der Vergangenheit haben wir der Diagnostizierung von Tuberkulosefällen und der Heilung der bei der Bauernschaft üblicherweise auftretenden Krankheiten den Vorrang gegeben. Jetzt hat uns das Büro für Gesundheitswesen der Provinz Liaoning eine neue Aufgabe zugewiesen: Geburtenkontrolle. Die Parole der neuen Kampagne lautet: ›Spät, im Abstand, und wenige.‹ ›Spät‹ bezieht sich auf eine späte Heirat. ›Im Abstand‹ heißt, daß zwischen der Geburt des ersten und zweiten Kindes mindestens vier Jahre liegen müssen. ›Wenige‹ heißt, nicht mehr als zwei Kinder. Ihr werdet diese Kampagne unterstützen, indem ihr entsprechend der Anweisungen der örtlichen Familienplanungsfunktionäre bei den Frauen auf dem Land Sterilisationen vornehmt und Spiralen einsetzt.«

Als wir auf dem Land ankamen, war die Kampagne zur Geburtenkontrolle bereits voll im Gang. Funktionärinnen des Frauenverbands, ein Arm der Kommunistischen Partei, hämmerten den ortsansässigen Frauen die neue Botschaft ein: »Eins ist nicht zu wenig, zwei reichen völlig, drei sind zu viel für dich.« Die jungen Mütter wurden bei Massenversammlungen darüber informiert, daß große Familien nun verboten waren.

Auf dem Dorfplatz angeschlagene Wandzeitungen legten dar, welche Belohnungen es für die Einhaltung der Regelungen zur Geburtenkontrolle gab, und welche Strafen bei einer Weigerung zu erwarten waren. »Der Kampf für die Geburtenkontrolle ist ein wichtiger Bestandteil des Klassenkampfes«, stand da zu lesen. »Gegner der Geburtenkontrolle sind Klassenfeinde.« Verstockte Frauen wurden zu Hause aufgesucht. Man sagte ihnen, daß sie der Natur nicht länger einfach ihren Lauf lassen könnten. War ihr erstes Kind innerhalb der letzten vier Jahre geboren worden, so *mußten* sie sich eine Spirale einsetzen lassen; hatten sie schon zwei oder mehr Kinder, *mußten* sie sich sterilisieren lassen.

Die Funktionärinnen des Frauenverbands waren schonungslos. Sie führten in allen Einzelheiten Buch über die Schwangerschaften, den Menstruationszyklus und die (falls überhaupt) praktizierten Methoden der Empfängnisverhütung aller jungen Frauen, die ihrer Kontrolle unterstanden. Mit Hilfe dieser Informationen legten sie Namenslisten von den Frauen an, die nach den neuen Verordnungen sterilisiert werden mußten, von denen, denen eine Spirale eingesetzt werden sollte, und von denen, die geröntgt werden mußten, um festzustellen, ob die bereits eingesetzte Spirale noch an ihrem Platz war. Und sie dienten als Eskorte – man hätte sie fast als Wachen bezeichnen können –, um alle Frauen auf ihren Listen der Reihe nach zur Poliklinik der Kommune zu bringen. Oft kamen sie auch mit in den Operationssaal, um bei der Prozedur zuzusehen. Nichts und niemand wurde übersehen.

Vorbei waren unsere Tage als Wanderärzte, in denen wir von Dorf zu Dorf gegangen waren, um bei den Bauern sämtliche Leiden unter der Sonne zu behandeln. Nun verließen wir nur noch selten die Poliklinik, in der wir eine endlose Anzahl von Sterilisationen durchführten und unzählige Spiralen einsetzten. Unser tragbares Röntgengerät wurde nicht länger zur Diagnostizierung von Tuberkulosefällen eingesetzt, sondern nur noch, um festzustellen, ob die Spirale an ihrem Platz war oder nicht. Diese Spirale aus Metall zeigte sich auf dem Röntgenbild in der klaren Form eines weißen Schmetterlings inmitten einer grauen undeutlich wahrnehmbaren Gebärmutter – das heißt, wenn sie da war, wo sie sein sollte. An manchen Tagen röntgte unser Techniker nicht weniger als einhundert Frauen. Und fehlte die Spirale, so setzten wir sofort eine neue ein.

Zu Spitzenzeiten führten wir acht bis zehn Tage hintereinander täglich bis zu einem Dutzend Sterilisationen durch. Manchmal mußte ich dem Chirurgen assistieren, aber mir war das Einsetzen der Spirale weitaus lieber. Ich fand diese Marathonveranstaltungen physisch und emotional erschöpfend. Wir arbeiteten sehr schnell – ein zwölf Zentimeter langer Schnitt in den Unterleib, Klammern, um ihn offen zu halten, die Blase beiseite schieben, linken und rechten Eileiter durchtrennen, die verschiedenen Muskelschichten und die Haut wieder vernähen, und dann weiter zur Frau auf dem nächsten Tisch. »Das ist ja, als ob man Säue oder Kühe sterilisiert«, scherzten die Ärzte derb, wenn sie tagelang hintereinander von morgens bis abends Sterilisationen durchgeführt hatten. »Ich wette, wir sind fast so schnell wie die Tierärzte.« Und so wenig Achtung und Respekt bezeugten sie ihren »Patientinnen«, daß sie ebensogut auch Tiere hätten sein können.

Jetzt scheint es kaum glaublich, aber anfangs dachte ich tatsächlich, daß die jungen Frauen freiwillig in die Krankenhäuser strömten, um sich einer Sterilisation zu unterziehen. Wir sahen sie nur kurz auf dem Operationstisch und hatten keine Ahnung von den Methoden, mit denen sie dorthin gebracht wurden. Der Frauenverband stellte sie uns als »Freiwillige« vor und behauptete, daß die allgegenwärtigen »Eskorten« nur da waren, um Trost zu spenden und Beistand zu leisten. Erst allmählich begann ich, diese Sprüche anzuzweifeln.

Keine Frau legt sich fröhlich unters Messer. Aber die meisten Frauen, die wir sahen, hatten nicht nur eine verständliche Angst vor dem Eingriff. Sie kamen mit schleppenden Schritten in den Operationssaal und waren sorgsam darauf bedacht, jede Gemütsregung zu verbergen. Sie legten sich auf den Operationstisch, als ob sie kapituliert hätten. Und oft sammelten sich, wenn der Arzt den ersten Schnitt gemacht hatte, große Tränen in ihren Augenwinkeln, die dann die Wangen hinunterkullerten. Die ersten Male, als das passierte, glaubte ich, die Frau litte Schmerzen und gab ihr noch eine weitere Spritze zur örtlichen Betäubung. Aber die Frau weinte dann trotzdem weiter. Die Frauen vom Frauenverband, die ja angeblich mitgekommen waren, um Trost zu spenden, taten nichts dergleichen. Sie standen unbeteiligt da und beobachteten aus einigen Schritten Entfernung schweigend die Prozedur. Ich war angehalten worden, die Politik der Regierung nicht anzuzweifeln, und deshalb verdrängte ich ganz automatisch jeden Gedanken an Zwang. Aber gelegentlich wurde ich doch auf eine Weise damit konfrontiert, die ich nicht ignorieren konnte.

Zwei Tage, nachdem ich bei der Sterilisation einer Dorfbewohnerin assistiert hatte, bekam ihr einziger Sohn Meningitis und starb. Ihr einziges anderes Kind, so erfuhr ich, war ein kränkliches zehnjähriges Mädchen mit einem granatapfelgroßen Kropf. Die Frau wurde vor Kummer fast verrückt. Sobald sie sich von ihrer Operation so weit erholt hatte, daß sie gehen konnte, stellte sie sich vor dem Krankenhaus auf. In lauten Klagen, die auch im Innern des Gebäudes zu hören waren, trauerte sie um ihren Sohn, der nicht mehr war. Und mit gleichermaßen lauten Verwünschungen verdammte sie uns dafür, daß wir ihr die Möglichkeit, noch andere Söhne zu bekommen, genommen hatten.

Ihr schlimmstes Gift sparte die beraubte Mutter für die Funktionärin des Frauenverbands auf, die für ihre Sterilisation gesorgt hatte. Sie begann ihr aufzulauern. Sobald diese auftauchte, meist hatte sie eine weitere Frau für den Operationssaal im Schlepptau, sprang sie ihr, laute Verwünschungen ausstoßend, in den Weg. »Du hast mich zur Sterilisation gezwungen!« schleuderte sie ihr eines Tages entgegen. »Du hast mir gesagt, das sei das Gesetz. Ich war bereit, mir eine Spirale einsetzen zu lassen oder die Pille zu nehmen. Aber du hast dem nicht zugestimmt. Du hast mir gesagt, ich hätte keine andere Wahl. Wenn du nicht wärst, dann könnte ich jetzt noch einen anderen Sohn haben anstelle meines kleinen Ah Ben.« Es folgte eine lange Reihe von Verwünschungen.

Die Funktionärin des Frauenverbands war eine Frau um die fünfzig mit aufrechter Haltung und einer Ausstrahlung von Autorität. »Ich habe kein Mitgefühl mit dir«, feuerte sie sofort zurück. »Überhaupt kein Mitgefühl.« Die Frauen des Frauenverbands waren für ihre äußerst scharfe Zunge berüchtigt, und diese hier konnte die andere Frau mit wenigen Worten in Stücke schneiden – und tat es auch. »Jedermann weiß, daß dein Haus schmutzig ist!« schrie sie. »Darum ist dein Sohn gestorben. Bei dir herrschen miserable hygienische Zustände. Du hast deinen Sohn umgebracht, nicht ich! Wenn du jemandem die Schuld geben willst, daß du keinen Sohn hast, dann gib sie dir! Es ist deine Schuld, nicht meine!«

Als die Funktionärin endete, war von der anderen Frau nur noch ein zusammenhanglos schluchzendes und stöhnendes Häufchen Elend übrig. Diese gefühllosen Worte zu einem Zeitpunkt, da der Junge noch kaum in seinem Grab lag, ließen mich frösteln. Sie ist Eiswasser für das Blut und ein Stein für das Herz, dachte ich.

Ich konnte dieser Funktionärin nicht sagen, was ich von ihr hielt. Wir Chinesen glauben, daß die Leber der Sitz des Mutes ist, und meine Leber war viel zu klein, um in aller Öffentlichkeit irgend etwas über die tragische Situation der Bauersfrau oder die Herzlosigkeit der Funktionärin zu sagen. Damit hätte ich praktisch die Sterilisationskampagne an sich kritisiert.

Aber im stillen beschloß ich, den Versuch zu machen, dieser Frau in irgendeiner Form zu helfen.

Ich suchte den Leiter unseres medizinischen Teams auf. »Sie kennen die Frau, die wir sterilisiert haben, und deren einziger Sohn gerade gestorben ist?« Er nickte. »Warum versuchen wir

nicht, die Operation wieder rückgängig zu machen?« bat ich.
»Wir können zumindest den Versuch unternehmen, die Eileiter wieder miteinander zu verbinden. Dann hätte sie wenigstens die Hoffnung, noch einen Sohn bekommen zu können.«

»Das geht uns nichts an!« sagte er brüsk. »Ihre Probleme kümmern uns nicht. Wir haben die Weisung, den örtlichen Behörden dabei zu helfen, die Geburtenkontrolle fest in die Hand zu nehmen. Wir sind hier, um Sterilisationen durchzuführen, nicht um sie wieder rückgängig zu machen!«

Ich ließ das Thema fallen. In China war es gefährlich, allzuviel Sympathie für die Probleme anderer aufzubringen. Es konnte einen in Schwierigkeiten mit den Behörden bringen, vor allem, wenn es sich um ein mit einer Regierungskampagne verbundenes Problem handelte. Ein paar Tage später verschwand die Frau von ihrem Standposten vor dem Krankenhaus. Alle waren erleichtert, nun nicht mehr ihre Verwünschungen mitanhören zu müssen. Ich fragte mich, was wohl mit ihr geschehen war.

Erst 1978 stoppte das Sanatorium unsere Reisen aufs Land. Die politische Linie hatte sich mit Maos Tod geändert, und die Stadtbewohner mußten nun nicht mehr von den armen Bauernklassen »umerzogen« werden. Ich vermißte die Arbeit in den Dörfern nicht, da sie sich mit den Jahren zunehmend stärker nur noch auf die Geburtenkontrolle konzentriert hatte. Die Sterilisationskampagnen waren eine ziemlich unerfreuliche Angelegenheit, und ich war glücklich, sie hinter mir lassen zu können. Im Sanatorium hatte ich nichts mit der Geburtenregelung zu tun, und das war mir auch lieber so.

7 Auf der Suche nach einem »Eheobjekt«

Ich war zu einer durchschnittlich großen und schlanken Frau herangewachsen. Von seiten meiner Mutter hatte ich Mandschublut in meinen Adern und die helle Haut und das braune Haar der Mandschus geerbt. Meine Freunde und Freundinnen hielten mich für hübsch, aber ich fand meine Nase zu platt und kurz. Eine mongolische Nase, hatte mein Vater sie scherzhaft genannt.

Als ich 1973 meinen vierundzwanzigsten Geburtstag feierte, entschied meine Mutter umgehend, daß es nun an der Zeit sei, einen Ehemann für mich zu finden. Ich war noch immer ein Jahr vom legalen Heiratsalter, nämlich fünfundzwanzig, entfernt, aber sie rechnete damit, daß es auch mindestens so lange dauern würde, bis ein geeigneter Kandidat gefunden war. Sie war fest entschlossen, dafür zu sorgen, daß ich mich gut verheiratete. »Du bist meine einzige Tochter«, sagte sie mehr als einmal. »Und du bist kränklich gewesen. Wir müssen einen Mann für dich finden, der gut für dich sorgt. Und da du ein Mädchen bist, wird die schlechte Klassenherkunft unserer Familie kein allzu großes Handicap sein.«

Ich wußte, was sie meinte. Nach chinesischer Sitte wird die Braut ein Mitglied der Familie ihres Mannes. Kein Mädchen aus einer roten Familie würde freiwillig ihren Stammbaum besudeln, indem sie in eine schwarze oder auch nur graue Familie, wie die unsere, einheiratete. Der nebulöse Klassenstatus unserer Familie hatte mehrere Mädchen dazu veranlaßt, die Bewerbung meines älteren Bruders abzulehnen. Liang-yue heiratete schließlich ein Mädchen, das aus einer schwarzen Familie von Konterrevolutionären kam. Für sie bedeutete die Einheirat in eine graue Familie einen Aufstieg. Für mich war das anders. Wenn ich in eine rote Familie einheiratete, konnte ich selbst als Rote durchgehen.

Mutter zählte die nötigen Qualifikationen meines künftigen Ehemannes an den Fingern auf. »Erstens muß er eine gute Ausbildung haben. Zweitens muß er eine gute Arbeit haben. Drittens, und das ist noch wichtiger, muß er ein freundliches, offenes Wesen und einen guten Charakter haben. Viertens darf er nicht zu groß, zu stark oder zu cholerisch sein, damit er dich nicht tyrannisiert oder sogar schlägt. Fünftens muß er bei guter Gesundheit sein und aus einer guten Familie stammen. Sechstens sollte er in jeder Hinsicht wie dein Vater sein.«

Ich war völlig ihrer Meinung. Auch ich wollte jemanden mit dem liebevollen Wesen meines Vaters heiraten, der zu mir und unseren Kindern gut sein würde. Tatsächlich tauchte, wenn ich die Augen schloß und mir das Aussehen meines künftigen Ehemannes vorstellte, das freundliche Gesicht meines Vaters vor mir auf.

Mutter und ich gingen ein Bündnis ein, um ein geeignetes »Eheobjekt« für mich zu finden. Beide ließen wir Freunde und Kollegen diskret wissen, daß ich an einer Begegnung mit passenden jungen Männern interessiert war. Da ich über ziemlich gute »Qualifikationen« verfügte – eine gute Arbeit, einen ausgezeichneten Ruf, eine leise Stimme und ein sanftes Auftreten –, mangelte es nicht an interessierten Kandidaten. Dazu kam, daß ich wenig Konkurrenz hatte. Es gab viele junge Frauen in meinem Alter, die hübscher oder koketter waren als ich, aber die meisten von ihnen rieben sich in sinnloser Plackerei auf dem Land auf. Männer hingegen, die jetzt Mitte oder Ende zwanzig waren und sich nach einer Braut um die Anfang zwanzig umsahen, waren in einem Alter, das sie der Landverschickung im großen Stil gerade noch hatte entkommen lassen. Die demographischen Gegebenheiten waren für mich günstig.

Einige Kandidaten, wie etwa Fabrikarbeiter, die nur eine Grundschulausbildung hatten, schlossen Mutter und ich unbesehen aus. Vielversprechendere Kandidaten traf ich dann für ein *xiang-qin*, eine formelle Begegnung, um »über Liebe zu sprechen«. Dabei handelte es sich um mehr als eine beiläufige Zusammenkunft, denn beiden war klar, daß auch der andere auf der Suche nach einem Ehepartner war. Wenn mein Bewerber und ich dann einander offiziell vorgestellt worden waren, verbrachten wir einen Sonntagnachmittag mit einem gemeinsamen Spaziergang im Park des Südlichen Sees, um einander kennenzulernen. Ich fürchte, daß ich bei diesen Gelegenheiten keine allzu gute Gesellschafterin war, da ich meine Sache sehr ernst nahm: Im allgemeinen war ich zu sehr damit beschäftigt, meinen Bewerber nach seiner Familie und seinen Lebenszielen auszufragen, als daß er oder ich darüber hinaus noch hätten zwanglos plaudern können.

Inzwischen zog meine Mutter Erkundigungen über meinen in Aussicht genommenen Bewerber ein, wobei sie sich ihres Netzwerks ehemaliger Schüler als Informationsquelle bediente. Meine Mutter hatte seit 1957 in Shenyang unterrichtet, und es gab kaum eine Behörde, Parteiorganisation oder Fabrik, die nicht einen oder mehrere ihrer ehemaligen Schüler beschäftigte. Trotz aller Angriffe auf die Lehrer während der Kulturrevolution wurde diesen von ihren ehemaligen Schülern noch immer großer Respekt entgegengebracht. Beabsichtigte man, jemanden aus einer anderen Einheit aufzusuchen, um ihn um einen Gefallen zu bitten, dann brachte man normalerweise ein Geschenk mit. Doch Lehrer standen in so hoher Achtung, daß die ehemaligen Schüler der Abschlußklassen meiner Mutter mehr als glücklich waren, ihr umsonst einen Gefallen zu erweisen.

Und so trieb meine Mutter immer einen ehemaligen Schüler unter den Arbeitskollegen meines neuesten Bewerbers auf. Sie besuchte und fragte ihn, was er über dieses potentielle »Eheobjekt« und seine Familie wußte. War er beliebt? Wie waren seine

Aussichten in der Einheit? Hatte er ein aufbrausendes Wesen? Wie sah sein familiärer Hintergrund aus? Was war sein Klassenstatus? Hatte er oder irgend jemand in seiner Familie einmal Schwierigkeiten bei einer politischen Kampagne bekommen?

Dann ging sie zur Wohnung, wo der junge Mann lebte, und fragte die Nachbarn, was sie von ihm und seiner Familie hielten. Hatte er jemals Probleme mit dem Nachbarschaftskomitee oder mit der örtlichen Polizeibehörde gehabt? Mit welchen Freunden hatte er Umgang? Manchmal konnte sie, wenn sie jemandem im Personalbüro der Einheit kannte, sogar einen Blick in seine persönliche Akte werfen. Diese Akten waren streng vertraulich und enthielten Bemerkungen über solche Dinge wie die Einstellung der Person zur Partei, die Mitgliedschaft in Parteiorganisationen und frühere Zusammenstöße mit den politischen Organen, falls es sie gegeben hatte. Natürlich wollte sie nicht, daß ich mich auf jemanden einließ, der sehr wahrscheinlich in einer künftigen politischen Kampagne zum Angriffsziel werden würde.

Besonders gründlich war Mutter bei ihren Erkundigungen im Zusammenhang mit der Kulturrevolution. Es machte ihr nichts aus, wenn jemand der *bao-huang*-Fraktion, also den »Loyalisten« angehört hatte, die versucht hatten, Rektoren, Lehrer und andere Personen in Machtpositionen zu schützen. Sie selbst war auch ein Mitglied der Loyalisten gewesen. Es machte ihr auch nichts aus, wenn es sich um einen Intellektuellen handelte, den Angehörigen einer von Mao verachteten Klasse. Aber sie war strikt gegen jeden, der ein Mitglied der Revolutionären Rebellen gewesen war, denn diese »Rebellenbarbaren«, wie sie sie nannte, waren es gewesen, die sie verfolgt hatten. Und vor allem wollte sie mich nicht mit einem Aktivisten verbunden sehen, einem ehemaligen Rebellenführer oder dergleichen, denn diese Aktivisten waren für einen Großteil an Gewalt und Haß in der Kulturrevolution verantwortlich gewesen. Die Führung in irgendeiner politischen Sache zu übernehmen, sei ebenso gefährlich wie zu weit zurückzufallen, mahnte sie mich viele Male. Sie suchte nach jemandem, der weitgehend im Gleichschritt mit den Massen marschiert war. Nachdem sie dann mit den Freunden, den Nachbarn und Arbeitskollegen des jungen Mannes gesprochen hatte, kam meine Mutter zu mir, um mir die Resultate ihrer Detektivarbeit mitzuteilen.

Wenn sich unsere Vorgehensweise geschäftsmäßig und unromantisch anhört, dann deshalb, weil sie es auch war. Mutter ging in ihren Nachforschungen ebenso methodisch vor, wie sie unser Familienbudget verwaltete. Jedes Detail an Information über einen potentiellen Kandidaten war wertvoll. Nichts würde den Händen eines launischen Schicksals überlassen bleiben. Sie bot mir eine sehr nüchterne Einschätzung eines jeden »Eheobjekts« vom Standpunkt meines Interesses an. Hätte sie etwas über die westlichen Vorstellungen von romantischer Liebe gewußt, sie hätte sie verächtlich als phantastische und übertriebene Erwartungen abgetan, die nichts mit der Realität des Ehelebens zu tun hatten. Nach Mutters Anschauung war die Ehe eine vertragliche Vereinbarung über Nachkommenschaft, Elternschaft und physische Sicherheit und nichts weiter. »Liebe« war nicht nur unnötig, sie war definitiv ein Hindernis, wenn es darum ging, eine kluge Wahl zu treffen.

Ich teilte ihre Ansichten. Jedenfalls erwartete ich nicht, in die Person verliebt zu sein, die ich heiratete. Mir schien, daß die Westler, die aus Liebe heirateten, für die Fehler der anderen Person blind waren und deshalb oft in einer Scheidung endeten. In China, wo die Scheidungsrate extrem niedrig war, war so etwas undenkbar. Ich hoffte, einen guten Mann zu heiraten und mit ihm eine Beziehung des Vertrauens und gegenseitigen Respekts aufzubauen. Wenn ich Glück hatte, würde mit den Jahren allmählich Liebe daraus werden, so wie es bei meinen Eltern der Fall gewesen war. Hatte ich Pech oder war ich nicht achtsam in meiner Wahl, dann würden mein künftiger Mann und ich uns schließlich nur noch verachten. Würde ich mich über meine Wahl eines Mannes freuen oder sie eines Tages bereuen? Ich seufzte angesichts der so gewichtigen Konsequenzen der Entscheidung, die ich bald zu fällen hatte. Mir war der Rat meiner Mutter sehr willkommen, denn ich wußte, daß sie nur mein Bestes wollte. Nachdem der jeweils in Aussicht genommene Kandidat seinen Auftritt gehabt hatte, setzten wir uns hin und verglichen unsere Eindrücke von seinem Charakter, ich auf der Grundlage unseres Spaziergangs, und sie auf der Basis ihrer Interviews. Wir waren uns in unserer Beurteilung stets einig.

Mein erster Bewerber war ein gut aussehender junger Arbeiter namens Bai. Ich kannte ihn schon seit 1969, als er als Angehöriger des Propagandateams zur Verbreitung von Mao Zedongs Gedanken mit Leutnant Liu an unsere Hochschule kam. Seither hatte er immer mal wieder im Sanatorium auf einen Schwatz vorbeigeschaut. Ich hatte ihn nie ermutigt, obwohl ich den Verdacht hatte, daß sich sein Interesse nicht nur auf einen Erinnerungsaustausch über die guten alten Zeiten an der Medizinischen Hochschule beschränkte. Als er mich wieder einmal im Sanatorium aufsuchte, fragte ich ihn, was er an seinen freien Tagen so machte. Eins führte zum anderen, und bald hatten wir eine Verabredung für einen Besuch im Zoo getroffen.

Unser gemeinsamer Sonntagnachmittag machte mir Spaß. Bai war wie immer humorvoll und beredsam. Er lachte viel und zeigte seine gesunden weißen Zähne, und er war ein angenehmer Begleiter, ein intelligenter und kluger Mann trotz seiner begrenzten Schulbildung. Doch am Ende des Tages fragte ich mich, ob Bais angenehmes Wesen ausreichte, seinen Mangel an Karriereaussichten wettzumachen. Nachdem das Propagandateam aufgelöst worden war, hatte man ihm wieder seinen alten Arbeitsplatz in einer Lastwagenfabrik zugewiesen. Jetzt war er nur ein ganz gewöhnlicher Arbeiter am Fließband. Mich irritierte, daß Bai meinen Fragen über seine Zukunft auswich. Er wollte nur über die Vergangenheit reden, die Zeit an der Medizinischen Hochschule, in der er für eine Weile eine Person mit Autorität war, eine Person, deren Wort Gewicht hatte. Innerhalb von drei Stunden erinnerte er mich wenigstens dreimal daran, daß er es war, dem ich meinen Aufenthalt in Shenyang zu verdanken hatte. Zwar war ich ihm dankbar dafür, daß er mir in der Angelegenheit meiner Aufenthaltsgenehmigung behilflich gewesen war, aber es ärgerte mich, daß er die Sache immer wieder zur Sprache brachte.

Inzwischen hatte meine Mutter ihre Runde bei ihren ehemaligen Schülern gemacht. Und es gefiel ihr nicht, was sie da zu hören bekommen hatte. Es gab Gerüchte, daß Bai als Mitglied des Propagandateams Bestechungsgelder von aufs Land verschickten Jugendlichen angenommen hatte, die in die Stadt zurückgeflüchtet waren und nun eine Aufenthaltsgenehmigung brauchten. »Dann vergesse ich ihn einfach«, sagte ich.

Als nächstes wollte mir meine Vorgesetzte im Sanatorium ihren Neffen vorstellen. Als ich aber hörte, daß der junge Mann Soldat war, verlor ich sofort alles Interesse an ihm. Sie war von meiner negativen Reaktion sehr überrascht, da die Volksbefreiungsarmee zu dieser Zeit einen exzellenten Ruf genoß. Ihrer Ansicht nach war ihr Neffe der beste Fang in ganz Shenyang.

Doch ich hatte meine Gründe. Ich wollte Kinder und hatte gehört, daß die Geburtenkontrollregelungen in der Armee äußerst strikt gehandhabt wurden. Wenn ich einen Soldaten heiratete, dann würde er früher oder später aus Shenyang wegversetzt werden. Ich würde dann mit ihm ziehen und meine Mutter und meine Brüder allein zurücklassen müssen. Und selbst wenn er auf einer der Militärbasen im Umkreis von Shenyang stationiert blieb, so hätte er doch jede dritte oder vierte Nacht Wachdienst. Er wäre nicht da, um mir mit den Kindern zu helfen. Und dann gab es noch immer die Möglichkeit, daß er auf einen der einsamen Außenposten an der Grenze zur Sowjetunion geschickt wurde. In diesem Fall würden ich und meine Kinder ihn nur noch ein- bis zweimal im Jahr zu Gesicht bekommen. Auch meine Mutter war gegen den Gedanken an eine Ehe mit einem Soldaten. »Soldaten haben Gewehre und sind zum Töten ausgebildet«, sagte sie in ihrer direkten, nüchternen Art. »Was ist, wenn er auf dich wütend wird?«

Es gab noch andere Bewerber in diesem Jahr. Die Spaziergänge im Park mit einem Techniker, einem Polizisten und einem jungen Verwaltungsfunktionär waren nette Ausflüge, die aber zu nichts führten. Entweder gab es ein Problem mit der Familienherkunft, oder sie waren in der Kulturrevolution Aktivisten gewesen, oder sie waren langweilig und ungebildet. Vielleicht sei ich ja zu pingelig oder zu stolz, sagte ich zu meiner Mutter.

»Zwing dich nicht zu einer Ehe, mit der du nicht glücklich wirst«, ermahnte sie mich. »Warte auf einen Bräutigam, der es wert ist.«

Nach mehr als einem Dutzend verschiedener Begegnungen, um »über Liebe zu sprechen«, war ich noch immer ohne einen Verlobten und begann allmählich der ganzen Sache müde zu werden. Ich wies nun mögliche Bewerber schon beim geringsten Makel zurück, gleich, ob ich sie mir angesehen hatte oder nicht, um einer weiteren Runde im Park des Südlichen Sees zu entgehen, wo mir inzwischen jeder Weg, jede Bank und jeder Baum nur allzu vertraut waren. Meine Mutter spürte meinen Überdruß und verlangsamte das Tempo ihrer Suche, obwohl sie sehr darauf aus war, meine Zukunft gesichert zu sehen. Mein nächster Bewerber erschien ganz unerwartet und sozusagen nicht über die normalen Kanäle auf der Bühne.

Ich hatte mich mit einer meiner Patientinnen angefreundet, einer intelligenten und lebhaften jungen Frau in meinem Alter, die Chen Ping hieß. Wir genossen unser Beisammensein so sehr, daß sie oft am Eingang zu meiner Station wartete, bis meine Schicht beendet war. Dann konnten wir auf dem Weg zur Schwesternstation, wo ich mich abmeldete, ein paar Minuten miteinander schwatzen.

Eines Tages fand ich sie nach dem Ende meiner Schicht wieder einmal an der üblichen Stelle auf mich warten. »Hallo, Chen Ping«, begrüßte ich meine Freundin.

Normalerweise grüßte sie immer mit einem fröhlichen »Hallo« zurück. Heute aber platzte sie sofort heraus: »Hast du schon einen Freund?«

Die Unverblümtheit ihrer Frage drängte mich in die Defensive. Sie klang fast wie eine Anschuldigung. »Im Moment nicht«, sagte ich und versuchte, mir meinen Kummer nicht anmerken zu lassen. Warum fragte sie nach etwas, das ihr bereits bekannt war?

»Das ist schon in Ordnung«, sagte sie und lächelte mich so freundlich an, daß sich meine Irritation verflüchtigte. »Hab keine Eile. Es wird bald jemand auftauchen.«

Am nächsten Tag sah ich, als ich als eine der letzten der gleich beginnenden Schicht durchs Haupttor des Sanatoriums hastete, Chen Ping mit ihrem Mann an einer Seitenwand des Hofs stehen. Neben ihnen stand ein nicht sehr großer, bebrillter Mann, der eine graue Maojacke trug. Ich blieb unwillkürlich stehen. Darum ging es also bei unserer gestrigen Unterhaltung! wurde mir klar. Sie wollte mir diesen Knirps vorstellen und erst ganz sichergehen, daß sie freie Bahn hatte. Ärger stieg in mir hoch. Sie hätte mich wenigstens fragen können, ob ich einverstanden war, bevor sie diesen Menschen herschleppte! So gehörte sich das. Mittlerweile hatte mich Chen Ping entdeckt, rief meinen Namen und winkte mich zu sich herüber. Dies ist nun wirklich nicht die Zeit und der Ort für ein Treffen, dachte ich. Ich bin ohnehin schon zu spät dran. Und dann ausgerechnet hier! Wenn meine Kolleginnen mitbekommen, daß ich hier auf dem Hof des Sanatoriums junge Männer treffe, werden sie mich noch tagelang aufziehen. Chen Ping rief nun lauter, und mir blieb nichts anderes übrig, als ihrem Ruf zu folgen, wollte ich nicht die Aufmerksamkeit auf mich ziehen. Ich beschloß, »Hallo« zu sagen und mich dann sofort zu entschuldigen.

Während ich über den Hof ging, sah ich mir den jungen Mann genauer an. Er war ganz entschieden klein gewachsen, wahrscheinlich nicht größer als ich. Er war schlank und blaß und hatte etwas von einem Intellektuellen an sich. »Laßt mich euch einander vorstellen«, sagte Chen Ping, als ich auf die Gruppe zutrat. »Das ist Wei Xin. Er ist Ingenieur in der Fabrik meines Mannes.«

»Hallo«, sagte Wei Xin höflich. »Chen Ping hat mir erzählt, wie gut Sie sich um sie gekümmert haben.« Er lächelte mich auf eine vertraute Weise an, so, als ob wir uns schon lange kennen würden. Wider meinen Willen lächelte ich zurück.

»Sie sehen nicht so aus, als ob Sie aus dieser Gegend kämen«, sagte ich und sprach aus, was offensichtlich war. Er war einen guten Kopf kleiner als die meisten Männer der Mandschurei, die zumindest im Vergleich zu den klein gewachsenen, schlanken Männern im Süden groß und robust waren.

»Ja, ich komme aus der Provinz Jiangsu, aus der Nähe der Stadt Nanjing«, antwortete er noch immer lächelnd. »Ich bin schon seit ein paar Jahren hier. Ich kam 1979 nach der...«

»Es tut mir leid«, unterbrach ich ihn, mich daran erinnernd, daß ich es eilig hatte. »Ich kann mich jetzt nicht unterhalten. Ich habe eine Lehrstunde und bin ohnehin schon zu spät dran.« Ich verabschiedete mich und eilte davon, erleichtert darüber, daß ich ohne eine weitere Verabredung »um über Liebe zu sprechen«, davongekommen war.

Ah Ping heftete sich den ganzen Tag an meine Fersen und versuchte ständig, mich mit weiteren Informationen über Wei Xin zu beglücken. »Er ist siebenundzwanzig Jahre alt, genau das richtige Heiratsalter für einen Mann.«... »Er hat seinen Abschluß an der Nanjing Universität gemacht und bildet sich ständig weiter, um voranzukommen.«... »Er kalligraphiert wunderschön.« Ich weigerte mich, den Köder zu schlucken.

Nach dem Ende meiner Schicht versuchte es Ah Ping mit einem letzten Anlauf. »Wei Xin kommt aus dem Süden«, sagte sie. »Denk daran, was das bedeutet, Chi An. Du weißt, wie gut die Männer aus dem Süden zu ihren Frauen sind. Sie sind eher bereit, Streitfragen auszudiskutieren. Sie helfen sogar bei der Hausarbeit.« Ich wußte, daß Ah Ping recht hatte. Mandschurische Männer sind dafür berüchtigt, daß sie ihre Frau herumkommandieren und schlagen, wenn sie nicht gehorchen. Meine Freundinnen sagten alle, daß sie einen Mann aus dem Süden heiraten würden, wenn sie könnten. Doch die meisten hatten nicht die Gelegenheit dazu. »Verabrede dich mit Wei Xin, um ›über Liebe zu sprechen‹«, drängte Ah Ping. »Sieh zu, ob er nicht kultivierter und rücksichtsvoller ist als die anderen jungen Männer, die du getroffen hast. Sieh, ob er nicht der klassische Gentleman ist.«

»Ich bin nicht interessiert«, sagte ich und bemühte mich, meiner Stimme den Ausdruck endgültiger Entschlossenheit zu verleihen. »Er ist ja sogar kleiner als ich.« Wei Xin mochte von mir aus ein moderner Mengzi sein, ein Ausbund an Tugendhaftigkeit und Pietät gegenüber den Eltern, wie es jener Zeitgenosse des Konfuzius gewesen war, aber ich wollte keine weitere Enttäuschung erleben.

Am nächsten Tag wurde ich während der Arbeit ans Telefon gerufen. Ich war mehr als nur ein wenig irritiert, als ich Wei Xins Stimme am anderen Ende der Leitung vernahm. Wollte mir der »kultivierte und rücksichtsvolle« Wei Xin auflauern wie einer besonderen Beute? »Ich kann jetzt nicht reden«, schnappte ich. »Ich bin bei der Arbeit.«

»Ich wollte Ihnen nur eine Frage stellen«, sagte er rasch. »Haben Sie in den nächsten Tagen einmal Zeit, in den Zoo zu gehen?«

Ich weiß bis heute nicht, warum ich doch zögerte. »Wie wär's mit nächstem Sonntag?« drängte er.

»In Ordnung«, gab ich nach. Er *hatte* schmal und blaß ausgesehen wie ein Intellektueller. Vielleicht war er tatsächlich einer?

Unsere Begegnung, »um über Liebe zu sprechen«, verlief erstaunlich gut, vielleicht, weil ich sie nicht als solche betrachtete. Unsere Unterhaltung floß mühelos dahin, mal brachen wir spontan in gemeinsames Gelächter aus, mal umkreisten wir, locker von einem Thema zum anderen kommend, langsamer und nachdenklich diesen oder jenen Punkt. Ich vergaß meine vorbereiteten Fragen und genoß ganz einfach Wei Xins Gesellschaft. Ich hatte nicht erwartet, einen künftigen Ehemann zu treffen, und fand einen Freund.

Wei Xin war in einem Dorf am Unterlauf des Yangtse Flusses in der üppigen subtropischen Region Zentralchinas aufgewachsen. Die Geschichten, die er mir über sein Zuhause erzählte, hörten sich wie das Paradies an. Teiche, in denen es vor Fischen wimmelte, Felder, auf denen das ganze Jahr über der Weizen, süße Kartoffeln und Gemüse im Überfluß wuchsen, und Reis – mein Lebenselexier –, den es zu jeder Mahlzeit gab.

Ich beobachtete Wei Xin, während ich gebannt seinen Geschichten lauschte. Für mich waren die Augen schon immer der Spiegel des Geistes und Gemüts eines Menschen. Sie spiegeln die Ehrlichkeit der Wahrhaftigen wider und verraten die Unehrlichkeit jener, die etwas verbergen. Wei Xins Augen waren lebendig und ausdrucksvoll, lachten, wenn sie lachten, und lächelten, wenn sie lächelten. Sie waren *shui ling ling*, klar und rein wie Quellwasser. Ich war bald davon überzeugt, daß keine Tücke oder Arglist in ihm waren.

Der Nachmittag verging nur allzu schnell. Wei Xin fragte mich, ob wir uns am nächsten Sonntag wiedersehen könnten, und ich willigte ohne Zögern ein. Am Abend erstattete ich meiner Mutter Bericht und erzählte ihr alles, was ich am Nachmittag über ihn hatte herausfinden können. Nach den eher düsteren Berichten von meinen früheren Begegnungen muß ich mich angehört haben, als hätte ich völlig den Kopf verloren. Mutter hörte schweigend zu. Als ich mit meiner ausgedehnten Lobpreisung von Wei Xins Tugenden fertig war, sagte sie nur: »Wir überprüfen diesen Wei Xin wohl besser.«

In den nächsten Tagen entfaltete meine Mutter einen Wirbelsturm an Aktivitäten. Sie stieß bald auf eine Goldmine an Information in Form eines ehemaligen Schülers, der in Wei Xins Fabrik arbeitete. Er kannte Wei Xin und hatte eine hohe Meinung von ihm. Zudem war er mit einem Angestellten im Personalbüro der Fabrik befreundet. »Ich werde ihn bitten, einen Blick auf Wei Xins Personalakte zu werfen«, sagte er zu meiner Mutter. »Kommen Sie am nächsten Samstag zu mir. Ich werde ihn einladen, damit er Ihnen erzählt, was er herausgefunden hat.«

»Wei Xin ist bei allen in der Fabrik beliebt«, berichtete meine Mutter nach ihrer Rückkehr von diesem Treffen. »Die verantwortlichen Funktionäre sind alle des Lobes voll. Er hat eine Hochschulausbildung und eine gute Arbeit als Ingenieur. Die Leute sagen, daß er sehr ausgeglichen ist und mit allen gut auskommt. Und er ist bei guter Gesundheit.« In Mutters Gesicht zeigte sich ein Ausdruck des Triumphes.

»Auch Wei Xins Familienherkunft ist nicht allzu kompliziert«, fuhr sie fort. »Allerdings sind da ein paar geringfügigere Probleme. Wei Xins Vater desertierte aus gesundheitlichen Gründen von der Roten Armee, was heißt, daß ›seine Familienherkunft nicht klar ist‹. Aber das ist nicht so wichtig, weil es Wei Xins Vater betrifft und nicht ihn selbst. Wei Xin war ein Mitglied der Revolutionären Rebellen. Man hat ihn auch als mögliches Mitglied der Gruppe vom 16. Mai, einer konterrevolutionären Organisation, verdächtigt und überprüft, aber diese Geschichte wurde geklärt. ›Deshalb brauchen Sie sich keine Sorgen zu machen‹, hatte man gesagt. ›Mit diesen alten politischen Anwürfen wird es keine Probleme geben.‹«

Ich hörte meiner Mutter entgeistert zu. »Geringfügigere Probleme!« Wei Xins Vater war von der Volksbefreiungsarmee desertiert, was ihn zum Konterrevolutionär machte. Und Wei Xin selbst war beschuldigt worden, an einer größeren konterrevolutionären Verschwörung teilgenommen zu haben. Und warum war meine Mutter so rasch über seine Mitgliedschaft bei den Revolutionären Rebellen hinweggegangen, die sie doch gewöhnlich als »diese Bande von hassenswerten und gewalttätigen Barbaren« bezeichnete? Warum ignorierte sie, was sie mir sonst immer als gravierenden Nachteil vor Augen geführt hatte? Ein einziges Treffen mit diesem Angestellten vom Personalbüro, und schon schien sie davon überzeugt, daß Wei Xin der perfekte Mann für mich war.

»Du solltest ihn unbedingt weiterhin treffen«, sagte sie. »Er scheint ein feiner junger Mann zu sein. Und noch eines: Ich würde ihn mir gerne selbst einmal ansehen.«

Ich hatte mich mit Wei Xin für den Nachmittag des nächsten Tages um halb zwei Uhr beim Osteingang zum Park des Südlichen Sees verabredet. Ich sagte Mutter, sie solle sich zu dieser Zeit dort einfinden und so tun, als warte sie auf jemanden. »Aber nimm Ying-yue mit«, warnte ich. »Wenn du ganz allein herumstehst, wirst du sofort auffallen.«

Ich kam absichtlich eine Viertelstunde zu spät, damit sich Mutter Wei Xin in aller Ruhe ansehen konnte, während er auf mich wartete. Nach unserem Treffen eilte ich nach Hause. »Und?« fragte ich meine Mutter.

»Ich glaube, der ist der Richtige«, sagte sie rundheraus und ohne ihre übliche Vorsicht. »Er ist ein bißchen klein, aber er kommt aus dem Süden, da kann man nichts anderes erwarten. Man sieht, daß er Hochschulbildung hat. Man spürt, daß er ein Intellektueller ist, einer mit einer Menge Tinte im Magen. Er sieht intelligent und ehrlich aus. Alles in allem glaube ich, daß er ein guter Partner für dich ist.«

Das war bei weitem die beste Benotung, die irgendein möglicher Ehekandidat je von meiner Mutter erhalten hatte. Aber ich fühlte mich allmählich ein bißchen überfahren. »Wie kannst du das sagen?« entgegnete ich und hoffte, ihr Tempo ein bißchen zu drosseln. »Du hast deine Nachforschungen ja noch gar nicht beendet.«

»Ich weiß«, sagte sie. »Aber der Angestellte aus dem Personalbüro schwärmte geradezu von ihm. Und jetzt, da ich ihn selbst gesehen habe, weiß ich, daß er ein gebildeter und kultivierter Mensch ist. Er erinnert mich an deinen Vater.«

»Das ist es also! Aber er ist so klein!«

»Das ist in Ordnung«, erwiderte Mutter. »Das war dein Vater auch. Es bedeutet, daß er dich nicht schlagen wird.«

Das beste Gegenargument hatte ich mir bis zum Schluß aufgehoben. »Aber Mutter, er war ein Mitglied der *zao-fan*-Fraktion. Du hast immer gesagt: ›Keine revolutionären Rebellen.‹«

Mit einer kleinen Handbewegung gab sie ihre lang gehegte Opposition gegen Rebellen auf. »Das macht nichts«, erwiderte sie obenhin. »In der Kulturrevolution waren alle ein bißchen verrückt. Bringe nur noch in Erfahrung, ob er jemandem Schaden zugefügt hat.«

So brachte ich bei unserem nächsten Treffen widerwillig die Sprache auf das mir unliebsamste Thema. »Was hast du in der Kulturrevolution gemacht, Wei Xin?« fragte ich möglichst beiläufig, aber mein Atem ging doch schneller. Was, wenn er anfing, sich der hohen Position, die er bei den Roten Garden innegehabt hatte, zu brüsten? Was, wenn er sich, wie einige seiner vorangegangenen Bewerber, stolz der Schlachten rühmte, die er geschlagen oder gewonnen hatte?

Wei Xin erzählte mir, daß er sich im Oktober 1966 den Rebellen der Nanjing Universität angeschlossen und in einer Rundfunkstation gearbeitet hatte. Seine erste und einzige persönliche Erfahrung mit Gewalttätigkeit war die Folge einer Sendung gewesen, in der die städtischen Busfahrer der Korruption bezichtigt worden waren. Eine Gruppe wütender Busfahrer hatte ihn anschließend aus Rache derart zusammengeschlagen, daß er einen Leistenbruch davontrug. Nach einem operativen Eingriff hatte er den Rest der Kulturrevolution zu Hause ausgesessen.

Was er an all diesen Jahren wirklich bedauerte, sagte er, sei die Ausbildung, die ihm verlorengegangen war. Nach nur zwei Jahren formellen Unterrichts erhielt seine ganze Klasse Ende 1968 das Abschlußdiplom. Die nächsten zwei Jahre verbrachte er hart arbeitend auf einer Armeefarm in der Inneren Mongolei. Als er schließlich eine Arbeitsstelle in seinem beruflichen Gebiet, dem Maschinenbau, bekam, mußte er feststellen, daß er praktisch nichts gelernt hatte.

Entschlossen, sich die nötigen Kenntnisse anzueignen, fing er an, abends Bücher über höheres Ingenieurwesen zu studieren. Es hatte ganze vier Jahre gedauert, bis er sich all das Wissen angeeignet hatte, das er an sich an der Hochschule hätte lernen sollen.

Ich war von Wei Xins Antriebskraft und Entschlossenheit beeindruckt. Infolge Maos Verachtung für Bücherwissen war die Ausbildung aller Studenten in China extrem reduziert worden. Das Land war voll von halbgebildeten Studienabgängern, Chemikern, die nichts von Katalysatoren verstanden, Agronomen, die nicht mal die Photosynthese begriffen hatten. Die meisten versuchten bei der Arbeit das aufzuschnappen, was sie beim Studium nicht gelernt hatten, und beließen es dann dabei.

Die ersten Monate im Sanatorium hatte auch ich mich nur durchlaviert und das nachgeahmt, was ich die anderen Schwestern tun sah, ohne wirklich zu verstehen, was ich eigentlich machte. Im Spaß bezeichnete ich mich gegenüber meinen Kolleginnen als »Barfußschwester«. Aber meine Unzulänglichkeiten waren nicht zum Lachen, denn meine Patienten hatten manchmal darunter zu leiden. Wei Xin, das mußte man ihm hoch anrechnen, war nicht damit zufrieden, nur halb ausgebildet, ein »Barfußingenieur« zu sein, wie so viele seiner Kommilitonen. Er hatte sich selbst weitergebildet, und das erfolgreich. Ich fing an, ihn mehr und mehr zu bewundern.

Wir sprachen den ganzen Nachmittag über die Kulturrevolution, ohne daß mich das Thema, wie sonst, angewidert hätte. »Wei Xin hat niemandem Schaden zugefügt«, berichtete ich meiner Mutter. »Er hatte einen Leistenbruch und verbrachte die gewalttätigste Phase zu Hause. Wie ich auch.«

Mutter hielt in ihrer Arbeit inne und warf mir einen besorgten Blick zu. »Du hast ihm doch nichts von deinen gesundheitlichen Problemen erzählt, oder?« fragte sie. Ich wußte, daß sie befürchtete, Wei Xin könnte es sich noch anders überlegen, wenn er davon erfuhr. Von einer Braut wurde erwartet, daß sie gesund war.

»Nein«, erwiderte ich. »Das Thema kam nie zur Sprache. Wenn wir uns sehen, redet meist er.« Danach aber umging ich bei meinen Zusammenkünften mit Wei Xin sorgsam jegliche Frage, die meine Gesundheit betraf. Ich wollte ihm nicht eingestehen, daß ich damit ein Problem hatte.

Bald zählte ich die Tage bis zu unserem nächsten sonntäglichen Ausflug. Dann unterhielten wir uns ununterbrochen. Ich wollte, daß Wei Xin mich wirklich *kennenlernte*, und so erzählte ich ihm alles, an was ich mich aus meiner Kindheit erinnerte. Im Gegenzug hörte ich dann wie ein verliebtes Schulmädchen zu, wenn er mir erzählte, wie er in diesem fernen südlichen Dorf aufgewachsen war, und von seinem Vater berichtete, den er sehr liebte. Mich überkam ein seltsames Gefühl bei seinen Geschichten, so als sei ich wieder ein kleines Mädchen, das kuschelig und warm auf Vaters Schoß saß.

Obwohl Wei Xin und ich darauf bedacht waren, einander nahe zu sein, berührten wir uns doch selten. Wenn wir zufällig beim Gehen oder Sitzen aneinanderstießen, durchströmte mich ein warmes und erregendes Gefühl. Ein- oder zweimal gerieten wir in eine relativ verlassene Gegend des Parks, und Wei Xin nahm meine Hand. Aber sobald jemand kam, zog ich meine Hand zurück. Eine so offene Demonstration der Zuneigung wurde in der puritanischen Atmosphäre jener Zeit mißbilligt. Küssen kam überhaupt nicht in Frage, selbst wenn wir ein unbeobachtetes Plätzchen gefunden hätten.

Das einzige, was mir zu schaffen machte, war Wei Xins Körpergröße. Wie gesagt war er kaum größer als ich und zart gebaut. Ich mochte es weder bei Männern noch bei Frauen, wenn sie klein waren, weil es mich an meine eigene frühere geringe Körpergröße erinnerte. Es ärgerte mich, daß er, wenn wir auf der Straße gingen, kleiner war als alle Männer und die Hälfte der Frauen, denen wir begegneten. Ich zog schließlich zu unseren Treffen die flachsten Schuhe an, die ich auftreiben konnte, und beschloß, mich auf seine guten Aspekte zu konzentrieren. Es war sinnlos, aus seiner Körpergröße ein Problem zu machen, wenn alles andere so gut lief.

Der Herbst kam, und das Wetter wurde kalt. Immer weniger Menschen hielten sich in den Parks auf, und Wei Xins behandschuhte Hand fand den Weg in die meine: »Noch ein paar Wochen, und wir werden uns nicht mehr draußen treffen können«, scherzte er. »Vielleicht wird es Zeit, daß ich deine Mutter kennenlerne.« Ich lächelte ihn an, denn die Einladung zu mir nach Hause, damit er meine Mutter kennenlernte, war der nächste große Schritt bei der Werbung. Es gab sogar einen speziellen Ausdruck für dieses Ereignis: *Guye shang men di yi ci*, was bedeutet »Cousin besucht die Familie zum erstenmal.« Hatte meine Mutter den »Cousin« erst einmal kennengelernt, so hieß das, daß sie unsere Beziehung billigte. Danach würden Wei Xin und ich als verlobt betrachtet werden – das heißt, wenn meine Mutter ihn nicht plötzlich aus irgendeinem Grund ablehnte und ihn nicht zu einem zweiten Besuch einlud.

Meine Mutter sprach eine formelle Einladung für die kommende Woche aus. Wei Xin tauchte am folgenden Sonntag bei uns auf, und ich hatte ihn noch nie so sorgfältig gekleidet gesehen. Er hatte sich die Haare schneiden lassen, und seine Schuhe waren auf Hochglanz poliert. Es sah aus, als käme er zu einem Vorstellungsgespräch, um in die Partei einzutreten.

Er hatte auch einen Freund mitgebracht, was nicht ungewöhnlich war. Der »Cousin« brachte oft eine andere Person mit, einen älteren Verwandten oder einen Freund, der dann eine objektive Meinung über die junge Frau und deren Zuhause abgeben konnte. Meine Mutter war allerdings anfänglich etwas verwirrt, weil sie zunächst den Freund für Wei Xin hielt. Ich klärte das Mißverständnis rasch auf, indem ich sie beide aufstehen ließ, und alle setzten sich lachend wieder hin.

Die Unterhaltung kreiste um Mutters höfliche Fragen über Wei Xins persönlichen Hintergrund und seine Familie. Ich fand, daß Wei Xin sich gut hielt. Die chinesische Sprache ist eine Sprache der Höflichkeit und Eleganz, und er bewies meiner Mutter, daß er die Sprache aufs Vorteilhafteste zu gebrauchen verstand. Mir gefiel, wie gut er sich ausdrückte. Aber was dachte Mutter? Ab und zu warf ich einen verstohlenen Blick zu ihr hinüber, doch ihrem Gesichtsausdruck war nichts zu entnehmen. Ich rutschte auf der Stuhlkante herum.

Nach einer Stunde entschuldigte sich meine Mutter und verschwand in der Küche. Das war ein gutes Zeichen. Nach Shenyanger Sitte lud eine Mutter den »Cousin«, wenn sie eine Mahlzeit für ihn zubereitete, zu weiteren Besuchen ein. Wenn sie aber für den jungen Mann und ihre Tochter lange Nudeln kochte, dann hieß sie ihn als Schwiegersohn in der Familie willkommen. Lange Nudeln symbolisieren eine lange Ehe. Ich stand auf und folgte Mutter in die Küche. »Was machst du?« flüsterte ich.

»Ich koche lange Nudeln«, sagte sie unverfroren.

Ich trat einen Schritt zurück. »Aber das heißt, wir sind verlobt«, protestierte ich. »Warum gehst du so schnell vor?«

»Du verstehst gar nichts«, flüsterte sie. »Er ist eine gute Verbindung.« Sie schob mich aus der Küche. »Du gehst und unterhältst Wei Xin, während ich mich um die Nudeln kümmere.«

Als die zwei Schüsseln mit langen Nudeln aufgetragen wurden, schien Wei Xin über die Maßen erfreut zu sein. Sein Freund entschuldigte sich hastig. (»Ich beneide dich sehr«, hatte er Wei Xin auf dem Weg zur Tür zugeflüstert, wie ich später hörte. »Das ist offensichtlich eine gute Familie.«) Die Nudeln selbst waren grauenhaft. Meine Mutter hatte, vielleicht wegen der gravierenden Bedeutung des Anlasses doch etwas aufgeregt, zu wenig Wasser genommen und die Nudeln zu einer klebrigen Masse fast ohne Brühe verkocht. Aber Wei Xin schien es nicht zu bemerken und verspeiste selbst die letzte Nudel aus seiner Schale. Irgendwie schaffte auch ich es, alles aufzuessen. Es hätte Unglück gebracht, wenn ich es nicht getan hätte.

Wei Xin war bald schon praktisch ein Mitglied der Familie. Er verbrachte jeden Samstag und Sonntag bei uns, selbst dann, wenn ich arbeiten mußte. Jeden Samstag nahm er spät nachts den Bus zum Wohnheim seiner Fabrik und kehrte dann früh am Sonntagmorgen zu uns zurück. Er nahm jede Gelegenheit wahr, meiner Mutter eine Freude zu machen – er erledigte

Dinge für sie, half ihr bei der Hausarbeit und überwachte meinen jüngsten Bruder Ying-yue bei seinen Schularbeiten für die Mittelschule. Er half sogar meinem älteren Bruder Liang-yue, der durch den Tod unseres Vaters seine Ausbildung hatte abbrechen müssen, sein Wissen in Mathematik, den Naturwissenschaften und in Englisch aufzubessern. (Später ging Liang-yue wieder auf eine Abendschule und machte schließlich seinen Abschluß an einer örtlichen Hochschule. Auch Ying-yue beendete eine Fachhochschule. Beide schreiben ihren Erfolg dem geduldigen Nachhilfeunterricht Wei Xins zu.)

Meiner Mutter gefiel das alles sehr, und bald schlug sie Wei Xin vor, Samstagnacht doch einfach in unserer Wohnung zu übernachten, statt die teure, dreistündige Hin- und Rückfahrt zu und von seinem Wohnheim anzutreten. Meine jüngeren Brüder, die ihren neuen »älteren Bruder« anbeteten, nahmen ihn gerne in ihrem Zimmer auf. Ich schlief bei meiner Mutter, wie ich es schon seit meiner Krankheit und Rückkehr nach Hause getan hatte.

Auch ich war von Wei Xins Verhalten beeindruckt, aber ich wollte ihn nicht gleich heiraten. Was, wenn alles nur Pose war? Was, wenn er all diese Freundlichkeit nur in unserer Verlobungszeit vortäuschte und sich, sobald wir verheiratet waren, als Monster entpuppte? Dann saß ich lebenslang in der Patsche.

Es war an der Zeit, Wei Xin auf die Probe zu stellen. Ich kam absichtlich zu Verabredungen zu spät, um zu sehen, ob er seine Verärgerung zeigte. Ich täuschte Ärger vor, um zu sehen, ob er mich dann ebenfalls anraunzte. Ich gab vor, wegen irgend etwas, das er gesagt hatte, gekränkt zu sein, um festzustellen, ob er mir für das Mißverständnis die Schuld gab. Aber er war immer geduldig, versöhnlich und entschuldigte sich stets. Er machte sich sogar über sich selbst lustig, weil er stets so nachgiebig war. »Es gibt einen alten chinesischen Spruch«, scherzte er, als ich wieder einmal meinen Willen durchgesetzt hatte. »Männer, die sich vor ihren Ehefrauen fürchten, bringen es zu etwas.«

Es ergab sich, daß Wei Xin auch nach einem unvorhergesehenen Test eine Prüfung in Zusammenhang mit der Kampagne »Kritisiert Lin, kritisiert Konfuzius«, die damals im Gange war, meistern konnte. Jeden Mittwoch und Donnerstag mußten wir alle eine Stunde früher zur Arbeit zu einer politischen Unterrichtsstunde kommen, die wir damit verbrachten, Artikel aus der *Volkszeitung* und der *Roten Fahne*, der Theoriezeitschrift der Partei, zu lesen. Der zu kritisierende Lin war Lin Biao, »Stellvertretender Hauptkommandant Lin«, dem wir alle in den späten sechziger Jahren Treue geschworen hatten. Wir waren schockiert zu erfahren, daß Maos »engster Waffenkamerad« den Großen Vorsitzenden verraten hatte. Wie man uns sagte, hatte Lin Biao vor einigen Jahren einen Putschversuch gegen Mao unternommen und war beim Versuch, in die Sowjetunion zu fliehen, bei einem Flugzeugabsturz ums Leben gekommen. Das andere Objekt der Kritik war Konfuzius, Chinas Weiser in alter Zeit, den wir bislang zu achten, wenn nicht gar zu verehren gelehrt worden waren. Lins Verrat und Konfuzius' angebliche Irrtümer wurden uns in unserem Unterrichtsmaterial erläutert, das wir laut lasen und dann in unseren politischen Unterrichtsgruppen diskutierten.

Aus geflüsterten Besprechungen mit meinen Freunden und Freundinnen wußte ich, daß wir alle das gleiche Problem hatten: Was hatte Chinas alter Weiser mit diesem Verräter unserer Tage zu tun? Wer, kurz gesagt, war das wirkliche Angriffsziel? Wir standen auf unsicherem Boden und waren sehr achtsam in dem, was wir sagten. In den Diskussionsstunden machten wir alle abwechselnd Lin Biao gnadenlos nieder, doch in unserer Kritik an Konfuzius hielten wir uns etwas mehr zurück. Nur wenige versuchten sich an dem politischen Drahtseilakt, die beiden mit der gegenwärtigen Situation in Verbindung zu bringen. Ein Ausrutscher konnte ruinöse Folgen haben.

Unsere schriftlichen Hausaufgaben waren noch schwieriger. Wann immer ein besonders wichtiger Leitartikel in der *Volkszeitung* erschien, bekamen wir eine Kopie davon und mußten darüber »nachdenken«. Das hieß, daß wir einen ein- bis zweiseitigen »Besinnungsaufsatz« verfassen mußten. Wir hatten ihn zu Hause zu schreiben und dann bei der nächsten Stunde abzuliefern, wo er laut vorgelesen und diskutiert wurde. Meine Studiengruppe wurde vom Vizeparteisekretär unseres Sanatoriums geleitet, der unsere Bemühungen sehr ernst nahm.

Am Anfang laborierte ich lange und sorgsam an jedem meiner Aufsätze herum. Da aber nicht klar war, worauf die Kampagne hinauslief, war das einzig Sichere die Paraphrasierung des jeweiligen Originalleitartikels. Das verlangte sowohl einen umfassenden Wortschatz wie auch eine große politische Feinfühligkeit.

Meine ersten Anläufe beeindruckten den Vizeparteisekretär wenig, und so entschied ich, daß das Verfassen dieser Aufsätze genau der richtige Job für Wei Xin sei. Es handelte sich nur zum Teil um einen Test seiner Liebe. Mich interessierte es vor allem zu erfahren, wie gut seine politische Feinfühligkeit entwickelt war. Würde er später die Kinder und mich durch eine beiläufige Bemerkung oder einen sorglos verfaßten Kommentar in Schwierigkeiten bringen? Wenn Wei Xin in dieser »Kritisiert Lin, kritisiert Konfuzius«-Kampagne die richtige politische Linie herausarbeiten konnte, wo doch diese Linie noch nicht einmal klar gezogen worden war, dann war ich bereit, ihm unsere Zukunft anzuvertrauen.

Wei Xin enttäuschte mich nicht. Nicht nur, daß er sich fröhlich an diese neue Aufgabe machte, er lieferte auch wunderbare Aufsätze ab, gespickt mit klassischen Formulierungen und in Anwendung der richtigen Grammatik. Sie enthielten auch keine Flüchtigkeitsfehler oder Hinweise auf ein latentes rechtsabweichlerisches Denken. Auch der Vizeparteisekretär zeigte sich beeindruckt. Er bat mich schließlich, *zhongxin baogao*, »Aufsätze von zentraler Bedeutung« zu schreiben, die jede Studiengruppe im Sanatorium lesen mußte. Die Artikel meines Ghostwriters Wei Xin waren nicht nur elegant, sie waren auch politisch korrekt.

Die mysteriöse Verbindung zwischen Lin Biao und dem Philosophen Konfuzius klärte sich erst nach Maos Tod auf. Chinas Weiser, der immer die goldene Mitte angestrebt hatte, war eine gegen Premier Zhou Enlai gerichtete Spitze. Mao traute Zhou nicht mehr, weil er hinter den Kulissen versucht hatte, die Feuer der Kulturrevolution zu löschen. In typisch gewundener Manier war Mao nicht bereit, sich auf eine direkte Konfrontation mit Zhou einzulassen. Aber indem er ihn, wenn auch in verhüllter Form über die Anspielung auf Konfuzius, mit dem Verräter Lin in Verbindung brachte, versuchte er, zwei Fliegen mit einer Klappe zu schlagen.

Eine letzte Hürde mußte noch genommen werden, bevor wir heiraten konnten. Wei Xins fern wohnende Eltern mußten davon überzeugt werden, daß sie ungesehen die Wahl ihres Sohnes billigen konnten. Wei Xin, der sich rühmte, ein systematischer Denker zu sein, hatte einen Dreistufenplan ausgearbeitet. Erst hatte er an seine Eltern geschrieben und ihnen mitgeteilt, daß er über eine gemeinsame Freundin eine junge Frau kennengelernt habe. Zwei Monate später folgte dann ein weiterer Brief, in dem er seinen Besuch bei meiner Familie beschrieb. Bislang war die Reaktion seiner Eltern positiv gewesen.

Als dritter und letzter Schritt oblag es nun Wei Xin, einen Brief an seine Eltern zu schreiben und sie formell um die Erlaubnis zu unserer Heirat zu bitten. Hatten seine Eltern ihren Segen gegeben, dann konnten wir unsere Ehe beim Standesamt registrieren lassen.

Die echte Zeremonie würde allerdings erst stattfinden, wenn wir in Wei Xins Dorf im Süden reisten. Dort würden wir in Anwesenheit seiner Verwandten und Freunde in einer traditionellen Geste des Respekts und der Unterordnung erst unseren Kotau vor Wei Xins Eltern und dann vor seinen Ahnen machen. Dann würde ich als ersten Akt des Dienstes für meine neuen Eltern zwei Tassen Tee eingießen und sie ihnen kniend offerieren. Und erst dann, nachdem ich alle Pflichten erfüllt hatte, die von einer neuen Schwiegertochter verlangt wurden, würden Wei Xin und ich als rechtmäßig verheiratet angesehen werden.

Wei Xin hatte den dritten Brief an seinen Vater schon verfaßt, hielt ihn aber noch zurück, weil er bei seinem Vater nicht den Eindruck erwecken wollte, daß er allzu ungestüm vorging. Ich wurde trotz Wei Xins Versicherung, daß diese Bitte um Erlaubnis eine rein formelle Angelegenheit sei, etwas nervös. »Mein Vater wird mehr als erfreut sein, daß ich heirate«, beruhigte er mich. »Er ist der einzige Mann über fünfzig in seinem Dorf, der noch keinen Bart hat.«

Ich sah Wei Xin fragend an. Was hatte unsere Heirat damit zu tun, daß sich sein Vater einen Bart wachsen ließ? Er erklärte mir lachend, daß es in seinem Dorf Sitte war, daß sich ein Mann nach der Geburt seines ersten »rechtmäßigen Enkelsohns« einen Bart wachsen ließ. Ein »rechtmäßiger Enkelsohn« war der Sohn seines Sohnes und trug seinen Familiennamen. Wei Xins Vater war schon mehrere Male Großvater geworden, aber keiner seiner Söhne hatte eigene Söhne. Die ersten beiden Kinder von Wei Xins älterem Bruder waren Mädchen, und die Regelungen zur Geburtenkontrolle hinderten ihn daran, es ein drittes Mal zu versuchen. »Es ist an mir, meinem Vater einen rechtmäßigen Enkelsohn zu schenken«, sagte Wei Xin ernst. »Viele Männer im Dorf, die jünger als mein Vater sind, tragen stolz ihren Bart. Mein Vater ist noch immer glatt rasiert. Ich weiß, daß er sich sehr nach einem rechtmäßigen Enkelsohn sehnt. Er wird dich in unserer Familie willkommen heißen.« Ich sagte nichts, etwas verlegen geworden über die unerwartete Wendung, die unsere Unterhaltung genommen hatte.

Eines Tages erwartete mich Wei Xin nach dem Ende meiner Schicht ganz unverhofft am Sanatoriumseingang. Ich begrüßte ihn mit einem Lächeln, doch er erwiderte es nicht. »Chi An, ich muß dich etwas fragen«, sagte er. Er hatte die Hände in den Taschen vergraben, und sein Auftreten war sehr förmlich, ja geradezu kalt. »Chi An, sag mir, hast du Gesundheitsprobleme?«

Das war die Frage, vor der ich mich gefürchtet hatte. Ich konnte ihr nicht länger ausweichen. Wenn ich ihm gegenüber ehrlich bin, dachte ich, kann das das Ende unserer Verlobung bedeuten. Wer will schon jemanden mit ernsthaften gesundheitlichen Problemen heiraten? Aber sollte ich leugnen, daß ich ein Problem hatte? Das wäre nicht recht. Und außerdem würde es unsere Beziehung für immer belasten, wenn er es erst nach unserer Heirat herausfand. Ich werde es ihm jetzt sagen.

»Manchmal habe ich ein wenig Magenschmerzen«, begann ich und biß mir dann auf die Lippen. Entgegen meiner Absichten versuchte ich, die Dinge im bestmöglichen Licht erscheinen zu lassen. Ich holte tief Atem und fuhr dann in bester klinischer Manier fort, als spräche ich mit einem meiner Patienten. »Ich mußte dreimal wegen Darmproblemen ins Krankenhaus. Diese Krankenhausaufenthalte variierten zwischen drei Tagen und drei Wochen. Das Problem hat mit einer Verengung im Dünndarm zu tun und kann ausgelöst werden, wenn meine Nahrung zuviel Ballaststoffe enthält. Es kann durch eine entsprechende Diät unter Kontrolle gehalten werden. In den letzten zwei Jahren hatte ich auch fast keine Probleme mehr.« Ich versuchte, die Sache in lockerem Ton abzuschließen. »Abgesehen davon bin ich in ganz guter Verfassung.« Damit war die Luft bei mir heraus. Wei Xin schob die Hände nur noch tiefer in die Taschen, und eine Weile lang gingen wir schweigend nebeneinander her.

»Ich muß dir erzählen, was ich gehört habe«, sagte er schließlich. »Gestern sprach mich eine deiner Kolleginnen an. ›Alles an Chi Ans Charakter und ihrer Familie ist gut‹, sagte sie. ›Aber sie hat ein ernsthaftes gesundheitliches Problem. Ich habe gehört, daß sie Darmtuberkulose hat. Denk darüber nach, was ihr tut. Sie kann vielleicht kein Baby bekommen.‹« Wei Xin sah mich sehr ernst an und beobachtete meine Reaktion.

Das war es also! Nicht nur meine Gesundheit stand zur Debatte, sondern auch meine Fähigkeit, Söhne zu bekommen. Es war noch nicht allzu viele Jahre her, daß die oberste Verpflichtung eines jeden Mannes in China darin bestand, die Stammeslinie seines Vaters fortzusetzen. Eine Tradition, die sich in Städten wie Shenyang abgeschwächt hatte, aber auf dem Land noch immer stark verwurzelt war. Ich wußte nicht, ob Wei Xin es als eine unabdingbare Pflicht gegenüber seinen Ahnen erachtete, männliche Kinder in die Welt zu setzen. Aber er stand seinem Vater sehr nahe und wollte ihm, vor allem anderen, Freude machen. Und was sein Vater ersehnte, das war ein »rechtmäßiger Enkelsohn«, ein Enkelsohn, für den nur noch Wei Xin sorgen konnte – wenn er nicht eine unfruchtbare Frau heiratete.

Ich nahm meinen ganzen Mut zusammen. »Ich will dir die schlichte Wahrheit sagen, Wei Xin. Ich weiß nicht, ob ich Kinder haben kann oder nicht. Ich hatte gesundheitliche Probleme – ernsthafte gesundheitliche Probleme –, aber die hatten nicht spezifisch… mit *diesem* Bereich zu tun. Aber es könnte ein Problem werden, von dem ich nichts weiß. Verstehst du?«

Wei Xin verstand nur allzugut. Ich konnte sehen, wie er mit sich kämpfte. Lange Minuten vergingen im Schweigen. Ich sehnte mich danach, daß er etwas sagte, fürchtete mich aber auch vor dem, was er möglicherweise sagen könnte. Und dann wuchs mir Wei Xin für immer ans Herz. Wenn ich ihn nicht schon geliebt hätte, dann hätte ich es von diesem Augenblick an getan.

»Wenn wir verheiratet sind«, sagte er sanft, »dann werden wir versuchen, ein Baby zu bekommen. Bekommen wir eins, dann ist es gut. Können wir keins bekommen, dann finden wir einen kleinen Jungen, den wir adoptieren. Ich werde meinem Vater sagen, daß es unser Kind ist. Wir werden eine Familie haben und mein Vater einen rechtmäßigen Enkelsohn. Dann kann er sich endlich einen Bart wachsen lassen.«

Für mich sah Wei Xin mindestens eins achtzig groß aus. Ich nahm seine Hand und umklammerte sie. Ein oder zwei Passanten warfen einen mißbilligenden Blick auf uns, aber ich bemerkte es kaum. »Ich habe meinen perfekten Partner gefunden. Du bist vollkommen und wunderbar.«

8 Heirat – in gewisser Weise

Die Antwort von Wei Xins Vater erfolgte prompt und fiel positiv aus. Die Familie Wei nahm mich in ihren Klan auf. Sein Vater schlug uns in seinem Brief vor, doch im nächsten Mai ins Dorf zu kommen, um das traditionelle Hochzeitsfest zu feiern. Bis dahin waren es zwar noch sechs Monate, aber dazwischen gab es auch noch viel zu tun. Wir mußten von unserer jeweiligen Arbeitseinheit die Heiratserlaubnis erhalten, unsere Ehe auf dem örtlichen Polizeirevier registrieren lassen und, was das Wichtigste war, unsere Namen auf die Warteliste für die Zuteilung einer Wohnung setzen.

Da ich über dem Mindestalter von fünfundzwanzig Jahren war, gab mir mein Parteisekretär die sofortige Heiratserlaubnis. Wei Xins Fabrik, die für unsere Unterkunft zu sorgen hatte, wollte nicht so rasch einwilligen. Auf ihrer Warteliste standen Leute, die schon jahrelang auf die Zuteilung einer Wohnung warteten. Wei Xins Abteilungsleiter erklärte ihm: »Der Parteisekretär möchte, daß wir von Ehen abraten, bis ein neues Wohnheim fertiggestellt ist.« Wei Xin, der wußte, daß derzeit kein neues Wohnheim gebaut und es noch Jahre dauern konnte, bis eines errichtet wurde, wandte sich hilfesuchend an seinen Freund in der Personalabteilung, der über so gute Beziehungen verfügte.

Binnen einer Woche hielt er einen vom Parteisekretär der Fabrik unterzeichneten und abgestempelten Brief in den Händen, in dem stand, daß Wei Xin die Erlaubnis hatte, Chi An zu heiraten.

Am nächsten Tag schritten Wei Xin und ich mit unserer beider Heiratserlaubnis in der Tasche tapfer zum örtlichen Polizeirevier, um unsere Ehe registrieren zu lassen. Danach würden wir ganz legal Mann und Frau sein. Doch als wir drinnen standen, sank uns das Herz. Wir hatten unsere Beziehung immer sehr diskret gehandhabt, und hier sollten wir nun völlig fremden Menschen erklären, daß wir Mann und Frau sein wollten. Wir standen verlegen in der Mitte des Warteraums herum und stießen uns sanft an, um uns gegenseitig Mut zu machen. Polizisten liefen geschäftig hin und her, Menschen kamen und gingen, Kader schoben hinter ihren Schaltern Papiere herum, und niemand nahm von uns Notiz.

Wei Xin ging zum nächstgelegenen Schalter hinüber. »Können Sie mir sagen, wo man... äh... sich registrieren lassen kann?« fragte er zögernd.

Der weibliche Kader mittleren Alters sah mit der Art von offener Feindseligkeit, die an sich für Objekte der Bekämpfung bei politischen Versammlungen reserviert war, zu Wei Xin hoch und dann zu mir hinüber. »Den Flur hinunter«, knurrte sie und entließ uns mit einer Handbewegung.

»Sie behandelt uns wie Klassenfeinde«, flüsterte ich Wei Xin verärgert zu. »Das ist ein arrogantes Verhalten, um die Leute niederzumachen. Diese kleinen Kader tun so, als ob sie hohe Funktionäre wären.« Wei Xin mahnte mich, still zu sein, da wir uns einem anderen Schalter näherten, hinter dem eine sehr viel jüngere und gleichermaßen abweisend wirkende Funktionärin saß. ABTEILUNG FÜR EHEREGISTRIERUNG stand über dem Schalter zu lesen.

»Wir wollen uns registrieren lassen«, erklärte Wei Xin.

»Ausweise und Heiratserlaubnis«, sagte sie knapp und ohne ein Wort der Begrüßung. Schweigend überreichten wir ihr unsere Ausweise und Heiratserlaubnis.

Sie warf einen kurzen Blick darauf. »Sagen Sie Ihren Namen, Ihr Alter und Ihr Geburtsdatum.« Sie verglich unsere Angaben mit unseren Papieren.

Ihre nächste Frage war an mich gerichtet. Ohne geringste Gefühlsregung fragte sie: »Wollen Sie sich wirklich mit Wei Xin verheiraten?«

Ihre Grobheit schockierte mich. Nicht einmal meine Mutter hatte mir diese Frage so direkt gestellt. Unsere engsten Freunde und meine Familie hatten immer verstanden, daß die wachsende Nähe zwischen Wei Xin und mir zu einer Ehe führen würde, und es war nie notwendig gewesen, unsere Pläne anderen gegenüber in Worte zu fassen. Jetzt starrte mich die Funktionärin ungeduldig an, während ich um eine Antwort rang. »J-ja«, sagte ich schließlich mit so leiser Stimme, daß sie mich kaum hören konnte.

Nun wandte sie sich an Wei Xin und wiederholte die Frage: »Wollen Sie sich wirklich mit Chi An verheiraten?«

Wei Xin, der auf die Frage schon gefaßt war, antwortete mit fester Stimme: »Ja.«

»Bevor ich Ihren Antrag zur Eheschließung offiziell genehmigen kann«, sagte sie nun, ohne auch nur im geringsten freundlicher zu werden, »muß ich Ihnen ein Dokument zur offiziellen Politik der Familienplanung vorlesen. Unser großer Führer, Vorsitzender Mao, hat gesagt, daß ›das Bevölkerungswachstum unter Kontrolle gebracht werden muß‹«, begann sie. »Jedermann muß verstehen, daß der Kampf um die Familienplanung Bestandteil des Klassenkampfes ist. Die Familienplanung ist wesentlich für die sozialistische Revolution und den sozialistischen Aufbau. Sie steht mit den fundamentalen Interessen der Massen in Übereinstimmung. Diejenigen, die sich dieser Politik widersetzen, werden als Klassenfeinde betrachtet.«

Ihr Vortrag und das regelmäßige Auf und Ab ihrer Stimme ließen mich mit meinen Gedanken abschweifen. Ich stellte mir die Reise vor, die Wei Xin und ich zu seinem Dorf unternehmen würden, und das große Hochzeitsfest, das uns erwartete. Wie sehr ich mich darauf freute, seinen Vater kennenzulernen!

»Chi An.« Die Erwähnung meines Namens holte mich in die Gegenwart zurück. Die Funktionärin starrte mich ungeduldig an. »Hören Sie bitte zu. Um noch einmal zu wiederholen, was ich eben sagte, besteht die gegenwärtige Politik darin, daß kein Ehepaar mehr als zwei Kinder haben darf. Um die Geburtenrate weiterhin zu senken, müssen zwischen der Geburt dieser beiden Kinder mindestens vier Jahre liegen. Sie müssen eine Geburtserlaubnis von Ihrer Einheit erhalten, bevor Sie schwanger werden dürfen. Solange Sie diese Erlaubnis nicht haben, müssen Sie verhüten. Diese Bedingungen lassen keine Ausnahme zu. Sie müssen zustimmen, daß Sie sich an jede einzelne dieser Bedingungen halten werden. Stimmen Sie dem zu?«

»Ja«, sagte ich rasch, bereit alles zu sagen, nur um diese unerfreuliche Prozedur hinter mich zu bringen. Während sie sich nun mit derselben Frage an Wei Xin wandte, fragte ich mich, für was ich da eigentlich meine Zustimmung gegeben hatte. Was war das mit einer Geburtserlaubnis? Als ich in den letzten Jahren für das Familienplanungsprogramm auf dem Land gearbeitet hatte, hatte ich die Begrenzung auf zwei Kinder nie in Frage gestellt. Als die Behörden sagten, daß unter den gegenwärtigen Umständen in China zwei Kinder im Abstand von vier Jahren genug seien, hatte ich das akzeptiert. Aber eine Geburtserlaubnis, um Kinder zu haben? Hieß das, daß Wei Xin und mir nicht nur vorgeschrieben wurde, wie viele Kinder wir haben durften, sondern auch, *wann* wir sie bekommen durften? Meine schlimmste Befürchtung war, daß ich auf Grund meiner Gesundheitsprobleme gar kein Kind bekommen konnte. Ich will es so bald wie möglich probieren, dachte ich, und nicht warten, bis mir die Behörden die Erlaubnis dazu geben. Und wie viele Jahre mußte ich denn überhaupt warten? Meine Verlegenheit wegen dieser ganzen Sache wich allmählich den ersten Regungen von Ärger. Eine Geburtserlaubnis!

Die Funktionärin starrte mich wieder an. »Haben Sie darüber nachgedacht, wie Sie verhüten wollen?« hörte ich sie mit ihrer arroganten Stimme fragen. Das geht zu weit! dachte ich. Wei Xin und ich hatten uns noch nicht einmal geküßt, und hier wurden wir gefragt, wie wir eine Schwangerschaft verhüten wollten! Ich muß einen mißbilligenden Laut von mir gegeben haben, denn ihr Blick wurde härter. Diesmal konnte es auch Wei Xin nicht über sich bringen, irgend etwas zu sagen. Aus den Augenwinkeln sah ich, daß sein Gesicht so rot war, daß es schon fast lila aussah.

»Wie werden Sie verhüten?« wiederholte sie nach ein paar Sekunden, da wir keine Antwort gegeben hatten. Ihre Irritation war ihr deutlich anzumerken. »Haben Sie irgend etwas von dem gehört, was ich gesagt habe?«

Ich gab mir große Mühe, mein Gesicht diesmal so ausdruckslos wie möglich zu halten. »Ja«, sagte ich gleichmütig. »Wir haben darüber nachgedacht.« Ich meinte das genaue Gegenteil dessen, was ich sagte. Ich träumte davon, Kinder zu haben, nicht von Jahren der Unfruchtbarkeit. »Sobald unsere Eheschließung registriert ist, werde ich mit der Führung meiner Einheit über die Geburtenplanung sprechen.«

»Dies ist eine sehr ernste Frage«, fuhr sie fort und durch meine vage Antwort keineswegs besänftigt. »Die neue Politik beinhaltet, daß Sie, bevor Sie schwanger werden, eine Geburtserlaubnis von Ihrer Einheit bekommen müssen. Bis dahin müssen Sie verhüten. Die gängigsten Verhütungsmethoden sind die Pille oder die Spirale.« Sie begann eine offizielle Beschreibung der Empfängnisverhütungsmaßnahmen vorzulesen.

»Wir wissen das«, sagte Wei Xin, der schließlich seine Sprache wiedergefunden hatte. »Chi An arbeitet in einem Krankenhaus. Sie weiß bereits alles, was mit der Familienplanung zusammenhängt.« Das stimmte zwar nicht ganz, da ich nicht in einem regulären Krankenhaus, sondern in einem Tuberkulosesanatorium arbeitete. Alles, was ich über dieses Programm wußte, hatte ich bei meinen kurzen Ausflügen aufs Land gelernt. Aber immerhin veranlaßte das die Funktionärin, ihre Rezitation zu beenden.

»Es reicht nicht aus, über die Politik Bescheid zu wissen«, sagte sie mißtrauisch. »Sie müssen eine positive Einstellung zur Familienplanungspolitik demonstrieren.« Das passive Hinnehmen einer vorgegebenen Parteipolitik war nicht genug. Diejenigen, die von einer bestimmten politischen Weisung persönlich betroffen waren, mußten öffentlich ihre Unterstützung der Entscheidung der Partei bekunden. Wenn wir nicht darin zustimmten, daß das Familienplanungsprogramm der Partei weise und vorausschauend war, würde sie uns die Eheschließung verweigern. »Nun?« fragte sie ungeduldig. »Welche Einstellung haben Sie?«

»Wir unterstützen die Funktionäre«, sagte ich mit einer Ernsthaftigkeit, die ich nicht empfand. »Wir werden tun, was die Funktionäre sagen.«

»Da Sie bereits über die Politik Bescheid wissen, habe ich dem nichts mehr hinzuzufügen«, sagte sie nun. »Unterzeichnen Sie unten auf diesem Dokument, das besagt, daß Sie einwilligen, sich an die Bedingungen der Zwei-Kinder-Politik zu halten.« Sie schob uns das Papier und einen Füllfederhalter hin.

Ich war nicht darauf gefaßt, eine formelle Einwilligung unterzeichnen zu müssen. Wieder stieg die Wut in mir hoch. Wie konnte es diese kleine Wichtigtuerin wagen, uns zu sagen, wie viele Kinder wir haben und wann wir sie bekommen durften? Was ging es den Staat an, wieviele Kinder Wei Xin und ich hatten? Dies war eine Entscheidung, die zu treffen nur wir beide – und sonst niemand – ein Recht hatten. Ich fühlte, wie ich wieder rot wurde, diesmal aus Ärger über den Staat, der sich in unsere privaten Angelegenheiten einmischte. Ganz abgesehen davon, dachte ich bitter, daß ich wahrscheinlich sowieso kein Kind bekommen kann. Ich sah auf das Papier, das vor mir auf dem Tisch lag. »Zwei-Kinder-Vereinbarung« stand darauf. Ich werde es nicht unterzeichnen, beschloß ich.

Wei Xin warf mir einen fragenden Blick auf mein rotes Gesicht und grollendes Lächeln zu. Die Funktionärin hatte sich schon abgewandt und beschäftigte sich mit etwas anderem. Wei Xin nahm den Füllfederhalter, um ihn mir zu geben, aber ich schüttelte heftig den Kopf. »Ich unterschreibe das nicht«, flüsterte ich. »Wie können wir so etwas unterschreiben?«

»Es ist nur ein Stück Papier«, antwortete Wei Xin im Flüsterton. »Was macht es schon für einen Unterschied.« Er nahm das Papier, unterzeichnete es und schob es mir dann zu. »Es ist nur ein Stück Papier«, flüsterte er noch einmal.

Ich wußte, worauf Wei Xin anspielte. Viele politische Weisungen wurden in China nie oder nur für kurze Zeit durchgesetzt. Dann gab es eine Flut von Leitartikeln, überall fanden sich Propagandaposter, und Abend für Abend wurden politische Versammlungen abgehalten. Und nach drei Monaten war die ganze Sache vergessen. Vielleicht löste sich die Zwei-Kinder-Politik auch bald in Luft auf. Vielleicht war diese Einwilligung, die wir unterzeichnet hatten, schon vergessen, wenn wir erst einmal Kinder hatten. Trotzdem überkam mich eine düstere Vorahnung, als ich meinen Namen unter den Wei Xins setzte. Ich hatte das Gefühl, damit das Recht auf meine Kinder aufgegeben zu haben.

Die Funktionärin nahm das Papier an sich und füllte rasch zwei Ehezertifikate aus. Dann verschwand sie kurz. Als sie zurückkam, war die untere rechte Ecke der Dokumente mit dem Polizeisiegel versehen worden. Sie überreichte Wei Xin das eine und mir das andere. Und das war's. Ohne Fanfarenklänge, ohne ein Wort des Glückwunsches, ohne irgendeine Zeremonie waren Wei Xin und ich nun Mann und Frau. Für einen Moment standen wir still da und warteten auf irgendeine offizielle Bekräftigung unseres neuen Status, aber die Funktionärin hatte sich schon wieder ihren Papieren zugewandt. Ich wagte es, ein »Danke« auszusprechen. »*Hao le*«, antwortete sie geistesabwesend. »Schon gut.« Wir waren entlassen.

Ich fühlte mich nicht anders als zuvor, als wir uns nun auf den Weg zurück zur Wohnung meiner Mutter machten. Ich betrachtete mein Ehezertifikat und warf einen ärgerlichen Blick auf Wei Xins Kopie. »Warum hat sie uns zwei Ehezertifikate gegeben?« fragte ich verdrießlich.

»Eins für dich und eins für mich«, gab Wei Xin unbekümmert zurück.

Ich war unglücklich über die Art und Weise, in der wir behandelt worden waren, und wollte Wei Xin nicht so leicht davonkommen lassen. »Findest du es nicht merkwürdig, daß es zwei Ehezertifikate sind?« beharrte ich. »Schließlich tun wir uns beide zusammen und werden ein Paar. Für eine Scheidung braucht man zwei Zertifikate, weil dann beide getrennte Wege gehen. Aber für eine Heirat? Ein Zertifikat sollte reichen.«

Wei Xin ließ sich auf meine Herausforderung nicht ein. Und ich konnte nicht aus mir heraus und die Partei laut kritisieren, auch nicht jetzt, wo wir Mann und Frau waren. Allzu offene und sorglose Äußerungen konnten unangenehme Folgen haben. So kochte ich innerlich vor mich hin: Was für ein System war das, das ein Paar mit einer strengen Lektion über die Geburtenkontrolle traute, statt mit einem Wort des Glückwunsches? Die ganze Geschichte nahm sich mehr wie eine Vertragsunterzeichnung denn wie ein Ehegelöbnis aus. Was für ein System war das, das zwei Ehezertifikate ausstellte? Der Gedanke daran, daß sich darin noch immer eine Trennung zwischen Wei Xin und mir ausdrückte, verdüsterte meine ohnehin schon schlechte Laune noch mehr.

Der Staat betrachtete uns nun als verheiratet. In der folgenden Woche suchte mich die für die Familienplanung des Sanatoriumspersonals verantwortliche Funktionärin bei der Arbeit auf. »Hier sind Ihre Empfängnisverhütungspillen«, sagte sie nüchtern und gab mir ein Fläschchen mit Pillen. »In der Flasche sind sechzig Pillen, der Vorrat für drei Monate. Sie nehmen zwanzig Tage lang jeden Tag eine Pille, warten dann, bis Ihre Periode vorbei ist, und beginnen anschließend mit dem neuen Zyklus.«

Hat sich was mit der eigenen Entscheidung über meine Empfängnisverhütungsmethode, dachte ich. Laut sagte ich aber: »Danke für Ihre Fürsorge.« Ich stellte das Fläschchen beiseite, sicher, daß Wei Xin und ich die Pillen nicht brauchen würden, bis wir nicht in den Augen seiner Familie richtig verheiratet waren.

In den nächsten Wochen deutete Wei Xin gelegentlich an, daß wir nun ganz legal anfangen könnten, als Mann und Frau zu leben, aber ich ignorierte sein Ansinnen. Der Gedanke an unsere unselige zivile Eheschließung, der diese aufgeblasene Funktionärin vorgestanden hatte, ließ mich schaudern. Ich bemühte mich, die ganze Sache zu vergessen, und das mit so großem Erfolg, daß ich mich schon bald überhaupt nicht mehr daran erinnern konnte, an welchem Tag wir auf dem Polizeirevier gewesen waren. Unsere Eheschließung erwies sich als in einer Hinsicht nützlich: Wir suchten das Personalbüro von Wei Xins Fabrik auf und ließen unsere Namen auf die Warteliste für eine Wohnung setzen. Wei Xin wohnte weiterhin im Wohnheim seiner Fabrik, und ich blieb bei meiner Mutter und meinen Brüdern.

Eines Tages ging ich, da Wei Xin darauf bestand, sein Zimmer im Wohnheim »besichtigen«. Ich hatte das Zimmer kaum betreten, da entschuldigten sich schon alle seine Zimmergenossen mit einem wissenden Lächeln. Wei Xin war sehr aufgeregt und bugsierte mich zum Bett, wo er sich neben mir niederließ. Zum erstenmal legte er die Arme um mich, aber ich schüttelte ihn rasch ab. Den Rest des Nachmittags unterhielten wir uns auf Armeslänge voneinander entfernt. Die wirkliche Hochzeit kam doch erst noch. Ich wollte warten, bis alles seine Ordnung hatte.

In Wei Xins Dorf waren die Vorbereitungen für das Fest bereits im Gange. Sein Vater hielt sich an den Rat eines Wahrsagers und setzte das Datum auf den 15. Mai 1975 als einen glückverheißenden Tag fest. Er schrieb einen langen Brief an Wei Xin, in dem er ihm seine Pläne, alle seine Freunde und Verwandten von nah und fern einzuladen, in allen Einzelheiten schilderte. Für die Gäste würden zwanzig Tische aufgestellt werden. Da an jedem der runden Tische zehn Gäste saßen, hieß das, daß zweihundert Gäste Zeugen unserer Eheschließung sein würden. »Vater möchte jeden im Dorf der Drei Brüder einladen«, erzählte mir Wei Xin aufgeregt und schwenkte den Brief. »Allein das Essen wird ein paar hundert Yuan kosten. Aber er schreibt, daß dies das große Ereignis meines Lebens ist, und das soll entsprechend gefeiert werden. Vater möchte auch wissen, was die Braut als Brautpreis verlangt.« Er sah mich erwartungsvoll an.

In China war es Sitte, daß die Braut die Familie des Bräutigams bat, ihr Geschenke zu machen. Der traditionelle Brautpreis waren sechs oder neun Unzen reinen Goldes in Form von schweren Ohrringen, Armbändern und Ringen. In guten Zeiten wurden sie als Schmuck getragen, in schlechten Zeiten boten sie einen gewissen Schutz vor dem Verhungern. Nach der Revolution verbot die Partei den Ankauf und Verkauf von Gold. Jetzt erbaten die Mädchen im allgemeinen »die drei Dinge, die kreisen«, das heißt ein Fahrrad, eine Nähmaschine und ein Tonbandgerät. Manchmal verlangten sie auch die »achtundvierzig Beine«, das heißt eine Ausstattung an Möbeln mit zusammengerechnet achtundvierzig Beinen.

Ich war nie sehr stark an materiellen Dingen interessiert gewesen. Als Wei Xin mich drängte, meinen Brautpreis zu nennen, schüttelte ich den Kopf. »Ich heirate dich, weil ich das möchte«, antwortete ich mit fester Stimme. »Deine Familie muß mir keine teuren Geschenke kaufen.«

Wei Xin sah erfreut aus. »Ich weiß, daß sich mein Vater Sorgen wegen des Brautpreises macht«, sagte er, als er eilig daran ging, seinem Vater einen Brief mit meiner Antwort zu schreiben. »Als mein älterer Bruder vor sechs Jahren heiratete, ging unsere Familie fast bankrott. Meine Schwägerin stellte endlose Forderungen an Kleidern, Schmuck und Möbeln. Wir brauchten einige Jahre, um das geliehene Geld zurückzuzahlen.« Er sah mich liebevoll an. »Ich bin froh, daß du nicht so materialistisch eingestellt bist.«

An einem Dienstag im März tauchte Wei Xin spät abends vor unserer Wohnungstür auf. Da er selten unter der Woche zu uns kam, wußte ich sofort, daß etwas nicht in Ordnung war. Er versuchte etwas zu sagen, brach aber statt dessen in Tränen aus. Er gab mir einen Brief und bedeutete mir, ihn zu lesen. Der Brief war im Dorf der Drei Brüder in der Provinz Jiangsu abgestempelt.

Lieber jüngerer Bruder,
Vater ist krank geworden. Er hat schon seit einiger Zeit Schluckbeschwerden. Er kann nur Reisbrei essen und auch dann immer nur ein bißchen.
Ich habe ihn zu einem Kräuterarzt gebracht, der ihm Mu er [ein weißer Pilz, der an Bäumen wächst] verschrieb. Er sagte, daß er »das Gift in Vaters Körper aufsaugen würde«. Wir haben alle Märkte danach abgesucht, aber er ist schwer aufzutreiben. Er ist auch sehr teuer, die Unze kostet etwa zwanzig Yuan. Wir haben schon hundert Yuan dafür ausgegeben. Nach Anweisung des Arztes kochen wir eine Brühe daraus, die Vater trinkt. Er nimmt kleine und langsame Schlückchen. Der Mu er scheint ihm ein bißchen zu helfen, aber es ist schwer zu beurteilen. Vater hat schon sehr viel Gewicht verloren.
Es tut mir leid, daß ich Dir so schlechte Nachrichten mitteilen muß. Ich weiß, daß Euer Hochzeitsfest in zwei Monaten stattfinden soll. Aber ich glaube, daß Du sofort nach Hause kommen solltest.
Dein älterer Bruder

Ich sah auf Wei Xin, der zusammengekauert auf seinem Stuhl hockte und zu Boden starrte. Er tat mir von Herzen leid. Ich wußte, daß er seinen Vater so liebte, wie ich den meinen geliebt hatte. »Wei Xin«, sagte ich und wählte meine Worte mit Bedacht. »Was dein Bruder da schreibt, hört sich sehr ernst an. Du solltest deinen Vater besser so schnell wie möglich besuchen.«

Ein Ausdruck fast physischen Schmerzes glitt über sein Gesicht. »Was ist es wohl, was Vater solche Schluckbeschwerden macht?« fragte er und sah zu mir hoch.

»Na ja, es scheint, daß seine Speiseröhre partiell blockiert ist«, sagte ich. »Das würde ihm das Schlucken schwermachen. Vielleicht hat er einen Tumor, eine Art Krebsgeschwür.«

Bei der Erwähnung des gefürchteten Wortes *Krebs* vergrub Wei Xin den Kopf in den Händen. »Nein, nein, nein«, stöhnte er leise.

Ich sprach rasch weiter, um ihm Hoffnung zu machen. »Wenn der Krebs noch im Frühstadium ist, kann man den Teil der Speiseröhre, wo der Tumor sitzt, entfernen und ihn mit einem kleinen Stück aus dem Dünndarm ersetzen. Aber dein Vater muß so schnell wie möglich von einem Arzt der westlichen Medizin untersucht werden, nicht nur von einem Kräuterarzt, bevor der Krebs sich weiter ausbreitet.«

Wei Xins angespannter Gesichtsausdruck lockerte sich ein wenig bei dem Gedanken, daß der Zustand seines Vaters vielleicht nicht ganz so hoffnungslos war. »Ich werde morgen früh zum Dorf der Drei Brüder aufbrechen«, beschloß er sofort. »Ich werde mir eine Woche Dringlichkeitsurlaub nehmen. Wenn ich morgen den ersten Zug nach Süden erwische, bin ich in vierundzwanzig Stunden zu Hause.«

»Natürlich wirst du heute nacht hier übernachten«, meldete sich meine Mutter zu Wort, die unsere Unterhaltung mitangehört hatte. Der Bahnhof war nicht weit von unserer Wohnung entfernt. »Warum solltest du den ganzen weiten Weg in dein Wohnheim machen und dann morgen wieder zurück? Natürlich bleibst du hier«, sagte sie nachdrücklich.

Wei Xin lächelte meine Mutter dankbar an, aber mit seinen Gedanken war er woanders. »Mein Vater ist ein *guter* Mann«, sagte er an niemanden im besonderen gerichtet. »Warum muß ihm das passieren?« Er wandte sich an mich und in seiner Stimme schwang tiefe Emotion: »Du wirst ihn mögen, wenn du ihn kennenlernst, Chi An. Alle mögen ihn. Er hat ein ausgeprägtes Kinn, lustige Augen und Grübchen, wenn er lacht. Und er lacht viel. Er ist stark gebaut und sein Gesicht ist von der Arbeit auf den Feldern gerötet. Und er ist sehr viel größer als ich. Letztes Jahr hat er sich einen Schnurrbart wachsen lassen, um schon mal mit dem Bart anzufangen, den er sich nach der Geburt seines Enkelsohnes wachsen lassen wird.« Wei Xins Augen wurden für einen Moment feucht, als er daran dachte, daß sein Vater nun diesen Tag vielleicht nicht mehr erleben würde. Ich nahm seine Hand, und er umklammerte fest die meine.

Wei Xin war, als er kam, in einem so niedergeschlagenen und aufgelösten Zustand, daß ich mir um ihn Sorgen machte. Jetzt, da er über seinen Vater redete, wich die Angst und Spannung ganz allmählich aus seinem Körper. »Erzähl mir mehr von deinem Vater«, drängte ich ihn.

»Vater hat sich nach der japanischen Invasion für kurze Zeit der Roten Armee angeschlossen«, fuhr Wei Xin fort. »Aber dann wurde er krank und mußte in sein Dorf zurückkehren. Weil er Erfahrung mit den Kommunisten hatte, baten ihn die Dorfbewohner 1948, als es schien, daß die Rote Armee den Bürgerkrieg gewinnen würde, das Amt des Dorfvorstehers zu übernehmen. Als dann später die Kollektivierung begann, wurde er zum Leiter des Dorfproduktionsteams gewählt, einen Posten, den er in den folgenden fünfzehn Jahren innehatte. 1968, während der Kampagne zur ›Säuberung der Klassenreihen‹, veränderten sich dann die Dinge. Das Arbeitsteam, das in unserem Dorf erschien, beschuldigte meinen Vater, ein Deserteur und Lakai der Nationalisten zu sein, und zwang ihn, von seinem Posten zurückzutreten. Sie hielten Kampfkritikversammlungen ab, um ihn an den Pranger zu stellen, und ließen ihn mit einem Schandhut durchs Dorf laufen. Sie erklärten ihn sogar zum Konterrevolutionär. Doch kein Dorfbewohner schloß sich den Anschuldigungen gegen ihn an und keiner erhob die Hand gegen ihn. Sie waren alle seine Freunde. Sie wußten, daß er aus gesundheitlichen Gründen die Rote Armee verlassen hatte. Sie wußten, daß er ihnen während der letzten Monate der Herrschaft der Nationalisten nur auf Bitten seiner Nachbarn als Dorfvorsteher gedient hatte. Er hatte ihnen allen irgendwann einmal geholfen, ihre Felder umgepflügt, wenn sie krank waren, oder beim Bau eines Schweinestalls mit angepackt. Und obwohl sie alle in seiner Schuld standen, hat er sie nie seinerseits um einen Gefallen gebeten.

Mein Vater hilft anderen Menschen leidenschaftlich gern bei ihren Problemen«, fuhr Wei Xin fort und lächelte zum erstenmal an diesem Abend. »Sein Motto ist: ›Hilf anderen, auch wenn du nichts mehr hast, das du entbehren kannst.‹ ›Denkt daran, wenn ihr erwachsen seid‹, hat er uns oft ermahnt. ›Ihr müßt es so machen wie ich.‹«

Ich lächelte ihm aufmunternd zu.

»Als er entdeckte, daß ich mich für Bücher interessiere, bestand er darauf, daß ich sehr eifrig lernte. Er ließ mich nicht mehr an seiner Seite auf den Feldern arbeiten, obwohl ich sehr gern mehr Zeit mit ihm verbracht hätte. Niemand aus unserem Dorf hatte je eine Hochschule besucht. Ohne seine Ermunterung hätte auch ich es nicht getan. Ich verdanke meinem Vater alles.«

Während unserer Unterhaltung bemerkte ich aus den Augenwinkeln, daß meine Mutter meine Bettdecke in den Abstellraum trug, den wir nun gelegentlich als Gästezimmer benutzten. Eine Minute später kam sie mit zwei Kopfkissen, die sie ebenfalls dort ablud.

Ich entschuldigte mich bei Wei Xin und rannte ihr nach. Sie richtete ein Bett für zwei Personen her. Eilig schloß ich die Tür. »Mutter! Was machst du da?« schrie ich sie geradezu an.

»Kannst du das nicht sehen?« erwiderte sie ganz gelassen. »Ich mache für euch beide das Bett für heute nacht.«

»Aber... a-aber«, stotterte ich und suchte nach einem Grund, warum Wei Xin und ich nicht zusammen schlafen konnten. Da wir bereits offiziell verheiratet waren, war er nicht leicht zu finden. »Wir können nicht im selben Zimmer schlafen«, sagte ich schließlich verzweifelt. »Was werden meine kleinen Brüder denken?«

»Mach dir ihretwegen keine Sorgen«, antwortete Mutter. »Ich werde ihnen alles erklären.«

»Aber wir hatten noch nicht unser Hochzeitsfest.«

»Das macht nichts«, sagte Mutter sanft, als spräche sie mit einem Kind. »Wei Xins Vater liegt im Sterben, nicht wahr?«

»Wenn er nichts essen kann, dann hat er nur noch ein paar Wochen zu leben«, bestätigte ich.

»Also wird es kein Hochzeitsfest im Mai geben«, sagte sie. »Bleib heute nacht bei Wei Xin. Er braucht dich.«

Und so kam es, daß Wei Xin und ich vier Monate nach unserem Besuch auf dem Polizeirevier unsere erste gemeinsame Nacht als Mann und Frau verbrachten. Als wir die winzige Kammer betraten, die Mutter uns als unser Hochzeitszimmer hergerichtet hatte, war ich ein wenig traurig, daß wir nun nicht die großartige traditionelle Hochzeit feiern würden, die wir geplant hatten. Wir würden uns nicht vor Wei Xins Ahnen verbeugen, ich würde seinen Eltern nicht zeremoniell den Tee reichen, und wir würden nicht die Glückwünsche all seiner Verwandten von nah und fern entgegennehmen. Aber später merkte ich, als Wei Xin sich an mich klammerte, wie recht meine Mutter gehabt hatte. Der geliebte Vater meines Mannes, den er mehr als alles in der Welt liebte, lag im Sterben. Es war an mir, seiner Frau, ihn in seinem Schmerz zu trösten.

Ich begleitete Wei Xin früh am nächsten Morgen zum Bahnhof. Wir umarmten uns noch immer nicht zum Abschied, aber unsere Augen glänzten, als wir uns statt dessen die Hände gaben.

Zwei Tage später rief mich Wei Xin von seinem Dorf aus an. »Du hattest recht«, sagte er mit brechender Stimme. Gleich nach seiner Ankunft hatte er seinen Vater ins Kreiskrankenhaus gebracht, um ihn untersuchen zu lassen. Es wurde ein Speiseröhrenkrebs diagnostiziert. Für eine Operation war es schon zu spät, hatte ihm der Arzt erklärt. Der Krebs hatte sich schon zu weit ausgebreitet.

Ich seufzte, da ich wußte, daß es nun nur noch eine Frage der Zeit war. »Wei Xin«, sagte ich schließlich. »Ich mache dir einen Vorschlag. Laß uns mit unserem Besuch bei deinen Eltern nicht bis Mai warten, sondern fahren wir nach deiner Rückkehr gemeinsam hin. Wir könnten schon nächste Woche aufbrechen.

Und warum sollten wir Hunderte von Yuan für ein Hochzeitsfest ausgeben, wenn dein Vater krank ist? Sagen wir das Fest einfach ab. Statt das Geld für Essen und Trinken auszugeben, können wir es für Medikamente verwenden.«

»Du meinst, du bist nicht enttäuscht?« fragte er zögernd. »Ich weiß, wie sehr du dich auf die Hochzeitsfeier gefreut hast.«

Ich war gerührt, daß Wei Xin trotz seiner großen Ängste und Sorgen an mich und meine Gefühle dachte. »Was macht das jetzt schon?« sagte ich und stellte überrascht fest, daß es die Wahrheit war. »Wenn wir ankommen, können wir deinem Vater sagen, daß unsere Ehe schon bei den Behörden registriert ist.

Ach, Wei Xin, ich möchte deinen Vater so bald wie möglich sehen. Ich möchte ihm dafür danken, daß er einen so guten Sohn großgezogen hat. Und ich möchte ihm sagen, daß wir gekommen sind, um ihn um seinen Segen zu bitten.«

9 »In guten und in schlechten Zeiten vereint«

Der erste Tag unserer gemeinsamen Reise in Wei Xins Dorf war eine trübselige Angelegenheit. Ganz im Gegensatz zu seiner sonstigen Gesprächigkeit blickte mein Mann nur stundenlang still aus dem Zugfenster. Wenn er sprach, dann in Verzweiflung darüber, was wir wohl bei unserer Ankunft vorfinden würden. »Ich war nur zwei Wochen weg«, quälte er sich. »Das scheint eine so kurze Zeit zu sein. Aber für jemanden im Zustand meines Vaters ist es wie eine ganze Lebensspanne. Ich hätte nicht von seiner Seite weichen sollen. Vielleicht hat er jetzt große Schmerzen. Vielleicht liegt er im Koma. Vielleicht...«

Obwohl er es nicht über sich brachte, es laut auszusprechen, wußte ich doch, daß Wei Xin fürchtete, seinen Vater nicht mehr lebend zu sehen. »Ich will, daß Vater dich billigt«, sagte er voller Angst, daß der Tod dazwischentreten könnte. »Ich will, daß Vater dich als seine Schwiegertochter akzeptiert.«

Wir stiegen in Peking um, und am Nachmittag des zweiten Tages hatten wir die Provinzen Hebei und Shandong passiert und durchfuhren die Provinz Anhui. Und während der Zug Richtung Süden eilte, wurde die Landschaft immer grüner und das Wetter wärmer, ja fast mild. Wir fuhren über den Huai Fluß und kamen in eine Terrassenlandschaft mit Reisfeldern, die dicht mit Dörfern besiedelt war. Ich war entzückt über den Anblick der Bauern, die mit hochgekrempelten Hosen wadentief im Wasser standen und winzige grüne Reisschößlinge einsetzten. Für mich war das alles neu, aber für Wei Xin war es die Gegend seiner Kindheit, und allmählich setzte bei ihm ein Stimmungswechsel ein. Nachdem wir in Nanjing angekommen und dort auf eine Fähre übergewechselt waren, die nun den mächtigen Yangtze hinunterfuhr, hellte sich sein Gemüt sogar noch mehr auf. Wir befanden uns jetzt in seiner Heimatprovinz Jiangsu, wie er mir sagte, und nur noch knappe fünfzig Kilometer von seinem Dorf entfernt.

Auf dem Yangtze wimmelte es von Fähren, Fracht- und Lastschiffen, von denen sich viele mit aller Kraft stromaufwärts arbeiteten. Aber wir fuhren mit der Strömung, und das üppige grüne Ufer glitt still an uns vorbei. Wir passierten die Mündung eines kleinen Nebenflusses, eher eines kleinen Flüßchens. »Da ist es!« rief Wei Xin aufgeregt. »Da ist das Dorf der Drei Brüder!« Ich blinzelte in die Mündung des kleinen Flusses und konnte etwa einen Kilometer weiter, kaum sichtbar im Dunst des Spätnachmittags, die grauen Umrisse eines kleinen Dorfes erkennen. »Die Fähre wird in ein paar Minuten in unserer Kreisstadt anlegen. Dann können wir ein kleineres Boot flußaufwärts bis zum Anlegeplatz des Dorfes nehmen. Wir werden noch vor Dunkelheit zu Hause sein.«

Wir gingen in der Kreisstadt von Bord. Dort mieteten wir einen kleinen Sampan, den ein älterer Mann mit kräftigen Muskeln und einer Haut wie gegerbtem Leder steuerte. Wir saßen in der Mitte des Boots, das er mit erstaunlicher Kraft und Geschicklichkeit stromaufwärts lenkte, wobei er immer in seichtem Gewässer blieb, um der starken Strömung auszuweichen. Die Fahrt von sechs bis sieben Kilometer wieder den Yangtze hinauf dauerte kaum mehr als eine Stunde. Doch es war schon kurz vor Anbruch der Dämmerung, als wir in den kleinen Nebenfluß einbogen, der zum Dorf der Drei Brüder führte. Inzwischen hatte sich ein silbriger Nebelschleier über die Landschaft gelegt, und wir schienen durch einen grauen Tunnel zu segeln.

Das Dorf blieb vor uns verborgen, bis wir es fast erreicht hatten. Dann schien es plötzlich aus einer Wolke herauszutreten, eine dichte Ansammlung niedriger Häuser. Nur ein Gebäude hob sich von den anderen ab. Dicke Holzsäulen, die ursprünglich zinnoberrot waren, deren Farbe aber jetzt abgesplittert und verblichen war, ragten viereinhalb Meter in die Höhe, um gleichermaßen starke Dachbalken zu tragen, auf denen das traditionell nach oben geschwungene Dach eines chinesischen Tempels ruhte. »Dort ging ich zur Grundschule«, sagte Wei Xin stolz. »Es wurde vor achtzig Jahren als Tempelhalle zu Ehren des Ersten Ahnen erbaut.« Ich betrachtete das stattliche Gebäude mit noch stärkerem Interesse. In der Mandschurei, wo sie von den Han-Chinesen erst in den ersten Jahrzehnten des zwanzigsten Jahrhunderts errichtet wurden, waren Ahnentempel selten. »Später«, erklärte Wei Xin weiter, »als die Väter der jeweils folgenden Generationen verstarben, wurden ihre Namen auf hölzerne Ahnentafeln gemalt und auf dem Altar plaziert. Die Rote Armee zerstörte das Innere der Tempelhalle, verbrannte die Ahnentafeln und erklärten den Tempel zur Schule. Natürlich war er schon immer eine Schule gewesen, aber nur für die jungen Angehörigen des Wei-Klans. Nun werden auch Schüler aus einigen anderen umliegenden Dörfern aufgenommen.«

Wei Xin führte mich die nächste schmale Gasse hinauf, an einem halben Dutzend Häusern mit immer gleich rotgefärbten Lehmmauern und roten Ziegeldächern vorbei. In der offenen Landschaft der Mandschurei bauen die Bauern ihre Häuser auf jeweils ganz unterschiedliche Weise und auch in einiger Entfernung zueinander. Hier aber waren alle Häuser gleichsam wie aus einem Guß und standen so eng beieinander, daß sie eine einzige Masse zu bilden schienen. »Nach den offiziellen Gesundheitsvorschriften müssen die Häuser im Abstand von mindestens fünfunddreißig Zentimetern gebaut werden«, erklärte Wei Xin. »Aber hier möchte jeder auch noch den letzten Zentimeter seines Baugeländes ausnutzen. Deshalb berühren sich die Hausmauern praktisch.«

Wir kamen bei Wei Xins Haus an, und ich folgte ihm durch die doppelten hölzernen Flügeltüren. Der Hauptraum lag in tiefem Schatten. Wei Xin verschwand im Dunkeln, und ich hörte einen Schalter klicken, aber nichts geschah. »Strom gibt's hier erst mit der Abenddämmerung«, hörte ich ihn sagen. »Es kann nicht mehr lange dauern.« Ich stand blinzelnd an der Schwelle und versuchte, meine Umgebung zu erkunden. Der Boden des ziemlich großen Raums war aus festgestampftem Lehm. Die Möbel waren spärlich und sehr auf Nützlichkeit ausgerichtet – ein Tisch, vier Stühle und zwei kurze Bänke an der Wand. In der Mitte des Zimmers stand, auf zwei Böcken alles andere beherrschend, ein zwei Meter langer Sarg aus Kiefernholz. Vor den Öffnungen zu den Nebenräumen hingen Vorhänge.

»Vater«, rief Wei Xin, »ich bin zurück!« Einen Moment lang erfolgte keine Antwort, dann bewegte sich einer der Vorhänge. Eine winzige Frau winkte uns wortlos heran.

Im Augenblick, in dem Wei Xin und ich den Nebenraum betraten, wurde im Dorf die Elektrizität eingeschaltet. Das Licht einer einzigen Fünfundzwanzig-Watt-Birne, die von einem Dachbalken herabhing, beleuchtete schwach einen bleichen Mann, dünn wie ein Streichholz, der auf dem Bett schlief. Er lag auf der Seite und hatte seine knochigen Arme und Beine, die nicht stärker als die eines Kindes waren, eng an den Körper gezogen. Der Hunger hatte unter seinen hohen Wangenknochen tiefe Höhlen ins Gesicht gegraben, und die Augenlider waren straff über hervorquellende Augen gespannt. Seine Rippen – er hatte nur Hosen an – waren mühelos zu zählen. Er wies absolut keine Ähnlichkeit mit dem rotgesichtigen, robusten Bauern auf, den mir Wei Xin sooft beschrieben hatte. »Vater!« rief Wei Xin noch einmal, diesmal etwas leiser. »Ich bin zurück.« Die Augenlider zuckten und öffneten sich. Auf dem hohlwangigen Gesicht erschien ein Lächeln, das schmerzlich anzusehen war, denn es erschien wie das Grinsen eines Totenkopfes. Mit einiger Anstrengung hob Wei Xins Vater den Kopf vom Kissen, um mich anzusehen. »Das ist also die Braut«, sagte er mit krächzender Stimme.

»Ja, Vater«, sagte Wei Xin. »Das ist Chi An.«

»Na, dann laß mich aufstehen, damit wir Chi An unseren Verwandten vorstellen können«, antwortete sein Vater mit vorgespielter Munterkeit. Bei Wei Xins letztem Besuch hatte er noch genug Kraft zu einem langsamen Rundgang im Dorf gehabt. Mit großem Stolz hatte er seinen Sohn, den Ingenieur, dem Rest des Klans vorgezeigt. Diesmal brachte er es noch fertig, sich, während seine hageren Arme nach Halt auf dem Bett suchten, in sitzende Position zu hieven. Vorsichtig tastete er sich über die Bettkante und setzte die Füße auf den Boden. Dann nahm er Wei Xins Hand und versuchte aufzustehen, aber seine Augen rollten nach oben, und er fiel in sich zusammen. Wei Xin fing ihn auf, hob ihn mit Leichtigkeit hoch und legte ihn wieder aufs Bett. »Er ist leicht wie ein Kind«, sagte er mit banger Stimme. Ich betrachtete die ausgemergelte Gestalt auf dem Bett. Da war nicht mehr viel Fleisch an seinem Körper. Als Krankenschwester bezweifelte ich, daß er das Ende der Woche überlebte. Als Ehefrau sagte ich nichts.

Wei Xins Mutter flatterte wie ein Vogel ängstlich umher. Sie hatte ein ovales Gesicht, zarte Gesichtszüge und war winzig, vielleicht eins fünfzig groß. Ich sah, daß Wei Xin im Aussehen und der geringen Körpergröße nach der Mutter kam, aber sie schien von ihrem Wesen her so reserviert zu sein, wie er offen war.

Nachdem sich Wei Xins Vater von seiner Ohnmacht erholt hatte, servierte ich als erstes Tee. Während Wei Xins Mutter neben ihrem Mann auf dem Bett saß, vollzog ich die verschiedenen zeremoniellen Schritte, die meinen formellen Eintritt in den Haushalt der Weis kennzeichneten. Zuerst bereitete ich ein Tablett mit einer vollen Teekanne und zwei kleinen Teeschalen vor. Dann kniete ich vor meinen neuen Eltern auf dem Boden nieder und goß Tee ein, sorgsam darauf bedacht, nichts zu verschütten. Anschließend bot ich ihnen nacheinander demütig und mit gesenktem Blick als Zeichen meines Respekts die Teeschale an. »Bitte, trinkt einen Schluck Tee, Vater«, sagte ich und offerierte Wei Xins Vater das Teeschälchen mit beiden

Händen. »Bitte, trinkt einen Schluck Tee, Mutter«, wandte ich mich mit derselben Geste an seine Mutter.

Wei Xin stützte den Kopf seines Vaters, während er die Schale nahm und einen winzigen Schluck trank. Er verzog das Gesicht zu einer Grimasse, weil das Schlucken für ihn nun außerordentlich schmerzhaft war. »Bitte, Vater, Ihr müßt nicht alles trinken«, bat ich.

Wei Xins Vater nahm noch einen kleinen Schluck und ließ dann den Kopf wieder aufs Kissen sinken. »Sehr gut, sehr gut«, sagte er mit hagerem Lächeln. »Du bist eine gute Schwiegertochter.« Wei Xin und ich sahen einander glücklich an. Mit diesen Worten hatte sein Vater gerade unsere Ehe besiegelt. Wei Xins Mutter trank ihren Tee schweigend.

Am nächsten Tag mieteten Wei Xin und ich einen Sampan und brachten seinen Vater ins Kreiskrankenhaus. Wei Xin hoffte wider alle Aussichten, daß irgend etwas getan werden könnte, das die Ausbreitung des Krebses verlangsamte. Ich war da nicht sehr optimistisch, dachte aber, daß sein Leben, wenn man ihn an einen Tropf hing und seinem verhungerten Körper etwas Nahrung zuführte, um einige Tage verlängert werden könnte.

Wir wurden erst in die Röntgenabteilung geschickt, wo Wei Xins Vater die Brust geröntgt werden sollte. Die Schlange vor dieser Abteilung erstreckte sich durch den ganzen Flur bis in den Hof hinaus. Fast zweihundert junge Bauersfrauen, begleitet von einigen älteren Frauen, die meiner Vermutung nach Mitglieder des Frauenverbands waren, warteten darauf, daß ihr Unterleib geröntgt wurde.

Wei Xin war überrascht, als ich ihm erzählte, warum diese Frauen da waren. Ich hatte ihm nie von meinen Erfahrungen mit der Geburtenkontrollkampagne auf den Dörfern erzählt; vor unserer Ehe fand ich es kein passendes Gesprächsthema. »Du meinst, all diese Frauen sind hier, um sich ihren Unterleib durchleuchten zu lassen?« fragte er mit leiser, ironischer Stimme.

»Um sicherzugehen, daß die Spirale noch an ihrem Platz sitzt«, bestätigte ich. »Spiralen aus Metall sind schlecht für die Frauen. Sie verursachen Entzündungen in der Gebärmutter. Spiralen aus Plastik wären besser, aber die sind auf dem Röntgenbild nicht zu sehen.«

»Mein älterer Bruder hat sich gestern abend darüber beklagt, daß sie ihn und seine Frau stark unter Druck setzen, in eine Sterilisation einzuwilligen«, sagte Wei Xin nachdenklich. »Er sagt, daß das Familienplanungsprogramm hier in der Provinz Jiangsu, die immer versucht, den anderen Provinzen politisch einen Schritt voraus zu sein, mit aller Macht durchgesetzt wird. Ich hatte keine Ahnung, daß es schon so strikt gehandhabt wird.«

Die Schlange schob sich langsam vorwärts. Ich versuchte, den Techniker am Röntgengerät dazu zu überreden, Wei Xins Vater vorzulassen, aber er schüttelte den Kopf. »Die Geburtenregelung hat Vorrang«, sagte er. »Anweisung vom Krankenhausdirektor.«

Am späten Nachmittag, als die Röntgenaufnahme gemacht worden war, suchte ich den Chirurgen des Krankenhauses auf, um zu sehen, ob irgend etwas zu machen war. »Schauen Sie, Schwester«, sagte er und hielt die Aufnahme gegen das Licht. Man sah eine große, graue Masse, die die Lungen und das Herz überschattete. »Der Haupttumor ist so groß wie eine Grapefruit. Er ist fast doppelt so groß wie im letzten Monat und erstreckt sich nun auch auf die Lungen und den Magen. Ein Versuch, den Haupttumor chirurgisch zu entfernen, hat keinen Sinn. Herr Wei hat nur noch Wochen zu leben.«

Ich war froh, daß Wei Xin und sein Vater draußen warteten. »Doktor«, sagte ich langsam. »Er kann schon seit einigen Wochen nichts mehr essen. Kann man ihn nicht hier lassen und an einen Tropf hängen – wenigstens so lange, bis er wieder ein bißchen bei Kräften ist?«

Auf dem Gesicht des Arztes zeigte sich Verärgerung. »Es hat weder Sinn, ihn hier zu lassen, noch ihn an einen Tropf zu hängen«, erwiderte er ungeduldig. »Ganz gleich, was wir tun, er wird es nicht mehr sehr viel länger überleben. Wir haben für hoffnungslose Fälle keine Betten zur Verfügung. Abgesehen davon stecken wir mitten in einer Geburtenkontrollkampagne, wie Sie sehen können. Alle unsere Betten sind mit Frauen belegt, die aus diesem Grund hier sind.«

»Können Sie mir nicht einen Tropf leihen?« entgegnete ich. »Ich könnte ihm die Glukose zu Hause geben.«

»Kommt nicht in Frage«, unterbrach er mich. »Hier auf dem Land verfügen wir nur über beschränkte Mittel. Wir sind hier nicht in Shanghai – oder Shenyang, was das angeht. Ich kann nichts für Sie tun außer Ihnen raten, es ihm noch so bequem wie möglich zu machen.«

Wei Xins Vater war schon lange nicht mehr imstande gewesen, feste Nahrung zu sich zu nehmen. Seine einzige Nahrung bestand aus einer dünnen Reisschleimsuppe, die er, wenn auch nur langsam, trinken konnte. Er nahm einen Schluck von der Menge eines Teelöffels, wartete dann ein oder zwei Minuten, bis sie an der Blockade in seiner Speiseröhre vorbeigetröpfelt war, und trank dann den nächsten Schluck.

Da sich der Krebs auch auf seinen Magen ausgebreitet hatte, wurde jede seiner winzigen Mahlzeiten zur noch größeren Qual. Wurden die Schmerzen zu stark, dann steckte er den Finger in den Hals und erbrach wieder alles, was er gegessen hatte. Dann kehrte die Hungerqual zurück und damit die Versuchung, wieder etwas zu essen. Bald verweigerte er alle Nahrung.

Wei Xins Mutter gab ihrem Mann weiterhin Mu er-Tee zu trinken, der aber keine wahrnehmbare Auswirkung auf seinen sich stetig verschlechternden Zustand hatte. Wei Xin und ich durchstreiften die nördlich des Dorfes gelegenen Hügel auf der Suche nach diesem, auf verrottendem Holz wachsenden, teuren Pilz.

Auf einem dieser Streifzüge führte mich Wei Xin einen Hügel hinauf, von dem aus man einen guten Ausblick auf das Dorf der Drei Brüder mit seinen nun in der Ferne klein wirkenden

Häusern hatte. »Die traditionell chinesische Beschreibung des Landlebens sagt alles aus«, sagte er. »*Tian, yuan, mu, lu,* ›Felder, Gärten, Gräben und Herde.‹ Meine Vorfahren wurden unter diesen Dächern geboren. Sie lebten von der Arbeit auf diesen winzigen Feldern und in diesen winzigen Gärten.« Sein Gesicht verdüsterte sich für einen Augenblick, und ich wußte, daß er an seinen Vater dachte. »Wußtest du, daß alle meine Vorfahren am Abhang dieses Hügels begraben sind, auf dem wir jetzt stehen? Der Ausblick ist vollkommen. Von hier aus können sie auf das Dorf hinuntersehen, auf die Gärten und Felder, wo sie gearbeitet haben. Sie können die Kinder und Enkelkinder sehen, die sie zurückgelassen haben.«

In der Nähe befand sich ein kleiner grauer Grabstein. Wei Xin kauerte nieder, fegte sorgsam etwas Erde weg und rupfte einige sich darüber rankende Unkräuter aus. »Hier liegt mein Urgroßvater«, erklärte er. »Ich habe ihn nicht mehr kennengelernt. Aber Vater nahm meinen älteren Bruder und mich jedes Frühjahr zum Grabreinigungsfest hierher mit. Er sagte uns immer, daß es den Nachkommen wohlergeht, wenn die Vorfahren zufrieden sind.«

Wei Xin hatte einen Kloß im Hals. Er mußte ein paarmal tief Atem holen, bevor er weitersprechen konnte. »Mein Vater hat mich heute morgen gebeten, etwas für ihn zu tun«, sagte er rasch. »Er sagte, es sei an der Zeit, daß wir den Ort für seine Grabstätte aussuchen.« Er sah kurz hinunter auf das Dorf und wandte sich dann um. »Komm, Chi An. Laß uns ganz auf den Hügel hinaufgehen, von da aus ist die Aussicht am besten.«

Wei Xins Vater starb am 29. April 1975. Er war fast bis zum Ende bei Bewußtsein, doch das Sprechen bereitete ihm große Mühe. Seine letzten an mich gerichteten Worte betrafen Wei Xin.

»Schwiegertochter«, flüsterte er mühevoll. »Sorge gut für Wei Xin. Er hat sein Zuhause und seine Familie als kleiner Junge verlassen. Er ist nie wirklich zu uns zurückgekehrt.« »Ja, Vater Wei«, antwortete ich, und die Tränen schossen mir in die

Augen. »Dein Herz mag unbesorgt sein. Ich werde sehr gut für Wei Xin sorgen.«

Wei Xins Vater schloß die Augen. Ein Ausdruck des Friedens erschien auf seinem Gesicht, und er lag still. Wir dachten, er sei von uns gegangen. Aber dann erhellte ein wahrhaft seliges Lächeln sein Gesicht. Mit geschlossenen Augen zitierte er so leise, daß wir uns vorbeugen mußten, um ihn zu verstehen, einen alten chinesischen Dichter mit Namen Youzi: »Jedermann weiß, daß die winzigen Grashalme / der Sonne das Geschenk ihres Lichts niemals zurückerstatten können.«

Und so tat Wei Xins Vater seinen letzten Atemzug.

Nun setzte die jahrhunderte alte Tradition ein. Der Körper wurde gewaschen, in neue Kleider aus schwarzer Baumwolle gehüllt und in den wartenden Sarg gelegt. Familienangehörige hielten abwechselnd Totenwache am Sarg. Eine Lampe wurde entzündet und brannte vierundzwanzig Stunden am Tag vor dem Begräbnis, damit die Seele des Verstorbenen sich nicht verirrte.

Wei Xins älterer Bruder war jetzt das Familienoberhaupt. Nachdem man einen Wahrsager zu Rate gezogen hatte, entschied er, daß die Beerdigung in zwei Tagen stattfinden sollte. Die Grabstätte, die Wei Xin und ich ausgesucht hatten, war direkt auf dem Hügelkamm gelegen, von dem aus man einen so wunderbaren Ausblick auf das Dorf der Drei Brüder hatte. Wei Xins Bruder fand den Ort gut und wies den Totengräber an, an dieser Stelle »tief und weit« zu graben. Wei Xin wurde aufgetragen, einen Grabstein zu kaufen. Wir begaben uns beide in die Stadt und sahen zu, wie der Steinmetz geschickt die Schriftzeichen des Namens seines Vaters in eine sechzig Quadratzentimeter große Granitplatte meißelte. »*Wei Li An*« stand darauf zu lesen, als er fertig war: »Wei schafft Frieden.«

Am Morgen von Vater Weis Beerdigung kam das ganze Dorf zusammen. Die Sitte schrieb zwar das rituelle Klagen und Trauern vor, aber diesmal waren die Köpfe vieler Menschen, die sich da den Hügel hinaufkämpften, von echtem Kummer gebeugt. An diesem Jammern und Wehklagen war nichts geheuchelt. Witwen und Waisen, Kranke und Lahme, es gab nur wenige im Dorf der Drei Brüder, die nicht in all den Jahren irgendwann einmal die Größe und Freundlichkeit von Wei Xins Vater erfahren hatten. Er war sehr geliebt worden.

Nachdem der Sarg in die Grube gesenkt und der Grabhügel aufgeschüttet und dann eingeebnet worden war, markierten Wei Xin und sein Bruder sorgsam die Kopfseite des Grabes mit dem Grabstein. Unweit daneben pflanzten sie eine Kiefer. Sie war ein winziges Ding, nur dreißig Zentimeter hoch mit einem Stamm, der so dünn wie ein Streichholz war, aber hier konnte der Baum seine Wurzeln tief in die Erde senken, und Wei Xins Bruder hatte versprochen aufzupassen, bis er fest verwurzelt war. Als die beiden Brüder fertig waren, warfen sie einen zufriedenen Blick auf ihr Werk. »*Wan nian chang qing*«, sagten sie hoffnungsvoll zueinander: »Zehntausend Jahre langes Grünen.« Vor ihrem geistigen Auge überschattete der kleine immergrüne Baum bereits den Platz mit seinen Zweigen, wie er es in den kommenden Jahrzehnten tun würde.

Sehr früh am nächsten Morgen besuchten Wei Xin und ich vor unserer Rückkehr nach Shenyang das Grab ein letztes Mal. Noch in der Dunkelheit tasteten wir uns den Weg hinauf auf den Hügel und warteten neben seinem kleinen Grabstein auf die Morgendämmerung. Das Land unter uns war in einen schwarzen Mantel des Schattens gehüllt.

Eine halbe Stunde verging in Schweigen. Eine den Morgen ankündigende leichte Brise umspielte uns, als ein Lichtschimmer sich langsam am Osten des Himmels ausbreitete. Die Dunkelheit wich dem grauen Licht der Dämmerung, das nun Felder, Gärten und Häuser enthüllte. Nach nur zwei Wochen waren mir die Umrisse des Dorfes der Drei Brüder so vertraut, als hätte ich dort mein ganzes Leben verbracht.

»Ich bin dankbar dafür, daß Vater, abgesehen von seinen Hungerqualen, nur einen Druck auf der Brust verspürte«, sagte

Wei Xin schließlich. »Er war bis zum Ende er selbst und litt nie große Schmerzen.«

»Weil er ein so guter Mensch war«, fügte ich hinzu.

»Mein älterer Bruder sagt dasselbe«, nickte Wei Xin. »Er glaubt, daß es Vater, weil er sein Leben damit verbracht hat, für andere Gutes zu tun, vergönnt war, ohne die Schmerzen zu sterben, die man normalerweise bei Krebs hat.«

Ich fuhr mit den Fingern die Schriftzeichen ab, die in seinen Grabstein gemeißelt waren. Die Sonne ging strahlend über den fernen Hügeln auf und ließ die Kristalle im Granit feurig aufblitzen. Natürlich wußte es nur der Himmel gewiß, aber mir schien, daß Wei Xins Vater mit seinem Leben der Sonne das Geschenk ihres Lichts voll zurückgegeben hatte.

»In guten und in schlechten Zeiten vereint« heißt es. Vor allem für Wei Xin war es eine schwere Zeit, wenngleich ich seinen tiefen Schmerz in mir spürte, als wäre es mein eigener. Später sagte er mir, daß er wohl ohne meine tröstliche Gegenwart über dem Tod seines Vaters verzweifelt wäre. Wir kamen uns in diesen ersten gemeinsamen Wochen als Mann und Frau näher, als viele Paare es in zwei Jahrzehnten tun. So gesehen konnte man uns, als wir nach Shenyang zurückkehrten, nicht mehr als »frisch gebackenes Ehepaar« bezeichnen.

10 »Ich bin im Glück«

Meine stets so vernünftige Mutter war gleich am nächsten Tag, nachdem Wei Xin und ich zum erstenmal miteinander geschlafen hatten, zum Straßenkomitee gegangen und hatte eine Geburtserlaubnis für uns beantragt. Das teilte sie mir nach unserer Rückkehr aus Wei Xins Dorf vergnügt mit.

»Warum so schnell?« fragte ich.

»Was ist, wenn du schon schwanger bist?« erwiderte sie prompt. Ich wußte, wie sehr sie auf Enkelkinder hoffte. Mein älterer Bruder und seine Frau hatten sie bisher in diesem Punkt enttäuscht, was aber nicht an ihnen lag. Sie hatten von der Arbeitseinheit meines Bruders noch keine Geburtserlaubnis bekommen. »Besser eine Erlaubnis beantragen, als ein Baby verlieren.«

Die Chancen dafür sind ziemlich gering, dachte ich. Ich hatte Mutter noch nichts von den Empfängnisverhütungspillen erzählt, die ich gleich am Morgen nach meiner ersten Nacht mit Wei Xin zu nehmen begonnen hatte.

»Du hast keine Ahnung, wie strikt diese Sache mit der Geburtenregelung inzwischen gehandhabt wird«, fuhr meine Mutter fort. »Ich habe meine Freundin im Straßenkomitee aufgesucht. Sie hat mir erzählt, daß die angestrebte Geburtenrate nun auf höherer Ebene festgesetzt wird und sie auch ihre jeweiligen Quotenzuteilungen von oben zugewiesen bekommen.« Mutters Freundin, eine pensionierte Lehrerin namens Liu Jiazhen, war die Leiterin des Straßenkomitees Östliches Tor, dem wir zugehörten. Sie war gegen Bezahlung von der Stadtverwaltung dafür angestellt worden, daß sie die über zweihundert Familien ihrer »Straße« mit allen ihr zur Verfügung stehenden Mitteln dazu brachte, die Parteipolitik zu akzeptieren. Dabei wurde sie von sieben oder acht Freiwilligen unterstützt, die ebenfalls alle pensionierte Frauen waren.

»Du solltest mal die Wände in ihrem Büro sehen«, sagte Mutter. »Da gibt es Schautafeln für alles: Wie viele Frauen im gebärfähigen Alter sind, wie viele Frauen Empfängnisverhütungsmittel nehmen müssen, welche Empfängnisverhütungsmittel sie nehmen, und wer eine Abtreibung hatte. Sie hat mir auch ihre neueste Schautafel gezeigt: Darauf kannst du sehen, wie viele Geburten sie im nächsten Jahr bewilligen dürfen und wer sich um eine Erlaubnis beworben hat. ›Die städtischen Behörden von Shenyang wollen Resultate sehen‹, hat sie mir erklärt. Die Straßenkomitees, die ihre Quoten einhalten, gelten als progressiv. Ihre Leiter werden öffentlich belobigt und befördert. Die Straßenkomitees, die ihre Quotenzuteilung überschreiten, werden als rückständig kritisiert und angewiesen, in ihrer Führung mehr Stärke zu zeigen.«

»Und wie sieht es mit der Quote für unsere Straße aus?« fragte ich.

»Das ist das Problem«, antwortete Mutter. »Die Quote für das nächste Jahr ist auf acht Geburten festgesetzt worden. Stell dir das vor! Nur acht Babys für über zweihundert Familien! Ich konnte nicht warten, bis du zurückkommst. Es haben sich schon zweiundzwanzig Paare um eine Erlaubnis beworben. Ihr seid das dreiundzwanzigste Paar. Und der Schlußtermin ist bald.«

»Schlußtermin?«

»Der Schlußtermin, um sich noch um eine Erlaubnis für das nächste Jahr zu bewerben. Alle interessierten Paare müssen sich bis zum 30. Mai beim Straßenkomitee gemeldet haben. Bis dahin ist nur noch wenig Zeit.«

»Und was ist, wenn ich nicht gleich schwanger werde?« fragte ich. Die alten Zweifel, überhaupt ein Kind bekommen zu können, stiegen wieder in mir hoch.

»Die Erlaubnis gilt nur für 1976. Das Baby muß im nächsten Jahr geboren werden. Alle Paare, die eine Erlaubnis erhalten haben, können sofort mit dem Versuch, ein Baby zu bekommen, beginnen. Die Frau muß spätestens im nächsten März schwanger geworden sein, weil dann das Baby noch vor Ende 1976 geboren wird. Alle Paare, bei denen es bis März nicht geklappt hat, verlieren ihre Erlaubnis und müssen sich dann für das folgende Jahr neu bewerben.«

So wird's bestimmt bei mir sein, dachte ich. Ich werde mich Jahr um Jahr um eine Erlaubnis bewerben und nicht schwanger werden können. Doch laut sagte ich: »Ich werde wahrscheinlich dieses Jahr ohnehin keine Erlaubnis erhalten, weil Wei Xin und ich gerade erst geheiratet haben.«

Doch meine Mutter sprach weiter, als hätte sie meinen Einwand gar nicht gehört. »Lehrerin Liu hat mir gesagt, daß man Anfang Juni bekanntgeben wird, welche Paare Glück gehabt haben. Auf diese Weise gehen sie sicher, daß die Babys nicht vor Januar auf die Welt kommen, selbst wenn sofort eine Empfängnis stattfinden und das Kind ein oder zwei Monate zu früh auf die Welt kommt.«

Nicht lange danach fand ich meine Mutter bei meiner Rückkehr nach Hause mit strahlendem Gesicht vor. »Glückwunsch«, sagte sie.

»Glückwunsch für was?« fragte ich.

Aber sie rückte nicht damit heraus. »Geh und sieh selbst«, sagte sie. »Schau auf der Anschlagtafel vor dem Büro des Straßenkomitees nach.«

Die Menschen standen in Zehnerreihen vor dem Büro des Straßenkomitees und reckten die Hälse, um ein mannshohes Plakat mit riesigen Schriftzeichen zu lesen. Was immer darauf stand, es mußten gute Nachrichten sein, denn die schwarzen Schriftzeichen waren auf leuchtend rotes Papier gepinselt worden. Hätte es sich um eine Exekution, eine Regierungsanweisung oder einen politischen Aufsatz gehandelt, dann wären sie schwarz gedruckt oder auf nüchternes weißes Papier gemalt worden. »Was für gute Taten haben diese Menschen getan?« hörte ich ein kleines Mädchen seine Mutter fragen, während ich mich durch die Menge nach vorn schob.

»Diese Menschen haben eine Geburtserlaubnis bekommen«, antwortete die Mutter.

»Was für eine Erlaubnis?« fragte das Mädchen.

»Geh und spiel«, sagte die Mutter.

So war die Überschrift auf dem Plakat keine Überraschung mehr für mich: FAMILIENPLANUNG – GEBURTSERLAUBNIS FÜR 1976 las ich. Im ersten Absatz wurde das Quotensystem erklärt. Das hatte ich alles schon von meiner Mutter gehört. Rasch überflog ich den Text bis zum untersten Absatz: »Das Straßenkomitee des Östlichen Tors hat beschlossen, folgenden acht Paaren eine Geburtserlaubnis für 1976 zu erteilen.« Es folgte eine kurze Liste mit Namen. Die letzten beiden aufgeführten Namen waren Wei Xins und der meine!

Man erkannte mich, als ich mich umwandte, um mich auf den Heimweg zu machen. »Da ist Chi An!« rief jemand. »Sie steht auf der Liste!« Rufe ertönten aus der Menschenmenge, von denen mich viele seit meiner Kindheit kannten. Fast alle Familien in der Gegend, die vom Straßenkomitee des Östlichen Tors überwacht wurden, wohnten hier schon seit den frühen fünfziger Jahren. In all der Zeit hatte uns das Straßenkomitee immer mal wieder zusammengerufen: um politischen Unterricht abzuhalten, um die kommunistischen Helden zu ehren, um allgemeine Gesundheitsbelange oder Veränderungen im Rationierungssystem von Getreide und anderen Nahrungsmitteln zu diskutieren. Die meisten Menschen kannten einander, wenigstens vom Sehen. Jetzt umringten mich meine Nachbarn und Freunde: »*Gongxi!*« Chi An, herzlichen Glückwunsch! »Viel Glück!« »Verlier keine Zeit!« »Glückwunsch! *Gongxi!*«

All diese Aufmerksamkeiten machte mich verlegen. Hastig bedankte ich mich bei allen und wandte mich zum Gehen. In diesem Moment rief mich eine ältere Frau an, die ich kaum kannte: »Chi An«, gackerte sie, »sag deinem Mann, daß er sich an die Arbeit machen soll!« Gelächter verfolgte mich, als ich im Laufschritt nach Hause eilte.

Ich hatte die Überredungskünste meiner Mutter unterschätzt. Abgesehen von ihrer Freundin kannte sie fast all die alten Wichtigtuer im Straßenkomitee. Deren Kinder oder Enkelkinder waren alle mal in ihrer Abschlußklasse gewesen. Sie hatte sie sämtlichst aufgesucht, so erzählte sie mir später, und dazu gebracht, daß sie sich dafür einsetzten, daß ich eine Geburtserlaubnis erhielt. Wenn es um die Begleichung alter Schulden ging, so zögerte meine Mutter keinen Augenblick, sie einzufordern.

Der Sohn und die Schwiegertochter des Kochs in der Wohnung über uns hatten keine so guten Beziehungen. Ihre Namen standen nicht auf dem roten Plakat.

Meine Mutter, die schon lange mit der Frau des Kochs befreundet war, beschloß, das junge Paar aufzusuchen, um es aufzumuntern. »Ich werde ihnen sagen, daß sie sich ja nächstes Jahr wieder bewerben können«, sagte sie auf dem Weg zur Treppe nach oben. »Was sind schon zwölf Monate, wenn man jung ist.«

Nach einer halben Stunde kehrte sie mit besorgter Miene zurück. »Die Schwiegertochter ist schon schwanger«, erzählte sie und schüttelte betrübt den Kopf. »Seit zwei Monaten. Das Baby soll im Januar kommen. Sie und ihr Mann hofften auf eine Geburtserlaubnis, um das Baby behalten zu können. Jetzt ist das unmöglich. ›Das Baby wird nicht noch achtzehn Monate auf seine Geburt warten‹, hat die Frau des Kochs gesagt.

Ihre ganze Familie ist sehr aufgebracht. Und ich kann es ihnen nicht verdenken. Die Anweisung, ein schon im Mutterleib heranwachsendes Baby zu töten, nur weil sie keine Geburtserlaubnis haben, erscheint unnötig hart. Aber genau das werden die Behörden tun, sobald sie vom Zustand der Schwiegertochter erfahren. Sie werden sie anweisen, ›behebende Maßnahmen‹ zu ergreifen.«

Ich bekam Gewissensbisse. »Behebende Maßnahmen«, so lautete die offizielle Standardumschreibung für eine Abtreibung. Was, wenn die Geburtserlaubnis, die Mutter für mich ergattert hatte, ursprünglich für sie bestimmt war? dachte ich. Und was, wenn ich gar nicht schwanger werden kann? Dann hat sie meinetwegen ihr Kind umsonst geopfert. »Vielleicht sollte ich ihr meine Geburtserlaubnis geben«, dachte ich laut nach. »Dann könnte sie ihr Baby behalten.«

»Red kein dummes Zeug«, wies mich meine Mutter zurecht. »Es ist nicht gestattet, die Geburtserlaubnis einem anderen Paar zu übertragen. Sonst würden die Leute sie sofort auf dem Schwarzmarkt verhökern.«

Am nächsten Tag, ich hatte frei, schaute Mutters Freundin vom Straßenkomitee bei uns vorbei. »Glückwunsch«, sagte sie, als ich ihr die Tür öffnete. »Ich bin hier, um dir die Genehmigung zu überbringen, ein Kind zu empfangen und auszutragen.« Sie überreichte mir ein rosafarbenes Papier. »Heb sie an einem sicheren Platz auf«, ermahnte sie mich. »Du mußt sie im Krankenhaus vorlegen, wenn du dein Baby bekommst.«

Sie stand auf, um zu gehen. Ich wollte sie bis zum Gebäudeeingang begleiten, doch sie lehnte höflich ab. »Ich muß noch einen anderen Besuch in diesem Haus erledigen«, erklärte sie und machte sich auf den Weg zur Wohnung des Kochs im nächsten Stock. Ich sah zu, wie sie nach oben verschwand, und mein Magen verkrampfte sich. Ich wußte, daß sie die nächste Mitteilung, die sie zu überbringen hatte, nicht mit Glückwünschen eröffnen würde.

Ich betrachtete den rosafarbenen Erlaubnisschein in meiner Hand. 1976 stand darauf. Die alte Frau hatte recht. Die Uhr tickte. Ich hatte ungefähr noch zehn Monate, innerhalb derer ich schwanger werden konnte. Wei Xin sollte sich an die Arbeit machen, hatte die alte Frau gescherzt. Sie wußte nicht, daß nicht Wei Xin das Problem war, sondern ich.

Ich war froh, die Pille absetzen zu können. In all den Monaten, in denen ich nun die »Empfängnisverhütungsmedizin«, wie sie in China heißt, genommen hatte, war ich nicht mehr ich selbst gewesen. Die physischen Symptome, die sie verursachte, waren schon schlimm genug – Schwindelanfälle, periodische Übelkeit und heftige und lange Menstruationsblutungen. Noch schlimmer aber war ihre Auswirkung auf mein Gefühlsleben. Ich war immer eine fröhliche und ausgeglichene Person gewesen, aber seit ich die Pille nahm, war ich extrem starken Stimmungsschwankungen unterworfen. Im einen Moment war ich in Hochstimmung, im nächsten den Tränen nahe. Ich mußte meine ganze Willenskraft aufbringen, um meine Emotionen im Zaum zu halten.

Als ich die Pille absetzte, verschwanden meine Probleme buchstäblich über Nacht. Später erklärte mir ein Arzt, daß die Pille in China eine höhere Dosis an Progesteron enthielt, als die meisten Frauen vertragen konnten, vor allem, wenn sie, wie ich, weniger robust gebaut waren. Auf diese Weise wollten die Behörden ganz sicher gehen, daß es zu keiner Schwangerschaft kam.

Nach unserer Rückkehr aus dem Dorf lebten Wei Xin und ich bei meiner Mutter und schliefen in der kleinen Kammer, die uns als provisorisches Hochzeitszimmer gedient hatte. Ein Doppelbett paßte nicht hinein, und so kaufte Wei Xin ein Einzelbett. Doch selbst das nahm in diesem engen Raum so viel Platz ein, daß wir übers Bett steigen mußten, um an unseren tragbaren Kleiderschrank zu kommen. Aber als frisch verheiratetes Paar brauchten wir ja nicht viel Platz, sagten wir uns.

In der Wohnung meiner Mutter zu leben, schien das Vernünftigste zu sein. Sie war nicht weit von meinem Arbeitsplatz entfernt, was allerdings nicht für Wei Xin galt. Wenn ich an Wochenenden arbeiten mußte, konnten sich meine Brüder und Wei Xin Gesellschaft leisten. Auch ökonomisch gesehen war dieses Arrangement sinnvoll. Die Essenskosten waren in jeder Familie der größte Posten im Haushaltsbudget. Wenn wir alle aus demselben großen Topf aßen, sparte jeder von uns eine Menge Geld.

In Shenyang war es Sitte, daß die jungen Leute, wenn sie – verheiratet oder nicht – in der elterlichen Wohnung lebten, ihr Einkommen bis auf den letzten Pfennig den Eltern übergaben. Wei Xin und ich waren übereingekommen, daß ich für meinen Teil diese Sitte respektieren würde. Am Zahltag würde ich meiner Mutter, wie ich es schon in den letzten sechs Jahren getan hatte, meine Lohntüte überreichen. Wei Xins Lohn würden wir allerdings behalten. Einen Teil davon würde er *seiner* Mutter schicken, und den Rest wollten wir auf die hohe Kante legen.

Ich dachte, daß sich meine Mutter über diese Arrangement freuen würde. Aber da irrte ich mich gewaltig.

Zahltag war der letzte Tag des Monats. Ich überreichte meiner Mutter den ungeöffneten Umschlag mit meinem Lohn. »Gutes Kind«, sagte sie etwas geistesabwesend. Dann wandte sie sich an Wei Xin. »Und wo ist deine Lohntüte?«

Wei Xin sah sie überrascht an. »Hier in meiner Tasche«, sagte er etwas widerwillig.

»Gut, dann gib sie mir«, war ihre Antwort.

Ich war wie vor den Kopf gestoßen, daß Mutter von Wei Xin verlangte, ihr sein ganzes Gehalt auszuhändigen. Aber mein sanfter, gutmütiger Mann schob langsam seine Hand in die Tasche und zog den Umschlag heraus. Er öffnete ihn, nahm drei Zehn-Yuannoten heraus – etwas mehr als die Hälfte seines Gehalts – und überreichte sie schweigend meiner Mutter. »Gib mir auch den Rest«, forderte sie.

Wei Xin sah mich erzürnt an. »Ich will meiner Schwiegermutter gerne jeden Monat einen *Teil* meines Lohns geben«, sagte er. »Aber ich werde ihr nicht alles geben. Ich bin nicht ihr adoptierter Sohn. Ich habe nicht in die Familie eingeheiratet und meinen Familiennamen für den deinen aufgegeben.« Seine Stimme wurde lauter, bis er fast schrie. »Auch ich habe Verpflichtungen gegenüber meiner Mutter! Wie kann sie hier alles fordern, was ich verdiene?!« Wei Xin warf seine Lohntüte auf den Boden und verschwand, die Tür hinter sich zuschlagend, in der kleinen Kammer.

Ich mußte meinen Mann unterstützen. Seit meiner frühen Kindheit widersprach ich nun zum erstenmal wieder meiner Mutter. »Du bist in deiner Forderung zu maßlos«, sagte ich und hob den Umschlag auf. Aber statt ihn in ihre ausgestreckte Hand zu legen, steckte ich ihn in meine Tasche. Dann folgte ich Wei Xin in die kleine Kammer. In der Woche darauf siedelten wir in sein Wohnheim über.

Unser Leben in Wei Xins Wohnheim hatte einen entsetzlichen Nachteil. Von dort aus lag das Sanatorium auf der anderen Seite von Shenyang, und meine Fahrtzeit vervierfachte sich plötzlich. Von der Wohnung meiner Mutter aus waren es gerade fünfundzwanzig Minuten mit dem Bus gewesen. Nun brauchte ich aufreibende eindreiviertel Stunden und mußte zudem dreimal umsteigen. Das war schon schlimm genug, aber dazu kam noch, daß ich meistens stehen mußte. Die Sitzplätze im Bus waren gewöhnlich schon besetzt.

Die öffentlichen Verkehrsmittel in China sind schrecklich überfüllt. In Shenyang quetschten sich oft über hundert Menschen in einen Bus, der für die halbe Anzahl an Personen gedacht ist. An den Bushaltestellen waren jeder Mann, jede Frau und jedes Kind auf sich gestellt. Die Wartenden bildeten keine Schlange, sondern gingen längs der Bushaltestelle in Startposition. Sobald sich die Türen öffneten, enterten sie den Bus wie ein Schwarm wütender Hornissen und schoben und schubsten und drängten sich hinein. Gleichzeitig schoben und schubsten und drängten die Passagiere, die aussteigen wollten, hinaus. Die Busse waren das ganze Jahr über gesteckt voll, aber in der Sommerhitze waren die Fahrten besonders qualvoll, und es war Anfang Juni, als Wei Xin und ich in sein Wohnheim umzogen. Nachdem ich fast zwei Stunden im heißen, überfüllten, lärmenden Bus gestanden hatte, kam ich morgens bei der Arbeit und dann am Ende des Tages zu Hause stets völlig erschöpft an.

Wei Xins Zimmer im zweiten Stock des Wohnheims ähnelte der Zelle eines buddhistischen Klosters. Es gab keine Küche, und so aßen wir in der Fabrikkantine. Die Gemeinschaftstoiletten teilten wir mit mehreren Dutzend anderer Arbeiter. Aus dem einzigen, rußgeschwärzten Fenster des Zimmers hatte man einen Ausblick auf eine triste Industrielandschaft von Fabrikhöfen. Aber es standen zwei Betten darin, obwohl wir, da wir schon daran gewöhnt waren, weiterhin in einem schliefen. Zusätzlich standen noch ein Schreibtisch und ein Schrank darin, und der ganze Raum war doppelt so groß wie die kleine Abstellkammer, in der wir bisher genächtigt hatten. Wir scherzten, daß wir nun doppelt so gut dran seien.

Kaum hatte ich die Pille abgesetzt, verzögerte sich meine Periode. Morgens fühlte ich mich schon beim Aufwachen müde und abgespannt. Ich hatte keinen Appetit. Als mich Wei Xin wieder einmal mit einer Tüte gedämpfter Shrimps überraschte, konnte ich nicht einen davon essen.

Mich stieß sogar der Anblick dieser glotzäugigen, rosahäutigen, vielbeinigen, fischig riechenden Geschöpfe ab.

Am Anfang dachte ich, dies seien lediglich irgendwelche merkwürdigen Nachwirkungen der Empfängnisverhütungsmedizin. Ich war mir sicher, daß die Pille mein Hormonsystem völlig durcheinandergebracht hatte. Mir kam gar nicht der Gedanke, daß ich schwanger sein könnte. Meine Gesundheitsprobleme der Vergangenheit hatten mich zu der Überzeugung gebracht, daß es im besten Fall ein Jahr, wahrscheinlich aber noch länger dauern würde, bis ich schwanger würde. Und oft genug hatte ich überhaupt keine Hoffnung mehr, je schwanger werden zu können. Du bist unfruchtbar, wisperte mir während dieser Depression eine leise, kalte Stimme zu. Du wirst nie Kinder haben.

Einige Wochen vergingen, und meine Periode blieb immer noch aus. Dann überkam mich eines Morgens, als ich mich für die Arbeit fertig machte, ein Anfall von Übelkeit – wirkliche Übelkeit. Ich schaffte es gerade noch bis zur Toilette am Ende des Flurs, wo ich in die Knie ging und mich übergab. Ich hatte nur ein leichtes Frühstück zu mir genommen, und mein Magen entleerte sich binnen eines Augenblicks. Was ist mit mir los? dachte ich in Panik. Ich habe kein Fieber, keine Magenschmerzen, es kann nicht das alte Problem sein. Und wieder mußte ich würgen, und da wußte ich es plötzlich: Ich bekomme ein Baby! Bei all meinen Gesundheitsproblemen, bei all meinen Ängsten, unfruchtbar zu sein – ich war schwanger! Glücklicherweise war Wei Xin nicht zu Hause. Es hätte ihn eher verstört, wenn er gesehen hätte, wie ich da gleichzeitig würgte und jubilierte.

Ich suchte sofort meine Mutter auf. Ich war ganz sicher, daß meine Ankündigung sie geradezu elektrisieren würde. Und der Bruch, der durch unseren Auszug zwischen uns entstanden war – ich hatte seither nicht mehr mit ihr gesprochen –, würde wieder geheilt werden. »Wei Xin und ich werden unsere Geburtserlaubnis brauchen«, verkündete ich, sobald sie die Wohnungstür geöffnet hatte. »Ich bin im Glück.« *You xi* ist der chinesische Ausdruck für »ein Baby erwarten«.

Mutter riß die Augen auf und schenkte mir eines ihrer seltenen Lächeln. »Und wann werde ich denn mein Enkelkind in den Armen halten?« fragte sie sofort. Als Wei Xin und ich noch in ihrer Wohnung lebten, hatte sie mich mit ihrem ständigen Gerede von »Enkelkindern in den Armen halten« ganz verrückt gemacht. Jetzt hörte ich es gern.

»Nächstes Jahr«, antwortete ich. »Wahrscheinlich so Ende März.«

Mutter nahm mich an der Hand und führte mich in die Küche. »Setz dich und ruh dich ein Weilchen aus, Chi An. Laß mich dir eine Tasse Tee machen.« Ich war berührt von ihrer Geste, denn stets war ich diejenige gewesen, die ihr Tee bereitet hatte, nie umgekehrt. Sie machte sich in der Küche zu schaffen und plauderte beglückt weiter. »Ich werde also Großmutter werden. Warte, bis Lehrerin Liu die gute Nachricht erfährt. Du bist die erste von all den Paaren mit einer Geburtserlaubnis!«

Mutter stellte mir eine Tasse heißen Tee hin und ließ sich mir gegenüber am Tisch nieder. »Chi An«, sagte sie und sah mich mit ernster Miene an. »Du bist meine einzige Tochter. Ich will, daß du wieder nach Hause zurückkommst. Ich möchte mich um dich kümmern. Und noch eines. Mach dir keine Sorgen wegen des Geldes.«

Ich traute meinen Ohren nicht. Seit ich ein kleines Mädchen war, hatte ich mich danach gesehnt, zu hören, was sie mir jetzt da sagte. Und nicht nur das, sie stellte mich über den Haushaltsbudget, das ihr jeden Monat so tiefe Ängste bereitete. Ich wollte etwas erwidern, doch ich hatte einen Kloß im Hals.

Mutter hielt mein Schweigen für Unentschlossenheit und bedrängte mich weiter. »Du brauchst jemanden, der sich um dich kümmert, Chi An. Ist dir morgens schon übel? Du brauchst jetzt, wo ein Kind in dir heranwächst, mehr Ruhe.« Ihre Worte waren heilsamer Balsam auf tiefe Wunden. Schließlich fand ich meine Stimme wieder: »Vielleicht später... wenn ich schon etwas weiter bin...«, sagte ich stockend. »Erst muß ich es Wei Xin sagen. Er weiß noch nicht, daß ich im Glück bin.«

Es war weitaus schwieriger, Wei Xin die gute Nachricht mitzuteilen, als ich mir gedacht hatte. Wann immer ich den Versuch unternahm, davon zu sprechen, überkam mich eine tiefe Scheu. Die Worte »ich bin im Glück« wollten mir einfach nicht über die Lippen kommen. Für jemanden, der nicht in der puritanischen Atmosphäre der Kulturrevolution aufgewachsen ist, mag dies schwer zu verstehen sein, aber es war mir unmöglich, mit einem Mann über das Thema Schwangerschaft und Geburt zu sprechen. Alte Frauen, die drei oder vier Kinder zur Welt gebracht hatten und die Großmütter von einem halben Dutzend Enkelkinder waren, konnten frei über solche Dinge reden. Ich, die ich frisch verheiratet war, konnte es nicht.

Auch ohne die Bestätigung eines Arztes wußte ich, daß ein Kind in mir heranwuchs: Die morgendlichen Anfälle von Übelkeit machten mich schwach und schwindlig, und ich konnte mich nur noch zur Arbeit schleppen. Und die Fahrten im heißen, überfüllten Bus verursachten oft eine neuerliche heftige Übelkeit. Ich verlor alarmierend rasch an Gewicht, und mein Gesicht sah blaß und hager aus.

Trotz meines elenden Zustands mußte ich aber weiterhin arbeiten. Die Tatsache allein, daß ich schwanger war, reichte nicht für einen Krankheitsurlaub aus. Nach der Geburt konnte ich sechzig Tage Mutterschaftsurlaub beanspruchen. Mein einziger Trost war der Gedanke, daß Wei Xin bald meine Erschöpfung bemerken und wahrscheinlich auch den Grund dafür erraten würde.

Wochen vergingen, aber Wei Xin bemerkte nichts. Ich wachte auf und würgte und stolperte den Flur entlang zur Toilette; er schlief friedlich weiter. Ich wies all die Köstlichkeiten zurück, die er mir mitbrachte; er zuckte mit den Achseln und aß sie selbst auf. Diese Gleichgültigkeit, wie ich seine Haltung interpretierte, verblüffte und verletzte mich. Wie ist es möglich, daß Wei Xin nicht bemerkte daß ich sein Kind in mir trage? dachte ich. Ich fing an, in meinem eigenen Bett zu schlafen. Ich wußte, daß mein Verhalten kindisch war, aber ich war zu schwach und elend, um mich darum zu kümmern.

Es dauerte drei Monate, bis Wei Xin schließlich etwas bemerkte. Ich kehrte eines Sonntagmorgens gerade von meinem vierten Gang zur Toilette zurück, als ich ihn an unserer Zimmertür auf mich warten fand. »Bist du in Ordnung, Chi An?« fragte er. »Du siehst blasser aus als sonst. Mußt du einen Arzt aufsuchen?«

Ich wußte nicht, ob ich weinen oder lachen sollte. Ich hatte insgesamt neun Pfund abgenommen. Ich machte den Mund auf, um drei Monate an verletzten Gefühlen freien Lauf zu lassen, aber der Ausdruck liebevoller Besorgnis in Wei Xins Gesicht stoppte mich. Meine Wut verrauchte. »Wei Xin«, sagte ich leise, »ich bin im Glück.«

»Wirklich?« platzte er heraus. »Tatsächlich wahr?« Er machte einen Satz und tanzte geradezu im Zimmer herum und redete unentwegt. »Wir müssen gute Eltern sein, Chi An. Ich will meinen Sohn so behandeln, wie mein Vater mich behandelt hat. Ich will ihm helfen, zu einem guten, aufrechten Mann heranzuwachsen.«

»Vielleicht ist es ein kleines Mädchen, Wei Xin«, dämpfte ich ihn.

»Was? Ein Mädchen?« Wei Xin tat den Gedanken mit einer Handbewegung ab. »Nein, das glaube ich nicht. Ich bin sicher, es wird ein Junge. Mein Vater war ein guter Mann, ein gerechter Mann, und jetzt wird er seinen Enkelsohn bekommen.« Ein schmerzvoller Ausdruck huschte über sein Gesicht. »Ich wünschte nur, er wäre noch da, um mitzuerleben, wie sein erster Enkelsohn zur Welt kommt.«

Doch beim Gedanken an die bevorstehende Geburt hellte sich Wei Xins Miene sofort wieder auf. »Wir müssen anfangen, Geld zu sparen, Chi An. Wir müssen für die Zukunft unseres Sohnes Pläne machen. Wir müssen dafür sorgen, daß unser Sohn eine gute Ausbildung bekommt. Wir müssen dafür sorgen, daß er eine erstklassige Universität besucht.« Wei Xin marschierte nun mit geschwellter Brust und hoch erhobenen Hauptes im Zimmer auf und ab, ganz das Bild des stolzen Vaters. »Unser Sohn soll auf die Nanjing Universität oder sogar auf die Peking Universität gehen.«

»Das Kind ist noch nicht einmal geboren, Wei Xin«, unterbrach ich ihn lächelnd. »Ist es nicht ein bißchen früh, sich schon Gedanken darüber zu machen, auf welche Universität er gehen soll?«

Wei Xin hielt inne und brach in Gelächter aus. »Ich benehme mich tatsächlich albern, was? Aber ich bin einfach so glücklich für uns beide.« Er ließ sich neben mir auf dem Bett nieder. »Ich wußte, daß du ein Baby bekommen wirst, Chi An. Ich wußte, daß es keine Probleme geben würde. *Hao shi you hao bao,* wie mein Vater zu sagen pflegte. ›Gute Taten werden belohnt.‹ Und du hast einer Menge Leute geholfen.«

Er legte die Arme um mich, und ich überließ mich der Tröstlichkeit seiner Umarmung. »Wer hat gesagt, daß du unfruchtbar bist?« flüsterte er in gespieltem Ärger und zog mich fester an sich. Und ich vergaß die Schwere, die Unannehmlichkeiten und den Schmerz der letzten Wochen.

Von diesem Tag an wurde Wei Xin wieder ein vorbildlicher Ehemann. Jeden Tag brachte er mir von der Arbeit eine große Thermoskanne mit Eintopf aus der Kantine mit. Er wurde »Mahlzeit zum Schutz der Gesundheit« genannt und war mit Fleisch- oder Fischstückchen voll gespickt. Ich verschlang ihn stets mit wahrem Heißhunger. Nachdem sich meine morgendliche Übelkeit gelegt hatte, erreichte ich bald wieder mein altes Körpergewicht und legte noch zu.

Im fünften Schwangerschaftsmonat wurde ich, wie der Rest des Sanatoriumpersonals, angewiesen, an einem Ausflug zur »Klassenerziehung« teilzunehmen. Diese Ausflüge, die unser Klassenbewußtsein schärfen und unseren Haß gegen die Klassenfeinde schüren sollten, waren zu einem festen Bestandteil unseres Lebens nach der Kulturrevolution geworden. Ich hatte schon ein paar dieser Ausflüge mitgemacht und fand sie gräßlich. Einmal hatten wir ein ehemaliges Gefängnis der Japaner besucht, nun »Museum zur Klassenerziehung« genannt, wo uns barbarische Folterinstrumente gezeigt wurden, darunter Zangen, um Finger- und Fußnägel herauszuziehen.

Diesmal sollten wir eine berühmte Stätte besuchen, wo die Japaner ein Massaker unter chinesischen Arbeitern angerichtet hatten, die Schlucht der Zehntausend. Als ich hörte, daß wir die über zweihundert Kilometer dorthin auf einem Lastwagen zurücklegen würden, suchte ich den Parteisekretär auf. Er war ein rundlicher kleiner Mann, der sich sehr gutmütig gab, womit es aber, wenn man ihn verärgerte, sofort ein Ende haben konnte. »Ich bin im fünften Monat schwanger«, erklärte ich ihm. »Es war bisher eine sehr schwierige Schwangerschaft. Ich fürchte, dieser Ausflug wird zu anstrengend für mich werden.«

»Machen Sie sich keine Sorgen«, erwiderte er herablassend. »Sie brauchen ja nur ein paar Stunden auf dem Lastwagen zu sitzen, an der Gedenkstätte ein bißchen herumzulaufen und dann wieder zurückzufahren. Das wird ein leichter Tag für Sie werden. Es ist wichtig, daß Sie daran teilnehmen. Dieser Ausflug soll Ihr Verständnis für den Klassenkampf vertiefen. Alle müssen daran teilnehmen.« Meine sehr sensiblen Antennen vernahmen einen falschen Unterton in seiner Stimme. Dein Klassenempfinden läßt zu wünschen übrig, übermittelten sie mir, sonst würdest du geradezu darauf erpicht sein, mitzufahren.

Am folgenden Sonntagmorgen versammelten wir uns, an die sechzig Personen alles in allem, im Hof des Sanatoriums. Bald fuhr ein einziger Lastwagen vor, und mir sank das Herz, als mir klar wurde, daß es auf dieser Fahrt nur Stehplätze geben würde. Ich kletterte hinauf und drängelte mich nach vorn durch, wo ich mich an einer Stange festhalten konnte. Ein Glück, daß ich das tat. Die Feldwege auf dem Land waren vom Sommerregen stark aufgeweicht. Der Lastwagen schlingerte und hüpfte und holperte dahin, und wir wurden in alle Richtungen geschleudert. Ich klammerte mich verzweifelt an der Stange fest, ging etwas in die Knie und versuchte, das schlimmste Gerüttel mit den Beinen abzufangen.

Die Fahrt zur Schlucht der Zehntausend dauerte drei Stunden. Als wir ankamen, zitterten meine Beine vor Erschöpfung. Ich stolperte hinter der Gruppe her, die dem Führer durch das Museum folgte und dann hinaus, um einen Blick auf die Berge gebleichter Knochen zu werfen, die noch in der Schlucht lagen. Ich spürte schon ein gewisses Schweregefühl im Unterleib, entschied aber, daß es wahrscheinlich nur auf meine Müdigkeit zurückzuführen war.

Nach Beendigung unseres Besuchs der Gedenkstätte suchten alle möglichst schnell den Lastwagen zu erklettern. Ich war ein bißchen langsam und mußte nun hinten stehen, wo ich mich nirgendwo festhalten konnte. Die Rückfahrt war ein Alptraum der Erschöpfung und Qual. Ich war nur damit beschäftigt, mich in diesem extremen Geschüttel und Geholper überhaupt auf den Beinen zu halten, die bald unter der Anstrengung, Tausende von Schocks abzufangen, nachgaben. Das Schweregefühl in meinem Unterleib verstärkte sich, und ich spürte eine sikkernde Nässe. Und dann, wir waren noch eine Stunde von

Shenyang entfernt, spürte ich den scharfen, stechenden Schmerz einer Wehe. Gütiger Himmel, laß meine Wehen nicht jetzt beginnen! flehte ich innerlich. Es ist zu früh! Doch ein paar Minuten später fühlte ich einen noch schärferen Schmerz und dann wieder. Mir drohte eine Fehlgeburt.

Wei Xin, der beim Sanatorium auf mich gewartet hatte, brachte mich sofort ins Krankenhaus. Der diensthabende Arzt untersuchte mich rasch und gab mir dann eine Injektion zur Muskelentspannung. »Das dürfte die Wehen stoppen«, erklärte er mir. »Aber wir müssen abwarten und sehen, ob auch die starken Blutungen aufhören. Wenn nicht, dann wollen wir diesen Fötus nicht. Dann müssen wir abtreiben.«

Fötus... abtreiben. Die Worte versetzten mir einen Schock. Wie konnte er von einer Abtreibung meines Babys reden? Die Wehen hörten kurze Zeit später auf, aber die Blutungen waren auch am späten Abend noch nicht zum Stillstand gekommen. Trotz meiner Müdigkeit konnte ich nicht schlafen. Ich lag wach und wartete auf die Krankenschwester, die jede Stunde erschien, um meine Binden zu überprüfen, und hoffte, daß sie trocken waren. Am Morgen war dann kein frisches Blut mehr zu sehen. Ich entspannte mich ein wenig. »Bleib, wo du bist, Baby«, flüsterte ich und strich sanft über meinen Bauch. »Die Zeit ist noch nicht da, daß du herauskommen kannst.«

»Ich denke, wir sollten bei deiner Mutter wohnen, bis das Baby geboren ist«, sagte ein zutiefst verstörter Wei Xin am Morgen des nächsten Tages. Und er hielt Wort. Sobald ich entlassen wurde, brachte er mich schnurstracks zur Wohnung meiner Mutter. Und in den folgenden Tagen holte er auch unsere Kleider und anderen persönlichen Dinge herüber. Von Geld wurde nicht mehr gesprochen.

Ich verbrachte die nächsten zwei Wochen zu Hause und träumte von dem Kind, das ich haben würde. Die Tatsache, daß ich es – ob nun Sohn oder Tochter – beinahe verloren hatte, machte es mir nur um so kostbarer. Ich wußte, daß Wei Xin entschlossen war, ein guter Vater zu sein. Ich meinerseits war gleichermaßen entschlossen, eine gute Mutter zu sein. Wei Xin hoffte, daß wir einen Jungen bekommen würden, aber ich sah vor meinem geistigen Auge ein kleines Mädchen mit zwei Rattenschwänzen. Ich würde mein kleines Mädchen nicht so ignorieren, wie meine Mutter mich ignoriert hatte. Ich würde sie jeden Tag nach der Arbeit auf den Schoß nehmen und ihr langes Haar kämmen. Und ich würde ihr gelegentlich Süßigkeiten kaufen. Natürlich nicht so oft, daß sie verzogen wurde, aber doch oft genug, um sie wissen zu lassen, daß sie geliebt wurde.

Als ich meine Arbeit im Sanatorium wieder aufnahm, zitierte mich der Parteisekretär in sein Büro. Ich hatte absolut keinen Wunsch, jenen Mann zu sehen, der meiner Ansicht nach dafür verantwortlich war, daß ich beinahe eine Fehlgeburt erlitten hatte. Ich wanderte eine halbe Stunde lang im Sanatorium herum, bis ich meinen Widerwillen so weit überwunden hatte, daß ich ihm gegenübertreten konnte. »Ich habe mir große Sorgen um Ihre Gesundheit gemacht«, begann er, sichtlich bemüht, besorgt zu erscheinen. »Ich weiß, daß Sie Ihr erstes Kind bekommen. Ich hörte, daß es Ihnen jetzt besser geht.«

Ich nickte kurz. Ich hatte beschlossen, während dieses Gesprächs so wenig wie möglich zu sagen.

»Natürlich«, fuhr er dann beiläufig fort, »war es nur ein Zufall, daß Sie während dieses Ausflugs zu bluten anfingen. Das hätte überall passieren können. Die Fahrt auf dem Lastwagen hat nichts damit zu tun. Die Lage Ihres Fötus ist wahrscheinlich nicht die beste. Denken Sie nicht auch so, Schwester?«

Mich überfiel plötzlich eine Wut wie nie zuvor in meinem Leben. Ich wollte ihn anschreien, daß er absolut Unsinn redete. Wenn sechs Stunden extrem holpriger Fahrt auf einem Lastwagen nicht die Blutung verursacht hatten, was dann? Indem er darauf bestand, daß ich an diesem Ausflug teilnahm, hatte es mich fast das Leben meines Kindes gekostet, und jetzt leugnete er ab, daß er daran schuld war. Und schlimmer noch, er wollte, daß ich ihm beipflichtete, daß ihn keine Schuld traf!

»Denken Sie nicht auch so, Schwester?« wiederholte er und sah mich mit scharfem Blick an.

»Nein«, begann ich, aber dann gewann meine politische Konditionierung die Oberhand. Der Parteisekretär meiner Einheit war ein zu wichtiger Mann, um ihn mir zum Feind zu machen. Wenn ich ihn offen beschuldigte, dafür verantwortlich zu sein, daß ich beinahe eine Fehlgeburt erlitten hatte, dann würde ich noch Jahre später für meinen Trotz büßen müssen. »Ich meine... der Ausflug hatte nichts mit meinem Problem zu tun«, stotterte ich verlegen und verachtete mich für meine Feigheit. »Außerdem ist jetzt alles schon besser.« Ich versuchte, möglichst demütig und aufrichtig zu klingen.

Jetzt, nachdem ich nachgegeben hatte, lächelte der Parteisekretär überaus freundlich. »Wenn Sie sich je ein paar Tage freinehmen müssen, Schwester, dann lassen Sie es mich nur wissen.« Er streckte mir die Hand in einer Geste kameradschaftlicher Fürsorglichkeit hin. »Ich werde Ihnen gerne Krankenurlaub genehmigen.«

11 Ein »Gang durch die Hölle«

Die zweite Hälfte meiner Schwangerschaft verlief so ereignislos, wie die erste elend gewesen war. Mein Appetit war gut. Mit Hilfe von Wei Xins täglicher Thermoskanne voll Eintopf »zum Schutz der Gesundheit« nahm ich Woche um Woche stetig zu und hatte schließlich zusätzliche achtzehn Kilo auf meine zarten Knochen gepackt. Mein Bauch schwoll zu enormer Größe an, und meine Mutter begann schließlich Bemerkungen über die schwierige Geburt fallenzulassen, die mir sicherlich bevorstand. Ich selbst machte mir keine Sorgen. Der Geburtstermin rückte näher, und ich war mir sicher, daß alles reibungslos verlaufen würde.

Eines Abends um neun Uhr, ich war schon im Bett, spürte ich die ersten Wehen. Wei Xin und ich sammelten rasch alle Dinge zusammen, die ich brauchen würde, und dann begaben wir uns eilig zum Krankenhaus. Als wir dort ankamen, erfolgten die Wehen schon so rasch aufeinander, daß ich mir sicher war, das Baby würde jede Minute kommen.

Das Ergebnis der Unterleibsuntersuchung war in doppelter Hinsicht enttäuschend. »Ich kann Sie nicht aufnehmen«, sagte der Chefarzt der Entbindungsstation. »Der Muttermund ist erst zweieinhalb Zentimeter geöffnet, und Ihre Fruchtblase ist noch nicht geplatzt. Nach unseren Vorschriften muß Ihr Muttermund wenigstens vier Zentimeter offen sein, bevor wir Ihnen ein Bett geben können.« Er zog seine Gummihandschuhe aus und wandte sich zum Gehen.

»Kann man nicht doch früher aufgenommen werden?«

fragte meine Mutter hoffnungsvoll. »Wir wohnen in ziemlicher Entfernung von hier.«

»Was würde das nützen?« erwiderte er. »Dies ist das erste Kind Ihrer Tochter, es wird also noch eine ganze Weile dauern. Vielleicht einen ganzen Tag. Nehmen Sie sie mit nach Hause und lassen Sie sie ein paar Stunden schlafen. Bringen Sie sie morgen früh zurück, und dann schauen wir nach, wie weit die Dinge gediehen sind.«

Meine Wehen kamen nun so häufig, daß ich ganz sicher war, das Baby würde binnen weniger Stunden geboren werden. »Warum jetzt nach Hause zurück?« wandte ich mich an Wei Xin und meine Mutter, nachdem der Arzt fort war. »Wenn ich ein oder zwei Stunden spazierengehe, wird der Muttermund bestimmt so weit offen sein, daß sie mich aufnehmen. Dann kann ich hierbleiben, bis das Baby geboren ist.«

Meine Mutter hatte ihre Zweifel, aber Wei Xin schloß sich schnell meiner Meinung an, daß wir im Krankenhaus bleiben sollten. Er wollte weder hinsichtlich seiner Frau noch seines Kindes irgendwelche Risiken eingehen.

Ich begann die Krankenhausflure auf und ab zu wandern, ganz sicher, daß dies die Prozedur beschleunigen würde. Die Stunden vergingen, die Wehen setzten sich fort, aber es tat sich nichts. Ein paarmal bat ich eine Krankenschwester auf der Entbindungsstation, nach meinen Fortschritten zu sehen, aber jedesmal erhielt ich denselben Bescheid: Die vier Zentimeter, die ich brauchte, um aufgenommen zu werden, waren noch nicht erreicht. Als die Morgendämmerung kam, war mein ganzer Unterleib von der Nacht, die ich auf den Beinen verbracht hatte, angeschwollen. Und ich war erschöpft.

»Noch keine Fortschritte«, sagte der Chefarzt, nachdem er mich am Morgen erneut untersucht hatte. »Es sind nach wie vor erst zweieinhalb Zentimeter. Ich kann Sie nicht aufnehmen.« Wei Xin wollte Einwände erheben, aber der Arzt schnitt ihm rüde das Wort ab. »Wir haben hier zu wenig Betten, Kamerad«, sagte er und ging davon. Seit der Kulturrevolution hatte sich das herkömmliche Verhalten der Ärzte gegenüber ihren Patienten drastisch verändert, und sie waren nun grob und schroff.

Den Rest des Tages saß ich vor der Entbindungsstation herum. Sie konnten mich nicht aufnehmen, und ich hatte Angst, nach Hause zu gehen. Gegen Abend erbarmte sich die Oberschwester meiner, nachdem sie erfahren hatte, daß ich eine Kollegin war. Sie überredete einen der Ärzte auf der allgemeinen Krankenstation, mich aufzunehmen. Wenigstens hatte ich nun ein Bett und konnte mich ausruhen, wenn auch nicht schlafen. Meine schmerzhaften Wehen setzten sich mit absoluter Regelmäßigkeit fort und weckten mich, wann immer ich gerade eingeschlummert war.

Die Oberschwester schrieb, nachdem ihr Dienst beendet war, eine Anweisung aus, daß man mir um acht Uhr abends ein Sedativum geben sollte, damit ich die Nacht über schlafen konnte. Als ich dann aber um das Medikament bat, sagte man mir, daß die Anweisung von der stellvertretenden Leiterin der Schwesternstation zurückgenommen worden sei und daß ich kein Sedativum bekommen würde. Dies war nun schon die zweite Nacht, in der ich nur ab und zu etwas einnicken konnte. Die Wehen hielten mich wach.

Was meine medizinische Betreuung in den nächsten vierundzwanzig Stunden anging, so hätte ich ebensogut nach Hause gehen können. Weder ein Arzt noch eine Schwester kamen auch nur in meine Nähe. Ich wurde nicht untersucht und erhielt auch keine Medikamente. Wei Xin und meine Mutter fingen an, gegen diese Vernachlässigung zu protestieren. Ich selbst geriet allmählich in Panik. Was, wenn meinem Baby etwas passierte, während ich endlos in den Wehen lag? Ich fragte nach der Oberschwester und erfuhr, daß sie an diesem Tag keinen Dienst hatte.

Meine Mutter bekam endlich eine Stationsschwester zu fassen, die ihr widerstrebend das zugrundeliegende Problem enthüllte. Der Chefarzt der Entbindungsstation war verärgert, daß ich ohne seine Einwilligung im Krankenhaus aufgenommen worden war. Als Entbindungspatientin unterstand ich seiner Verantwortung, doch jetzt wollte er nichts mehr mit mir zu tun haben. Er und die Oberschwester, die für meine Aufnahme gesorgt hatte, waren alte Feinde und hatten in der Kulturrevolution auf gegnerischen Seiten gestanden. Obwohl die Roten Gardenfraktionen, die einst um die Herrschaft über das Krankenhaus gekämpft hatten, aufgelöst waren, führten ihre ehemaligen Mitglieder nach wie vor einen Guerillakrieg gegeneinander. Sie gerieten sich über Patienten und Behandlungsmethoden in die Haare, griffen einander wegen ihrer Diagnosen an und hoben gegenseitig ihre Anweisungen auf. Der Chefarzt der Entbindungsstation stand im Ruf, ein besonders bösartiger politischer Kämpfer zu sein. Die Oberschwester war nur eine von vielen, auf die er sich in all den Jahren eingeschossen hatte.

»Was glauben Sie, warum die Anweisung, Ihrer Tochter ein Sedativum zu geben, aufgehoben wurde? Die stellvertretende Leiterin der Pflegestation ist eine Verbündete des Chefarztes der Entbindungsstation, deshalb«, erklärte die Schwester meiner Mutter. »Sie sind beide ehemalige Rebellen, die die Oberschwester hassen und ständig darauf aus sind, ihr und ihren Freunden eins auszuwischen.« Meine Mutter war wütend, daß hier eine politische Fehde auf meinem Rücken ausgetragen wurde, aber was konnte sie schon sagen?

Am Morgen meines dritten Tages im Krankenhaus ließ sich der Chefarzt der Entbindungsstation schließlich zu einem Besuch an meinem Bett herbei. Ohne jedwede Untersuchung ordnete er an, mich an einen Wehentropf zu hängen. Der Wehentropf, das wußte ich von der Schwesternschule her, wurde oft eingesetzt, wenn sich der Muttermund nicht die zehn Zentimeter öffnete, die für eine Geburt erforderlich waren. Normalerweise verstärkt dies sofort die Wehen, aber ich reagierte anders. Meine Wehen wurden nicht heftiger, sondern unregelmäßig und in ihrer Intensität schwankend. Außerdem spürte ich ein permanentes Krampfgefühl, das ich vorher nicht gehabt hatte.

Am Nachmittag trat die Oberschwester wieder ihren Dienst an und sah nach mir. Sie hörte sehr aufmerksam zu, als ich ihr meine Wehen beschrieb, und untersuchte mich dann gründlich. »Sie haben sich nicht weiter geöffnet«, sagte sie danach und stellte ein kleines Ventil am Tropf ab. »Es hat keinen Sinn, Ihnen weiterhin den Wehentropf zu geben. Der Chefarzt der Entbindungsstation hat Sie zu lange in den Wehen liegen lassen. Ihr Gebärmutterhals reagiert nicht mehr auf Berührung.«

Sie setzte sich auf meine Bettkante und zeichnete eine Figur in ihre Handfläche. »Das ist Ihr Uterus«, erklärte sie. »Ihre unsteten Wehen bedeuten, daß er die Form eines Flaschenkürbis angenommen hat.« Sie zeichnete nun eine Figur mit zwei birnenförmigen Enden und einer Verengung in der Mitte. »Wenn die untere Hälfte kontraktiert, bleibt die obere Hälfte in Ruhestellung und umgekehrt. Das Problem ist die Mitte, der enge Teil hier. Der Mittelteil Ihres Uterus ist ständig kontraktiert und drückt auf das Baby. Der Wehentropf hat die Sache nur noch verschlimmert.« Sie nahm ihr Stethoskop und hörte die Herztöne meines Babys ab. Ihr Gesicht verdüsterte sich. »Der Herzschlag ist viel zu langsam«, sagte sie. Und dann, nach einer Pause, in der sie den Herzschlag mit dem Sekundenzeiger ihrer Uhr verglichen hatte: »Nur 57 Schläge in der Minute mit einer Tendenz nach unten. Es sollten 160 Schläge in der Minute sein. Ihr Baby steckt in Schwierigkeiten.«

Ich glaube, die Oberschwester sprach zu mir als Kollegin, aber in meinem erschöpften Zustand war ich nicht mehr in der Lage, mit dieser Nachricht angemessen umzugehen. All die Ängste, die Furcht und der Schmerz der letzten drei Tage stiegen in mir hoch und wollten sich Luft machen. Ich war am Rande der Hysterie. Ich hielt mir die Ohren zu, um die Stimme der Oberschwester nicht mehr zu hören. Doch ihre abschließenden Worte drangen zwar schwach, aber deutlich zu mir durch. »Wenn das so weitergeht, werden Sie das Baby verlieren. Dieses Baby muß durch einen Kaiserschnitt heraus, und es muß jetzt heraus. Ich werde den Chefchirurgen holen.«

Der Chefchirurg kam herbeigeeilt. Er hörte kurz die Herzschläge des Babys ab und nahm dann Wei Xin und meine Mutter beiseite. Er war ein älterer Mann, in dessen Haar sich schon weiße Strähnen zeigten. Seine Miene war sehr ernst, als er mit ihnen sprach. »Wollen Sie die Mutter oder das Baby retten?« hörte ich ihn leise fragen.

Ich wußte, daß der Chefchirurg, da ich schon drei Tage in den Wehen lag, das Trauma eines Kaiserschnitts vermeiden wollte. Wenn Wei Xin sagte, daß er in diesem Falle der Mutter den Vorzug gab, würde der Chefchirurg mich weiterhin an den Wehentropf hängen, bis sich der Muttermund weit genug geöffnet hatte, und selbst wenn es noch zwei Tage dauern sollte. Dann würden sie den Schädel des Babys zerquetschen und es Stück um Stück herausholen.

»Retten Sie die Mutter!« rief meine Mutter sofort. Der Chefchirurg nickte und sah dann, auf eine Antwort wartend, Wei Xin an. Ich hätte vor Freude weinen können, als ich seine Antwort vernahm: »Retten Sie beide«, sagte er mit fester Stimme.

»Ihnen ist klar, daß Sie das Baby wegen der Auswirkungen der Narkose in jedem Fall verlieren könnten«, sagte nun der Chefchirurg. »Oder es könnte sich während der Operation herausstellen, daß wir das Baby opfern müssen, um das Leben der Mutter zu retten.«

»Tun Sie einfach Ihr Bestes«, erwiderte Wei Xin ohne zu zögern. »Meiner Frau und mir liegt sehr viel an diesem Baby.« Eine Schwester brachte eine Einwilligungserklärung für die Operation. Wei Xin unterzeichnete sie statt meiner mit zitternden Händen.

Ein paar Minuten später wurde ich in den Operationssaal geschoben, und Wei Xins Worte klangen mir noch in den Ohren. »Meiner Frau und mir liegt sehr viel an diesem Baby.« Ich wurde auf den Operationstisch gehoben.

Der Chefchirurg stand daneben und erklärte einem jungen Assistenten die bevorstehende Prozedur. Eine Schwester legte die chirurgischen Instrumente bereit. Dieses Baby ist Wei Xin und mir zu wichtig, um geopfert zu werden, dachte ich. Ich muß alles in meiner Macht Stehende tun, um es zu retten. Aber was?

Ein Anästhesist kam auf mich zu, die Narkosespritze in der Hand. Und plötzlich wußte ich, was ich zu tun hatte. Ich zog den Arm von der Nadel weg. »Doktor«, flüsterte ich heiser. »Könnten wir bei der Operation Akupunktur zur Betäubung anwenden?«

Der Chefchirurg unterbrach seine Unterhaltung mit dem Assistenten und warf mir einen mitfühlenden Blick zu. Er wußte, was ich dachte. Bei einer Akupunktur würde das Baby nicht den Auswirkungen der Narkose ausgesetzt werden, die in seinem gegenwärtigen geschwächten Zustand tödlich sein konnten. »Ja«, sagte er mit sanfter Stimme. »Ich glaube, das können wir.« Er sah den Anästhesisten an und schüttelte fast unmerklich den Kopf. Der Anästhesist zog sich zurück.

»Sie sind sich der Grenzen einer Betäubung durch Akupunktur bewußt, nicht wahr?« sagte der Chefchirurg. »Die Akupunktur wird Sie nicht völlig von den Schmerzen befreien. Tatsächlich zeigt sie bei manchen Menschen nur eine sehr geringe Wirkung. Selbst im besten Falle werden Sie während der Operation doch einiges auszuhalten haben.«

»Ich weiß«, antwortete ich ruhig und entschlossen, diesen Weg zu gehen. »So will ich es haben.«

Der Akupunkteur kam und begann sofort mit seiner Arbeit. Er steckte Nadeln in die Partie zwischen Daumen und Zeigefinger, in eine Stelle an der Außenseite der Zehennägel meiner kleinen Zehen und an zwei Stellen meiner Unterschenkel. Ich kannte diese Punkte von meiner Akupunkturausbildung her. Sie alle waren für ihre schmerzlindernde Wirksamkeit bekannt.

Als er fertig war, war bereits jedes Gefühl aus meinen Händen und Füßen gewichen. Nun schloß der Akupunkteur die Nadeln an eine Sechs-Volt-Batterie an, um den Betäubungseffekt zu verstärken. Ein prickelndes Gefühl – wie von tausend winzigen Nadelspitzen – stieg rasch meine Arme und Beine hoch, und hinterließ, wo immer es hinkam, ein taubes Gefühl. Meine Knöchel, Unterschenkel, Knie und der untere Bereich der Oberschenkel wurden binnen Sekunden empfindungslos. Meine Arme und mein Hals prickelten und wurden taub. Das Prickeln drang in meine Schultern vor und die Oberschenkel hinauf – und stoppte!

Eine Schwester bereitete mich schon für die Operation vor. Der Chefchirurg wartete ungeduldig darauf, anfangen zu können. Beeil dich! drängte ich innerlich dieses Prickeln. Geh weiter rauf! Aber nichts passierte. Die tauben Partien breiteten sich nicht weiter aus. Arme und Beine waren empfindungslos, aber die Haut meines Rumpfes reagierte auf die leiseste Berührung. Ich spürte die kühle Luft, als die Schwester meinen Unterleib entblößte. Ich spürte das Schaben der Rasierklinge, als sie mein Schamhaar wegrasierte. Ich spürte den rauhen Schwamm, mit dem sie meinen Unterleib abrieb, und die Kälte des verdampfenden, desinfizierenden Alkohols. Oh, lieber Gott, dachte ich in Panik, ich muß diese Operation ohne Betäubung durchstehen!

Die Schwester stellte einen mit Stoff bespannten Schirm vor mein Gesicht, damit ich den Operationsvorgang nicht sehen konnte. Dann schob sie mir eine Sauerstoffmaske über Nase und Mund. Der Sauerstoff war für mein Baby bestimmt, hatte aber die unerwünschte Nebenwirkung, mich aus meiner Erschöpfung zu reißen. Ich war sofort hellwach. Selbst die Taubheit in meinen Armen und Beinen schien etwas zurückzugehen. Meine Nerven waren zum Zerreißen gespannt und reagierten auf jede noch so flüchtige Sinnesempfindung. Bald würden sie aufheulen.

Ich spürte, wie der Chefchirurg ganz leicht eine vertikale Linie über meinen Unterleib zog, und meine Muskeln bebten. Er zeigt dem Assistenten, wo er den Schnitt macht, dachte ich, und mir brach der kalte Schweiß aus. In Sekunden würde ich das Messer spüren. Ich umklammerte die Metallschiene an beiden Seiten des Operationstisches. Ich biß die Zähne zusammen.

Ganz gleich, was passiert, ich darf keinen Laut von mir geben, dachte ich. Nicht einen Laut. Ich darf den Chefchirurgen nicht stören, der mein Baby retten wird.

Dann stieß plötzlich jemand einen feurigen Haken tief in meine Eingeweide. Ich wurde starr vor Schmerz und Anstrengung, nicht aufzuschreien. Der Haken bewegte sich meinen Körper hinauf und schickte Schockwellen des Schmerzes durch meinen Leib. Ich muß für ein paar Sekunden ohnmächtig geworden sein, denn als ich wieder zu mir kam, bewegte sich dieser feurige Haken nicht mehr. Ich litt nach wie vor Höllenqualen. Es war, als wäre mir der Körper von oben bis unten aufgerissen worden. Aber wenigstens wurde der Schmerz nicht noch schlimmer. Der erste Schnitt ist gemacht, sagte ich mir und versuchte, meine verkrampften Muskeln zu entspannen.

»Ich glaube, der Schnitt ist nicht groß genug«, hörte ich den Chefchirurgen sagen – zu spät. Bevor ich mich noch wappnen konnte, war der feurige Haken wieder da. Der Chirurg setzte sein Skalpell ruckartig am oberen Ende des Schnitts an und öffnete dann mit jedem Ruck die klaffende Wunde ein wenig weiter. Ich hatte das Gefühl, Zentimeter um Zentimeter in zwei Hälften gesägt zu werden. Gnädigerweise verlor ich wieder das Bewußtsein.

Der Schrei eines Babys durchdrang die Dunkelheit. Ich kehrte mich ab von dieser plötzlichen Grellheit des Lautes, aber etwas an diesem Schrei zog mich nach oben. Wessen Baby schreit da? fragte ich mich teilnahmslos. Und wieder ertönte ein Schrei. Ein Gefühl der Dringlichkeit überkam mich. Ich mußte herausfinden, wessen Baby das war. Das Licht über mir war so hell, daß mir nun die Augen wehtaten, und der Schmerz nagte wieder in mir. Ich hörte Stimmen, aber die Worte waren so undeutlich vernehmbar, daß ich ihren Sinn nicht verstand.

Ich kämpfte mich an die Oberfläche meines Bewußtseins. Das riesige, brennende Loch meiner Schnittwunde raubte mir den Atem. Ich öffnete die Augen und merkte, daß mir die Krankenschwester die Stirn mit einem feuchten Tuch abwischte. Ich versuchte, nach dem Baby zu fragen, das ich schreien gehört hatte, brachte aber keinen Laut heraus. »Es ist ein Junge«, sagte sie lächelnd.

Ich glaubte, das Herz würde mir vor Glück zerspringen. Mein Baby lebte! Ich hatte einen kleinen Jungen! Für einen Moment war ich so aufgeregt, daß ich sogar den Schmerz vergaß.

Der Chefchirurg wies den Assistenten an, die Plazenta herauszuholen. Es war, als würde mir ein Stück lebendiges Fleisch aus dem Körper gerissen. Denk an was anderes, befahl ich mir. Ich konzentrierte mich auf die weißen Kacheln an der Decke knapp zwei Meter über mir und fing an, sie zu zählen. Eins, zwei, drei, vier... Ich war bei Kachel Nummer siebzehn angelangt, als ich spürte, wie sich die Plazenta mit einem letzten Ruck löste. Sofort schien meine ganze Lebenskraft aus meinem Körper zu strömen. Ich versuchte, die Augen offen zu halten, konnte sie aber nicht länger fokussieren. Als letztes sah ich die Kacheln an der Decke, an denen ich nun Blutspritzer zu erblicken glaubte.

Als ich die Augen wieder aufmachte, sah ich, daß ich eine Bluttransfusion erhielt. Die Kacheln an der Decke gerieten wieder in mein Blickfeld, und mit einem Schock realisierte ich, daß ich nicht halluziniert hatte. Auf den weißen Kacheln waren tatsächlich leuchtend rote Blutspritzer zu sehen. »Wie geht's der Patientin jetzt?« hörte ich den Chefchirurgen mit angespannter Stimme fragen.

»Ihr Blutdruck hat sich stabilisiert und geht hoch«, antwortete der Assistent. Er klang erschüttert. »Es tut mir sehr leid, was da passiert ist.«

Ich war also wegen des Blutverlusts ohnmächtig geworden, dachte ich vage. Was ist schiefgegangen?

Der Chefchirurg stieß einen Seufzer der Erleichterung aus. »Machen Sie sich keine Vorwürfe«, sagte er, als beantworte er meine unausgesprochene Frage. »Ich hätte noch etwas abwarten sollen, bevor ich Sie die Plazenta herausnehmen ließ. Die große Arterie, die die Plazenta versorgt, schließt sich ein paar

Minuten nach der Geburt des Babys automatisch. Ich bin zu schnell vorgegangen. Deshalb ist die Arterie geplatzt, als Sie die Plazenta herauszogen.«

»Ich wußte nicht, daß der Kaiserschnitt für eine Frau so gefährlich sein kann«, sagte der Assistent mit leiser Stimme.

»Jeder chirurgische Eingriff birgt ein Risiko in sich«, erwiderte der Chefchirurg. »Sonst würden wir uns ja nicht die Einwilligung der Patienten geben lassen.«

»Die Patientin hatte Glück, daß Sie, der Chefchirurg, persönlich anwesend waren«, sagte der Assistent. »Sie haben die Arterie, als sie platzte, sofort gefunden und abgeklemmt. Wäre es ein Arzt mit weniger Erfahrung gewesen, wäre die Patientin vielleicht nicht durchgekommen.«

»Mag sein«, sagte der Chirurg in einem Ton des Selbstvorwurfs. »Aber vergessen Sie eins nicht: Wenn wir etwas geduldiger gewesen wären, wäre dieses Problem gar nicht erst entstanden. So stand es Spitz auf Knopf. Hier, helfen Sie mir zuzunähen.«

Nun wußte ich, daß ich beinahe verblutet wäre. In diesem Moment muß ich wieder ohnmächtig geworden sein, denn ich spürte nicht, wie sie mich wieder zusammennähten.

Als ich wieder zu mir kam, war ich inzwischen in ein Krankenzimmer zurückgebracht worden. Eine Schwester wechselte gerade die Blutkonserve am Tropf, nachdem man offensichtlich schon eine Konserve in meinen Körper gepumpt hatte. Als sie bemerkte, daß ich wach war, gab sie mir eine Morphiumspritze. Zum erstenmal ließ der grauenhafte Schmerz meiner Wunde nach, und mich überkam ein angenehmes Gefühl der Mattigkeit.

Ich bat darum, mein Baby in den Arm nehmen zu dürfen – und mußte feststellen, daß ich noch immer im Kreuzfeuer der politischen Fehde stand. Selbst nach meinem Kaiserschnitt hatte sich der Chefarzt der Entbindungsstation geweigert, mir ein Bett zuzuweisen. Mein Baby lag in der Kinderabteilung der

Entbindungsstation, während ich auf die allgemeine Krankenstation zurückgebracht worden war. Dieser »revolutionäre Linke« erlaubte seinen Schwestern nicht, mir das Baby herüberzubringen, mit dem Argument, es verstoße gegen die Vorschriften, ein Neugeborenes den ansteckenden Krankheiten auf der allgemeinen Krankenstation auszusetzen.

Nach allem, was ich durchgemacht hatte, um mein Baby auf die Welt zu bringen, durfte ich es nun nicht einmal sehen! Ich konnte mich kaum mehr beherrschen und zog über den Arzt und die Politik her, deren Produkt er war. Die Kulturrevolution hatte nicht nur das Benehmen gewisser Ärzte gegenüber ihren Patienten, sondern auch ihren ganzen menschlichen Anstand verdorben, schluchzte ich im Beisein von Wei Xin.

Es waren gefährliche Ansichten, die ich da äußerte, und Wei Xin versuchte, mich rasch zu beruhigen. »Die Hauptsache ist, daß wir nun einen großen, gesunden Jungen haben«, sagte er und streichelte meine Hand. »Du brauchst vor allem Ruhe. Schlaf jetzt, Chi An. Ich habe ein waches Auge auf Dacheng.« Dacheng, was »großer Erfolg« bedeutet, war der Name, für den Wei Xin und ich uns entschieden hatten. Als ich Wei Xin nun den Namen unseres Sohnes aussprechen hörte, kamen mir wieder die Tränen.

»Ich habe ihn gesehen, während er gewaschen und gewogen wurde«, sagte Wei Xin und konnte seinen Stolz nicht verhehlen. »Er ist ein großes Baby, Chi An, rosig und rund. Er wiegt acht Pfund und hundertfünfzehn Gramm. Ich denke, er wird groß werden, nicht so klein wie ich. Er hat schon einen dichten schwarzen Haarschopf und seine Haut ist sehr hell, so wie deine.« Wei Xins Schilderung tröstete mich, und ich entspannte mich allmählich. Ich schlief ein, während Wei Xin noch weitersprach.

Ich hatte bei dieser Geschichte fast zweieinhalb Liter Blut, also fast die Hälfte meines gesamten Bluts verloren. Doch nach der zweiten Bluttransfusion entfernte die Schwester die Vorrichtung an meinem Bett. Wei Xin wußte, daß ich eine Menge

Blut verloren hatte, wenngleich er den Grund dafür nicht kannte. Er protestierte und sagte, daß ich noch eine weitere Transfusion bräuchte, aber sie erwiderte, daß dafür keine Anweisung vorlag. Auch nicht für Schmerzmittel, Antibiotika oder irgend etwas sonst. »Ich habe keine Anweisungen für die nachoperative Behandlung Ihrer Frau gesehen, und ich glaube auch nicht, daß die Ärzte irgendwelche ausgestellt haben«, erklärte sie Wei Xin.

In den frühen Morgenstunden ließ die Wirkung des Morphiums nach und ich wachte vor Schmerzen stöhnend auf. Wei Xin ging zum Schwesternzimmer und bat die diensthabende Schwester um eine weitere Morphiumspritze. Sie gab ihm ein paar Kodeintabletten. »Ich kann ihr ohne die Anweisung eines Arztes nichts Stärkeres geben«, entschuldigte sie sich. Das Kodein half ein bißchen, aber die Schmerzen waren nach wie vor so stark, daß ich nicht schlafen konnte.

Am Morgen machten mehrere Ärzte die Runde durch die Station, aber keiner schenkte mir auch nur die geringste Beachtung. Als meine Mutter mittags kam, beklagte sich Wei Xin, daß ich seit meiner Operation nicht mehr untersucht worden sei. »Jemand ist dafür verantwortlich«, erklärte meine Mutter. »Und ich werde herausfinden, wer.«

Der diensthabende Arzt erklärte meiner Mutter, daß er mich auf dieser Station nur aufgenommen habe, um der Oberschwester einen Gefallen zu erweisen. »Ihre Tochter ist eine Patientin der Entbindungsstation. Sie sollte vom dortigen Chefarzt betreut werden.« In böser Vorahnung suchte meine Mutter ihn auf, aber er wies brüsk alle Verantwortung von sich. »Ich habe Ihre Tochter nicht aufgenommen und sie auch nicht operiert«, knurrte er. »Wenden Sie sich an den Chefchirurgen, wenn Sie sich über mangelnde Betreuung beklagen wollen.«

Der Chefchirurg hörte sich die Klagen meiner Mutter voller Mitgefühl an. »So so, der Chefarzt der Entbindungsstation hat also Ihre Tochter noch nicht einmal untersucht«, sagte er und schüttelte mißbilligend den Kopf. »Es ist sein Bereich. Er ist für alle Entbindungsfälle verantwortlich. Er muß für die postoperative Behandlung Ihrer Tochter sorgen.«

»Aber er weigert sich!« rief Mutter, die nicht länger an sich halten konnte. »Bitte kommen Sie und untersuchen Sie meine Tochter. Sie hat große Schmerzen.«

Der Chefchirurg trat einen Schritt zurück. »Ich kann nicht zu weit gehen«, sagte er. »Es steht mir wirklich nicht zu, Ihre Tochter zu untersuchen.«

Auf die Bitten meiner Mutter hin schrieb er wenigstens eine Anweisung für stärkere Schmerzmittel aus. Aber mehr wagte er nicht zu tun. Er kam nie, um mich zu untersuchen. Später erfuhren wir, daß er in der Kulturrevolution zu einem Hauptangriffsziel geworden war, weil er im Ausland studiert hatte. Seither hatte er sehr darauf geachtet, sich nicht zu weit vorzuwagen, vor allem nicht in Angelegenheiten, die seinen Hauptgegner in jenen Tagen, den Chefarzt der Entbindungsstation, betrafen.

Am dritten Tag nach meiner Operation erschien der Chefarzt der Entbindungsstation an der Schwelle meines Zimmers. »Sieht aus, als machten Sie gute Fortschritte«, sagte er mit einem sarkastischen Grinsen. »Und wann werden wir Sie entlassen?«

Meine Mutter, wütend darüber, daß sie es nicht vermocht hatte, eine ordentliche medizinische Betreuung für mich zu erreichen, konnte sich nicht mehr beherrschen. »Wie können Sie von einer Entlassung reden, wenn Sie sie noch nicht einmal untersucht haben?« schrie sie. »Wo sind Sie die drei Tage gewesen? Warum schauen Sie sich nicht ihr Krankenblatt an, das da am Fußende ihres Bettes hängt? Warum untersuchen Sie sie nicht?«

»Warum sollte ich«, erwiderte er hochmütig und bewegte sich nicht von der Stelle. »Ich habe sie nicht aufgenommen. Und ich habe sie auch nicht operiert. Der Chefchirurg ist derjenige, der sich ihrer annehmen sollte, nicht ich.« Er drehte sich um und verschwand.

Als der Schmerz meiner Schnittwunde allmählich nachließ, entdeckte ich andere kleine Verletzungen, die ich mir allerdings zumeist selbst zugefügt hatte. Ich hatte die Schienen an den Seiten des Operationstischs so fest umklammert, daß meine Handflächen nun dunkelviolett angelaufen waren. Meine Hände schmerzten noch tagelang. Meine Zunge und meine Wangen innen waren so zerbissen, daß es weh tat, wenn ich etwas aß. Es mußte wohl passiert sein, als ich versuchte, meine Schreie zu ersticken, aber ich erinnerte mich nicht mehr daran.

Eine Woche nach der Operation entfernte der Assistent des Chefchirurgen meine Nähte. Als er damit fertig war, verkündete ich, daß ich nun bereit sei, nach Hause zurückzukehren. Wei Xin und meine Mutter waren ganz meiner Ansicht. »Ich kann mich zu Hause besser um dich kümmern, als sie es hier tun«, meinte Wei Xin triumphierend.

Ich war noch sehr schwach und hatte auch noch ziemliche Schmerzen, als ich nach Hause zurückkehrte, und kurz darauf bekam ich leichtes Fieber. Eine Untersuchung, die erste nach meiner Operation, ergab, daß ich eine Entzündung in der Gebärmutter hatte, wahrscheinlich, weil man mir nach dem Kaiserschnitt keine Antibiotika gegeben hatte. Ich mußte einige Wochen lang Penizillin nehmen, um sie auszuheilen.

Der Chefarzt der Entbindungsstation mußte später zurücktreten, wenngleich seine Probleme nichts mit mir oder ärztlicher Pfuscherei zu tun hatten.

Er hatte eine ganze Reihe junger, unverheirateter Krankenschwestern mit einem Eheversprechen verführt, und zwei seiner Eroberungen wandten sich schließlich gegen ihn. Die erste bezeugte, daß er, als sie aufs Land beordert werden sollte, ein falsches medizinisches Gutachten ausgestellt hatte, so daß sie im Krankenhaus bleiben durfte und sie ihre Beziehung fortsetzen konnten. Die zweite bezeugte, daß er sie geschwängert und dann eine Abtreibung vorgenommen hatte. Und ohne ihr Wissen hatte er ihr eine Spirale eingesetzt, damit er seine Affäre ohne Angst vor weiteren Schwangerschaften weiterbetreiben konnte.

Als der Arzt sich dann später neuen Liebschaften zuwandte, waren die beiden unabhängig voneinander zu den Behörden gegangen und hatten sich beklagt. Nach einer kurzen Untersuchung wurde er für schuldig befunden, »der Bewegung aufs Land« und dem »Geburtenkontrollprogramm« Schaden zugefügt zu haben. Er wurde zu einem Jahr Umerziehung in einem Arbeitslager verurteilt.

Wichtiger noch, ihm wurde die Erlaubnis, sich ärztlich zu betätigen, auf Dauer entzogen. Ich fand, daß diese Strafe seinen Verbrechen angemessen war.

Erst nachdem ich schon einige Tage zu Hause war, erzählte ich Wei Xin die ganze Geschichte der Operation. Seine Augen weiteten sich, als ich ihm berichtete, warum ich mich für die Akupunktur entschloß, was ich für qualvolle Schmerzen litt, und wie die Arterie platzte und ich beinahe verblutet wäre. Als ich mit meiner Geschichte zu Ende war, war er bleich wie ein Gespenst.

»Ich hatte keine Ahnung... daß du das alles durchmachen mußtest«, sagte er stockend. »Ich wollte bei dir sein, als man dich in den Operationssaal brachte, aber sie ließen mich draußen warten. Ich fühlte mich so hilflos... und atmete erleichtert auf, als ich Dachengs ersten Schrei hörte. Aber dann verging eine lange Zeit, in der ich gar nichts hörte, und ich bekam wieder Angst. Dann hörte ich ihn schließlich wieder schreien. Aber du, Chi An... Nach allem, was du durchgemacht hast... ich habe dich nicht einmal aufschreien hören.«

»Ich wagte es nicht«, sagte ich. »Ich hatte Angst, der Chirurg würde seine Meinung ändern wegen der Akupunktur. Ich befürchtete, daß die Nebenwirkungen einer Narkose Dacheng Schaden zufügen könnten.«

Wei Xin schwieg eine lange Zeit. Als er schließlich wieder etwas sagte, klang er fast wütend. »Nach allem, was du durchgemacht hast, Chi An, wird Dacheng gut daran tun, ein respektvoller Sohn zu sein. Wenn er dir auch nur einmal nicht gehorcht, werde ich ihm die Ohren langziehen. Er schuldet dir alles. Du hast die Hölle durchlebt, damit er geboren werden konnte.«

12 »Behebende Maßnahmen«

Normalerweise hätten mir sechzig Tage Mutterschaftsurlaub zugestanden, aber da Dacheng durch einen Kaiserschnitt zur Welt gekommen war, erhielt ich ganze hundert Tage. Und die brauchte ich auch. Es dauerte einen Monat, bis ich ohne Schmerzen gehen konnte, und die Narbe meiner langen Schnittwunde schmerzte noch viele Wochen danach.

Ich genoß jeden Augenblick mit meinem Baby, das für mich eine stete Quelle des Staunens war. Wei Xin teilte meine Freude über unseren Sohn und hielt sein Versprechen, ein vorbildlicher Vater zu sein. Als Dacheng zwei Monate alt war und anfing unruhig zu werden, wenn es Schlafengehenszeit war, zimmerte Wei Xin in seiner Fabrik eine hölzerne Wiege zusammen, die er in unserem Schlafzimmer an der Decke aufhängte. Ein bißchen Geschaukel, und schon war Dacheng eingeschlafen. Und wenn er nachts mit einer nassen Windel aufwachte, stand Wei Xin auf und wickelte ihn, während ich weiterschlief.

Er kam sogar mit mir und Dacheng mit, wenn ich Nachtschicht hatte, weil er fürchtete, sein Sohn könnte sich in der Kinderkrippe des Sanatoriums unwohl fühlen. Er setzte sich neben Dachengs Bettchen, damit sein Sohn, falls er aufwachte, ein vertrautes und liebevolles Gesicht sah. Da saß er dann noch, wenn ich am nächsten Morgen meine Nachtschicht beendet hatte, von einer Gruppe meiner Kolleginnen umringt, die ihn wegen seiner »Mütterlichkeit« aufzogen.

Zwei Wochen nach meiner Entlassung aus dem Krankenhaus stand die große, hagere Funktionärin, die im Sanatorium für die

Belange der Geburtenkontrolle zuständig war, vor meiner Tür. Im Gegensatz zu anderen Kadern, die ihre wahren Ziele meist mit unaufrichtiger Kameraderie und langatmigen politischen Tiraden einnebelten, war sie sehr direkt. Nachdem sie mir flüchtig zur Geburt von Dacheng gratuliert hatte, kam sie gleich zur Sache: »Ich bin hier, um Sie zu bitten, eine Ein-Kind-Vereinbarung zu unterzeichnen. Nach den gegenwärtigen Bestimmungen erhalten Sie, wenn Sie einwilligen, kein weiteres Kind mehr zu bekommen, einen monatlichen Bonus von fünf Yuan und ein Waschbecken. Ihnen ist sicherlich klar, daß Sie sich in diesem Fall am besten sterilisieren lassen – nur um sicher zu gehen, daß nichts Unvorhergesehenes passiert.« Sie sprach so nüchtern, als ginge es ums Wetter und nicht um diese intimste aller menschlichen Angelegenheiten. »Selbstverständlich kann sich Ihr Mann statt Ihrer sterilisieren lassen – das heißt, wenn er dazu bereit ist«, setzte sie hinzu. »Die meisten Männer sind dazu nicht bereit, weil sie glauben, daß es sie in ihrer Potenz beeinträchtigt.«

Ich spürte, wie mir die Ohren heiß wurden. Ich wollte mit der gleichen Offenheit antworten und ihr sagen, daß Wei Xin und ich im Moment keinesfalls in eine Sterilisation einwilligen würden, doch meine politische Vorsicht – von meiner Befangenheit in sexuellen Angelegenheiten ganz zu schweigen – gewann die Oberhand. Es war doch stets besser, sich den Autoritäten gegenüber einigermaßen willfährig zu geben. »Ich werde über die Unterzeichnung einer Ein-Kind-Vereinbarung nachdenken«, erwiderte ich. »Aber mein Mann ließ durchblicken, daß er vielleicht noch ein zweites Kind möchte.«

»In diesem Fall haben Sie zwei Möglichkeiten«, antwortete sie. »Sie lassen sich entweder eine Spirale einsetzen oder nehmen ab sofort die Pille.«

Beides wollte ich nicht. Die Pille würde dazu führen, daß ich weniger Milch hatte, erklärte ich ihr, und ich mußte schließlich alle ein oder zwei Stunden einen hungrigen kleinen Jungen stillen. Was die Spirale anging, so hatte ich eine Entzündung in der

Gebärmutter, und solange diese nicht ausgeheilt war, konnte ich mir kein Spirale einsetzen lassen. »Abgesehen davon«, schloß ich, »wird man, wie Sie wissen, nicht so leicht schwanger, solange man stillt.«

Die Tatsache, daß ich nicht sofort mit der Verhütung anfangen wollte, schien sie zu verärgern. Mit säuerlicher Miene fragte sie: »Sie wissen, daß Sie nun zwischen der Geburt des ersten und zweiten Kindes eine Frist von vier Jahren einhalten müssen?«

»Ja.«

»Und daß Sie auch nach dieser Wartezeit erst eine Geburtserlaubnis bekommen müssen, bevor Sie noch ein Kind zur Welt bringen können?«

»Ja.«

»Und daß sich diejenigen, die sich nicht an diese Wartezeit halten, behebender Maßnahmen unterziehen müssen?«

Wieder bejahte ich.

Ihr Besuch erfüllte mich mit düsterer Vorahnung. Kaum hatte ich mein erstes Kind zur Welt gebracht, da wollten die Behörden auch schon die Möglichkeit ausschließen, daß ich noch ein zweites bekam. Ich hatte mich absichtlich vage ausgedrückt, aber für mich gab es keinen Zweifel, daß ich noch ein kleines Mädchen wollte. Ich war bereit, vier Jahre zu warten – falls nötig, sogar noch länger. Die politischen Maßnahmen zur Kontrolle des Bevölkerungswachstums wurden jedoch immer strenger. Würden denn die Behörden, wenn ich meinen Teil der Abmachung einhielt, auch den ihren einhalten?

Als Dacheng sieben Monate alt war, wurde ich unerwartet schwanger. Ich wußte es fast sofort, denn meine Periode blieb aus, und kurz darauf fühlte ich mich wieder ständig müde und mir wurde übel. Noch bevor der Monat um war, begann das schreckliche morgendliche Erbrechen, und ich nahm ab. Meine zweite Schwangerschaft versprach physisch noch anstrengender zu werden als die erste.

Aber schlimmer noch als die physischen Probleme, die während der Schwangerschaft auf mich zukommen würden, war der Gedanke an die bevorstehende Auseinandersetzung mit den Behörden. Wenn diese Funktionärin im Sanatorium entdeckte, daß ich schwanger war, würde sie sicherlich verlangen, daß ich mich behebender Maßnahmen unterzog. Sie würde mich daran erinnern, daß es nun ein Quotensystem gab – und ich keine Geburtserlaubnis hatte. Sie würde darauf hinweisen, daß zwischen der Geburt von Dacheng und der Geburt dieses Babys nur sechzehn Monate lagen statt der verordneten vier Jahre. Sie würde mir die Einwilligung vorlegen, die Wei Xin und ich unterschrieben hatten. »Sie haben einen unantastbaren Vertrag mit dem Staat geschlossen«, würde sie sagen und die Tatsache ignorieren, daß er nur unter Druck unterzeichnet worden war, »und müssen nun diese Bedingungen einhalten.«

Ich wußte aber auch, daß die politischen Maßnahmen zur Kontrolle des Bevölkerungswachstums noch keine ehernen Gesetze waren. Natürlich wäre es, trotz aller Verbindungen, über die meine Mutter verfügte, ganz unmöglich, eine zweite Geburtserlaubnis zu erhalten. Und da gab es nun einmal diese Einwilligung, die Wei Xin und ich unterzeichnet hatten. Doch wenn ich Rückgrat zeigte und eigensinnig darauf beharrte, mein Baby auszutragen, konnte mich niemand zu einer Abtreibung zwingen. Wei Xin und ich würden abends in unserer Wohnung von den Kadern meines Straßenkomitees und meiner Arbeitseinheit aufgesucht werden. Wir würden uns demütig und mit ernsthafter Miene ihre langen Predigten über die Verdienste der Familienplanungspolitik anhören müssen. Möglicherweise würde mich der Parteisekretär des Sanatoriums höchstpersönlich vorladen und mir einen langen und mit verhüllten Drohungen gespickten Vortrag halten oder sogar anordnen, daß ich bei der Personalversammlung öffentlich kritisiert wurde. Behielt ich dieses Kind, so konnte es mir auch passieren, daß ich die nächsten zehn Jahre nur noch für Nachtschichten eingeteilt wurde. Aber letztendlich lag die Entscheidung bei mir.

Der Einsatz war hoch. Das Leben meines ungeborenen Kindes stand auf dem Spiel. Schon der Gedanke daran, mit den Parteikadern Katz und Maus spielen zu müssen, erfüllte mich mit Schrecken. Meine gesamte politische Konditionierung hatte mich gelehrt, den Weg des geringsten Widerstands zu gehen. »Wenn der Wind bläst, beugt sich das Gras«, war zu einem geflügelten Wort meiner Generation geworden. Die, die sich dem Willen der Partei nicht beugten, wurden von ihr gebrochen.

Ich werde der Familienplanungsfunktionärin meine Schwangerschaft nicht melden, beschloß ich. Soll sie doch selbst herausfinden, daß ich schwanger bin. Ich würde mich freiwillig für die Nachtschicht melden, damit ich zu Hause war, wenn ich meine schlimmsten Übelkeitsanfälle bekam und mich übergeben mußte, was meist so gegen Morgenmitte der Fall war. Meine nächste Unterleibsuntersuchung war erst in vier Monaten fällig, und dann war ich schon über die Hälfte meiner Schwangerschaftszeit hinaus. Was passieren würde, wenn sie zu dem Zeitpunkt entdeckten, daß ich schwanger war – darüber mochte ich lieber nicht nachdenken. Würde ich unter dem Druck der Drohungen und Schmeicheleien der Behörden nachgeben? Oder würde mein ungeborenes Kind, das dann schon im sechsten Monat war und mich seine Präsenz fühlen lassen würde, mir genügend Willensstärke verleihen, um Widerstand zu leisten?

Das war mein Plan, aber er funktionierte nicht. Noch Monate vor meiner nächsten Unterleibsuntersuchung, die mich schließlich verraten würde, machte ein Übelkeitsanfall meinen Zustand für alle offensichtlich. Er überkam mich ganz plötzlich eines Morgens kurz vor dem Ende meiner Schicht. Ich preßte mir die Hand vor den Mund und versuchte, es noch bis zur Toilette zu schaffen, aber es war schon zu spät. Ich übergab mich inmitten einer Runde von Patienten und in Anwesenheit der diensthabenden Schwester.

Die Familienplanungsfunktionärin fing mich am Tor ab, durch das ich gerade nach Hause eilen wollte. Und sie kam ohne Umschweife zur Sache. »Ich habe gehört, daß Sie sich heute morgen übergeben mußten«, sagte sie und maß mich mit einem tiefen Stirnrunzeln, als hätte ich mir eine eklige Krankheit zugezogen. »Ganz zu schweigen davon, daß Sie blaß aussehen. Ich möchte, daß Sie morgen ins Krankenhaus gehen und sich einer Untersuchung unterziehen. Solche Dinge erledigt man am besten rasch.«

Ich sagte mir, daß es keinen Sinn habe, ihre Anweisung nicht zu befolgen, und tat, was sie mir befohlen hatte. Schließlich war es auch ganz gut, wenn ich untersucht und festgestellt wurde, wie es mit meiner Schwangerschaft stand. Es war noch genug Zeit, später Widerstand zu leisten – dann, wenn man mich anweisen würde, eine Abtreibung vornehmen zu lassen.

Eine Schwester sah sich meine Krankengeschichte an und untersuchte mich anschließend. »Der Gebärmutterhals ist weich«, sagte sie, als sie fertig war. »Es sind alle Anzeichen einer Schwangerschaft vorhanden.« Vom Datum meiner letzten Periode ausgehend, errechnete sie, daß ich in der zehnten Woche war. »Der Geburtstermin wäre so um den 21. Juli. Zudem ist Ihr Gebärmutterhals entzündet, wahrscheinlich noch eine Folge Ihres Kaiserschnitts.«

Sie teilte mir diesen Befund in strikt klinischer Manier und ohne den leisesten Anflug eines Lächelns mit. Ungeplante Schwangerschaften entlockten nicht länger irgendwelche Worte der Gratulation. Die Schwester wußte, daß ich keine Geburtserlaubnis für ein zweites Kind hatte. Und ich wußte, daß sie sich, sobald ich den Raum verlassen hatte, ans Telefon hängen und meiner Arbeitseinheit den Befund mitteilen würde.

Am nächsten Tag kam die Funktionärin um halb acht Uhr morgens nach dem Ende meiner Schicht auf mich zu, und wieder kam sie sofort zur Sache. »Wir müssen uns Ihrer Situation ohne weitere Verzögerung annehmen. Sie sollten binnen einer Woche behebende Maßnahmen ergreifen.«

Ich hatte schon sorgsam geprobt, was ich ihr entgegnen wollte: Trotz des kürzlich eingeführten Quotensystems liegt die gesetzliche Obergrenze nach wie vor bei zwei Kindern. Niemand kann mich zu einer Abtreibung zwingen. Abgesehen davon wäre eine Abtreibung wegen meiner Infektion gefährlich für mich. Unter Berücksichtigung aller Dinge habe ich mich dazu entschlossen, dieses Kind zu bekommen.

Jetzt aber, da ich ihr direkt gegenüberstand, setzte sich mein Instinkt, mich nicht gegen die Behörden zu stellen und eine Konfrontation unter allen Umständen zu vermeiden, wieder durch. Ich sagte nichts.

»Nun, Chi An, stimmen Sie zu?« fragte sie nach einem Moment. Ich nickte entgegen aller meiner Absichten und versprach, mich einer Abtreibung zu unterziehen, obwohl ich es nicht wollte.

Ich tröstete mich mit dem Gedanken, daß mir meine Feigheit wenigstens ein bißchen Zeit verschafft hatte. Aber nur allzubald war meine Gnadenfrist von einer Woche vorbei, und die Funktionärin trat wieder an mich heran. »Warum waren Sie nicht im Krankenhaus?« schimpfte sie. »Sie haben selbst im Bereich der Geburtenkontrolle gearbeitet. Sie kennen die Politik der Regierung. Sie müssen Ihren Vertrag einhalten. Wenn Sie das nicht tun, haben Sie die volle Verantwortung für die Konsequenzen zu tragen.«

Jeden Tag nach der Arbeit setzte sie nun ihre Belagerung fort und drohte mir immer unverhüllter. Ich war wütend und zugleich eingeschüchtert, aber ich gab ihr niemals Widerworte.

Es gab keinen Zufluchtsort vor diesem unbarmherzigen Druck, eine Abtreibung vorzunehmen. Nicht einmal in der Wohnung meiner Mutter war ich sicher. Lehrerin Liu, die Vorsitzende des Straßenkomitees, suchte mich dort jeden Tag auf. Manchmal wartete sie auf mich am Hauseingang, wenn ich von der Arbeit nach Hause kam. Manchmal schaute sie auch am Abend vorbei, wenn meine Mutter und Wei Xin zu Hause waren. Sie brachte immer die gleichen Argumente vor: »Aus Freundschaft zu deiner Mutter habe ich dir einen Gefallen getan«, erinnerte sie mich. »Ich habe dir außer der Reihe eine Geburtserlaubnis verschafft. Jetzt hast du einen rosigen und pausbäckigen Sohn. Wenn du gegen das Quotensystem verstößt und nun ein zweites Baby bekommst, werde ich kritisiert. Du bist es mir schuldig, daß du behebende Maßnahmen ergreifst.«

»Nimm ihr Geschimpfe einfach nicht zur Kenntnis«, sagte Wei Xin stets verächtlich, wenn sie gegangen war. »Wenn es zu schlimm wird, können wir ja immer noch in mein Zimmer im Wohnheim umziehen.« Doch es war mir unmöglich, seinen Rat zu befolgen. Es lag in meinem Wesen, andere Menschen zu erfreuen und zu tun, worum ich gebeten wurde. Daher war ich leichte Beute für diese Art von politischer Drangsalierung und anfällig für Schuldgefühle. Die Drohungen und Strafpredigten hallten endlos in mir nach und unterhöhlten allmählich meinen Entschluß.

Ich sehnte mich danach, daß sich das Baby in mir regte und ich spüren konnte, daß es wirklich da war. Verstandesmäßig zu wissen, daß ich schwanger war, war eine Sache. Eine ganz andere Sache aber war es, das ungeborene Baby lebendig in sich zu spüren, zu fühlen, wie es mit seinen Armen und Beinen stieß und strampelte. Wenn ich es wenigstens nur einmal strampeln fühlen könnte, dachte ich, dann könnte mich kein noch so großer Druck zum Nachgeben bewegen. Doch es würde mindestens noch einen Monat dauern, wie ich wußte, bis sich das Baby spürbar regte.

Zwei Wochen lang setzte die Familienplanungsfunktionärin ihr Sperrfeuer an Drohungen fort. Dann stellte sie mir eines Tages ein Ultimatum. »Ich habe für Sie morgen früh um acht Uhr einen Termin im Krankenhaus ausgemacht«, sagte sie. »Versäumen Sie ihn nicht. Wenn Sie ihn nicht einhalten, wird das, so schwört der Parteisekretär, sehr ernsthafte Konsequenzen für Sie haben.«

Sie wandte sich zum Gehen, ohne eine Antwort von mir abzuwarten. »Noch eines«, sagte sie über die Schulter hinweg. »Ich beabsichtige, Sie zum Krankenhaus zu begleiten. Es wird keine weiteren Verzögerungen geben.«

»Das ist reiner Zwang«, sagte Wei Xin wütend, nachdem ich ihm am Abend von diesem Vorfall berichtet hatte. Er legte das englischsprachige Fachbuch beiseite, das er gerade gelesen hatte, und sprang auf. »Wie können die so etwas tun?« Zum erstenmal nahm ich echten Zorn über unsere Situation bei ihm wahr.

»Wenn ich morgen nicht hingehe, werden sie den Druck verstärken«, sagte ich. »Der Parteisekretär wird sich einmischen. Das Straßenkomitee wird öffentliche Versammlungen abhalten und mich an den Pranger stellen. Glaubst du, daß die Schwiegertochter des Kochs, die abtreiben mußte, nachdem wir ihre Geburtserlaubnis bekommen hatten, auch nur einen Moment zögern wird, mich anzugreifen? Unsere persönlichen Angelegenheiten werden publik werden – die ganze Stadt wird sich darüber das Maul zerreißen.«

»Soweit ist es schon«, erwiderte Wei Xin. »Heute hat mich die Familienplanungsfunktionärin meiner Fabrik aufgesucht. Sie sagte, daß es am besten wäre, wenn wir unser Problem sofort beheben würden. Soviel zu unserem Umzug in mein Wohnheim, um dem Druck zu entgehen.«

Diese Neuigkeit versetzte mir einen Schock. Unser einziger Fluchtweg war abgeschnitten worden. »Ach Wei Xin, was sollen wir tun?«

»Was *können* wir tun?« fragte er zurück und klang, als gäbe er sich geschlagen. »Was haben wir für eine Wahl, als uns zu fügen, wenn die Behörden einen Fall daraus machen wollen? Wie kann ein Ei einen Fels zerbrechen?«

Meine Augen füllten sich mit Tränen. Der Ausgang meiner Schwangerschaft stand fest. Es war nur noch eine Frage der Zeit. Wei Xin legte die Arme um mich und zog mich an sich. »Es tut mir so leid, Chi An«, flüsterte er.

Ich kämpfte endlose Minuten damit, das Unvermeidliche zu akzeptieren. »Ich weiß nicht warum«, sagte ich schließlich, und die Stimme drohte mir zu brechen, »aber ich bin mir ganz sicher, daß es ein Mädchen ist... Dachengs kleine Schwester.«

Am nächsten Morgen ging ich, von der Familienplanungsfunktionärin eskortiert, ins Krankenhaus. Und nur allzubald lag ich auf dem Operationstisch. Ich kniff die Augen fest zusammen und versuchte, alle Empfindungen auszuschalten. Der Arzt, ein freundlicher älterer Mann, führte das Spekulum in meine Vagina ein und besah sich meinen Gebärmutterhals. Ich hörte, wie er einen mißbilligenden Schnalzton von sich gab. Der Druck des Spekulums ließ plötzlich nach. »Sie können sich wieder anziehen«, sagte er mit sanfter Stimme. »Ihr Gebärmutterhals ist entzündet. Abgesehen davon glaube ich nicht, daß der Kaiserschnitt, den Sie letztes Jahr hatten, je richtig ausgeheilt ist.«

Er wandte sich an die neben ihm stehende Funktionärin. »Ich möchte von dieser Prozedur abraten. Wenn wir den Gebärmutterhalskanal der Patientin erweitern und den Fötus absaugen, kann es zu einer Durchstoßung der Gebärmutterwand kommen. Und selbst, wenn es nicht dazu kommt, kann diese Prozedur doch möglicherweise die Infektion so weit verschlimmern, daß eine allgemeine Sepsis einsetzt. Dann wären wir gezwungen, eine Totaloperation vorzunehmen.«

Hoffnung durchströmte mich. Vielleicht kann ich das Baby doch behalten.

»Die Abtreibung *muß* gemacht werden«, sagte die Funktionärin entschieden.

Der Blick des Arztes wurde hart. »Der Zustand der Patientin läßt das nicht zu. Sie...«

»Wenn Sie es nicht machen«, fiel sie ihm rüde ins Wort, »dann finden Sie einen Arzt, der es macht.«

Der Arzt drehte sich auf dem Absatz um und ging wortlos hinaus. Zehn Minuten später lag ich wieder auf dem Operationstisch. Die Tür öffnete sich, und der Chefarzt der Entbindungsstation kam herein. Ein Schaudern überlief mich, als ich diesen linken Ideologen sah, der mich fast das Leben Dachengs gekostet hatte, von meinem eigenen Leben ganz zu schweigen. Er setzte sich vor mich hin und machte sich, ohne sich die Mühe zu nehmen, mich nochmals zu untersuchen, an die Arbeit.

Ich hatte mich immer für stark gehalten. So weich und nachgiebig ich war, wenn es um andere Menschen ging, so strikt und unnachgiebig war ich mit mir selbst. Bei der Geburt von Dacheng hatte ich trotz der ungeheuren Schmerzen keinen Laut von mir gegeben. Aber nun verlor ich völlig die Beherrschung. Als der Arzt mit der Absaugeprozedur begann, konnte ich die Tränen nicht mehr zurückhalten. Die physischen Schmerzen waren nichts im Vergleich zu meinem Kaiserschnitt, aber ich hatte das Gefühl, das Herz würde mir in tausend Stücke gerissen.

Es war vorbei. Die Funktionärin führte mich in einen Raum für die postoperativen Patientinnen und bedeutete mir, mich aufs Bett zu legen. Ich hatte nicht mehr die Kraft dazu. Ich sank auf Hände und Knie zu Boden und schluchzte.

Die nächsten Tage vergingen in einem Nebel von Blutungen und Schmerz. Der Arzt hatte meine ohnehin schon sehr verletzliche Gebärmutterwand beschädigt, und ich blutete extrem stark. Die Binden mußten ständig gewechselt werden. Und noch schlimmer als die Schwäche und Desorientierung infolge der Blutungen war der emotionale Schmerz. Meine Umgebung interessierte mich nicht mehr, und ich ignorierte sogar meinen geliebten Sohn Dacheng. Meine Gedanken kreisten nur um eine einzige Frage: Wer war der *xiongshou*, der Bösewicht in dieser Geschichte? War der Arzt für den Tod meiner Tochter verantwortlich? War die Familienplanungsfunktionärin die Böse? War diese Politik zur Kontrolle des Bevölkerungswachstums daran schuld? War ich die Böse?

Sosehr ich auch den Chefarzt der Entbindungsstation verabscheute, ich konnte ihm nicht wirklich die Schuld für das Geschehen anlasten. Hätte ich mich geweigert, ins Krankenhaus zu gehen, dann wäre meine Tochter noch am Leben. Ich konnte auch nicht der Funktionärin die Schuld zuschieben. Sie, wie der Arzt und die Lehrerin Liu vom Straßenkomitee, waren nur ein Instrument der offiziellen Politik zur Geburtenkontrolle. Ich war selbst auch in ihrer Position und gezwungen gewesen, Befehle auszuführen, die ich abscheulich fand. Ich konnte auch nicht guten Gewissens die verdammen, die diese Politik eingeführt hatten, denn was, wenn sie von der grausamen Art und Weise, wie sie durchgesetzt wurde, gar nichts wußten? Es war mir unmöglich, jemandem die Verantwortung für diese Tragödie zuzuschieben. Was alle daran Beteiligten anging, so war ich mir einzig meiner eigenen Schuld gewiß. Die Tatsache, daß ich unter Druck gestanden hatte, war kein Argument, mir zu vergeben. Um Dachengs Leben zu retten, wäre ich bereit gewesen, mich kreuzigen zu lassen. Warum, so stöhnte ich innerlich unaufhörlich, hatte ich diesmal so schnell nachgegeben?

Wei Xin hatte wenig Zeit, mich zu trösten. Er hatte mir zwar bei meiner Konfrontation mit den Kadern beigestanden, aber als ich aus dem Krankenhaus zurückkehrte, hatte er keine Zeit mehr für mich. Er war zu sehr damit beschäftigt, sich im Ingenieurwesen und in der englischen Sprache weiterzubilden. Das Erziehungsministerium hatte angekündigt, daß die weiterführenden Abteilungen der Hochschulen, die geschlossen worden waren, nachdem Mao sie als »Brutstätten einer intellektuellen Aristokratie« verdammt hatte, wieder eröffnet werden würden. Im März 1978 sollte überall im Land eine allgemeine Aufnahmeprüfung abgehalten werden, die dann darüber entschied, welche Studenten, die bereits einen Abschluß hatten, zur Weiterbildung aufgenommen wurden. Die Kandidaten sollten in Englisch, Chinesisch, kommunistischer Ideologie und in ihrem speziellen Fachbereich, in Wei Xins Fall Maschinenbau, geprüft werden. Diejenigen, die gut abschnitten, durften dann an Chinas Universitäten weiterstudieren.

Wei Xin, dessen Hochschulausbildung vor zehn Jahren ein jähes Ende genommen hatte, sah seine Chance. Sobald er von dieser Aufnahmeprüfung im März erfahren hatte, holte er seine alten Lehrbücher hervor und vertiefte sich darin. Er verbrachte sehr viel Zeit damit, sein Leseverständnis von englischen Texten zu verbessern, da dies seinem Gefühl nach sein schwächster

Punkt war. Die literarischen Werke waren alle verbrannt worden, aber in den Regalen der Universitätsbibliothek von Shenyang standen noch regalweise englischsprachige Lehrbücher im Bereich des Ingenieurwesens und anderer technischer Gebiete. Der Bibliothekar, der meinen Vater gut gekannt hatte, lieh sie dem Schwiegersohn seines ehemaligen Freundes nur allzugern aus, auch wenn er noch gar kein Student war. Wei Xin schaute gewöhnlich am Samstagmorgen nach der Arbeit in der Bibliothek vorbei und kam dann mit einer ganzen Ladung muffig riechender Bücher zurück, die Titel hatten wie *Die Eigenschaften des Metalls, Newtons Gesetze,* oder *Allgemeine Thermodynamik*. Dann schloß er sich in unserer winzigen Kammer ein, las jedes dieser Bücher von der ersten bis zur letzten Seite und machte nur eine kleine Pause, um etwas zu essen, so, als ob es sich um Kung-Fu-Thriller und nicht um trockene technische Abhandlungen handelte.

Wei Xins Lerneifer war eine der Eigenschaften gewesen, die mich anfänglich sehr für ihn eingenommen hatte. Jetzt aber, da ich seine Liebe und Unterstützung am meisten brauchte, verschwand er in die dünne Luft alter wissenschaftlicher Bücher mit fremdartigen Titeln. Er las wie besessen. Selbst sein geliebter Dacheng konnte ihn immer nur für ein paar Minuten von seinen Büchern weglocken. Was mich anging, so war es, als existierte ich überhaupt nicht. Ich hatte mir nach der Abtreibung eine Spirale einsetzen lassen, um diese grauenhafte Erfahrung nicht wiederholen zu müssen, aber das hätte ich mir ebensogut sparen können. Wei Xins ganze Energie floß in seine Bücher. Wenn er überhaupt auf meine Versuche, eine Unterhaltung anzufangen, reagierte, dann nur einsilbig.

An einem Sonntagabend zur Schlafengehenszeit, nachdem ich ein weiteres langes und schweigsames Wochenende verbracht hatte, hatte ich schließlich genug. Statt mich still an Wei Xins Seite zu legen und einzuschlafen, baute ich mich direkt vor ihm auf. »Wei Xin«, sagte ich mit lauter Stimme: »Vergiß nicht, daß du eine Frau und einen Sohn hast!«

Wei Xin, von meinem für mich untypischen Ausbruch überrascht, blickte auf.

»Wozu das alles?« grollte ich und wies verächtlich auf den Haufen englischsprachiger Bücher neben unserem Bett. »Ich habe zwar noch einen Sohn, das weiß ich. Aber ich habe meine ungeborene Tochter an das Programm zur Geburtenkontrolle verloren. Und jetzt habe ich meinen Mann an diese Bücher verloren. Ist es das wert? Das frage ich mich. Ist es das wert?«

Ausnahmsweise legte Wei Xin sein Buch beiseite, allerdings nicht ohne die Seite sorgsam markiert zu haben. »Dies hat nicht nur mit der Zulassungsprüfung zum Weiterstudium zu tun, Chi An«, begann er ganz ruhig. »Der Himmel weiß, daß ich nicht mein ganzes Leben in der Maschinenfabrik verbringen möchte. Aber die Wiederaufnahme des Studiums ist nur der erste Schritt. China öffnet sich dem Westen. Ich habe Gerüchte gehört, daß die Regierung in ein oder zwei Jahren Studenten nach Amerika und England zur Fortbildung schicken will. Die Konkurrenz wird ungeheuer groß sein. Nur die, die die englische Sprache fließend beherrschen, werden dazu ausgewählt werden.« In seiner Stimme schwang jetzt Erregung. »Ich muß darauf vorbereitet sein, Chi An. Denk nur, wie wunderbar es wäre, im Westen studieren zu können!«

China hatte sich nun schon so lange von der Welt abgekapselt, daß ich versucht war, Wei Xins Pläne als reine Phantasie abzutun. Doch jetzt, nach Maos Tod und nachdem in Peking Vizepremier Deng Xiaoping wieder aufgetaucht war, erwachte China allmählich aus seinem langen maoistischen Alptraum. Zum erstenmal seit 1966 waren im Dezember 1977 wieder Hochschulaufnahmeprüfungen abgehalten worden. Bis zu jener Prüfung im März, auf die Wei Xin sich vorbereitete, war es nur noch ein knapper Monat hin. »Glaubst du wirklich, daß du eine Chance hast, ins Ausland zu gehen?« fragte ich. Wei Xins Erregung erwies sich als ansteckend.

»Absolut. Wenn ich diese Prüfung bestehe – und ich denke, ich habe eine gute Chance –, dann werde ich zwei Jahre an der

Shenyang Universität weiterstudieren. Ohne akademischen Titel von einer westlichen Universität würde ich danach als Assistent unterrichten. Ich würde mich langsam die akademische Stufenleiter hinaufarbeiten und vielleicht zwanzig oder sogar dreißig Jahre brauchen, bis ich außerordentlicher Professor bin. Wenn ich andererseits mit einem Regierungsstipendium im Ausland studieren könnte, dann habe ich gute Aussichten, gleich nach meiner Rückkehr eine Professur zu erhalten. Stell dir vor, was das für uns bedeuten würde.«

Es würde eine Menge bedeuten, das wußte ich. Der Sprung vom Assistenten zum außerordentlichen Professor war immens. Damit waren nicht nur ein sehr viel höheres Gehalt, sondern auch der Zugang zu den besten Wohnquartieren auf dem Campus verbunden. Als bloßer Assistent würde Wei Xin ein Quartier im Wohnheim für die jüngeren Dozenten zugewiesen bekommen – wenn wir Glück hatten. Wenn nicht, würden wir noch in fünf Jahren bei meiner Mutter wohnen. In China war es einfacher, einen Ehepartner als einen Platz zum Wohnen zu finden. Ich war ein Beweis dafür. Aber als Professor…

»Natürlich würde es mindestens vier Jahre dauern, bis ich an einer amerikanischen Universität den Doktor machen kann«, fuhr Wei Xin nun etwas nüchterner fort. »Und für diese Zeit würden wir voneinander getrennt sein. Ich würde in den Vereinigten Staaten sein, und du würdest hier bei deiner Mutter leben. Aber diese Zeit würde schnell vergehen. Und wenn ich dann mit meinem Studium fertig bin«, Wei Xin lachte, »werde ich im kaiserlichen Seidengewand zurückkehren wie ein Kandidat, der die kaiserlichen Prüfungen zu den Zeiten der Dynastien erfolgreich bestanden hat. Ich werde eine Professur erhalten, ich werde in meinem Fachbereich anerkannt sein. Uns wird auf dem Campus eine geräumige Wohnung mit zwei Schlafzimmern zugewiesen werden.«

Inzwischen hatte mich Wei Xins Zukunftsvision völlig gefangengenommen. Ich konnte schon unsere neue Wohnung vor mir sehen. Wei Xin würde in seinem Arbeitszimmer sitzen und schreiben, von Bücherregalen umgeben, in denen auch Bücher standen, die er selbst verfaßt hatte. Im Kinderzimmer würden zwei Betten stehen, denn dann würde Dacheng eine kleine Schwester haben. Jedes Opfer schien es wert, diesen Traum Wirklichkeit werden zu lassen, auch die langen Stunden der Einsamkeit, während sich mein Mann auf seine Prüfungen vorbereitete. »Wenn du das schaffst«, sagte ich aufgeregt, »dann wirst du auch zum Glanz deiner Ahnen beigetragen haben. Und die Prophezeiung des alten Wahrsagers wird sich erfüllen, der, als du noch ein Baby warst, voraussagte, daß du einmal ›auf dem Pferderücken reisen und bei jeder Mahlzeit Fisch essen wirst‹.«

Wei Xin, der bei schriftlichen Prüfungen schon immer gut abgeschnitten hatte, bestand die Prüfung im März mit Leichtigkeit. Und was angesichts unserer Pläne am wichtigsten war, er schnitt vor allem im Englischen hervorragend ab und bekam die höchste Benotung in seiner Prüfungsklasse. Er immatrikulierte sich an der Fakultät für Ingenieurwesen des Shenyang Instituts für Wissenschaft und Technologie. Der Unterricht begann sofort. Und die Professoren, die in den letzten zehn Jahren in intellektueller Hinsicht auf Eis gelegen hatten, stürzten sich voller Enthusiasmus auf den Unterricht.

China beendete seine selbst auferlegte Isolation sogar noch früher als erwartet. Im April wurde verkündet, daß China im Herbst seine erste kleine Gruppe graduierter Studenten zur Weiterbildung ins Ausland schicken werde. Weitere größere Gruppen sollten folgen. Zumindest theoretisch würden die Stipendien für ein Studium im Westen auf der Grundlage von Leistung und nicht des Klassenstatus oder familiärer Verbindungen vergeben werden. Es gab zwei Hauptauswahlkriterien: gute Leistungen im eigenen akademischen Fachbereich und hervorragende Beherrschung der englischen Sprache.

Wei Xin schloß seine ersten Semesterkurse im Ingenieurswesen mit nahezu makellosen Ergebnissen ab und gewann seine

Professoren für seine Sache. Nur eine Hürde war noch zu nehmen: Die Englischprüfung, die im August auf nationaler Ebene in Peking und anderen großen Städten abgehalten werden sollte. Die Shenyang Universität durfte insgesamt zwölf Kandidaten nach Peking entsenden. Neun davon waren Fakultätsmitglieder, die auch schon vor der Kulturrevolution unterrichtet hatten. Die übrigen drei gehörten zu den neuen graduierten Studenten. Sie wurden auf der Grundlage ihres guten Abschneidens bei den Aufnahmeprüfungen ausgewählt, und Wei Xin war einer von ihnen.

Als das Semester Anfang Juli beendet war, verdoppelte Wei Xin seine Anstrengungen zur Vorbereitung auf die Prüfung in Peking. Wieder mußte ich ihn ganz und gar seinen Büchern überlassen, tat es diesmal aber freudig. Ich schlug ihm sogar vor, unter der Woche im Wohnheim der Universität zu übernachten, was ihm jeden Tag zwei Stunden Fahrtzeit ersparte. Dacheng und ich sahen ihn nur noch an den Wochenenden, wenn er mit seiner üblichen Ladung Bücher unterm Arm erschien und damit sofort in unser Schlafzimmer verschwand.

Seine fieberhaften Vorbereitungen zahlten sich aus. Im Oktober verkündete die Universität, daß Wei Xin einer der von der Shenyang Universität entsandten Kandidaten – und der einzige graduierte Student – war, die die Prüfung bestanden hatten.

Da die Regierungsstipendien vorrangig an Personen vergeben wurden, die in einem wissenschaftlichen und technischen Bereich arbeiteten und China bei der Modernisierung helfen konnten, war es, wie wir wußten, nur noch eine Frage der Zeit, bis Wei Xin ins Ausland gehen würde. Die Aufregung drohte uns zu überwältigen.

Es gab nur einen Grund, warum ich Wei Xins bevorstehende Abreise bedauerte, und der hatte mit der Hoffnung auf eine Tochter zu tun. Die Zeit hatte meine Schuldgefühle, die ich wegen meiner Abtreibung empfand, nicht im geringsten gemindert. Nur ein kleines Mädchen in meinen Armen konnte wohl meinen Schmerz besänftigen und mich vergessen lassen. Von den vier Jahren, die wir abzuwarten hatten, waren nun schon fast drei vergangen. Noch ein Jahr, und Wei Xin und ich konnten uns um eine neue Geburtserlaubnis bewerben.

Jetzt, da Wei Xin ins Ausland gehen würde, mußte ich meine Pläne neu überdenken. So kurz vor seiner Abreise wollte ich kein zweites Kind bekommen, mit oder ohne Erlaubnis. Die Aussicht, Dacheng in den nächsten fünf Jahren allein aufziehen zu müssen, war ohnehin schon entmutigend genug. Ich würde bis zu Wei Xins Rückkehr warten. Ich bin noch jung, tröstete ich mich. Dacheng wird acht sein, wenn sein Vater zurückkehrt. Und das nächste Mal wird uns niemand vorwerfen können, daß wir die Vierjahresfrist nicht eingehalten haben. Es durfte dann nicht schwer sein, eine Geburtserlaubnis zu bekommen.

Zu Beginn des Jahres 1979 wurden ich und einige andere junge Krankenschwestern zu einer Versammlung beordert. Diese Anweisung wurde von der Familienplanungsfunktionärin überbracht, und so vermutete ich, wenn ich auch nicht ganz sicher war, daß uns ein Vortrag über Geburtenkontrolle bevorstand. Die Funktionärin mit ihrem irritierenden und für Leute ihrer Art typischen Hang zur Geheimniskrämerei wollte uns nichts verraten und bemerkte nur, daß der Anlaß eine »wichtige Ansprache des Parteisekretärs« sei.

Als wir im Versammlungsraum auf den Beginn der Veranstaltung warteten, wurde mir plötzlich klar, was wir alle, die wir hier versammelt waren, gemeinsam hatten. Alle der hier mehr als sechzig Anwesenden waren junge, verheiratete Frauen, die noch nicht sterilisiert worden waren. Diese Entdeckung beunruhigte mich, wenn ich auch nicht sagen konnte, warum.

Sekretär Wang traf ein und baute sich vor uns auf. Sein rundes kleines Gesicht, normalerweise ein Abbild der Fröhlichkeit, trug einen Ausdruck tiefsten Ernstes. »Heute müssen wir über eine Angelegenheit äußerster Dringlichkeit, ein *toudeng dashi*, sprechen«, begann er. »Sie betrifft die Bevölkerung unseres Landes. Innerhalb der Grenzen der Volksrepublik China leben fast eine Milliarde Menschen, das ist ein Fünftel der Weltbevölkerung. Dies bedeutet eine große Bürde für die Volksregierung. Im Zusammenhang mit der Bevölkerungspolitik haben wir den großen Fehler begangen, uns an die Sowjetunion um Rat zu wenden. Unser sogenannter Großer Bruder hat uns gelehrt, daß die Überbevölkerung, wie auch die Arbeitslosigkeit, nur in kapitalistischen Ländern ein Problem sei. In den fünfziger Jahren haben wir eine Politik vertreten, die die Frauen dazu ermunterte, Kinder zu bekommen und keinesfalls Abtreibungen vorzunehmen. Als Folge davon ist während dieser Jahre unsere Bevölkerungszahl sehr rasch angestiegen. Unsere Bevölkerungszahl darf nicht weiter ansteigen. Wenn sie es doch tut, sind die Folgen katastrophal.

Wir können es uns nicht leisten, daß die Frage des Kinderkriegens von jeder Familie, jedem Haushalt selbst entschieden wird. Es ist eine Frage, die auf der nationalen Ebene entschieden werden muß. China ist ein sozialistisches Land. Das bedeutet, daß die Interessen des Individuums den Interessen des Staates untergeordnet werden müssen. Wenn es einen Konflikt zwischen dem Interesse des Staates, die Bevölkerungszahl zu reduzieren, und dem Interesse des Individuums, Kinder zu haben, gibt, dann muß dieser Konflikt zugunsten des Interesses des Staates gelöst werden. Der Sozialismus sollte es möglich machen, die Fortpflanzung der Menschen so zu regulieren, daß das Bevölkerungswachstum mit dem materiellen Produktionswachstum in Einklang steht. Das ist vor allem jetzt sehr wichtig, wo China das Programm der vier Modernisierungen in Angriff genommen hat. Die Tatsache, ob wir imstande sind, das Bevölkerungswachstum unter Kontrolle zu bringen oder nicht, wird über den Erfolg der chinesischen Revolution entscheiden.«

An den Worten des Parteisekretärs war nichts Neues. In den letzten Wochen hatten die Leitartikel in der *Volkszeitung* die

Notwendigkeit hervorgehoben, die Rate des Bevölkerungswachstums zu senken. Eine Ansprache zu diesem Thema von Qian Xinzhong, dem Minister, der der Kommission zur staatlichen Familienplanung vorstand, war in voller Länge auf der ersten Seite der *Shenyanger Volkszeitung* abgedruckt worden. Ich setzte mich auf meinem Stuhl zurecht und versuchte, es mir in Erwartung einer ausgedehnten und langweiligen Rezitation der Parteilinie im Zusammenhang mit der Geburtenkontrolle bequemer zu machen.

»Die Regierungsbehörden der Provinz Shenyang haben sich entschlossen, alles ihnen Mögliche zu unternehmen, um die Bevölkerungswachstumsrate zu senken«, fuhr Parteisekretär Wang in seiner Rede fort. »Wir haben uns neue Planziele gesetzt. Wir in Shenyang müssen die Bevölkerungswachstumsrate unserer Provinz von 1,42 Prozent im letzten Jahr auf 1,0 Prozent in diesem Jahr senken. Im Jahr 1985 muß die Rate weiter auf 0,5 Prozent gesenkt werden, während im Jahr 2000 die natürliche Wachstumsrate bei Null angelangt sein sollte.« Hier legte er eine Pause ein und sah sich in der Runde um, um sicher zu gehen, daß er die tiefe Aufmerksamkeit aller auf sich gezogen hatte. »Das bedeutet die Geburt von weniger Babys.

Die Provinzverwaltung hat ein neues Gesetz erlassen, wonach alle Paare Familienplanung praktizieren müssen. Dieses Gesetz sieht hohe finanzielle Strafen für alle vor, die ein nicht genehmigtes zweites Kind oder gar weiteres Kind bekommen. Die Geburt eines zweiten oder sogar noch weiteren Kindes wird mißbilligt.«

Ich setzte mich kerzengerade auf. Die Einführung derart rigider Grenzen *war* neu – und besorgniserregend. Vielleicht hatten die Behörden vor, die vierjährige Wartefrist für ein zweites Kind noch weiter auszudehnen. Eines war jedenfalls klar: In der diesbezüglichen Regierungspolitik zeichnete sich eine einschneidende Veränderung ab.

Parteisekretär Wang fixierte uns mit strengem Blick und sagte dann langsam und nachdrücklich: »Wir hier in Shenyang müssen den in der Familienplanung rückständigeren Gebieten der Provinz ein Beispiel geben. Die Stadtverwaltung hat zur Senkung der Geburtenrate folgendes beschlossen: Ein zweites oder sogar noch weiteres Kind ist ab sofort nicht mehr erlaubt. Hier in der Stadt Shenyang darf kein Paar mehr als ein Kind haben. Diese Ein-Kind-Verordnung tritt ab heute in Kraft. Wir alle müssen aus vollem Herzen die neue Politik der Stadtverwaltung von Shenyang unterstützen! Ich möchte, daß alle Frauen im gebärfähigen Alter eine Ein-Kind-Vereinbarung unterzeichnen!«

Ich war von diesen Neuigkeiten so geschockt, daß mein ganzer Körper erstarrte. Nur allmählich nahm ich das verängstigte Geflüster um mich herum wahr: »Wir haben wirklich Pech... Überhaupt kein zweites Kind mehr... Ich habe eine Tochter, und jetzt werde ich keinen Sohn mehr bekommen können... Ein Kind, und das ist es... Was sollen wir tun?« Ein solches Getuschel war etwas Unerhörtes in China, wo uns unsere politische Konditionierung normalerweise nur zum Verstummen brachte. Einige Frauen tupften sich still die Augen ab. Auch ich fühlte, wie Worte der Wut und Tränen der Frustration in mir hochstiegen, aber ich unterdrückte instinktiv meine Emotionen. Meine gewohnheitsmäßige Selbstzensur saß zu tief, als daß sie mir erlaubt hätte, bei einer öffentlichen Versammlung die Parteipolitik offen in Frage zu stellen.

Aber genau das taten die Frauen um mich herum. Ich staunte, als ihre gedämpft geäußerten Kommentare und Beschwerden allmählich lauter zu hören waren. Statt ihrer Unterstützung für die neue Parteipolitik Ausdruck zu verleihen, wie es von den »Massen« erwartet wurde, drückten sie diesmal ihre wahren Gefühle aus, die ganz entschieden und überwältigend kritischer Natur waren. Parteisekretär Wang schien von dieser kleinen Rebellion überrascht. Er stand verunsichert auf der Bühne und ruderte besänftigend mit den Händen.

Plötzlich schnitt die schrille Stimme der Familienplanungsfunktionärin wie eine Kreissäge durch den aufrührerischen

Lärm. »Wir müssen alle die neue Politik der Stadtverwaltung von Shenyang unterstützen!« rief sie. Sie stand nun neben dem Parteisekretär auf der Bühne und sah aus wie ein Eßstäbchen neben einem Knödel. »Ich glaube, daß unsere Stadtverwaltung recht hat. Die einzige Möglichkeit, die Geburtenrate auf das Niveau zu senken, das die Regierungsbehörden der Provinz gefordert hat, ist die Beschränkung eines jeden Paares auf ein Kind. Die Ein-Kind-Politik ist gut für China!

Ganz abgesehen davon«, fuhr sie fort, jetzt nicht mehr ganz so vehement, da es im Raum ruhiger geworden war, »wißt ihr alle, wie schwierig es heutzutage ist, ein Kind großzuziehen. Die Männer helfen uns dabei nicht. Die Schwiegermütter haben ihre eigene Arbeit. Bei all dem Druck in beruflicher und familiärer Hinsicht ist es doch das beste, es bei einem Kind zu belassen. Jede von euch sollte unverzüglich die Ein-Kind-Vereinbarung unterzeichnen. Diese neue Politik ist nicht nur gut für China, sie ist auch gut für uns Frauen.« Ich wußte nicht, was mich mehr verärgerte: ihr Nachplappern der neuen Linie des Parteisekretärs oder ihre Selbstdarstellung als Fürsprecherin der Frauen. Ich wußte aus erster Hand, daß sie keinerlei Skrupel hatte, wenn es darum ging, die Vorschriften des Geburtenkontrollprogramms durchzusetzen. Ihr vorgetäuschtes Mitgefühl war nur ein Trick, um uns auf ihre Seite zu ziehen.

Parteisekretär Wang, der seine Fassung zurückgewonnen hatte, schaltete sich wieder ein. »Wir werden uns in drei Diskussionsgruppen aufteilen, die jeweils von mir selbst, dem Vizeparteisekretär und der Familienplanungsfunktionärin geleitet werden. Wir werden die neue Ein-Kind-Politik in allen Einzelheiten durchsprechen. Jede von euch muß eine Meinung zu dieser neuen Politik äußern.« Diese Aufforderung, eine »Meinung zu äußern« war ein typisches Beispiel für die Doppelzüngigkeit der chinesischen kommunistischen Partei. Die einzige Meinung, die die Partei in Wirklichkeit hören wollte, war die uneingeschränkte und bedingungslose Unterstützung ihrer neuesten Pläne.

Ich landete in der Gruppe der griesgrämigen Familienplanungsfunktionärin. Als erstes versuchte sie uns einzuschüchtern und forderte jede von uns auf, »ihre Meinung« über die neue Politik »zu äußern«. Der Anonymität in der Menge nun beraubt, waren alle sehr gedämpft. Die, die vorher frei von der Leber weg geredet hatten, zogen sich nun auf die sichere Position zurück, daß sie ja selbst keine Einwände hätten, die Ein-Kind-Vereinbarung zu unterzeichnen, daß sie die Sache aber doch erst mit ihrem Mann besprechen müßten. Ich schloß mich ihnen an. Der Funktionärin war deutlich anzumerken, daß ihr diese Antwort nicht gefiel, aber sie konnte uns kaum einen Vorwurf daraus machen.

Zwar wagte es niemand, sich offen gegen die Ein-Kind-Politik auszusprechen, aber es zollte ihr auch niemand Beifall. Nur drei Frauen in meiner Gruppe ließen eine gewisse Bereitschaft erkennen, sich auf die Sache einzulassen. Die Funktionärin nahm diese drei Kandidatinnen beiseite. Kurz darauf kehrte sie mit dem Trio im Schlepptau zu uns zurück und sah ausnahmsweise einmal beinahe glücklich aus. »Diese drei Mitarbeiterinnen haben auf den Aufruf der Partei reagiert«, verkündete sie, und ein Ausdruck des Triumphes belegte ihr sonst so sauertöpfisches Gesicht. »Sie werden alle die Ein-Kind-Vereinbarung unterzeichnen und sich sterilisieren lassen. Als Pionierinnen des Programms zur Kontrolle des Bevölkerungswachstums werden sie eine großzügige Belohnung und einen hohen finanziellen Bonus erhalten.« Minutenlang erging sie sich weiterhin in Lobpreisungen ihrer drei Opfer, wohl in der Hoffnung, daß sich noch andere ihnen anschließen würden.

Ich hörte ohne Begeisterung zu. Mich interessierten vielmehr diese drei Frauen. Ich wußte, daß jede von ihnen ihre ganz persönlichen Gründe hatte, auf die Schmeicheleien der Funktionärin einzugehen. Sie alle hatten bereits ein Kind. Eine war mit einem an der Grenze zur Sowjetunion stationierten Armeeoffizier verheiratet und sah ihren Mann nur einmal im Jahr zum chinesischen Neujahrsfest. Die zweite Frau, die jetzt bei ihren

Eltern lebte, hatte ihren Mann verlassen, nachdem sie entdeckt hatte, daß er eine Affäre mit einer anderen Frau hatte. Über die Familienumstände der dritten Frau wußte ich nichts, nur daß sie einen Sohn in Dachengs Alter hatte, aber ich konnte mir vorstellen, daß ihre Umstände ebenfalls eher betrüblich waren. Keine dieser Frauen zeigte sich nach außen hin glücklich über ihre Entscheidung. Tatsächlich standen ihre grimmigen und freudlosen Gesichter im krassem Gegensatz zu der zur Schau gestellten Fröhlichkeit der Funktionärin.

Als Folge dieser ersten Versammlung stimmten dreizehn weitere Frauen zu, die Ein-Kind-Vereinbarung zu unterzeichnen. Nachdem alle diese Frauen sterilisiert worden waren (um sicher zu gehen, daß sie ihr Versprechen auch hielten), wurde ihnen zu Ehren eine zweite Versammlung einberufen. In einer feierlichen Zeremonie wurde eine nach der anderen auf die Bühne gerufen, um die Glückwünsche des Parteisekretärs Wang entgegenzunehmen. Während die Familienplanungsfunktionärin jede Frau namentlich vorstellte, heftete ihr der Parteisekretär eine Papierrose, ein scharlachrotes monströses Ding von achtzehn Zentimetern im Durchmesser, an den Jakkenaufschlag. Dann überreichte er ihr eine Belobigung von der Größe einer zusammengefalteten Zeitung und schüttelte ihr die Hand. Der Familienplanungsfunktionärin war es überlassen, mit einem verkniffenen Lächeln im hageren Gesicht die Preise zu verteilen: ein Transistorradio und hundert Yuan. Dies waren in der Tat hübsche Geschenke, deren Wert alles in allem dem Lohn von drei Monaten entsprach.

Als die Frauen dann verlegen auf der Bühne standen, manche sahen von der kürzlichen Operation noch recht geschwächt und bleich aus, pries sie Parteisekretär Wang als Vorbild für den Rest von uns. »Diese Frauen haben auf den dringlichen Appell der Partei gehört«, sagte er. »Sie sind Aktivistinnen innerhalb des Familienplanungsprogramms und helfen mit, das Problem des exzessiven Geburtenüberschusses, mit dem sich

China konfrontiert sieht, zu lösen.« Nachdem er nochmals die neue Politik in allen ermüdenden Einzelheiten vorgetragen hatte, schloß er seine Rede mit den Worten: »Jede von euch muß Stellung beziehen. Ob ihr mit dieser neuen Politik einverstanden seid oder nicht, ihr müßt ihr Folge leisten.« Danach wurden wir wieder in kleine Gruppen aufgeteilt und nach unserer »Meinung befragt«. Ein weiteres Dutzend Frauen willigte ein, die Ein-Kind-Vereinbarung zu unterzeichnen.

Zwei Wochen später wurde eine dritte Versammlung abgehalten. Die zweite Gruppe von »Freiwilligen«, nun sterilisiert, wurde auf die Bühne gerufen. Wiederum nahmen sie die Glückwünsche des Parteisekretärs entgegen, obwohl es diesmal keine Papierblumen oder Belobigungen gab. Ihr Preis, eine Garnitur Bettwäsche im Wert von etwa fünfzehn Yuan, war ein gewaltiger Abstieg im Vergleich zu den Preisen, die die erste Gruppe erhalten hatte. Das Resultat dieser ausgedehnten Versammlung war eine dritte, noch größere Gruppe von »Freiwilligen«. Ein Zugeständnis wurde gemacht, damit sie ihren Widerstand gegen die Unterzeichnung der Ein-Kind-Vereinbarung aufgaben: Manche durften ihre Spirale behalten oder sich eine einsetzen lassen, statt sich einer Sterilisation unterziehen zu mussen.

Nach dieser dritten Versammlung sprach mich die Familienplanungsfunktionärin zum erstenmal in dieser Sache persönlich an. »Sie können Ihre Meinung auch ebensogut jetzt äußern«, sagte sie. »Die jetzige Gruppe ist die letzte, die noch eine Belohnung erhält. Jede, die danach...« Sie ließ den Satz unbeendet und wartete auf meine Antwort.

Ich hatte mein erstes kleines Mädchen (ich war noch immer sicher, daß es ein Mädchen gewesen war) zu leicht aufgegeben. Diesmal würde ich nicht so nachgiebig sein. »Ich werde nicht darin einwilligen, nur ein Kind zu haben«, sagte ich entschieden und war über mich selbst überrascht. »Ich möchte gerne ein Mädchen haben. Es stimmt, ich habe schon einen kleinen Jungen, aber nun wird er schon größer, und ich möchte noch ein

Baby haben. Ich hoffe, in ein paar Jahren noch ein Mädchen zu bekommen. Abgesehen davon ist Wei Xin gegen meine Unterzeichnung einer Ein-Kind-Vereinbarung.« Letzteres entsprach nicht ganz der Wahrheit. Ich hatte Wei Xin den Druck, dem ich ausgesetzt war, nur vage angedeutet, weil ich ihn nicht von seinem intensiven Studium ablenken wollte, das nach wie vor all seine Energien verschlang.

»Nun, Chi An, das sind wir alles schon einmal durchgegangen, nicht wahr?« antwortete sie kalt. »Sie wissen im Innersten, daß Sie früher oder später einwilligen müssen. Der Parteisekretär ist entschlossen, jede betroffene Frau in seiner Einheit zur Unterzeichnung der Ein-Kind-Vereinbarung zu bringen. Wenn Sie bis zum Schluß warten, dann sind Sie in Ihrer Haltung sehr... *passiv*.«

Dies war ein weiteres Beispiel für die Doppelzüngigkeit der chinesischen Kommunistischen Partei. Was sie mit »passiv« meinte, war, daß der Druck schließlich so stark werden würde, daß ich keine andere Möglichkeit mehr hätte, als die Ein-Kind-Vereinbarung zu unterzeichnen. Die Partei zog es vor so zu tun, als hätten die Menschen, wenn sie ihnen ihre Politik aufdrängte, eine Wahl, aber letztlich ließ sie sich durch nichts davon abhalten, eine Einwilligung zu erzwingen.

Die dritte Gruppe erhielt ein paar Geschirrtücher, die vierte und fünfte Gruppe nichts. Zu diesem Zeitpunkt hielt nur noch eine Handvoll Frauen die Stellung; ich war eine von ihnen. Die Familienplanungsfunktionärin suchte mich nun jeden Tag auf. Ich wußte schon, was sie sagen würde, noch bevor sie den Mund aufmachte, da ich alles schon ein dutzendmal gehört hatte. »Chi An, fast jede hat jetzt die Ein-Kind-Vereinbarung unterzeichnet. Der Parteisekretär möchte endlich gerne der Stadtverwaltung melden, daß seine Einheit zu hundert Prozent die Anweisungen zur Geburtenkontrolle befolgt. Warum wehren Sie sich weiterhin gegen das Unvermeidliche? Sie wissen doch im Innersten, daß Sie schließlich einwilligen müssen. Wenn Sie bis zum Schluß warten, sind Sie sehr *passiv*.«

Trotz ihrer andauernden Belagerung hielt ich mich gut. Das heißt, bis die Funktionärin eines Tages die Bombe platzen ließ. »Chi An«, fing sie an, »ich weiß, daß Sie ein zweites Kind haben wollen, aber um welchen Preis? Ich habe mit der Familienplanungsfunktionärin drüben an der Shenyang Universität gesprochen. Wie ich höre, hat sich Ihr Mann für einen Auslandsaufenthalt qualifiziert. Wissen Sie, daß sich Ihre beständige Weigerung, die Ein-Kind-Vereinbarung zu unterzeichnen, auf seine Chancen auswirken könnte?«

Ich starrte sie entsetzt an. Ich war darauf gefaßt, für mein Beharren auf meinem Recht, ein zweites Kind zu bekommen, einiges erdulden zu müssen. Ich hatte mich innerlich auf alle möglichen Unannehmlichkeiten vorbereitet – öffentliche Kritik, hohe Geldstrafen, eine berufliche Herabstufung. Aber wie konnte ich auch noch Wei Xin darunter leiden lassen? Sein größter Traum war ein Studium im Ausland. Dafür hatte er gearbeitet, darauf setzte er seine ganze Hoffnung... Ich stieß einen heimlichen Seufzer aus und gab mich innerlich geschlagen. Wie konnte ich so naiv sein und glauben, stärker als die Behörden sein zu können? dachte ich traurig. Was hatte Wei Xin bei meiner letzten Schwangerschaft gesagt? Wie kann ein Ei einen Fels zerbrechen? Jetzt war das Ei endgültig zerbrochen. Es wird keine weiteren Kinder für mich geben. Das ist die neue Realität. Ich muß mich um Wei Xins willen damit abfinden.

»Ich bin möglicherweise bereit, eine Ein-Kind-Vereinbarung zu unterzeichnen«, sagte ich. »Aber ich kann nicht in eine Sterilisation einwilligen.« Ich setzte darauf, daß sie so erpicht darauf war, dem Parteisekretär die hundertprozentige Erfüllung des Solls zu melden, daß sie nicht auf einer Sterilisation bestehen würde. »Was ist, wenn ich mein einziges Kind verliere? Wenn ich sterilisiert bin, kann ich kein anderes mehr haben.«

»Solche Operationen können rückgängig gemacht werden«, sagte sie rasch und spürte, daß der Sieg nahe war.

»So etwas verläuft im allgemeinen nicht erfolgreich und wird oft genug nicht einmal versucht«, entgegnete ich. »Vergessen

Sie nicht, daß ich auch einmal beim Geburtenkontrollprogramm mitgearbeitet habe. Ich werde eine Ein-Kind-Vereinbarung unterzeichnen; aber keine Sterilisation! Einverstanden?«

Natürlich gab es keine Papierblume und keine Belobigung für mich, da ich eine der letzten war, die unterzeichnete. Ich erhielt lediglich ein Zertifikat, auf dem zu lesen war: Geburtenplanungs-Ehrenurkunde: Einziger Sohn (bei Frauen, deren einziges Kind eine Tochter war, stand darauf: Geburtenplanungs-Ehrenurkunde: Einzige Tochter). Sie wurde mir von der Familienplanungsfunktionärin kommentarlos überreicht. Im Innern der roten Plastikhülle stand neben meinem Namen, meinem Alter und meinem Beruf folgendes gedruckt: »Diese Urkunde erhalten die Familien, die sich freiwillig dazu entschlossen haben, nur ein Kind zu bekommen. Wenn die Besitzerin dieser Urkunde ein weiteres Kind bekommt, wird ihr dieses Dokument durch die ausstellende Behörde entzogen.«

Schon die Sprache, in der diese Ein-Kind-Vereinbarung abgefaßt war, schlug der Wahrheit ins Gesicht. Die Behörden hatten mich so sehr eingeschüchtert, daß ich eine Vereinbarung unterzeichnete, die perverserweise besagte, ich hätte mich »freiwillig« dazu entschlossen, nur ein Kind zu bekommen. Und was das Gerede über ein weiteres Kind anging, so wurde das Überwachungsnetz von Schwangerschaften und Geburten von Tag zu Tag engmaschiger. Die meisten Inhaberinnen dieser Urkunde konnten ohnehin kein Kind mehr bekommen, da sie sterilisiert worden waren. Je länger ich darüber nachdachte, desto tiefer bedauerte ich es, vor zwei Jahren nicht stärker gewesen zu sein. Ich hätte Strafen zahlen und Kritik über mich ergehen lassen müssen, aber schließlich hätte ich doch meine Tochter in den Armen gehalten. Jetzt würde es sehr wahrscheinlich nie mehr dazu kommen.

An diesem Abend überreichte ich Wei Xin schweigend die rot eingebundene Urkunde. Er betrachtete das amtliche Dokument in seinen Händen und sah mich dann bestürzt an. »Willst du damit sagen, daß du diese Ein-Kind-Vereinbarung schon unterzeichnet hast?« platzte er heraus. »Warum, Chi An? Warum hast du nicht noch gewartet?«

»Warum habe ich nicht noch gewartet?« gab ich zurück und hatte Mühe, meinen Ärger über seine Reaktion unter Kontrolle zu halten. »Die Ein-Kind-Kampagne dauert jetzt schon Monate. Ich wurde ein dutzendmal angewiesen, ›meine Meinung zu äußern‹. Sie zwangen mich zur Unterzeichnung.«

»Aber warum hast du mir nicht erzählt, wie sehr sie dich unter Druck gesetzt haben?« fragte Wei Xin weiter. »Ich hätte dir doch beigestanden.« Seine Worte drückten Mitgefühl aus, aber ich hörte einen mißbilligenden Unterton heraus.

»Warum es dir erzählen?« sagte ich höhnisch und erhob meine Stimme zum erstenmal. All die Verletzungen und Frustrationen der letzten Wochen und Monate sprudelten nun aus mir heraus. »Was kannst du schon tun? Kannst du die Behörden dazu überreden, uns zwei Kinder haben zu lassen, wenn alle anderen nur ein Kind haben dürfen?«

Wei Xin blinzelte, überrascht über meinen so uncharakteristischen Wutausbruch, und verstummte. Dann stieß er einen tiefen Seufzer aus. »Warum haben wir nicht unser zweites Baby behalten, Chi An?« fragte er traurig. »Wenn wir nicht nachgegeben hätten, hätte es schließlich doch geklappt. Jetzt wird es uns nicht mehr möglich sein, noch ein Kind zu bekommen.«

Ich empfand das gleiche Bedauern – vielleicht hatte ich meine einzige Chance vertan, noch eine kleine Schwester für Dacheng zu bekommen –, aber aus Wei Xins Mund hörte sich dieses Bedauern wie eine Anklage an, und ich reagierte voller Zorn. »Und wessen Schuld ist das?« gab ich zurück. »Ich kann mich noch gut erinnern, wie du mir das letzte Mal *beigestanden* hast. Dein großartiger Plan war der Umzug in dein Wohnheim. Ein einziger Besuch von der Familienplanungsfunktionärin, und du hast kapituliert. ›Was können wir schon tun?‹ hast du gesagt. ›Was für eine Wahl haben wir als uns zu fügen? Wie kann ein Ei einen Fels zerbrechen?‹«

Ich ließ den ganzen aufgestauten Groll und die Trauer weiter an meinem Mann aus. »Warum sollte ich das Baby behalten haben, Wei Xin? Du verdienst kein weiteres Kind. In den letzten zwei Jahren hast du weder Dacheng noch mir irgendwelche Aufmerksamkeit geschenkt. Und du gehst ins Ausland für wieviel Jahre? Fünf? Sechs? Wie kann ich mich um ein zweites Kind kümmern, wenn du im Ausland studierst? Ich habe die Vereinbarung nur unterzeichnet, weil sie damit drohten, dir dein Stipendium zu entziehen...« Ich stockte und hielt mir den Mund zu. Ich hatte nicht beabsichtigt, Wei Xin darüber aufzuklären, warum ich nachgegeben hatte.

Wei Xin wurde bleich. »Es tut mir leid«, sagte ich rasch. »Ich wollte... es dir nicht sagen.«

Wei Xin betrachtete erneut die rot eingebundene Urkunde in seinen Händen und las die darauf eingeprägten goldenen Schriftzeichen: Geburtenplanungs-Ehrenurkunde: Einziger Sohn. »Ich denke, wir sollten uns glücklich schätzen«, sagte er schließlich. »Wir haben schon einen kleinen Jungen. Andere Paare haben ein Mädchen.«

Ich nickte, eifrig darauf bedacht, unsere Auseinandersetzung zu beenden, aber ich dachte nicht so wie er. Ich schätzte mich überhaupt nicht glücklich, weil ich einen Jungen statt eines Mädchens hatte. Nicht für eine Minute.

13 Rückkehr ins Dorf der Drei Brüder

Am 15. Januar 1979 nominierte die Shenyang Universität Wei Xin beim Erziehungsministerium in Peking für ein Auslandsstipendium. Er sollte in den Vereinigten Staaten studieren, die erst vor zwei Wochen diplomatische Beziehungen mit der Volksrepublik China aufgenommen hatten. Wei Xin schwebte im siebten Himmel und schrieb binnen einer Woche Bewerbungsbriefe an eine Reihe von amerikanischen Universitäten. Im April erhielt er den Bescheid zweier Universitäten, einer in New York und einer in Texas, daß er angenommen sei. Er entschied sich für New York.

Freunde und Bekannte begrüßten seine Nominierung mit überschwenglicher Freude. Die Nachricht, daß er in die Vereinigten Staaten gehen würde, bot den Vorwand, etwas viel Größeres zu feiern: Chinas langersehnte Öffnung gegenüber dem Westen. Wei Xin war der lebende Beweis dafür, daß die Mauer der Isolation, die die fremdenfeindlichen Maoisten um China errichtet hatten, nun allmählich rissig wurde und bröckelte. Eine offenere und gerechtere Gesellschaft konnte nun nicht mehr lange auf sich warten lassen.

Der Applaus verstummte allmählich, als die Monate vergingen und das Erziehungsministerium nichts von sich hören ließ. Der Winter wich dem Frühling, und aus dem Frühling wurde Sommer. Wei Xin, der ursprünglich vorgehabt hatte, sich für das Herbstsemester 1979 einzuschreiben, mußte seine Pläne aufgeben, als er im August noch immer keine Bestätigung seines Stipendiums hatte. Das Problem, so erfuhr er von Freunden in der Universitätsverwaltung, war politischer Natur. Das Erziehungsministerium stellte sich dagegen, daß der Sohn eines Konterrevolutionärs mit einem Regierungsstipendium ins Ausland geschickt werden sollte. Für das Ministerium spielte es keine Rolle, daß Wei Xins Vater inzwischen gestorben und die Beschuldigung an sich absolut lächerlich war. Wei Xins »Familienherkunft war nicht klar«, und das disqualifizierte ihn für ein Stipendium.

Aus Wei Xins Hochstimmung wurde Verzagtheit. Zwei Jahre lang hatte er jeden wachen Augenblick auf die Verwirklichung seines Traums verwandt: einer der ersten chinesischen Stipendiaten zu sein, die seit 1949 wieder im Westen studierten. Er hielt den Preis schon fast in den Händen, und nun wurde er ihm, ohne eigenes Verschulden, wieder weggeschnappt. Auch ich war melancholisch, allerdings aus einem anderen Grund. Wenn Wei Xin das Stipendium verweigert wurde, dann hatte das riesige Opfer, das ich mit der Unterzeichnung der Ein-Kind-Vereinbarung gebracht hatte, seinen Sinn verloren. Ich hatte mich für nichts und wieder nichts des Trosts eines zweiten Kindes beraubt. Ich versuchte, meine Traurigkeit vor Wei Xin zu verbergen, da ich nicht noch zu seiner Niedergeschlagenheit beitragen wollte.

Die einzig gute Nachricht war die, daß die Shenyang Universität zumindest im Moment dem Druck des Erziehungsministeriums widerstand, Wei Xins Nominierung zurückzuziehen. Die früheren Kollegen meines Vaters, darunter auch Professor Mo, hatten da ihre Hand im Spiel. Als das Ministerium andeutete, daß die Universität vielleicht anstelle von Wei Xin einen anderen Kandidaten nominieren wolle, stattete eine Gruppe von älteren Professoren dem Universitätspräsidenten einen Besuch ab. Wei Xin war aufgrund seiner exzellenten Leistungen ausgewählt worden und der beste zur Verfügung stehende Kandidat, sagten sie. Der Präsident, selbst ein erst kürzlich rehabilitiertes Opfer der Kulturrevolution, versprach, Wei Xin weiterhin zu unterstützen, bis der Fall seines Vaters von den Parteioberen seiner Heimatprovinz Jiangsu nochmals geprüft worden sei. Wei Xin hatte inzwischen seinen Magister gemacht, und der Präsident genehmigte seine Ernennung zum Dozenten.

Glücklicherweise verlor Maos Theorie vom Klassenkampf, die die chinesische Gesellschaft dreißig Jahre lang in gute und schlechte Klassen eingefroren hatte, allmählich ihre lähmende Macht. Im November 1979 erließ Hu Yaobang eine allgemeine Amnestie für alle Klassenfeinde. Die, die jahrzehntelang den »Schandhut« eines Großgrundbesitzers oder Konterrevolutionärs oder was immer getragen hatten, durften sich nun wieder dem Volk zurechnen. Ihnen wurden im Jargon der Partei die »Hüte« abgenommen. Nur die, die sich eines »blutigen Verbrechens am Volk schuldig gemacht hatten«, mußten sie weiterhin tragen. Einige Millionen Opfer der Kampagnen der Vergangenheit wurden buchstäblich über Nacht rehabilitiert. So auch Wei Xins Vater. Anfang Dezember erhielt Wei Xin eine kurze Benachrichtigung vom Parteikomitee seines Heimatbezirks, daß »Wei Li Ans Klassenstatus von dem eines Konterrevolutionärs in den eines armen Bauern umgeändert worden sei«. Nachdem diese Nachricht an Peking weitergeleitet worden war, lenkte das Erziehungsministerium ein und genehmigte Wei Xins Stipendium.

Wei Xin hegte immer noch die Hoffnung, rechtzeitig für das in zwei Wochen beginnende Wintersemester an der New Yorker Staatsuniversität in Stony Brook eintreffen zu können. Die Universitätsverwaltung in Shenyang gab ihm ihre Zustimmung, entband ihn von seinen Lehrpflichten und gewährte ihm langfristigen Urlaub. Wei Xin trug seine Bitte dem Erziehungsministerium vor, stieß dort aber auf bleifüßige Bürokraten, die allein bei dem Gedanken, seine Abreise beschleunigen zu sollen, schaudernd zurückwichen. Wir haben Ihnen schon einen Flug für den 6. März reserviert, damit Sie im Frühjahrssemester anfangen können, erklärten sie. Es ist uns ganz unmöglich, in weniger als zwei Monaten und so schnell die nötigen finanziellen Arrangements zur Bezahlung Ihrer Studienkosten und Ihrer Unterkunft und Verpflegung in den Vereinigten Staaten zu treffen. In Peking bekam Wei Xin dann auch sein Flugticket und ein paar Hundert Yuan ausgehändigt für verschiedene Unkosten, die er in den Vereinigten Staaten haben würde. Diese Summe belief sich nach dem offiziellen Umrechnungskurs zwar nur auf 470 Dollar, aber für uns stellte sie ein kleines Vermögen dar, in etwa ein ganzes Jahreseinkommen.

Die nächsten Wochen zogen sich hin. Wei Xin, nunmehr von seinem Lehrauftrag an der Universität entbunden, war jeden Tag zu Hause, aber er war nicht er selbst. Er hatte eigentlich vorgehabt, sein Englisch aufzupolieren, konnte sich aber immer nur für kurze Zeit darauf konzentrieren. Es hatte schon so viele Rückschläge und Veränderungen im Zeitplan gegeben, daß er, obwohl sein Stipendium jetzt genehmigt war, nervös blieb. Er machte sich ständig lauthals Sorgen, daß noch etwas schiefgehen könnte. Vielleicht tauchte doch noch jemand vom Erziehungsministerium auf, um ihm mitzuteilen, daß ihm das Stipendium wieder entzogen worden sei. Oder die Partei würde wieder den alten Spionagevorwurf gegen ihn erheben. Oder das Ministerium verzögerte seine Abreise bis in den Herbst.

»Chi An«, sagte er eines Tages zu mir, »ich habe nachgedacht. Ich möchte gerne einen Teil des Geldes, das ich bekommen habe, für einen Besuch bei meiner Familie in Jiangsu verwenden. Ich werde viele Jahre lang weg sein. Ich muß meine alte Mutter noch einmal sehen, bevor ich fahre. Außerdem hat sie ihren Enkelsohn Dacheng noch nie gesehen.«

Ich mußte nicht erst lange überredet werden. »Das ist eine wunderbare Idee!« rief ich und klatschte entzückt in die Hände. Ich hatte Wei Xins Zappelei satt und war sicher, daß ihn ein Besuch in Jiangsu beruhigen und seine Ängste vergessen lassen würde. Und wir konnten zum letztenmal noch eine gemeinsame Zeit als Familie verbringen, bevor Wei Xin für die nächsten fünf oder mehr Jahre aus unserem Leben verschwand. Nachdem wir darüber gesprochen hatten, beschlossen wir, zwei Tage vor Beginn des chinesischen Neujahrs ins Dorf der Drei Brüder aufzubrechen und dort zwei Wochen zu bleiben.

Der Zug war mit Reisenden und ihrem Gepäck überfüllt, alle fuhren zum Neujahrsfest nach Hause. Die Partei hatte, um den alten Traditionen einen Schlag zu versetzen, die ursprünglichen zwei Wochen an Festivitäten auf drei Tage reduziert und sie in Frühlingsfest umbenannt. Aber sie konnte, gleich, wie dieses Fest nun genannt wurde, den uralten Drang aller Chinesen, sich zu Beginn des neuen Jahres in den Schoß ihrer Familie zu begeben, nicht ausrotten.

Die Gänge unseres Schlafwagens waren gesteckt voll, und in den meisten Kojen drängten sich zwei bis drei Leute zusammen. Wir hatten es noch relativ bequem, weil Wei Xin extravaganterweise Karten für zwei Kojen, eine mittlere und eine obere gekauft hatte. Dacheng und ich lagen in der mittleren Koje nebeneinander und schauten zum Fenster hinaus. Mein vierjähriger Sohn, der in der engen Welt grauer Betonbauten und roter Backsteinmauern aufgewachsen war, war vom weiten und offenen Raum der Landschaft ganz verzaubert.

Bei unserer Ankunft im Dorf der Drei Brüder kam die ganze Dorfgemeinschaft aus ihren Häusern und begrüßte uns mit großer Herzlichkeit. Die Frauen scharten sich fröhlich schnatternd um Dacheng und mich, und brachten meinen Sohn in Verlegenheit, weil sie ihn in seine hellhäutigen, rundlichen Ärmchen und Bäckchen kniffen und ihre Kommentare darüber abgaben, wie groß er schon sei. »Er ist einen guten halben Kopf größer als andere Jungen in seinem Alter«, stellte Wei Xins Mutter überrascht fest. »Daß dieser Enkelsohn der Sprößling meines winzigen Sohnes ist...« Die Männer umringten Wei Xin und gratulierten ihm lautstark dazu, der Vater so eines »kleinen Drachens« zu sein. In ihren Stimmen drückte sich echte Wärme aus.

Gegen Ende meines ersten Aufenthalts in diesem Dorf hatte ich es geschafft, mich ein wenig mit dem hiesigen Dialekt vertraut zu machen, und die Erinnerung kehrte nun rasch zurück, als ich mit Wei Xins Verwandten fröhlich schwatzte. Einige Dinge mußte Wei Xin nach wie vor übersetzen, und ich konnte zumeist nur in Mandarin antworten, aber ich verstand doch zumindest dem Inhalt nach, was gesagt wurde, sogar auch dann, wenn Weis Mutter in ihrem breiten Yangtse-Dialekt sprach. Sie schien im Vergleich zu meinem ersten Besuch, als der Schatten der Krankheit von Weis Vater wie eine dunkle schwere Wolke über ihr lag, nun eine ganz andere Person zu sein. Ihre Zurückhaltung war verschwunden, und es machte ihr große Freude, ihren ersten Enkelsohn bei sich zu haben.

Das Neujahrsfest ist eine Zeit der gegenseitigen Besuche, wobei man traditionsgemäß bei den engsten Verwandten anfängt und sich dann zu den ferneren Verwandten und Freunden durcharbeitet. Wir verbrachten unsere Abende mit Wei Xins besten Freunden im Dorf, die zu uns herüberkamen, wenn wir alle Höflichkeitsbesuche des Tages absolviert hatten. Oft wurde während der langen ausgedehnten Unterhaltungen bei Tisch der Dorfjunge, der es zu etwas gebracht hatte und zu noch mehr bringen würde, gutmütig geneckt: »Unser Dorf hat endlich doch einen *zhuang-yuan* hervorgebracht«, kicherte einer seiner Gefährten aus Kindheitstagen, »einen, der bei den kaiserlichen Prüfungen als Bester abgeschnitten hat – auch wenn er kleiner ist als ein japanischer Zwerg.«

»Auch als er noch nicht studiert hat«, sagte ein anderer Freund aus der Grundschulzeit, »hat Ah Xin bei den Prüfungen immer gut abgeschnitten. Ich hab mich immer hinter ihn gesetzt, um seine Antworten abzuschreiben. Er war so klein, daß es leicht war, ihm über die Schulter zu gucken!« Die Männer am Tisch brachen in Gelächter aus, in das Wei Xin völlig unbefangen einstimmte.

Es tat mir in der Seele wohl zu sehen, wie sich Wei Xin in der Gesellschaft seiner alten Freunde entspannte. Zwei Jahre lang hatte er sich mit aller Macht nur auf seine Studien konzentriert. Noch vor ein paar Tagen hatte er sich zutiefst geängstigt, daß er sein Stipendium doch noch verlieren könnte. Jetzt war er in die sichere Welt, die er als Junge gekannt hatte, zurückgekehrt und hörte amüsiert zu, wenn sich die Gefährten seiner Kindheit liebevolle Späßchen mit ihm erlaubten.

Die Tage gingen mit Besuchen und vergnügtem Feiern dahin, und ich dachte mir, wie glücklich ich war, wieder unter diesen sanften und freundlichen Menschen zu sein. Sie waren in ihren Reden und Gefühlen so offen und natürlich, daß mir im Vergleich zu ihnen die Stadtmenschen, unter denen ich aufgewachsen war, ausweichend, ja sogar unehrlich vorkamen. Diese roten Lehmhäuser mochten arm an materiellen Gütern sein, aber sie waren reich an menschlicher Freundlichkeit und anderen seelischen Gaben. Nicht nur Wei Xin war nach Hause gekommen.

An eine Sache mußte ich mich allerdings erst gewöhnen, und das war die traditionelle Trennung zwischen Männern und Frauen. »Komm rein und setz dich«, begrüßte Wei Xin jeden neuen Ankömmling. War der Besucher ein Mann, so erwiderte er Wei Xins Begrüßung aufs herzlichste und gesellte sich zu der lautstarken Männerrunde am großen Tisch. Eine Frau hingegen nickte Wei Xin nur scheu zu und begab sich dann still zu den an der Wand aufgestellten Bänken, wo die Frauen saßen und miteinander schwatzten. Weis Mutter goß sogleich für jeden neuen Gast eine Tasse heißen Tee ein. Ein Mann nahm den Tee wortlos entgegen, als stünde er ihm selbstverständlich zu, und trank ihn mit lautem Geschlürfe und Geschmatze hinunter, um so seine Wertschätzung zu bekunden. Eine Frau andererseits nahm die Tasse mit einem Wort des Dankes entgegen und nippte dann geräuschlos daran. Wei Xin bot auch in Abständen den Männern in seiner Runde immer wieder Zigaretten an, wäre aber nie auf den Gedanken gekommen, auch den Frauen welche anzubieten. Es wurde sehr mißbilligt, wenn Frauen, zumindest in der Öffentlichkeit, rauchten. Auch lautes Sprechen und ein selbstbewußtes Auftreten galten als unschicklich. Maos Gerede von einer radikalen Umgestaltung der chinesischen Gesellschaft zum Trotz hatten diese geschlechtsspezifischen Verhaltensweisen die letzten Jahrzehnte revolutionärer Wirren unbeschadet überstanden.

Nur Weis Mutter, deren Alter sie über jegliche Kritik erhob, konnte sich locker zwischen dem Kreis der Frauen und dem der Männer bewegen. Ab und zu, wenn ihr gerade danach war, zündete sie sich sogar eine Zigarette an. Ich beneidete sie um ihre Freiheit. Ich hätte gerne in diesen letzten Tagen, die wir zusammen waren, neben Wei Xin gesessen.

Neben Wei Xins Glück war das andere Hauptthema der Gespräche die Kampagne zur Geburtenkontrolle. Das Ein-Kind-Programm war im Moment in der ganzen Provinz Jiangsu in vollem Gange. Überall fielen die Funktionäre rücksichtslos über schwangere Frauen und ihre Männer her, damit die vorgeschriebenen Quoten eingehalten würden. Praktisch jeder Besucher hatte von einer neuen Untat zu berichten. Das Gelächter stoppte, und die Stimmung wurde düster, wenn wir dann die Geschichten von Frauen hörten, die zu einer Abtreibung gezwungen, ohne Einwilligung sterilisiert, und von Kindern, die gleich nach ihrer Geburt umgebracht worden waren.

Die schockierendste Geschichte hörte ich von Wei Xins Mutter, die sie mir in entsetztem Flüsterton berichtete. In einem kleinen Weiler, nicht weit vom Dorf der Drei Brüder entfernt, lebte ein Paar, das nur ein Kind hatte, ein rehäugiges fünfjähriges Mädchen. Ihre Eltern waren enttäuscht, als sie geboren wurde, denn wie die meisten Dörfler hätten sie lieber einen Jungen gehabt. Das war ganz einfach eine Sache der Wirtschaftlichkeit. Ein Sohn wäre stets an ihrer Seite geblieben, hätte, wenn sie sich zurückzogen, den Hof weiterbewirtschaftet und sich im Alter um sie gekümmert. Ihre Tochter hingegen würde das nicht tun. Wenn sie heiratete, dann siedelte sie zur Familie ihres Mannes über und hatte ihnen gegenüber keinerlei Verpflichtungen mehr. Sie gaben ihr den Namen Zhaodi, was »bring einen jüngeren Bruder« bedeutet. Doch die Jahre vergingen, ohne daß sich ein »jüngerer Bruder« einstellte, und das Paar wurde zunehmend verzweifelter.

Schließlich wurde die Frau Ende 1979 wieder schwanger. Doch ihre Freude wurde zunichte, als die Behörden verkündeten, daß jedes Paar von jetzt ab nur noch ein Kind haben durfte. Den Argusaugen der Familienplanungsfunktionärinnen war die Schwangerschaft der Frau bisher entgangen, aber das Paar wußte, daß es sich nur noch um eine Frage der Zeit handelte. Eine Freundin erzählte ihnen von dem Vorhersagekalender zur Geschlechtsbestimmung eines Kindes, jenem Ding, mit dem ich damals in der Schwesternschule schon Bekanntschaft gemacht hatte.

Das Paar zog den Vorhersagekalender sofort zu Rate. Und siehe da – es war ein Junge, wie die Berechnungen ergaben, der Sohn, nachdem sie sich schon seit fünf Jahren gesehnt hatten. Sie *mußten* dieses Kind um jeden Preis behalten, entschieden sie. Das Ein-Kind-Programm wurde mit jedem Tag strikter durchgesetzt. Wenn sie dieses Kind an die Familienplanungsfunktionäre verloren, hatten sie wahrscheinlich nie wieder eine Chance. Und sie heckten wild und sich über alle Skrupel hinwegsetzend einen Plan aus, um das Leben ihres ungeborenen Sohnes zu retten.

In einer mondlosen Nacht weckten sie ihre Tochter um Mitternacht. »Komm mit uns, Liebes«, sagten sie leise. »Wir bringen dich an einen schönen Platz, wo du spielen kannst.«

Das kleine Mädchen spürte am seltsamen Benehmen und unechtem Lächeln ihrer Eltern, daß etwas nicht stimmte. Es fing an zu weinen, aber seine Tränen vermochten das Herz der Eltern nicht zu erweichen. Sie hatten sich für diesen Weg entschieden und waren entschlossen, ihn bis zum Ende zu gehen.

Sie führten das noch immer weinende Mädchen in die Hügel hinter dem Dorf. Sie drangen in immer unwegsameres Gelände vor, und nach einer halben Stunde kamen sie an einen verlassenen Ort, den der Vater bereits ausgesucht hatte. Dort klaffte neben einem riesigen Kampferbaum ein schwarzes Loch von ein Meter fünfzig Tiefe. Der Vater hatte es in der Nacht zuvor gegraben, nachdem das Paar beschlossen hatte, die Tochter lebendig zu begraben.

»Klettere in das Loch, Kind«, befahl der Vater seiner Tochter.

Das kleine Mädchen schreckte vor der dunklen Grube zurück und fiel auf die Knie. »Tötet mich nicht«, flehte es mit zusammengefalteten Händen seine Eltern an. »Ich bitte euch!«

»Aber du mußt sterben, Liebes«, sagte die Mutter kalt. »So können deine Eltern einen Sohn haben, der im Alter für sie sorgt.«

»Aber *ich* werde im Alter für euch sorgen«, sagte das kleine Mädchen zu seiner Mutter. »Ich verspreche es. Ich werde nie heiraten.« Es rutschte auf den Knien über den Boden und versuchte, die Beine seiner Mutter zu umfassen, aber diese schubste es grob von sich.

Das Mädchen wandte sich an seinen Vater. »Ich will helfen, mich um meinen kleinen Bruder zu kümmern«, flehte es und hob die Arme, um den Vater zu umarmen. »Bitte laß mich leben, Vater.«

Der Vater packte die erhobenen Arme seiner Tochter und schleuderte sie in die Grube, die ihr Grab werden sollte.

Sie merkte nun, daß sie von ihren Eltern keine Gnade zu erwarten hatte. Irgendwie schaffte sie es, wieder aus dem Loch zu klettern, und versuchte wegzurennen, aber der Vater hatte sie schon nach wenigen Schritten eingeholt. Er hob seine schwere Schaufel, ließ sie auf sie niedersausen und spaltete ihr den Schädel. Sie war auf der Stelle tot. Ihre Eltern beerdigten sie wie geplant in dem Loch, ebneten sorgfältig den Boden ein und verstreuten Blätter darüber, um das Grab zu verdecken.

Sie kehrten nach Hause zurück, wo sich der Anblick des leeren Bettchens ihrer Tochter wie Dolche in ihr Herz bohrte. Die Stimme ihres Gewissens, die sie so lange verleugnet hatten, donnerte: »Mörder! Kindstöter!« »Unsere Tochter hat uns angefleht, ihr Leben zu schonen!« weinten sie nun in ihrer Qual.

»Wie konnten wir unser Herz so verschließen, daß wir sie nicht erhört haben?« Sie fielen in eine höllische Orgie der Selbstverdammung und fragten sich allmählich, ob sie nicht besessen gewesen waren. »Was für ein Dämon hat wohl von uns Besitz ergriffen«, sagte der Mann später voller Entsetzen, »daß wir so etwas tun konnten? Was für ein böser Geist hat seine Klauen so tief in unser Gehirn gesenkt, daß wir unsere einzige Tochter, unser eigen Fleisch und Blut, ermordeten?«

Das zunehmend seltsamere Benehmen des Paares blieb nicht unbemerkt. Sie gingen nicht mehr zur Arbeit auf die Felder und hielten die Tür und die Fenster ihres Hauses Tag und Nacht fest verschlossen, etwas, das keine Familie im Dorf je tat. Die seltenen Male, die sie aus ihrer Abgeschiedenheit auftauchten, meist, um Wasser aus dem Dorfbrunnen zu holen, benahmen sie sich wie Zombies. Sie mieden den Blick der Leute, die an ihnen vorbeikamen, und murmelten, wenn sie gegrüßt wurden, nur etwas Einsilbiges.

Als die Tage vergingen und das kleine Mädchen nicht mehr gesehen wurde, machten sich die Nachbarn Sorgen. Einer von ihnen erinnerte sich, daß ihre Eltern es ein paar Tage vor seinem Verschwinden mißhandelt hatten. Es hatte ein blaues Auge und blaue Flecken gehabt. Ein paar Nachbarn formierten sich zu einer kleinen Delegation und marschierten zum Haus des Paares. »Wo ist eure Tochter?« fragten sie rundheraus. Die beiden verhaspelten sich beim Versuch, eine Antwort zu geben. »Wir glauben... sie ist weggelaufen... oder hat sich verirrt... wir wissen es nicht genau.« Das Gestottere brachte die Nachbarn zur Überzeugung, daß hier etwas ganz und gar nicht stimmte. Die Polizei wurde gerufen.

Das Paar leugnete zunächst, irgend etwas über den Verbleib der Tochter zu wissen, brach dann aber bald zusammen. Nachdem sie ihr Verbrechen erst einmal gestanden hatten, erzählten sie die ganze Geschichte bis ins letzte, schreckliche Detail. Sie schienen unbedingt ihre Schuld ohne den geringsten Schatten eines Zweifels beweisen zu wollen, so daß die Behörden gar keine andere Wahl hatten, als das Todesurteil über sie zu sprechen. »Selbst der bösartigste Tiger verschlingt nicht sein eigenes Junges!« schluchzten sie vor der Polizei. »Wir verdienen es nicht zu leben. Richtet uns hin und macht unserem Leiden ein Ende.«

Die Gerichtsverhandlung im Kreisgericht dauerte nur ein paar Stunden. Wie erwartet, plädierte das Paar auf schuldig und wurde zum Tode verurteilt. Die Exekution fand binnen einer Woche und in der üblichen Weise statt: eine einzige Kugel in den Hinterkopf. Alle waren der Ansicht, daß der Gerechtigkeit Genüge getan worden war. Wei Xins Mutter, nominell eine Buddhistin, die etwas vage an die Unantastbarkeit allen Lebens glaubte, bedauerte nur eines. Die Eltern hatten den Tod verdient, aber das Kind im Schoß der Mutter – der erhoffte Sohn – ganz gewiß nicht. »Das Baby war ein unschuldiges kleines Lebewesen«, sagte sie bekümmert. »Es hätte nicht zusammen mit den Eltern exekutiert werden dürfen. Die Volksregierung hat unschuldiges Blut vergossen.«

Während meines Aufenthalts im Dorf hörte ich noch von anderen kleinen Mädchen, die umgebracht worden waren, um Platz für einen Jungen zu machen. In fast allen Fällen handelte es sich um Neugeborene, die gleich nach der Geburt ertränkt oder erstickt wurden. Diese Vorkommnisse betrafen nicht nur die Provinz Jiangsu, sondern auch andere Teile Chinas. Mit am schlimmsten war die Situation in der Provinz Anhui, die sich im Norden direkt an Jiangsu anschließt. Der Frauenverband von Anhui berichtete, daß zwischen 1980 und 1981 allein in einem einzigen Dorf vierzig Mädchen ertränkt worden waren. Und Freunde, die vom Land zurückkehrten, erzählten mir, daß es in einigen abgelegenen Dörfern fast überhaupt keine kleinen Mädchen mehr gäbe.

Die Partei, aufgescheucht davon, daß nun überall wieder weibliche Babys umgebracht wurden, begann mit Artikeln in der *Volkszeitung* und anderen Blättern dagegen zu Felde zu ziehen. Diese barbarische Praxis unter der Bauernschaft sei ein

Überbleibsel der feudalen Einstellung gegenüber den Geschlechtern. Sie riefen die örtlichen Familienplanungsfunktionäre auf, die Bauern dahingehend umzuerziehen, daß sie ihr uraltes Vorurteil gegenüber Töchtern aufgaben. Die wahre Ursache dafür – die Ein-Kind-Politik – wurde selten erwähnt. Aber ich wußte, daß die Paare, deren erstes Kind ein Mädchen war, sich vor eine grausame Wahl gestellt sahen. Sie konnten ihre Tochter behalten und sich damit der Möglichkeit berauben, noch einen Sohn zu bekommen, der sie im Alter unterstützen würde. Oder sie opferten die Tochter in der Hoffnung, daß das nächste Kind ein Junge war.

Nicht alle unerlaubten Schwangerschaften, von denen ich während meines Aufenthalts im Dorf der Drei Brüder hörte, endeten in einer Tragödie. Einer unserer Besucher, ein ehemaliger Schulkamerad Wei Xins, erzählte uns, wie er und seine Frau sich der Anweisung zur Abtreibung verweigert hatten. Ihr erstes Kind war ein Mädchen gewesen, und sie wollten unbedingt noch einen Sohn. »Ich sagte dem Parteisekretär unseres Dorfes, daß wir entschlossen seien, das Kind, mit dem meine Frau schwanger war, zu behalten. Er erwiderte, wir müßten einen hohen Preis bezahlen, wenn wir gegen die Ein-Kind-Politik verstießen. Ich habe ihm ganz kühn gesagt, daß wir jeden Preis bezahlen würden, um dieses Kind zu behalten.« Er lächelte schmerzlich bei der Erinnerung und zog an der Zigarette, die Wei Xin ihm angezündet hatte. »Die Funktionäre setzten eine Strafe von fünftausend Yuan fest«, erzählte er dann weiter. »Wir waren sprachlos. Fünftausend Yuan sind ungefähr das Zwanzigfache unseres Jahreseinkommens. Aber trotzdem haben wir uns geweigert, eine Abtreibung vornehmen zu lassen. Wir haben uns zusammengesetzt und kratzten schließlich fünfhundert Yuan zusammen – das meiste haben wir uns von meinen Brüdern geliehen. ›Wir werden den Rest in Raten abbezahlen‹, boten wir an. Aber die Funktionäre lachten nur und schleppten unser Schwein ins Schlachthaus und unsere Hühner zum Metzger. Dann nahmen sie uns unsere Möbel weg und versteigerten sie meistbietend auf dem Dorfplatz. Uns blieb nichts mehr als die kahlen Wände und der nackte Fußboden. Sie hätten auch noch unser Haus verkauft, wenn sie gekonnt hätten, aber es ist so gebaut, daß es nach beiden Seiten hin durch eine gemeinsame Wand mit den Häusern meiner Brüder verbunden ist.

Nachdem sie unsere ganze Habe verkauft hatten, sagten sie uns, daß wir ihnen noch immer dreitausend Yuan schuldeten. Sie hielten eine Kampfkritikversammlung ab. Ich wurde öffentlich angeklagt, gegen die Parteipolitik der Geburtenkontrolle zu verstoßen und nicht die dreitausend Yuan zu zahlen, die wir dem Dorf schuldeten. Wie sollten wir die Schulden bezahlen? Wir hatten nichts mehr außer unseren kahlen vier Wänden und den Kleidern, die wir am Leib trugen.«

»Wenn jemand zum ›Objekt der Bekämpfung‹ geworden ist, dann hat er sein Geschäft verloren«, warf Mutter Wei ein.

Doch Wei Xins Freund schüttelte verneinend den Kopf. »Ich weigerte mich zuzugeben, ein Unrecht begangen zu haben. ›Bist du schuldig oder nicht schuldig?‹ fragten sie mich. ›Nicht schuldig‹, sagte ich. Sie wurden ein bißchen grob, trauten sich aber nicht, mich allzu hart anzufassen, denn schließlich saßen meine drei Brüder in der Versammlung. Und die meisten Leute im Dorf sympathisierten heimlich mit unserem Wunsch, einen Sohn zu haben.«

Wei Xins Freund hatte den Mumm zu tun, was ich auch hätte tun sollen, dachte ich. Den Autoritäten trotzen. Ich mußte wissen, ob es das seiner Ansicht nach alles wert gewesen war. Von der Bank aus, auf der ich saß, fragte ich ihn. »Tut dir deine Entscheidung leid?«

»Na ja, was das Geld angeht, so war es sehr schwierig für uns«, gab er zur Antwort. Er wies auf die Zigarette, die er rauchte. »Das hier ist meine erste Zigarette seit Monaten. Und wir mußten die Türen unseres Hauses ausheben, um sie als Betten zu verwenden. Aber nein, es tut mir nicht leid.« Er wandte sich an Wei Xin. »Du mußt mit deiner Frau zu uns kommen und meinen Sohn sehen. Er ist jetzt zwei Monate alt. Er ist ein großer, gesunder Junge. Wir sind beide sehr glücklich, daß wir ihn haben.«

Ich hörte auch von anderen Paaren, die der Ein-Kind-Politik glücklich entronnen waren. Der merkwürdigste Fall war der einer Volksschullehrerin, die trotz Spirale mit einem zweiten Kind schwanger wurde. (Diese Neuigkeit ließ mich aufhorchen.) Als die Monate vergingen und ihre Periode immer noch ausblieb und sie um die Taille herum zunahm, kam sie zum Schluß, daß sie wohl schwanger war. Aber wie konnte sie sich dessen versichern, ohne daß die Familienplanungsfunktionärin an ihrer Schule von ihrem Zustand erfuhr?

Nach sorgfältiger Überlegung beschloß sie, ein kalkuliertes Risiko einzugehen. Als sie ihrer Berechnung nach im fünften Monat war, ging sie zum Kreiskrankenhaus und verlangte eine Röntgenuntersuchung. »Ich möchte sicher gehen, daß meine Spirale noch an ihrem Platz ist«, erklärte sie. Das Röntgenbild zeigte ganz deutlich, daß die Spirale noch da, wenngleich ein wenig verschoben war. Das Ergebnis dieser Untersuchung wurde vermerkt, und sie ging glücklich nach Hause. Ihr Baby, dessen Knochen noch nicht allzu stark entwickelt waren, war den gelangweilten Augen des Technikers am Röntgengerät entgangen.

Die Funktionärin schöpfte erst Verdacht, als die Lehrerin schon im neunten Monat und reichlich rund geworden war. »Ich weiß auch nicht, warum ich derart zunehme«, sagte die Lehrerin und tat so, als sei sie ratlos. »Ich dachte schon, ich sei schwanger, aber meine Spirale ist noch an ihrem Platz. Ich nehme an, ich habe einfach zuviel gegessen.« Die Funktionärin, der das Ergebnis der Röntgenuntersuchung bekannt war, gab sich mit dieser Erklärung zufrieden. Die Spirale blieb tatsächlich bis zur Geburt des Babys an ihrem Platz und wurde erst mit der Nachgeburt ausgestoßen.

Alle lachten sich schief darüber, daß die Lehrerin es so unerwarteterweise geschafft hatte, die Familienplanungsfunktionärin auszutricksen. Die neue Ein-Kind-Politik war auf dem Land zutiefst unpopulär, und diejenigen, die mit ihrer Durchsetzung beauftragt waren, hatten sich schon so manche Feinde geschaffen. Ein Bauer in mittleren Jahren, der drei Kinder hatte, faßte die allgemein vorherrschende Meinung zusammen: »Jetzt, wo die Kommunen aufgelöst worden sind, haben wir unser eigenes Land. Wir bauen jetzt mit unserer Hände Arbeit unsere eigene Nahrung an. Wir essen nicht den Reis des Staates, wie ihr Stadtleute. Warum soll mir jetzt der Staat vorschreiben können, wie viele Kinder ich haben darf?«

Die Frau aus dem Dorf, deren Auseinandersetzung mit den Familienplanungsfunktionären mich persönlich am tiefsten berührte, sollte ich auch am besten kennenlernen. Aiming, die Frau von Wei Xins Bruder, war eine kleine, zart wirkende Person mit einem übersprudelndem und offenem Wesen. Wei Xin hatte mir schon angedeutet, daß sie Schwierigkeiten gehabt hatte, aber aus ihrem Mund erfuhr ich nun, was sie hatte erdulden müssen, um ihren Sohn zur Welt zu bringen.

Aiming erzählte mir, daß ihr Mann sich als ältester Sohn verpflichtet fühlte, seinem Vater einen Enkelsohn zu schenken. Da er aber nicht im Dorf arbeitete, war die Sache nicht so einfach. Kurz nach ihrer Heirat im Jahr 1967 waren in den Hügeln nördlich der Kreisstadt Kohlevorkommnisse entdeckt worden. Die Regierung eröffnete eine Mine und rekrutierte zweitausend Männer aus der Gegend, die zu Bergarbeitern ausgebildet wurden. Ihr Mann war einer davon. Die ganze Familie freute sich darüber, denn das bedeutete, daß er nun ein von der Regierung angestellter Arbeiter war und festen Lohn, freie Unterkunft, medizinische Betreuung, im Alter eine Rente und noch eine ganze Reihe von Sondervergünstigungen bekam, in deren Genuß ein Bauer nicht gelangte. Es gab nur einen Nachteil: Aiming, obgleich seine Frau, war in der Haushaltsregistrierung nicht davon betroffen. Ihr Mann war nun von seinem Klassenstatus her Arbeiter, sie aber blieb weiterhin Bäuerin. Und das bedeutete unter anderem, daß sie nicht zu ihrem in der Mine arbeitenden Mann ziehen durfte. Sie lebte, wie die Sitte es verlangte, weiterhin bei den Eltern ihres Mannes im Dorf.

Aiming und ihr Mann waren sehr darauf aus, ein Kind zu bekommen, aber er hatte als Bergarbeiter nur einen Tag in der Woche frei. Oft brauchte er einen halben Tag, um die fünfundvierzig Kilometer, die zwischen seiner Arbeitsstätte und dem Dorf lagen, per Mitfahrgelegenheiten und zu Fuß zurückzulegen – und er mußte am Abend des folgenden Tages zur Mine zurückkehren. Von der Luftlinie her war die Entfernung zwar nicht groß, aber die Mine lag von den Hauptstraßen relativ weit abgelegen, und es gab keine direkte Verbindung der öffentlichen Verkehrsmittel zum Dorf der Drei Brüder. Er war es schließlich leid, soviel Zeit für den Weg nach Hause aufbringen zu müssen, und kam nicht mehr jeden Sonntag heim. Statt dessen arbeitete er fünfundzwanzig oder dreißig Tage am Stück und nahm sich dann seine ganzen freien Tage auf einmal. Dieser neue Zeitplan machte eine Empfängnis noch schwieriger. »Ich mußte die Besuche meines Mannes sehr sorgfältig planen«, erzählte Aiming lachend, »sonst wäre ich nie schwanger geworden.« Ihre ersten beiden Kinder, beides Mädchen, kamen 1969 und 1973 zur Welt.

Nach der Geburt ihres zweiten Kindes bekam sie Besuch von der Leiterin des örtlichen Frauenverbands. »Sie wollte, daß ich mir eine Spirale einsetzen ließ oder in eine Sterilisation einwilligte. Ich weigerte mich. Zwar war die offizielle Obergrenze auf zwei Kinder festgesetzt, aber das wurde noch nicht so strikt gehandhabt. Ich mußte mich erst noch beweisen, verstehst du. Auf dem Land sehen die Leute auf dich herab, wenn du keinen Sohn zur Welt bringst. Ich wollte von den Leuten im Dorf meines Mannes respektiert werden. Mein Mann hat mich nach der Geburt der Mädchen nicht geschlagen, wie es manche andere Männer tun. Aber ich wußte, daß er nicht glücklich war. Ich wollte meinem Mann einen Sohn schenken.«

Nach der Geburt von Dacheng im März 1976 verstärkte sich der Wunsch meines Schwagers nach einem Sohn. »Als wir den

Brief erhielten, in dem stand, daß du und Wei Xin einen Sohn haben«, erzählte Aiming, »hat sich mein Mann für euch gefreut. Aber dann hat er mich angesehen und gesagt: ›Aiming, mein jüngerer Bruder hat schon beim ersten Versuch einen Sohn bekommen. Warum können wir keinen Sohn haben?‹«

Da sie schon zwei Kinder hatten, wußten Aiming und ihr Mann, daß sie bestenfalls noch einen Versuch hatten. Nach einem dritten Kind würden sie dem Druck, daß Aiming sich sterilisieren ließ, nicht mehr widerstehen können. Ein viertes Kind kam nicht in Frage. 1977 wurde Aiming, nachdem sie viele Monate lang die Besuche ihres Mannes sorgsam mit ihren fruchtbaren Tagen synchronisiert hatte, schwanger. Sie und ihr Mann jubelten im geheimen. Dann hatte sie im vierten Monat eine Fehlgeburt. Beide waren am Boden zerstört.

Mittlerweile verschärften sich die Vorschriften zur Geburtenkontrolle immer mehr. Im Februar 1978 erklärte der Parteivorsitzende Hua Guofeng auf dem Fünften Nationalen Volkskongreß, daß die Provinzen Chinas ihre Bevölkerungswachstumsrate innerhalb von drei Jahren auf ein Prozent oder noch weniger senken müßten. Die Verwaltungsbehörden der Provinz Jiangsu erklärten, daß kein Paar mehr als zwei Kinder haben durfte: Ein drittes Kind war keinesfalls mehr zulässig.

Als Aiming im Oktober 1978 wieder schwanger wurde, wußte sie, daß sie dieses Kind nicht mehr offen austragen durfte. Sie mußte ihren Zustand so lange wie irgend möglich vor dem Frauenverband geheimhalten und sich dann irgendwo verstecken. Sobald das Wetter kälter wurde, zog sie sich einen dicken Wintermantel an, der ihr zwei Nummern zu groß war. Den trug sie nun in den nächsten sechs Monaten sowohl draußen wie drinnen. Ihr Zustand wurde erst Anfang Mai, als sie sich durch das warme Wetter gezwungen sah, wieder dünnere Kleidung anzuziehen, entdeckt. »Die Leiterin des örtlichen Frauenverbands war äußerst aufgebracht, als sie erfuhr, daß ich schon im siebten Monat war«, erzählte Aiming lachend. »Sie erklärte mich sofort zu einer vorrangigen Kandidatin für behebende Maßnahmen.«

Aiming und ihr Mann hatten schon vor Monaten einen Plan für diesen Moment ausgeheckt. Ein paar Kilometer von seiner Mine entfernt hatten sie in einem abgelegenen Weiler ein Zimmer gemietet und es mit Kleidern, Bettzeug und anderen notwendigen Dingen ausgestattet. Hier sollte sich Aiming verstecken, bis das Baby geboren war. Sie brauchte sich nur noch dort hinzubegeben und war in Sicherheit.

Aiming hatte ihre Fluchtroute sorgfältig geplant, aber nicht mit der Geschwindigkeit gerechnet, mit der der Frauenverband zuschlug. In der Nacht, bevor sie zur Mine aufbrechen wollte, wurden sie und Weis Mutter um ein Uhr morgens davon geweckt, daß jemand an die Haustür hämmerte. Vorsichtig aus dem Schlafzimmerfenster spähend, sahen sie, daß die Leiterin des Frauenverbands vor der Tür stand. Sie wurde von fünf mit Gewehren bewaffneten Männern der Miliz begleitet. Ein Pferdekarren stand unten an der Straße. Aiming war sofort klar, daß sie gekommen waren, um sie notfalls mit Gewalt zum Kreiskrankenhaus zu bringen.

»Ich schoß zur Hintertür hinaus«, erzählte sie, »und hatte nichts weiter an als mein Nachthemd. Ich hörte, wie Weis Mutter sich lautstark durch die geschlossene Haustür mit der Leiterin des Frauenverbands herumstritt. ›Was wollen Sie um eine solche Zeit?‹ ›Machen Sie die Tür auf! Das hier ist eine staatliche Angelegenheit!‹ Ich rannte hinüber zu einem Schweinestall und versteckte mich dort. Ich wollte die Hunde im Dorf nicht wecken. Ich wartete und lauschte, um zu hören, was passieren würde, wenn sie mich im Haus nicht fanden.«

Kaum hatte Weis Mutter die Haustür einen Spalt geöffnet, da stürmten die Leute von der Miliz auch schon ins Haus. »Wo ist sie?« hörte Aiming die Leiterin des Frauenverbands rufen.

»Ich weiß nicht«, sagte Weis Mutter ganz gelassen. »Sie ist vor einiger Zeit weggegangen.«

»Das werden wir ja sehen. Durchsucht die Schlafzimmer«, wies die Funktionärin die Miliz an. Man hörte, wie Truhen geöffnet und Möbel verrückt wurden. Nach ein paar Minuten ertönte wieder die Funktionärin. »Wohin ist sie gegangen?« schrie sie wütend darüber, daß ihr ihre Beute entwischt war.

Weis Mutter antwortete zu leise, als daß Aiming sie hätte verstehen können, aber die schneidende Stimme der Funktionärin war klar und deutlich zu vernehmen. »In diesem Fall werden wir auf sie warten, bis sie zurückkommt.«

Die Miliz richtete sich offensichtlich darauf ein, die Nacht über im Haus zu kampieren, und Aiming wußte, daß sie nicht länger im Schweinestall bleiben konnte. Die Funktionärin konnte jeden Moment die Durchsuchung des ganzen Dorfs anordnen. Abgesehen davon wurde sie von Moskitoschwärmen gepeinigt, die sich weder von ihrem dünnen Nachthemd noch ihren Versuchen, sie wegzuscheuchen, abhalten ließen. Aiming erwog, sich im Schutz der Dunkelheit auf den Weg zu ihrem Versteck zu machen, verwarf aber dann den Gedanken, da sie befürchtete, daß auch die Straßen überwacht wurden. Schließlich beschloß sie, sich aus dem Dorf zu schleichen und sich in den umliegenden Reisfeldern zu verstecken. Dort, wo sie sicherer war, wollte sie darauf warten, daß die Miliz wieder abzog.

Aiming schlüpfte leise aus dem Schweinestall und schlich sich den schmalen Pfad hinunter, wobei sie darauf achtete, sich im Schatten des Mondlichts zu halten. Sehr schnell hatte sie das Dorf hinter sich gelassen und war bei den Reisfeldern angelangt. Vorsichtig balancierte sie über die schmalen schlüpfrigen Dämme, die die Felder unterteilten, um nicht auszurutschen. Sie kam zu einem kleinen aufgeschichteten Steinhaufen, der etwa dreihundert Meter vom Dorf entfernt war. Er bot ihr ausreichend Deckung, war aber doch noch nahe genug, daß sie beobachten konnte, was die Miliz trieb. Sie kauerte sich nieder und wartete auf die Morgendämmerung. »In den Reisfeldern waren noch mehr Moskitos als im Schweinestall«, Aiming zog eine Grimasse, »und ich war bald derartig zerstochen, daß ich völlig verquollen war. Sie machten mich so verrückt, daß ich mich schließlich ins kalte Wasser des Reisfeldes gleiten ließ und meine Füße im Schlamm versanken. Ich schmierte mir den

Schlamm auf die Körperpartien, die nicht vom Wasser bedeckt waren. Das half ein bißchen, den Juckreiz zu lindern, aber sobald der Schlamm getrocknet war, kamen die Moskitos zurück und stachen mich durch die Schlammschicht hindurch. Ich spürte auch ein Kitzeln an meinen Beinen und mußte ständig gierige Blutegel von mir abpflücken. Mir war elend zumute, und ich war hungrig und müde. Ich beherrschte mich aber, mich in Selbstmitleid aufzulösen. Ich wollte nicht aufgeben, ganz gleich, was passierte.«

Sie warf mir einen grimmigen Blick zu, der ganz untypisch für ihr sonst so freundliches Wesen war. »Ich war bereit, bis zum Tod um das Leben meines Sohnes zu kämpfen, falls sie mich entdecken sollten.«

Aiming versteckte sich zwei lange Tage in den Reisfeldern, bis die Miliz des Wartens schließlich müde wurde und auf ihrem Karren wieder abzog. Am Abend schleppte sie sich zum Haus zurück. Weis Mutter war von ihrem Anblick entsetzt. Fast ihr ganzer Körper war von einer dicken, getrockneten Schlammschicht überzogen. Dort, wo der Schlamm abgebröckelt war, zeigten sich riesige rote Schwellungen. »Mit meinem dicken Bauch, meinem schlammbeschmierten Haar und Gesicht muß ich ausgesehen haben wie eine Kreatur aus einer anderen Welt. Weis Mutter sagte, ich hätte weder Ähnlichkeit mit einem Menschen noch mit einem Gespenst gehabt«, lachte Aiming.

Aiming versteckte sich in dieser Nacht und am nächsten Tag im Haus, um sich auszuruhen und wieder zu Kräften zu kommen. Dann machte sie sich im Schutz der Dunkelheit auf den Weg zu ihrem Versteck. Sie brauchte fast die ganze Nacht, um zur Kreisstadt zu gelangen. Von dort nahm sie den Morgenbus zu dem Marktflecken, der ihrem Ziel am nächsten lag. Die letzten sieben bis acht Kilometer durch die Hügel legte sie zu Fuß zurück. Sie war am Ende ihrer Kräfte, als sie schließlich bei ihrem Versteck ankam. Ihr Mann, der von einem Freund verständigt worden war, wartete schon auf sie. Sie sank ihm erschöpft, aber triumphierend in die Arme.

Nach Aimings Verschwinden beschäftigte sich die Leiterin des Frauenverbands damit, andere »Kandidatinnen für behebende Maßnahmen« einzufangen. Neun Frauen aus dem Dorf der Drei Brüder und den umliegenden Dörfern – alle waren schon im fünften Schwangerschaftsmonat oder noch weiter – wurden bei erfolgreichen mitternächtlichen Überfällen in Gewahrsam genommen und zur Abtreibung und Sterilisation ins Kreiskrankenhaus gebracht. Dann wandte sie ihre Aufmerksamkeit wieder der noch immer abgängigen Aiming zu.

Da sie ihrer Beute nicht in einem Überraschungscoup hatte habhaft werden können, verlegte sie sich nun aufs Drangsalieren. Sie fiel mit zwei ihrer Assistentinnen bei Weis Mutter ein und okkupierte es gleichsam wie eine Armee. Sie erschienen stets früh morgens und zogen erst spät in der Nacht wieder ab. Untertags versuchten sie abwechselnd, Weis Mutter einzuschüchtern.

»Wenn Sie Ihrer Schwiegertochter nicht sagen, daß sie zurückkommen soll, dann bleiben wir hier, bis sie zurückkehrt.«

»Wir haben noch nie jemanden mit einer so dicken Haut erlebt, aber wir werden Sie schon kleinkriegen.«

»Wenn Sie uns nicht sagen, wo sich Ihre Schwiegertochter versteckt, halten wir eine Kampfkritikversammlung ab.«

Sie drohten ihr auch mit hohen Geldstrafen. »Es ist Ihre Schuld, daß wir hier herumsitzen und unsere Zeit vergeuden«, sagte die Funktionärin ein dutzendmal am Tag. »Sie tragen die Verantwortung für unser Gehalt. Für jeden Tag, den wir hier mit dem Fall Ihrer Schwiegertochter befaßt sind, schulden Sie der Partei sechs Yuan. Sie müssen uns auch verköstigen.«

Weis Mutter versuchte, ihre unwillkommenen Besucherinnen soweit wie möglich zu ignorieren, und ließ sich auf deren Vorwürfe und Drohungen mit keinem Wort ein. Sie lehnte auch deren Forderungen nach Verköstigung nicht direkt ab. Aber zur Essenszeit kochte sie immer nur gerade genug für sich und ihre beiden Enkeltöchter, und die drei schlangen dann hastig das Essen in der Küche hinunter. Ihre Besucherinnen hatten somit keine andere Wahl, als ihre Mahlzeiten anderswo einzunehmen. Zur Essenszeit verkrümelten sie sich, nicht ohne brummige Bemerkungen über Weis Mutter Knausrigkeit abzulassen, die dann wenigstens zur Mittags- und Abendessenszeit eine dringend benötigte Stunde Ruhe vor dem ständig auf sie ausgeübten Druck hatte, ihre Schwiegertochter preiszugeben.

Fünfundsechzig Tage nach dem mitternächtlichen Überfall, um sie und ihr ungeborenes Baby abzuholen, setzten bei Aiming die Wehen ein. Eine örtliche Hebamme stand ihr zur Seite. Sie wurde später bestochen, damit sie über ihre Rolle in dieser Angelegenheit den Mund hielt. Aiming brachte einen gesunden, fast acht Pfund schweren Jungen zur Welt.

Sobald Weis Mutter die glückliche Nachricht erhalten hatte, brach sie ihr langes Schweigen. »Ich habe einen Enkelsohn«, teilte sie stolz den Funktionärinnen des Frauenverbands mit. »Ihr könnt nun nichts mehr tun. Ihr könnt gehen.«

Die drei standen wortlos auf und verschwanden durch die Tür, ohne noch einen Blick zurückzuwerfen. Doch die Leiterin des Frauenverbands, die bereits geschworen hatte, daß die Familie Wei für die Schwierigkeiten, die sie gemacht hatte, noch zahlen würde, bewics bald, daß sie keine leeren Drohungen ausgestoßen hatte. Ein paar Tage später erhielt Weis Mutter vom Frauenverband eine Rechnung über 360 Yuan für fünfundsechzig Tage »Arbeit«.

Aimings Mann bezahlte prompt die Rechnung, obwohl sie seine ganzen Ersparnisse verschlang. Aber er befürchtete, daß die Sache damit noch nicht beendet war. »Komm noch nicht nach Hause«, hatte er Aiming gesagt. Er glaubte zwar nicht, daß der Frauenverband Aiming oder dem Baby etwas antun würde, aber nach allem, was passiert war, konnte er sich dessen nicht völlig sicher sein. »Wir kamen überein, daß ich noch eine Weile in meinem Versteck bleiben sollte«, erzählte Aiming.

Die Nachricht vom neuen Ankömmling in Weis Familie machte schnell die Runde im Dorf. Unter normalen Umständen hätte sich Mutter Weis großer Raum rasch mit Besuchern gefüllt. Nachbarn und Verwandte im Umkreis von einigen Kilometern hätten ihre Glückwünsche ausgesprochen. Aber es ging das Gerücht, daß das Haus der Weis unter Beobachtung stand, und so blieben die meisten Leute diesmal zu Hause. Ein paar enge Verwandte, die bereit waren, sich gegebenenfalls den Zorn der Behörden zuzuziehen, warteten bis zur Abenddämmerung und klopften dann an die Hintertür. Nach einem flüchtigen Besuch schlichen sie sich dann auf demselben Wege wieder aus dem Haus.

Nachdem ein paar Wochen ohne weitere Vorfälle vergangen waren, entschied Aimings Mann, daß er nun gefahrlos seine Frau und seinen Sohn ins Dorf zurückholen konnte. Sie hatten den Termin so gewählt, daß sie am Abend vor dem »vollen Monat« ihres Sohnes zurückkehrten.

Am nächsten Tag strömte praktisch das ganze Dorf bei Weis Mutter zusammen, um dieses Fest des vollen Monats zu feiern. Aiming und ihr Mann wanderten stolz zwischen den Gästen umher und präsentierten ihren winzigen, rosigwangigen Sohn. Weis Mutter folgte ihnen auf dem Fuß und überreichte jedem Gast ein leuchtend rotes Ei, damit er vom »Glück der Familie etwas abbekam«. Der »volle Monats-Wein« floß reichlich und bis in die späte Nacht erklangen im Haus die Toasts: »*Gongxi! Gongxi!*« So wurde das jüngste Mitglied des Wei Klans offiziell in der Familie willkommen geheißen. Nur der örtliche Parteisekretär und zwei Mitglieder des örtlichen Frauenverbands boykottierten das Fest. Sie hüllten sich in verdächtiges Schweigen.

Nach dieser Bekundung allgemeiner Unterstützung hofften Aiming und ihr Mann, daß sie nun in Frieden gelassen würden. Aber die Leiterin des Frauenverbands war mit ihnen noch nicht fertig. Eine Woche nach Aimings Rückkehr rückte wieder ein Militztrupp an, diesmal am hellichten Tag. Aimings Mann war in der Mine. »Ich dachte, sie kämen, um meinen Sohn abzuholen«, erzählte Aiming. »In Panik gab ich ihn Weis Mutter und sagte ihr, sie solle durch die Hintertür flüchten. Aber sie waren hinter mir her. Sie packten mich und setzten mich auf den Karren. Ich war so überrascht, daß ich keinen Widerstand leistete.«

Aiming wurde unter Bewachung zum Kreiskrankenhaus gebracht und noch am selben Tag auf Anweisung der Leiterin des Frauenverbands sterilisiert.

»Tut es dir leid, daß du dich nicht stärker zur Wehr gesetzt hast?« fragte ich. »Schließlich kannst du jetzt kein weiteres Kind mehr bekommen.«

»Am Anfang war ich wütend. Sie karrten mich ja weg wie ein Schwein, das ins Schlachthaus gebracht wurde. Aber dann«, sie hielt mitten im Satz inne und sah auf ihren rosigen kleinen Jungen, der munter zu ihren Füßen spielte, »dann dachte ich an unseren kleinen Schatz. Und ich fand, daß der Preis, den ich bezahlen mußte, nicht zu hoch war.«

Ich hatte Aiming inzwischen sehr liebgewonnen und war entsetzt, als ich erfuhr, daß sie zwangssterilisiert worden war. Ich hatte zwar auch viel durchgemacht, war aber doch nie dieser Art von offenem und brutalem Zwang ausgesetzt gewesen, dem sie und andere Frauen des Dorfes ausgesetzt worden waren. Mir schien, daß diese Bauersfrauen geradezu wie Untermenschen behandelt wurden, ohne jegliche Rücksicht auf ihre Rechte oder Gefühle.

Aber als ich nun Aimings drei Kinder betrachtete, ihre beiden älteren Mädchen und ihren kleinen Sohn, merkte ich, daß die Sympathie, die ich meiner Schwägerin entgegenbrachte, nicht ganz uneingeschränkt war. Sie hatte für sich die Familie reklamiert, von der ich immer geträumt hatte und die mir nun verwehrt war. Das, was sie durchgesetzt und erreicht hatte, war für mich so wünschenswert und unerreichbar, daß ich so etwas wie Neid verspürte. Es ist nicht fair. Mehrmals ertappte ich mich bei diesem Gedanken. Aiming hat zwei Töchter, und ich darf nicht einmal eine Tochter bekommen. Ich mochte mich wegen dieser engherzigen Gefühle selbst nicht leiden, und sie machten mir wiederum Schuldgefühle. Ich bemühte mich sehr, sie vor anderen zu verbergen, auch vor Wei Xin. Aber ich konnte sie doch nicht ganz unterdrücken. Ich litt an der »Krankheit der roten Augen«.

Am 6. März 1980 begleiteten Dacheng und ich Wei Xin zum Flughafen. Es war kein Abschied, wie er sich gehörte. Mein Mann konnte seine Ungeduld, endlich wegzukommen, nicht verhehlen. Er schaute ständig auf die Uhr, als hätte er Angst, das Flugzeug könnte ohne ihn abheben. Beim ersten Aufruf, sich an Bord des Flugzeugs zu begeben, sprang er schon auf. Er gab Dacheng eilig einen Kuß, drückte mich einmal kurz und sprintete zum Gate. Dacheng und ich weinten, als wir ihn die Rampe entlangeilen und dann im Flugzeug verschwinden sahen, ohne daß er sich noch einmal umgedreht hätte. Das Flugzeug rollte zur Startbahn, gewann an Geschwindigkeit und hob ab. Binnen weniger Augenblicke schrumpfte es zu einem winzigen Punkt am Horizont zusammen. Dann war es verschwunden. Ich sah hinauf zum klaren östlichen Himmel und fühlte mich verlassen. Dacheng und ich waren allein.

Ich beugte mich hinunter, um meinen kleinen Sohn zu trösten. »Wann wird Papa zurückkommen?« fragte er mich unter Schluchzern.

»Bald«, antwortete ich mechanisch. »Er wird sehr bald zurücksein.«

Tatsächlich sollten aber fünf Jahre vergehen, bis wir Wei Xin wiedersahen.

14 Der kleine Junge, der nicht sterben wollte

Nachdem Wei Xin in die Vereinigten Staaten abgereist war, wurde Dacheng der Mittelpunkt meines Lebens. In mein ganz natürliches mütterliches Verantwortungsgefühl mischte sich so etwas wie Mitleid mit diesem Vierjährigen, der von jetzt an mehr Jahre ohne einen Vater aufwachsen mußte, als er bisher auf dieser Erde verbracht hatte. Wir waren beide auf unsere Weise vaterlos. Ich war durch den Tod meines Vaters zur Halbwaise geworden, während Dacheng durch den Ehrgeiz seines Vaters nun vaterlos war. Ich beschloß, ihm sowohl eine Mutter wie ein Vater zu sein. Ich brachte ihm Leckereien mit, wenn ich von der Arbeit nach Hause kam, und las ihm vor dem Einschlafen Geschichten vor. An meinen freien Tagen besuchten wir den Zoo oder einen der vielen Parks in Shenyang. Mein kleiner Mann war entzückt über all diese Aufmerksamkeit, und seine Freude über unsere neuentdeckte Kameradschaft milderte den scharfen Schmerz meiner eigenen Einsamkeit.

Ich hatte mich nie mit meinem zehnstündigen Arbeitstag und diesen unregelmäßigen Arbeitswochen im Sanatorium anfreunden können, die bedeuteten, daß ich die Wochenenden nur selten frei hatte. Schlimmer noch waren die häufigen Wechsel unserer Arbeitszeiten – jeden Monat oder so rotierten wir von einer Tagesschicht zu einer Zwischenschicht, oder von einer Zwischenschicht zu einer Nachtschicht, oder wieder zu einer Tagesschicht. Ein so irregulärer Zeitplan, der die Dinge für mich schon schwierig gemacht hatte, als mir Wei Xin noch gelegentlich hatte beistehen können, war jetzt, da ich alleinerziehende Mutter war, nicht mehr tragbar. Dacheng war für die Kinderkrippe des Sanatoriums zu alt, und angesichts meiner ständig wechselnden Arbeitszeiten eine Nachbarin zu finden, die auf ihn aufpaßte, war schwierig. Ich weigerte mich auch nur den Gedanken in Betracht zu ziehen, ihn in ein Kindergarteninternat zu stecken, denn ich erinnerte mich noch gut an die vielen jammervollen Monate, die meine Brüder und ich einst in einer solchen Institution verbracht hatten.

Ich war also mit meiner Situation nicht glücklich und begann Alternativen in Erwägung zu ziehen. Ich dachte an die Krankenstationen der großen staatlichen Unternehmen, die ihrem Arbeiterheer eine kostenlose medizinische Betreuung zukommen ließen. Eine Arbeitsstelle in einer solchen Klinik schien mir ideal. Die Krankenschwestern hatten, wie auch die meisten Fabrikarbeiter, regelmäßige Arbeitsstunden und arbeiteten von Montag bis Samstagmittag. Das würde bedeuten, daß ich jede Nacht und auch an den Sonntagen zu Hause sein konnte, um mich um Dacheng zu kümmern. Ich konnte ihn dann sogar zur Arbeit mitnehmen, weil diese Firmen stets über Kindertagesstätten verfügten.

Ich unterschätzte keineswegs die Schwierigkeiten, die ein Wechsel vom Sanatorium in eine solche Krankenstation mit sich brachte. Das Leben im sozialistischen Wohlfahrtsstaat China, wo von der Wiege bis zur Bahre alles geregelt und ein Arbeitsplatz garantiert war, war unter diesem Aspekt betrachtet einfach, solange man nicht von der starren Planung der Behörden abweichen wollte. Nach dem Schulabschluß bekam man eine Arbeitsstelle zugewiesen, die man, wenn die Notwendigkeiten des Staates nichts anderes diktierten, ein Berufsleben lang innehatte. Ein Wechsel der Arbeitsstelle aus rein persönlichen Gründen war von der Planung her definitiv nicht vorgesehen und außerordentlich kompliziert zu arrangieren. Dazu mußte ich drei größere Hürden nehmen. Erstens mußte ich eine Einheit finden, die eine freie Krankenschwesternstelle hatte und willens war, mich einzustellen. Zweitens mußte das Sanatorium bereit sein, mich zu entlassen, auch wenn es nicht auf einen sofortigen Ersatz hoffen konnte. Schließlich brauchte ich eine Bestätigung des städtischen Arbeitsamts, daß es meinen Wechsel genehmigte.

Ich erzählte meiner Mutter, die mit ihren weitverzweigten Verbindungen für meine Pläne unentbehrlich war, von meinen Hoffnungen auf einen Arbeitsplatzwechsel. Sie war bereit, mir zu helfen, und schritt sofort zur Tat. Wieder einmal machte sie die Runde bei ihren ehemaligen Schülern und deren Eltern und fragte, ob irgendeine Fabrik eine freie Stelle für eine Krankenschwester hätte.

Es war schon nicht leicht gewesen, einen Ehemann für mich zu finden und eine Geburtserlaubnis für uns zu ergattern, aber eine neue Arbeitsstelle für mich zu finden, erwies sich als noch schwieriger. Mehrere Monate der Kontaktaufnahme mit früheren Schülern führten zu wenig Hinweisen und keinerlei Stellenangeboten. Nur die großen staatlichen Unternehmen verfügten über eine eigene Klinik, und wie sich herausstellte, wurden die Arbeitsplätze meist mit Personen aus den eigenen Reihen besetzt. Gingen Arbeiter oder Arbeiterinnen in Rente, dann nahmen deren Söhne oder Töchter die Arbeitsstelle ein. Selbst Mutter wußte nicht mehr weiter. Dann erinnerte sie sich, daß ein ehemaliger Schulkamerad meines Vaters nun der Direktor der Liaoning Lastwagenfabrik war. Diese Fabrik im industriellen Vorortgebiet im Norden von Shenyang war eine eigene kleine Stadt. Auf ihrem großflächigen Gelände wohnten an die fünfzehntausend Arbeiter samt ihren Familien. Dutzende von Zweieinhalb-Tonner-Lastwagen der Marke Rote Fahne rollten täglich vom Band.

Meine Mutter und ich suchten den Fabrikdirektor auf, der zugleich der Leiter des örtlichen Parteikomitees war und somit doppelte Autorität besaß. Parteisekretär Chen war ein gutmütiger, herzlicher Mann und ganz anders als der übliche Typ des höflichen, aber unaufrichtigen Funktionärs. Ich mochte ihn auf Anhieb. »Ich habe eine offene Stelle in der Krankenstation«, sagte er, als ich meine Bitte vorgetragen hatte. »Ich brauche eine Person, die mir bei der Frauengesundheitsfürsorge hilft.« Er sah mir direkt in die Augen. »Sie verstehen, das bedeutet, daß Sie mit der Familienplanung befaßt wären.«

Ich verstand nur allzugut. Der Bereich der Frauengesundheitsfürsorge umfaßte ursprünglich ein breites Spektrum und neben der Familienplanung die Behandlung allgemeiner Frauenkrankheiten und die Betreuung vor und nach der Geburt eines Kindes. Doch in diesen Tagen war er zumeist auf die Empfängnisverhütung, Sterilisation und Abtreibung beschränkt. Mir gefiel zwar der Gedanke nicht besonders, die Ein-Kind-Politik durchsetzen zu müssen, aber mein Neid auf Frauen, die mehr als ein Kind hatten, hatte sich inzwischen zu so etwas wie Groll verhärtet. Abgesehen davon wollte ich unbedingt aus dem Sanatorium raus. Ich bemühte mich, mir meine Gefühle nicht anmerken zu lassen, und nickte.

»Gut«, sagte er. »Ihre Mutter sagte mir, daß Sie bereits eine Ein-Kind-Vereinbarung unterzeichnet haben. Damit geben Sie den Frauen ein gutes Beispiel. Bei uns gibt es immer noch eine Menge Frauen, die sehr rückständig denken.«

Ich hatte nun ein Angebot für eine Arbeitsstelle, aber wie sooft in China, weigerte sich jetzt meine alte Arbeitseinheit, mich freizugeben. Ich stand im Ruf, eine exzellente Krankenschwester zu sein. Ich hatte sogar in Anerkennung meiner Fähigkeiten eine Auszeichnung bekommen. Meine Vorgesetzte wollte mich keinesfalls gehen lassen, denn es bestand keine Aussicht, sofort Ersatz für mich zu finden und, so sagte sie mir: »Es ist sehr unwahrscheinlich, daß ich je wieder eine so gute Krankenschwester finde, wie Sie es sind.«

Meine Mutter nahm die Sache in die Hand. Sie suchte Parteisekretär Wang im Sanatorium auf und erklärte ihm, daß Wei Xin in den Vereinigten Staaten sei und ich mich nun ganz allein um Dacheng kümmern müßte. »Meine Tochter befindet sich damit in einer sehr schwierigen Situation. Sie sollten sie wirklich in der Liaoning Lastwagenfabrik arbeiten lassen, damit sie sich abends um ihren Sohn kümmern kann. Es gibt sonst niemanden, der ihn betreuen könnte.«

Parteisekretär Wang weigerte sich, mich gehen zu lassen, sofern nicht jemand von der Fabrik bereit sei, den Arbeitsplatz mit mir zu tauschen.

Am nächsten Tag fand sich meine Mutter wegen meines Falls erneut bei Parteisekretär Wang ein, wobei sie diesmal meine Gesundheitsprobleme ins Spiel brachte. »Chi An hat ein ernsthaftes gesundheitliches Problem«, sagte sie. »Wie Sie wissen, muß sie sich oft frei nehmen. Sie ist ja doch alle paar Monate ein oder zwei Wochen zu Hause. Mit jemand anders wären Sie sicher besser dran.« Aber Parteisekretär Wang ließ sich nicht umstimmen.

Weit davon entfernt, sich dadurch entmutigen zu lassen, startete meine unbezwingbare Mutter eine Kampagne, um Parteisekretär Wang kleinzukriegen. Sie ging jeden Tag nach der Arbeit zu seinem Büro. Oft lehnte er ab, sie zu empfangen, da er den Grund ihres Besuchs nur allzugut kannte. Aber sie blieb dann einfach im Wartezimmer sitzen und weigerte sich, zu gehen. Sein Büro hatte keinen zweiten Ausgang, und sobald er in der Tür auftauchte, sprang meine Mutter auf: »Bitte überdenken Sie den Fall meiner Tochter, Sekretär Wang.«

Der Parteisekretär ging nun dazu über, sich nachmittags in seinem Büro zu verschanzen und darauf zu warten, daß meine Mutter verschwand. Aber gleich, wie lange er blieb, Mutter blieb noch länger. Und wenn er schließlich aus dem Büro schoß, um nach Hause zu gehen, stand meine Mutter da: »Bitte überdenken Sie den Fall meiner Tochter, Sekretär Wang.«

Es dauerte zwei Wochen, bis er schließlich kapitulierte. »In meinem ganzen Leben habe ich noch nie eine so starrköpfige Frau wie Sie erlebt!« schrie er eines Abends beim Verlassen seines Büros. Er warf ihr einen Blick zu. Sie wußte sofort, daß sie gewonnen hatte. Er wedelte mit den Händen, als wolle er eine unangenehme Geistererscheinung verscheuchen. »Gehen Sie jetzt, und nehmen Sie Ihre Tochter mit!«

Kaum hatte ich offiziell zur Liaoning Lastwagenfabrik übergewechselt, da schickte mich mein neuer Chef, Sekretär Chen, auch schon sechs Monate nach Peking, damit ich mich in der Frauengesundheitsfürsorge weiter ausbildete. Ich wurde einem Pekinger Krankenhaus zugewiesen, in dessen Wohnheim Dacheng und ich nun Quartier bezogen, und arbeitete als Krankenschwester in der Frauenabteilung. Dort lernte ich Unterleibskrebs, bakterielle Infektionen des Uterus und der Blase und andere Frauenleiden zu diagnostizieren und zu behandeln. Ich sprach auch mit schwangeren Müttern über Ernährung, die Entwicklung des Fötus und den Geburtsvorgang.

Aber all das war nur ein geringer Bestandteil meiner Ausbildung. Wie ich schon erwartet hatte, verbrachte ich fast die ganze Zeit mit dem Studium der verschiedenen Familienplanungsprozeduren – die Einsetzung der Spirale, die Durchführung einer Sterilisation und sechs oder sieben verschiedene Abtreibungsmethoden. Die Gesundheit der Frau war eigentlich eine sekundäre Angelegenheit, bekam ich während eines kurzen Auffrischungskurses über Spiralen zu hören.

Spiralen funktionieren, indem sie eine Einnistung des befruchteten Eis in die Gebärmutterschleimhaut verhindern. Vom Standpunkt der Regierung aus waren sie sehr bequem, da sie im allgemeinen, wenn sie erst einmal an ihrem Platz saßen, sehr wirksam waren, bis sie wieder entfernt wurden. In den letzten Jahren war man weitgehend dazu übergegangen, statt der alten Spirale in Form eines Metallrings einen neuen Typus zu verwenden, der sich leichter einsetzen ließ und für die Frauen weniger unangenehm war. Den alten Metallring gab es in verschiedenen Größen und er mußte sehr sorgsam, je nach der Gebärmuttergröße der Frau, ausgewählt und eingepaßt werden. Diese neue Spirale hatte die Form eines Y mit einem Faden am unteren Ende, und es gab sie nur in einer Größe, die allen Frauen paßte. Man führte sie, die Y-Arme zusammengedrückt, problemlos durch den Gebärmutterhals ein, wobei sich diese Arme dann in der Gebärmutter waagrecht ausklappten.

Sie war auch leicht wieder zu entfernen, denn man zog sie einfach an dem Faden heraus. Ich selbst hatte ebenfalls eine solche Spirale eingesetzt bekommen.

Wie ich aber zu meiner Überraschung erfuhr, war diese Spirale wieder verbannt worden. Sie hatte zu zu vielen Schwangerschaften außerhalb des Quotenkontingents geführt. Die Frauen hatten nämlich die Sache selbst in die Hand genommen und ihre unerwünschten Spiralen wieder entfernt. Und da sie nicht aus Metall waren, konnte auf dem Röntgenbild auch nicht festgestellt werden, ob sie noch da waren oder nicht.

Jetzt verwendete man wieder den alten Metallring, den es nun allerdings mit voller Absicht nur noch in einer Größe gab – in der großen Ausführung. So konnte er nur noch sehr schwer entfernt werden, was natürlich bedeutete, daß er sich, vor allem bei Frauen, die noch kein Kind geboren oder einen sehr engen Gebärmutterhalskanal hatten, auch schwer einsetzen ließ. Ich hatte mit meiner Spirale vom neuen Typus keine Probleme, aber viele junge Frauen krümmten sich vor Schmerzen und Krämpfen, wenn man ihnen diesen Metallring eingesetzt hatte und sie vom gynäkologischen Stuhl stiegen. Bei manchen hielten diese Schmerzen tage- oder sogar wochenlang an, oder sie bekamen eine Gebärmutter- oder Eileiterinfektion. Als ich mich über diese neuen Maßnahmen beklagte, fuhr man mich rüde an: »Unser Ziel besteht darin, unerlaubte Schwangerschaften zu verhindern! Die Bequemlichkeit der Frauen ist eine sekundäre Angelegenheit!«

Auch meine Ausbildung im Bereich der Schwangerschaftsbetreuung nahm angesichts dieser überwältigenden Vorrangigkeit der Geburtenkontrolle in mancher Hinsicht eine neue und düstere Bedeutung an. Ich lernte, Schwangerschaften durch ein Abtasten und Befühlen des Gebärmutterhalses zu erkennen, dessen Weichwerden eines der ersten Schwangerschaftsanzeichen ist. Aber dies war nun nicht mehr der Auftakt zu einer künftigen Schwangerschaftsbetreuung, wie der Arzt, der mir diese Fähigkeit beibrachte, klarstellte: »Je früher Sie eine

Schwangerschaft feststellen können«, erklärte er, »desto einfacher ist es, die widerstrebende Frau zu einer Abtreibung zu bringen.«

Meine erste Aufgabe, die mir direkt in Zusammenhang mit den Abtreibungen zugewiesen wurde, war die Befragung von schwangeren Frauen, die in die Klinik gebracht wurden. Ich mußte ihre Krankengeschichte aufnehmen, aber im Grunde interessierte es den Klinikleiter einzig und allein, wie weit sie in ihrer Schwangerschaft fortgeschritten waren, denn das bestimmte die jeweils anzuwendende Abtreibungsmethode. Gleichzeitig mußte ich den Versuch unternehmen, die Frau zu einer Einwilligung in den Schwangerschaftsabbruch zu bringen. Die Abtreibung würde in jedem Falle vorgenommen werden, so sagte man mir, aber es war für alle Beteiligten einfacher, wenn die Patientin zuvor die Einwilligung gegeben hatte. Niemand wollte eine schreiende und um sich schlagende Frau auf den Operationstisch zerren, wenn es sich vermeiden ließ.

Unverheiratete Frauen, die im allgemeinen allein kamen, brauchten nicht erst überredet zu werden. Sie stimmten, wenn ich sie fragte, flüsternd zu und legten sich still auf den Operationstisch, froh, von der Bürde ihrer Schande befreit zu werden. Solche Frauen gab es nicht viele, denn die meisten chinesischen Frauen gingen noch jungfräulich in die Ehe. In der überwiegenden Mehrzahl waren die Frauen jedoch verheiratet, und der Umgang mit ihnen gestaltete sich sehr viel schwieriger. Viele waren schon wochenlang extrem starkem Druck ausgesetzt gewesen und nur widerwillig in der Klinik erschienen. Und sehr oft kamen sie in Begleitung von ein oder zwei gestrengen Funktionärinnen des Frauenverbands. »Beeilen Sie sich und bringen Sie zu Ende, was wir angefangen haben, bevor sie ihre Meinung wieder ändert und uns noch mehr Scherereien macht«, wurde ich mehr als einmal von diesen Eskorten ermahnt.

Zu jener Zeit sah ich nichts Unmoralisches an meiner Tätigkeit. Nach meiner eigenen erzwungenen Aufnahme in die Reihen der Ein-Kind-Mütter unterdrückte ich meine früheren moralischen Bedenken bezüglich der neuen Politik. Wirtschaftlich gesehen schien es mir vernünftig, daß China das Bevölkerungswachstum reduzieren wollte, um sich zu modernisieren. Aber gleichzeitig empfand ich doch Mitgefühl für diese traurig blickenden Frauen, die all das durchmachen mußten. Hätte ich auch nur die geringste Hoffnung gehabt, eines Tages doch noch ein zweites Kind bekommen zu können, so wäre mein Mitgefühl vielleicht tiefer gewesen. Doch wie die Dinge nun lagen, war ich aber überzeugt, daß ich ihnen einen Gefallen erwies, wenn ich ihnen half, das Unvermeidliche zu akzeptieren, so wie ich es auch hatte tun müssen.

Ich war ziemlich gut im Manipulieren der Frauen, denn erst freundete ich mich mit jeder neuen Patientin an. Während ich vorgab, ihre Krankengeschichte aufzunehmen, schwatzte ich mit ihr über ihre Arbeit und Familie. Hatte sie sich dann ein bißchen entspannt, brachte ich das Gespräch auf die anstehende Frage. »Nun, es scheint, Sie haben mit dieser Schwangerschaft die Ihnen erlaubte Anzahl von Kindern überschritten«, begann ich und war ganz Mitgefühl. »Ja«, war ihre Antwort. »Ich wurde auch einmal ohne Geburtserlaubnis schwanger«, vertraute ich ihr dann an. »Auch ich mußte mich behebender Maßnahmen unterziehen. Ich weiß, wie schwer das ist. Aber es ist notwendig um unseres Vaterlandes willen. Willigen Sie darin ein?«

Die meisten hatten sich schon geschlagen gegeben und nickten dann wortlos bei dieser Frage, während ihnen die Tränen übers Gesicht liefen. Andere konnte ich überreden, indem ich sie damit beruhigte: »In ein paar Jahren haben Sie ja noch mal die Möglichkeit, ein Baby zu bekommen.« Das glaubte ich zwar nicht wirklich, da die Ein-Kind-Politik mit jedem Tag strikter gehandhabt wurde, aber die verzweifelten Frauen glaubten es zuweilen.

Manche Frauen brachen allerdings in bitteres Gelächter aus, wenn ich sie fragte, ob sie in den Schwangerschaftsabbruch einwilligten. »Was fragen Sie mich? Ich habe doch gar keine andere Wahl. Die Familienplanungsfunktionärinnen meiner Einheit sind doch schon seit Monaten hinter mir her. *Fanxing, fanxing!* haben sie mir ständig befohlen. »Denk über deinen Fehler nach!« »Nur wenn ich mich ›behebender Maßnahmen‹ unterziehe, werden sie aufhören, mich und meinen Mann unter Druck zu setzen.«

Ab und zu bekamen wir Frauen, die sich aufs Bitten verlegten. Mit ihnen war es am schwierigsten fertig zu werden, denn sie bettelten schamlos und ohne Ende. »Bitte schonen Sie das Leben meines Kindes! Bitte lassen Sie mein Baby am Leben. Mein Mann und ich wollen dieses Baby so gern haben.« Manche warfen sich sogar auf die Knie und stießen mit dem Kopf gegen den Boden. »Dies ist unsere letzte Möglichkeit, noch ein Kind zu bekommen. Bitte... ich flehe Sie an!«

Diese Bitten um Gnade klangen wie Anschuldigungen und hinterließen einen schalen Nachgeschmack in meinem Mund. Bei diesen Frauen fruchteten meine üblichen Argumente nichts, und ich mußte mich meinerseits aufs Bitten verlegen. »Bitte, machen Sie uns die Dinge doch nicht noch schwerer«, sagte ich dann. »Wir befolgen nur unsere Anweisungen. Uns bleibt doch auch keine andere Wahl. Wir können auch nicht aus unseren Verpflichtungen heraus.« Und obwohl ich mich sehr bemühte, konnte ich solche Frauen oft nicht dazu bringen, den Schwangerschaftsabbruch zu akzeptieren. Manche bettelten auch noch im Operationssaal und verursachten bei allen ein Gefühl der Verlegenheit und des Unbehagens.

Was diese unentwegt bettelnden und flehenden Frauen anging, so wich mein anfängliches Mitgefühl bald dem Ärger. Warum konnten diese Frauen nicht verstehen, daß wir vom Krankenhauspersonal für unser Handeln nicht persönlich verantwortlich waren? Die Ärzte folgten nur ihren Anweisungen. Ich war nur eine kleine Funktionärin. Und abgesehen davon war auch ich zu einer Abtreibung gezwungen worden. Auch ich hatte nur ein Kind. Warum sollte es ihnen erlaubt sein, mehr Kinder zu haben als ich? Ich verhärtete mein Herz gegen diese

Frauen und begann sie zu schelten. »Warum bestehen Sie darauf, ein zweites Kind zu haben? Wissen Sie nicht, daß es unfair gegenüber denen ist, die nur ein Kind haben?«

Einige Zeit später wurde ich »befördert«: Ich befragte die Frauen nun nicht mehr, sondern nahm selbst Abtreibungen bei Frauen vor, die sich noch in den ersten drei Monaten ihrer Schwangerschaft befanden. Als ich nach vierzehn Jahren zum erstenmal wieder den Absaugapparat aufnahm, zitterten mir die Hände. Schon der leiseste Schmerzens- oder Kummerschrei der Frau ließ mich die Zähne zusammenbeißen und mein Herz pochen. Aber das Tempo, in dem ich arbeiten mußte – die Ein-Kind-Kampagne intensivierte sich sogar jetzt noch –, war äußerst strapaziös, und ich hatte wenig Zeit zum Nachdenken oder für Gewissensbisse.

Ich gewöhnte mich schnell an diese ständige Hast und achtete bald auf nichts mehr als auf Tempo. Ich wurde zur Expertin in der Absaugmethode, nahm den Eingriff rasch und sauber vor, und das manchmal bei zwei Dutzend Frauen am Tag. Was die Frauen anging, so sprach ich weder mit ihnen, noch kümmerte ich mich um ihr Weinen. Sie bedeuteten mir nichts. Mein einziges Zugeständnis an meine frühere Empfindlichkeit war meine beharrliche Weigerung, im Anschluß den Sammelbehälter zu überprüfen. Aber das spielte kaum eine Rolle. Ich war so versiert geworden, daß ich mir auch ohne Überprüfung sicher war, alles abgesaugt zu haben.

Niemand war über diese endlosen Abtreibungen und Sterilisationen, die wir durchzuführen hatten, glücklich. Es sprach sich zwar niemand offen dagegen aus, aber vor allem bei den älteren Ärzten und Krankenschwestern war eine unterschwellige Unzufriedenheit zu bemerken. Die Menschen in China geben ihrer Meinung oft in Form von Witzen Ausdruck, und in bezug auf die Ein-Kind-Politik war eine Menge Galgenhumor zu hören. Einmal saß ich mit einigen anderen Schwestern gerade beim Mittagessen, als Doktor Wang, ein freundlicher alter Gynäkologe, der ebenfalls in der Klinik arbeitete, an unserem Tisch stehenblieb. »Schwester, haben Sie je darüber nachgedacht, was nach Ihrem Tod mit Ihnen passieren wird?« wandte er sich an mich. Er sprach in scherzendem Ton, aber seine Augen lächelten nicht. »Wenn Sie dann eines Tages in die Unterwelt geschickt werden, werden eine Menge kleiner Hände nach Ihnen greifen.«

Diese Vorstellung machte mir eine Gänsehaut. Ich wußte, daß Doktor Wang hier lediglich seine Kritik an der Art und Weise, wie die Ein-Kind-Politik durchgesetzt wurde, zum Ausdruck brachte, wenngleich ich meinerseits nicht bereit war, irgend etwas zu sagen, das mir als Kritik an der Regierung ausgelegt werden konnte. Ich verlor für einen Moment die Fassung. »Ich würde das nicht tun, wenn ich irgendeine andere Möglichkeit hätte, meine Reisschale zu füllen«, erwiderte ich barsch. Dann gab ich ihm mit verzerrtem Lächeln den Vorwurf zurück. »Wie dem auch sei, Doktor Wang, ich mache das erst seit kurzer Zeit. Nach Ihnen werden allemal sehr viel mehr Hände greifen als nach mir.«

Doktor Wangs Lächeln verschwand, und er warf mir einen durchdringenden Blick zu. Dann wies er auf einen Arzt, der an einem der Nebentische saß. »Dr. Yin da drüben wird sich noch in weit größerem Ausmaß zu verantworten haben als ich«, sagte er langsam und sehr ernst. »Ihm macht es Spaß, die Abtreibungen im Spätstadium vorzunehmen.« Mir drehte sich der Magen um, und es fiel mir schwer, den Rest meiner Mahlzeit zu verzehren.

Am Ende meiner Ausbildungszeit mußte ich lernen, bei Schwangerschaftsabbrüchen im Spätstadium zu assistieren. Nach den Krankenhausvorschriften durften solche Abtreibungen im fünften Schwangerschaftsmonat oder darüber nur von Ärzten vorgenommen werden. Hier gab es im allgemeinen mehrere Methoden. Doktor Wang, dem ich mehrmals assistierte, wandte die Austreibungsmethode an, die als die für

Frauen sicherste Methode galt. Dabei wurde eine dehnbare Gummiblase in die Gebärmutter eingeführt, die dann mit sterilisiertem Wasser gefüllt wurde. Der zusätzliche Druck auf die Gebärmutter führte im allgemeinen binnen ein oder zwei Stunden zu Wehen, und das Baby wurde dann kurze Zeit später ausgestoßen.

Der größte Nachteil dieser Methode, soweit es uns vom Krankenhauspersonal anging, war der, daß das Baby meist lebend zur Welt kam. Selbst die Babys, die erst dreißig Wochen alt waren, lebten noch einige Stunden lang, nachdem man sie in einen im Operationssaal aufgestellten Abfallbehälter geworfen hatte. Babys, die noch älter waren, lebten noch länger. Für uns war es schrecklich mitanzusehen, wie ein lebendiges, fünf Pfund schweres Baby in diesen Abfallbehälter geworfen wurde, und noch für den Rest des Tages seine gedämpften Schreie mitanhören zu müssen.

Um dieser unangenehmen Situation auszuweichen – denn niemand brachte es über sich, ein Baby zu töten, nachdem es schon die Augen geöffnet hatte –, beendeten viele Ärzte die Schwangerschaften im Spätstadium durch die Anwendung eines Mittels aus der traditionellen chinesischen Kräutermedizin. Dieses Mittel wurde direkt mit einer langen Nadel ins Fruchtwasser injiziert. Wenn das Baby dann das Fruchtwasser schluckte, wie es Babys im Spätstadium tun, vergiftete es sich. Diese giftige Injektion führte ebenfalls zum Einsetzen vorzeitiger Wehen, und das Baby kam tot zur Welt. Doch auch diese Methode hatte ihre Nachteile. Um wirksam zu sein, mußte das Mittel in einer so hohen Konzentration injiziert werden, daß es oft gefährliche Nebenwirkungen für die Frau hatte. Und Babys, die zu wenig vergiftetes Fruchtwasser geschluckt hatten, kamen gelegentlich auch lebend zur Welt, und wir mußten sein Schreien ertragen, bis es schließlich starb.

Nicht so Doktor Yin. Seine bevorzugten »Techniken« brachten solche lästigen Begleiterscheinungen nicht mit sich. Erst leitete er vorzeitige Wehen ein. Wenn dann der Gebärmutterkanal genügend geweitet und der Scheitel des Babys sichtbar war, injizierte er durch die Fontanelle reines Formaldehyd ins Gehirn des Babys. So wurde das Baby eine Totgeburt. In Fällen, in denen sich der Muttermund nicht genügend weitete, griff er mit der Geburtszange ein, zerquetschte den Schädel des Babys und zog es dann Stück um Stück heraus. Sogar diese Methode wurde von der Oberschwester noch als human erachtet, die von Krankenhäusern auf dem Land berichtete, wo die Babys in kochendes Wasser geworfen oder in luftdichte Gefäße gesteckt und erstickt wurden. »Solange man das Baby noch im Mutterleib tötet«, erklärte sie mir, »ist es eine legale Abtreibung. Wenn es erst einmal geboren ist, dann ist es Mord.«

Nachdem ich Doktor Yin einige Male bei seinen Abtreibungen im Spätstadium assistiert hatte, mußte ich mich Doktor Wangs Meinung über seinen jungen Kollegen anschließen. Sein grausiges Geschäft bereitete ihm ein grimmiges Vergnügen. Und das ganz besonders dann, wenn er den Eingriff an Frauen vom Land vornahm. Wie damals die Ärzte, die die Sterilisation der Frauen auf dem Land mit der Sterilisation von Säuen verglichen hatten, schien auch er eine tiefe Abneigung gegen die Bauernschaft zu hegen.

»Was sind diese Bauern anderes als Schweine«, tobte er, während er mit der Geburtszange zugange war. »Sie leben in ihren dreckigen Dörfern im Schmutz und Schlamm! In ihren Behausungen sieht es schlimmer aus als in einem Schweinestall. Sie haben nur einen Instinkt, nämlich sich zu vermehren. Das ist das einzige, was diese ungebildeten Säue können. Sie ziehen uns alle hinab und halten China in Rückständigkeit! Diese zahllosen Kinder, die sie kriegen, haben doch keine Chance in ihrem Leben. Welches Kind würde sich freiwillig dazu entscheiden, in all diesen Dreck und dieses Elend hineingeboren zu werden? Ich sage Ihnen, Schwester, wir erweisen diesem Baby einen Gefallen! Es ist besser, sein Leben jetzt zu beenden, bevor es noch all dem Hunger und dem Schmerz ausgesetzt wird. Armes Balg.«

Man kann sich vorstellen, wie sich sein Gerede auf seine Patientinnen auswirkte, von denen keine freiwillig gekommen war. Was mich anging, so biß ich die Zähne zusammen und dachte an meinen sanften und freundlichen Mann. Wei Xin, von einer Bauersfrau in einem Dorf geboren, war einer von denen, die Doktor Yin vor der Geburt eliminiert hätte. Er glaubte, daß die Leute vom Land China in Rückständigkeit hielten, aber mein Mann war in den Vereinigten Staaten und studierte dort, um dann seinen Beitrag zur Modernisierung Chinas zu leisten. Ja, Wei Xin kam als Bauernjunge zur Welt, sagte ich innerlich zu Doktor Yin, aber er wird sicherlich einen größeren Beitrag zur Entwicklung Chinas leisten als Sie.

Trotz meiner neu gewonnenen Überzeugung – oder war es nur Pragmatismus? –, daß das Ein-Kind-Programm für China notwendig war, konnte ich meine Aversion gegen Schwangerschaftsabbrüche im Spätstadium nicht überwinden, gleich, ob sie nun von Doktor Yin oder jemand anderem durchgeführt wurden. Ich wußte nicht, was schlimmer war – das Zerquetschen des Kindsschädels mit der Geburtszange, oder daß ein lebendiges Baby wie Abfall weggeworfen wurde. In mir verstärkte sich der Wunsch, meine Ausbildung endlich zu beenden und zur Liaoning Lastwagenfabrik zurückzukehren.

Eines Nachts, mein Aufenthalt im Pekinger Krankenhaus näherte sich dem Ende, wurde eine zitternde junge Frau zu uns gebracht. Sie sah zwischen den beiden stämmigen Polizeikadern, die sie eskortierten, sehr verloren aus. Ihr Gesicht war blaß und schmutzverschmiert und ihr Bauch im Vergleich zu ihrem zierlichen Körper riesig. Eigentlich war sie noch ein Mädchen, und die Geburt schien kurz bevorzustehen.

»Wir fanden sie zusammengekauert in einer Gasse«, erklärte einer der Kader der diensthabenden Schwester. »Sie hat keine Aufenthaltsgenehmigung oder andere Papiere bei sich, und sie will uns auch nicht sagen, wer sie ist oder woher sie kommt. Ihrer Kleidung nach zu urteilen, ist sie wohl aus irgendeinem Dorf weggelaufen. Unser Vorgesetzter meinte, daß wir sie bei dem Bauch, den sie hat, erst mal hierherbringen sollten. Selbst wenn wir wüßten, woher sie kommt, könnten wir sie in diesem Zustand nicht zurückverfrachten. Womöglich bekäme sie ihr Balg noch unterwegs.«

Im Innern mußte ich ihnen zustimmen, denn sie mußte bereits ziemlich am Ende des neunten Monats sein.

»Es war gut, daß ihr sie hergebracht habt«, sagte die Schwester. »Wir sind befugt, uns solcher Fälle anzunehmen.«

Sie winkte mich herbei: »Bringen Sie das Mädchen in den Kreißsaal Nummer drei, und bleiben Sie bei ihr. Die Ärzte werden sie sich am Morgen anschauen.«

Ich tat, wie sie mich geheißen hatte. Im Kreißsaal setzte ich mich auf einen Stuhl neben der Tür, für den Fall, daß mein Schützling auf den Gedanken kommen sollte, sich davonzumachen. »Woher sind Sie?« fragte ich sie nach einer Weile, um eine Unterhaltung mit ihr anzufangen und die sichtlich nervöse junge Frau etwas zu beruhigen. »Sind Sie schon länger in Peking? Haben Sie eine Geburtserlaubnis für dieses Kind?« Sie ließ nicht erkennen, ob sie mich überhaupt gehört hatte. Sie saß zusammengekauert auf ihrem Stuhl und blickte starr zu Boden. Aus irgendeinem Grund erinnerte sie mich an meine Schwägerin Aiming.

Gewinnen Sie das Vertrauen der Personen, die Sie beraten. So lautete eine der Regeln für die Familienplanungsfunktionärinnen, die ich mir nun mit einiger Ironie ins Gedächtnis rief. Diese Regel war bestimmt nicht von jemandem aufgestellt worden, der schon mal versucht hatte, sich mit einem Mädchen anzufreunden, dem eine Abtreibung im neunten Monat bevorstand. Es würde eine lange Nacht werden. Und wenn sie nicht einmal mit mir reden wollte, dann konnte ich wohl kaum ihre Einwilligung für das bekommen, was folgen würde.

Mit einem Ruck wachte ich auf. Ich mußte eingenickt sein. Rasch sah ich nach der jungen Frau und stellte erleichtert fest, daß sie sich nicht von ihrem Stuhl gerührt hatte. Dann sah ich noch einmal genauer hin. Sie saß kerzengerade und steif da und umklammerte die Stuhlkante. Ihr Gesicht war verzerrt, und sie atmete keuchend und stoßweise. Ich rannte über den Flur zur Schwesternstation. »Sie rufen besser die Ärzte«, sagte ich. »Unser Mädchen vom Land liegt in den Wehen.«

Als zwanzig Minuten später Doktor Wang und Doktor Yin eintrafen, hatte ich die junge Frau so weit entkleidet und vorbereitet, daß sie untersucht werden konnte. Da die Wehen nun schon in etwa alle zwei Minuten kamen, leistete sie nur geringen Widerstand.

Ich wußte genau, was die Ärzte nun tun würden. Sie würden warten, bis der Muttermund ganz offen und der Kopf des Babys zu sehen war. Eine Formaldehydspritze mit einer fünf Zentimeter langen Nadel würde vorbereitet werden und dann durch die Fontanelle ins Gehirn des Babys injiziert werden. Das Kind würde tot sein, noch bevor es seinen kurzen Weg durch den Geburtskanal antrat.

Doktor Yin hob das Laken von der Frau, sah nach und fing zu fluchen an. »Diese Frau... der Kopf des Babys dieser Sau ist schon zu sehen.« Er winkte dem alten Doktor Wang, der die Spritze vorbereitete. »Beeilen Sie sich. Machen Sie die Injektion.«

Die Frau schrie, als Doktor Wang auf sie zutrat, und der Kopf des Babys flutschte buchstäblich heraus. Rasch folgten nun auch seine Arme, der Rumpf, die Beine. Es war ein stämmiger kleiner Junge. Er füllte seine Lungen zum erstenmal und schrie wie kurz zuvor seine Mutter. Das Baby lag nun für alle sichtbar da, und nur die weiße, verdrehte Nabelschnur verband es noch mit seiner Mutter. Der Anblick und die Schreie des Babys stoppten den älteren Arzt.

»Keinesfalls«, hörte ich ihn leise zu sich selbst sagen. »Das kann ich keinesfalls tun.« Er legte die Spritze weg, als hätte er sich verbrannt, und zog sich zurück.

»Wenn Sie es nicht tun, dann tu ich es!« schrie ihn Doktor Yin an. »Ich werde mir keinen Verweis und keine Geldstrafe dafür einhandeln, daß ich diese nutzlose Brut von Bauernabschaum am Leben lasse.« Er schnappte sich die Spritze. Dann sah er auf das rote, nackte und weinende Baby mit einem Ausdruck des Abscheus hinunter. Mit einer Hand packte er den Kopf, mit der anderen senkte er die Nadel in den Schädel. Die durchsichtige, tödliche Flüssigkeit entleerte sich in sein Gehirn. »Ich sage Ihnen, wir tun diesem Baby einen Gefallen«, schimpfte er dabei. »Welches Kind würde schon freiwillig in diesen Dreck und dieses Elend einer Dorfhütte geboren werden wollen? Aber das habe ich ihm jetzt alles erspart.« Er zog die Nadel heraus.

Ich wartete darauf, daß die Krämpfe begannen. Ich wußte, daß der Körper des Kindes bald im Todeskampf zucken und sich aufbäumen würde und seine Schreie schwächer und schließlich ganz verstummen würden. Aber nichts dergleichen geschah. Das Baby schien sogar noch kräftiger zu brüllen als zuvor. Er stieß lange, gellende Schreie aus, die mir bis ins innerste Mark drangen.

Lange Zeit rührte sich niemand.

Schließlich flüsterte der in einer Ecke des Raums stehende Doktor Wang: »Die kleine Seele verflucht uns.«

»Machen Sie sich doch nicht lächerlich«, fuhr ihn Doktor Yin an. »Das ist finsterster Aberglaube.« Doch seine Augen weiteten sich leicht, und er trat unwillkürlich einen Schritt zurück. »Was sind diese Bauern anderes als Tiere? Sie ziehen uns alle hinunter in ihren Dreck und ihre Armut.« In seiner Stimme klang nun Hysterie mit.

»Er verflucht uns«, beharrte Doktor Wang. Er sprach nun lauter und auch in seiner Stimme schwang Panik. »Die kleine Seele will den Körper nicht verlassen. Sie wird ihn nicht verlassen, bis sie uns alle in den Abgrund der Hölle verdammt hat.«

»Halten Sie den Mund!« bellte Doktor Yin. »Es gibt weder einen Himmel noch eine Hölle. Die erste Injektion hat nicht gewirkt, das ist alles. Wir müssen ihm noch eine geben.«

»*Sie* geben ihm noch eine«, zischte Doktor Wang. »Ich will

mit dieser... dieser... grauenhaften Sache nichts zu tun haben. Soll der Fluch doch auf Ihr Haupt kommen.« Doktor Wang eilte hinaus und schlug die Tür hinter sich zu.

Doktor Yin blieb zögernd ein paar Sekunden vor der Flasche mit dem Formaldehyd stehen, und seine Hände zitterten sichtbar. Dann schleuderte er mit einem lauten Fluch die leere Spritze zu Boden. »Verflucht seid ihr Bauern, und verflucht seien eure Kinder!« schrie er und verschwand ebenfalls durch die Tür.

Ich blieb mit der Mutter und dem Kind allein zurück. Ich versuchte zu beten. Bitte Gott, bitte. Aber das Geschrei des Babys und das Schluchzen der Mutter brachten mich so durcheinander, daß ich schließlich nicht mehr wußte, wofür ich betete – das Baby, die Mutter, mich oder was sonst. Dann fing auch ich zu weinen an, denn wie anders hätte ich ein Gebet beten können, auf das es keine Antwort gab.

Dann machte ich mich hektisch daran, die erschöpfte Mutter zu versorgen. Ich hob ihre Beine herunter, wusch sie mit kaltem Wasser ab, legte ihr etwas unter, das den stetigen Fluß ihres Blutes aufsaugte, und schob ihr ein Kissen unter den Kopf. Aber für das Baby konnte ich nichts tun. Ich konnte nur vermeiden, in sein kleines verzerrtes Gesicht zu sehen und so gut es ging versuchen, meine Ohren vor seinem Schreien und Gewimmer, das erst jetzt allmählich schwächer wurde, zu verschließen.

Es dauerte eine halbe Stunde, bis das Kleine starb.

Ich weiß nicht, ob mich »der kleine Junge, der nicht sterben wollte« – wie ich ihn nun in meiner Erinnerung nannte –, verflucht hat oder nicht. Ich weiß nur, daß in den folgenden Wochen sein Bild immer wieder ungebeten vor mir aufstieg und ich seine Schreie hörte. Wann immer ich danach bei einer Abtreibung im Spätstadium assistierte, sah ich ihn traurig zuschauen. Und seine lauten gellenden Schreie trieben mich eines Tages bei einer dieser Abtreibungen tatsächlich aus dem Operationssaal. Doktor Yin hatte zur Geburtszange gegriffen, um den Schädel eines ungeborenen Babys zu zerquetschen und es somit leichter herausholen zu können. Als er die Geburtszange ansetzte, glaubte ich, das winzige verzerrte Gesicht des kleinen Jungen, der nicht sterben wollte, zu sehen. Und als Doktor Yin anfing zu drücken öffnete er seinen Mund und hob an, jämmerlich zu schreien. Ich schoß zur Tür hinaus. Danach schwor ich mir, nie wieder bei einer Abtreibung im Spätstadium zu assistieren, und fand stets eine Entschuldigung, um mich dem Operationssaal fernzuhalten.

Ich war sehr erleichtert, als meine Ausbildung kurze Zeit danach beendet war und ich in die Liaoning Lastwagenfabrik zurückkehren konnte.

15 Schwangere Frauen auf der Flucht

Meine neue Arbeitsstelle war ein völlig anders gearteter Arbeitsplatz, als ich es von all den bisherigen Jahren gewohnt war. Das Tuberkulosesanatorium war ein angenehmer Ort mit ruhigen Stationen, überdachten Gehwegen und gepflegten Gärten, wo die Patienten sich gemächlich bewegten und wir vom Sanatoriumspersonal unsere Arbeit ohne Hast verrichteten. Die Liaoning Lastwagenfabrik hingegen war laut, schmutzig und wimmelte von Menschen. Die riesigen Hallen, in denen die Motoren und Lastwagen zusammenmontiert wurden, standen Seite an Seite mit den Reihen grauer Wohnheime ohne das geringste Fleckchen Grün dazwischen. Das Klong-Klong der Blechwalzen war auch noch in den abgelegensten Ecken des Fabrikgeländes zu hören, während die elektrischen Schweißgeräte einen schädlichen Rauch produzierten, der sich wie eine dunkle Decke über Hallen und Wohnheime legte. Ich war froh, nicht auf dem Gelände wohnen zu müssen, wenn es auch bedeutete, daß ich jeden Tag jeweils eine dreiviertel Stunde für die Hin- und Rückfahrt brauchte.

Die meisten der fünfzehntausend Arbeiter und Angestellten der Fabrik lebten mit ihren Familien in den Wohnheimen. Und wie fast alle großen staatlichen Fabriken hatte auch die Liaoning Lastwagenfabrik eine gute Infrastruktur und bot ihren Arbeitern neben der Bereitstellung einer Unterkunft noch sehr viel mehr Vergünstigungen. Innerhalb der hohen Mauern des Geländes befanden sich Schulen, Läden, Kantinen, ein Freizeitzentrum und eine Krankenstation. Die Unterkunft betrug nur ein paar Pfennige im Monat, das Essen in den Kantinen wurde stark subventioniert, und die Aktivitäten im Freizeitzentrum kosteten nichts. Zwischen den jungen Arbeitern und Arbeiterinnen wurden häufig Ehen geschlossen, ein Trend, der von der Fabrik wegen des Wohnungsmangels unterstützt wurde. Um das Sicherheitsnetz der Betreuung, das sich von der Wiege bis zur Bahre spannte, komplett zu machen, wurde sogar den Kindern der Arbeiter eine Arbeitsstelle garantiert, wenn sie das nötige Alter erreicht hatten.

Auch die Betreuung in der Klinik kostete nichts, wenngleich sie in ihrer Qualität einiges zu wünschen übrigließ. Und was aus meiner Sicht noch schlimmer war, es wurden keine Anstrengungen unternommen, den besonderen Bedürfnissen der Frauen entgegenzukommen. Ich fing an, Unterleibsuntersuchungen vorzunehmen, und war von dem, was ich da feststellen mußte, schockiert. Fast die Hälfte der von mir untersuchten Frauen litt an chronischen vaginalen Infektionen. Eine von dreien befand sich im Vorstadium eines Gebärmutterhalskrebses, und Zysten und Tumore waren sogar auch unter Frauen, die noch in den Zwanzigern waren, häufig. Viel zu viele Abstriche erbrachten einen positiven Befund und deuteten auf das Vorhandensein von Krebszellen. In meinen ersten Arbeitswochen mußte ich jeden Tag ein oder zwei Frauen zur operativen Entfernung der Gebärmutter ins örtliche Krankenhaus schicken.

Diese geradezu epidemische Verbreitung von Frauenleiden und -krankheiten hatte ihre Ursache darin, daß den meisten Frauen nicht einmal die elementarsten Aspekte weiblicher Hygiene bekannt waren. Sie wußten einfach nicht, wie sie sich reinlich halten sollten. Sie gingen zur Toilette und wischten sich von hinten nach vorn ab, anstatt umgekehrt. In den langen Wintermonaten vergingen oft, weil es so kalt war und sie so beengt wohnten, vier Wochen oder mehr, ohne daß sie eine Dusche oder ein Bad nahmen. Ihre Männer, die nicht beschnitten waren und über Körperhygiene ebensowenig Bescheid wußten wie sie, trugen zusätzlich zum Problem bei.

Mit der Erlaubnis des Leiters der Krankenstation und der Unterstützung von Sekretär Chen ging ich das Problem direkt an. Ich eröffnete eine Frauengesundheitsabteilung. Hier behandelte ich die üblichen Frauenleiden, Pilzinfektionen, Geschlechtskrankheiten und dergleichen. Ich betreute auch die schwangeren Frauen und setzte ihnen nach der Geburt ihres Kindes eine Spirale ein oder versah sie mit anderen Empfängnisverhütungsmitteln.

Gleich daneben eröffnete ich eine Frauenhygieneabteilung, die über ein Dutzend Duschkabinen verfügte, wo sich die Frauen ungestört duschen und waschen konnten. Eine Assistentin oder ich hielten vor Gruppen von Arbeiterinnen Vorträge über Frauenhygiene, wobei wir sie ermunterten, sich reinlich zu halten und sich vor allem im Winter regelmäßig zu duschen. Außerdem erteilte ich frisch verheirateten Frauen Aufklärungsunterricht und unterrichtete schwangere Frauen in Schwangerschaftskunde.

Meine Arbeit verschaffte mir große Befriedigung, vor allem als ich feststellte, daß die Verbreitung verschiedener Krankheiten drastisch zurückging. Die bessere Hygiene in Verbindung mit einer frühen Erkennung von Problemen senkte die Rate vaginaler Entzündungen praktisch über Nacht. Als ich die Fabrik nach fünf Jahren verließ, befand sich nur noch eine von acht Frauen im Vorstadium von Gebärmutterhalskrebs, wohingegen Fälle von tatsächlichem Gebärmutterhalskrebs, zumindest unter den jüngeren Frauen, nur noch selten auftraten.

Ich war auf meine Leistungen stolz und fand, daß sie einen Fortschritt für die Frauen bedeuteten. Und ich stand mit meiner Ansicht nicht allein. Fast jeden Tag kamen Arbeiterinnen auf mich zu und dankten mir, daß ich sie von einer Infektion geheilt oder sie in die Grundregeln der Hygiene eingeweiht hatte. Vor allem die Duschen in der Frauenhygieneabteilung wurden zum großen Hit. Im Winter waren die Warteschlangen vor den Kabinen so lang, daß ich mich schließlich gezwungen sah, ein Rotationssystem einzuführen und jeweils bestimmte Tage für bestimmte Abteilungen zu reservieren. Doch auch danach verschwanden die Frauen so oft und so lange von ihrem Posten, daß sich ihre männlichen Kollegen allmählich über die Sonderbehandlung der Frauen beklagten. »Warum richten Sie nicht eine Männergesundheitsabteilung ein?« nörgelten sie mehr oder weniger gutmütig, wenn ich vorbeikam. »Wir haben nur Eimer mit kaltem Wasser, um uns zu waschen.«

Zu diesem Zeitpunkt unterstanden die Angelegenheiten der Familienplanung weitgehend dem örtlichen Zweig des Frauenverbands. Jede Halle, jede Werkstatt und jedes Büro hatten ihre Verbandsrepräsentantin, deren Aufgabe es war, sich über die Menstruationszyklen und Empfängnisverhütungsmethoden aller ihrem Bereich unterstehender Frauen im gebährfähigen Alter auf dem laufenden zu halten. Diese Daten wurden ganz öffentlich vermerkt, das heißt, der Name jeder Frau, ihre Empfängnisverhütungsmethode und das voraussichtliche Datum ihrer nächsten Menstruation wurden an eine riesige schwarze Tafel gemalt, die an einer gut sichtbaren Stelle aufgehängt war. Jede Frau mußte, wenn ihre Periode einsetzte, ein Häkchen neben ihrem Namen machen. Gelegentlich kam es vor, daß eine Frau schwindelte, aber natürlich war es nur eine Frage der Zeit, bis sie aufflog. Setzte bei einer Frau die Periode nicht zum erwarteten Zeitpunkt ein, dann wurde sie von der Frauenverbandspräsidentin zur Klinik geschickt, um sich untersuchen zu lassen.

Hatte sie schon ein Kind, dann bedeutete ein positiver Schwangerschaftsbefund für sie Schwierigkeiten. Die Funktionärin knöpfte sich die junge Frau dann vor, um mit ihr »von Herz zu Herz« zu reden. »Laß auf der Stelle abtreiben, und du erhältst einen Bonus und eine Woche frei.« Kam die Frau dieser Aufforderung nicht binnen weniger Tage nach, dann gab es statt Zucker die Peitsche. Man sagte ihr, daß sie ihr illegales Kind nach der Geburt nicht ins Personenregister der Familie eintragen dürfte, was bedeutete, daß es keine medizinische Betreuung und keine Getreiderationen bekommen würde, nicht zur Schule gehen konnte und später auch keinen Arbeitsplatz in der Fabrik erhielt. »Für das Wohl deines Vaterlandes, deiner Fabrik und deiner Familie mußt du in dieser Sache der Abtreibung ›klar denken‹«, drängte man sie.

Schlug die Frau all diese Warnungen in den Wind, dann griffen die Aktivisten des Frauenverbands und der Partei ein. Die täglichen Plauderstündchen nahmen nun den Charakter einer Kampfkritikversammlung an, und die Frau wurde von den Aktivisten umschichtig wegen ihres Eigensinns angegangen. Ein zweites Kind ohne Geburtserlaubnis wird schwer bestraft, sagte man ihr dann. Wenn sie weiterhin Widerstand leistete, würde sie nicht nur ihren jährlichen Bonus verlieren, sondern auch eine hohe Geldstrafe zahlen müssen. Die Aktivisten beließen es auch nicht bei diesen Versammlungen, sondern suchten die Frau jeden Abend in ihrer Wohnung auf. Der Mann und die Schwiegermutter, die oft gegen eine Abtreibung waren, mußten an diesen Gesprächen teilnehmen. »Wollt ihr, daß China ewig ein rückständiges Land bleibt?« fragte man sie. »Eure persönlichen Wünsche nach einem Kind müssen den Interessen der Gesellschaft als Ganzes untergeordnet werden.«

Hielten die Frau und ihre Familie dennoch stand, dann legte man einen weiteren Zahn zu. Die oberste Führung des Frauenverbands und der Parteizelle der Fabrik griffen ins Gefecht ein, fest entschlossen, den Widerstand zu brechen. Bis zu einem Dutzend Funktionäre fielen Tag und Nacht über sie und ihre Familie her, schüchterten sie ein, drangsalierten sie und drohten ihnen mit äußerst unangenehmen Konsequenzen. Bestand die Frau dann immer noch darauf, ihr Kind zu bekommen, meldete sich der örtliche Parteiführer zu Wort. Dann hörte sie zum erstenmal die schärfste Drohung in Chinas Wohlfahrtsstaat: »Sie verlieren Ihren Arbeitsplatz, wenn Sie sich weiterhin behebender Maßnahmen entziehen.«

Anfangs war meine Rolle in der Familienplanungskampagne darauf beschränkt, Schwangerschaftstests vorzunehmen und Spiralen einzusetzen. Alle Abtreibungen sowohl im Früh- als auch im Spätstadium wurden in einem nahegelegenen Krankenhaus vorgenommen. Ich war glücklich über dieses Arrangement, aber es sollte nicht von Dauer sein.

Eine landesweite Volkszählung im Juli 1982 ergab einen alarmierenden Trend: All die vielen Millionen Babys, die nach der Hungersnot von 1959 bis 1961 geboren worden waren, würden nun bald das heiratsfähige Alter erreichen. Wenn nicht sehr schnell etwas unternommen wurde, um diese jungen Menschen davon abzuhalten, sich zu vermehren, dann war Chinas Bevölkerungswachstum unmöglich noch in den Griff zu bekommen. Das Ziel, die Bevölkerung Chinas bis zum Jahr 2000 auf 1,2 Milliarden Menschen zu reduzieren, das man sich vor zwei Jahren offiziell gesetzt hatte, war dann Makulatur. Ende 1982 begannen Funktionäre auf höchster Regierungsebene noch striktere Maßnahmen zur Eindämmung des Bevölkerungswachstums zu fordern. Ein »Familienplanungs-Propagandamonat« wurde ausgerufen, der am 1. Januar 1983 beginnen und bis nach dem Frühlingsfest andauern sollte. Der Leiter der Krankenstation gab mir in einem privaten Gespräch zu verstehen, daß es sich hier um weitaus mehr als nur eine weitere Propagandakampagne handelte.

Ende Dezember zitierte mich Parteisekretär Chen in sein Büro. Er teilte mir mit, daß gemäß einer von der staatlichen Familienplanungskomission, dem Zentralkomitee der Partei und einigen anderen Ministerien gemeinsam erlassenen Direktive das Programm des »Propagandamonats« folgendes beinhaltete: Alle Frauen, die unerlaubt schwanger waren, mußten sofort abtreiben. Jedes Paar, das zwei oder mehr Kinder hatte, wurde sterilisiert. Die Geburtsquoten wurden weiterhin gesenkt und um zu garantieren, daß sie eingehalten wurden, mußten die Parteisekretäre auf allen Verwaltungsebenen so etwas wie Haftungsverträge unterschreiben. »Allen Fabriken und

Dörfern in der Provinz wurden schon die reduzierten Geburtsquoten für 1983 zugeteilt«, sagte er. »Wir in der Liaoning Lastwagenfabrik wurden angewiesen, unsere Bevölkerungswachstumsrate auf 0,5 Prozent zu halten. Wir haben eine Quotenzuteilung von 322 Babys bekommen. Schwester, werden Sie dem Parteikomitee helfen, diese Quote einzuhalten?«

Sekretär Chen schlug vor, eine eigene Familienplanungsklinik einzurichten und mich zur Leiterin zu ernennen. Das bedeutete für mich eine Beförderung und fünfundzwanzig Yuan mehr im Monat. Allerdings mußte ich dann aber nicht mehr nur Spiralen einsetzen, sondern auch Schwangerschaftsabbrüche vornehmen. Um die Sterilisationen würde sich einer der Klinikärzte kümmern, der noch einmal speziell dafür ausgebildet wurde.

Hauptsächlich aber würde ich dafür verantwortlich sein, daß die Fabrik ihre Quote einhielt. Bisher war jede Abteilung in der Fabrik selbst für die Geburtenkontrolle in ihrem Bereich verantwortlich gewesen, von jetzt an aber würden alle Schwangerschaften und Geburten der zentralisierten Leitung und Kontrolle der Familienplanungsklinik unterstehen. Als Klinikleiterin würde ich ebenso wie Parteisekretär Chen meine Unterschrift unter einen »Babyvertrag« setzen müssen. Wenn ich es schaffte, die Geburtenrate unter dem zugestandenen Kontingent zu halten, würden sowohl Sekretär Chen als auch ich einen finanziellen Bonus und eine Belobigung erhalten. Wenn ich andererseits das Kontingent überschritt, würden wir beide mit einer Geldstrafe belegt und kritisiert werden. »Ich hege keine Zweifel daran, daß Sie uns dabei helfen werden, *unsere* Quoten einzuhalten«, sagte Sekretär Chen und betonte den Plural. »Man sagte mir, daß Sie nicht nur über große Überredungskünste verfügen, sondern auch Abtreibungen exzellent ausführen.«

Es war mir völlig unmöglich, Sekretär Chens Bitte abzuschlagen. Ich verdankte ihm meinen Arbeitsplatz, der mir erlaubte, kostbare Abende und Wochenenden mit meinem Sohn zu verbringen. Außerdem war ich mittlerweile auch davon überzeugt, daß das Bevölkerungsproblem Chinas so gravierend war, daß die persönlichen Wünsche zum Wohle der allgemeinen Gesellschaft zurückzustehen hatten. Ich war der Ansicht, daß die, die mehr als die erlaubte Anzahl von Kindern hatten, China in seiner Entwicklung aufhielten, ganz abgesehen davon, daß ich immer noch heimlich neidisch auf sie war. Mein alter Wunsch, anerkannt zu werden, spielte ebenfalls eine Rolle. In dieser neuen Position würde ich direkt für Parteisekretär Chen und die Parteiführung arbeiten. Dennoch zögerte ich, mich mit derselben Inbrunst auf diese neue politische Kampagne zu werfen, wie ich sie für die Kulturrevolution aufgebracht hatte. Ich würde Parteisekretär Chen und der Partei getreulich dienen, aber es gab Grenzen, die ich nicht überschreiten würde. Das Bild des kleinen Jungen, der nicht sterben wollte, stieg wieder vor mir auf. »Ich werde mein Bestes tun, um die Frauen dazu zu überreden, sich an die neuen Quoten zu halten«, sagte ich. »Und ich werde Abtreibungen durchführen, aber nur an Frauen im Frühstadium der Schwangerschaft. Frauen in einem späteren Stadium müssen ins Krankenhaus gehen... Ich bin dafür nicht qualifiziert.«

Chen stimmte diesem Arrangement zu, und ich nahm meinen neuen Posten ein. Der angenehme Teil meiner Arbeit ging in der ersten Januarwoche über die Bühne. Ich suchte Dutzende von Fabrikabteilungen auf und verkündete die Namen der glücklichen Frauen, deren Antrag auf eine Geburtserlaubnis vom Parteikomitee genehmigt worden war. Der unangenehme Teil meiner Arbeit begann in der zweiten Januarhälfte und brachte endlose und oft erschöpfende Auseinandersetzungen und Kämpfe bis zum Jahresende. Es war schon schwierig genug, die Frauen ausfindig zu machen, die unerlaubt schwanger geworden waren, was bedeutete, daß ich alle Frauen untersuchen mußte, die im Verdacht standen, schwanger zu sein. Doch die »illegal« schwangeren Frauen zu einer Abtreibung zu bringen war noch zeitraubender. Ich bekam zwar Hilfe vom

Frauenverband, aber es gab immer noch viele Frauen, die sich durch die Gespräche von »Herz zu Herz« nicht umstimmen ließen. Die schwierigen Fälle waren nun meine Sache, und der Tag hatte nicht genügend Stunden, um sich mit ihnen allen befassen zu können.

Nachdem ich monatelang versucht hatte, diese standfesten Frauen eine nach der anderen auf meine Seite zu ziehen, nur um schließlich erschöpft festzustellen, daß sie sowohl in ihrer Anzahl als auch Leibesfülle zunahmen, fragte ich Sekretär Chen, ob wir sie nicht alle für einen Tag zu einer gemeinsamen »Schulung« in Familienplanung versammeln könnten. Er stimmte sofort zu. So hielten wir im April unsere erste Schulung in einem von den Fabrikhallen und Wohnheimen weit abgelegenen Lagerraum ab.

Wir wandten die »harte und weiche« Taktik an, wie sie im Parteijargon heißt. Erst schüchterten Parteisekretär Chen und andere höhere Funktionäre die Frauen mit finsteren Drohungen über die harten Konsequenzen ein, die sie zu gegenwärtigen hätten, wenn sie sich der Ein-Kind-Politik nicht fügten. Dann kam ich und sprach sanft und als Freundin mit ihnen und sagte, daß ich da sei, um ihnen zu helfen. Ich war ja Expertin darin, Frauen zu einer Abtreibung zu überreden. Ich hatte alles, was es an Argumenten gab, während meiner Ausbildungszeit im Pekinger Krankenhaus erlernt, und mein sanftes Auftreten tat ein übriges, um ihren Widerstand zu brechen. Manch eine Frau, die der Wut und dem Toben des Parteisekretärs getrotzt hatte, brach weinend zusammen, wenn sich eine sich mitfühlend gebende Person mit ihr unterhielt. Ich legte dann den Arm um sie, und sie begab sich still ins Krankenhaus.

1983 kündigte ich jedesmal, wenn die Zahl der zu einer Abtreibung anstehenden Frauen auf zwanzig geklettert war, eine Schulung in Familienplanung an. Alle Frauen, die bislang eine Abtreibung verweigert hatten, mußten sich unter Androhung hoher Geldstrafen im Lagerraum einfinden. Um den Druck auf sie zu verstärken, erhielt ich von Parteisekretär Chen die Erlaubnis, sie so lange, wie sie Widerstand leisteten, in Gewahrsam zu halten. Tagsüber wurden sie ohne Pause der taktischen Bearbeitung unterworfen, und nachts wurden sie im Lagerraum eingesperrt. Sie kamen erst wieder heraus, wenn sie einer Abtreibung zugestimmt hatten.

Gegen Ende 1983 wurden Sekretär Chen und ich geschäftiger und geschäftiger. Unter dem enormen Druck, unsere Quote einhalten zu müssen, schlossen wir am 1. Dezember unsere letzte Gruppe widerspenstiger Frauen im Lagerraum ein. Wenn auch nur eine von ihnen ihr Kind austrug, hatten wir unser uns zugestandenes Kontingent an Geburten überschritten. Das würde für uns beide eine Geldstrafe zur Folge haben, und ich konnte meinen neuen Posten verlieren. Ich wollte meinen Vorgesetzten ebensowenig enttäuschen, wie er seine Vorgesetzten enttäuschen wollte. Ich versuchte mit Parteisekretär Chen Schritt zu halten, der die Gasse zwischen den Wohnheimen entlanghastete und sich anscheinend nicht um die dicke Eisschicht, die sich darüber gebildet hatte, kümmerte. Die Abflußrohre der schlecht gebauten Wohnheime froren im bitter kalten Winter der Mandschurei stets ein, und die Frauen schütteten ihr Spülwasser, Waschwasser und Schlimmeres einfach aus dem Fenster. Bei den fünfzehntausend Arbeitern, die mit ihren Familien in diesen Quartieren lebten, kam da eine Menge zusammen. Die Eisschicht war schon über dreißig Zentimeter dick, und wir hatten erst Mitte Dezember. Bevor im Frühjahr das Tauwetter einsetzte, würde sie an manchen Stellen einen Meter fünfzig dick und so glatt wie eine Eisbahn sein.

Als wir das letzte Wohnheim hinter uns gelassen hatten, strebten wir dem farblos grauen Betonbau zu, der aussah wie alle anderen, nur daß er sehr viel kleiner war und keine Fenster hatte. Es war der abgelegene Lagerraum, der in ein provisorisches Gefängnis umfunktioniert war. Parteisekretär Chen kam hinzu, als ich den Schlüssel ins Vorhängeschloß an der massiven Holztür steckte.

Ich stieß die Tür auf, trat rasch hinter Sekretär Chen ein und schob den Riegel vor. Nach dem gleißenden Licht der Morgensonne, die auf dem Schnee und Eis reflektierte, konnte ich in der Dunkelheit des Lagerraums zunächst nichts sehen. Ich blinzelte im Versuch, etwas zu erkennen, und bemühte mich, einen strengen Gesichtsausdruck beizubehalten.

Der Lagerraum war klein, vier Meter fünfzig breit und vielleicht doppelt so lang. Am hinteren Ende waren einige Reihen Holzbänke aufgestellt, über denen eine nackte fünfundzwanzig Watt Birne baumelte, die einzige Beleuchtung in diesem Raum. Mein Blick glitt über die jungen Frauen, die zusammengedrängt auf der vordersten Bank saßen. Im Verlauf der letzten beiden Wochen hatten sechzehn Frauen kapituliert. Jetzt saßen nur noch sieben auf der Bank. Mit etwas Glück würden im Laufe des heutigen Tages wieder ein bis zwei nachgeben.

Parteisekretär Chen baute sich in der Mitte des Raums auf. Er machte sich nicht die Mühe, den Wintermantel auszuziehen, denn drinnen war es kaum wärmer als draußen. Er begann seine Rede, wie er sie nun seit einer Woche jeden Tag begonnen hatte. »Ihr wißt alle, warum ihr hier seid. Ihr habt gegen die Ein-Kind-Vereinbarung verstoßen, die ihr unterzeichnet habt. Ihr seid außerhalb des vorgesehenen Plans schwanger geworden. Ihr werdet hierbleiben, bis ihr darin einwilligt, zur Lösung des Problems behebende Maßnahmen zu ergreifen.«

Ich hörte nur mit halbem Ohr zu. Ich kannte die Rede schon auswendig und war mehr an ihrer Wirkung interessiert. Ich sah mir jede der jungen Frauen genau an und versuchte zu erkennen, welche von ihnen schwankend wurde. Meine Aufgabe war es dann, diese junge Frau beiseite zu nehmen, sie davon zu überzeugen, daß die Abtreibung ihre einzige Möglichkeit war, und sie dann sofort zum vier Blocks entfernten Krankenhaus zu eskortieren.

»Die meisten eurer Genossinnen haben inzwischen in dieser Frage ›klar gedacht‹. Ihr, die ihr noch übrig seid, müßt auch ›klar denken‹. Ihr müßt begreifen, daß ein Kind genug ist.«

Die Frauen saßen mit gesenktem Kopf da und wichen meinem Blick aus. Sie waren in den verschiedensten fortgeschrittenen Schwangerschaftsstadien. Ah Ching zum Beispiel war bereits im achten Monat und eine andere, Hua, mindestens über den vierten Monat hinaus. Alle haben sie schon gespürt, wie sich das Baby regt, dachte ich verdrossen. Frauen, die diese kleinen verräterischen Bewegungen schon in ihrem Leib gespürt hatten, waren stets widerspenstiger. Etwas nagte am Rande meines Bewußtseins, eine Erinnerung an die Freude, die ich empfunden hatte, als mein Sohn zum erstenmal in mir strampelte, aber ich verdrängte dieses Gefühl. Du mußt deine persönlichen Gefühle beiseite lassen, schalt ich mich. Du mußt daran denken, daß du für das Gemeinwohl arbeitest. Ich richtete meine Aufmerksamkeit wieder auf die anstehende Aufgabe und auf Parteisekretär Chens drängenden Appell.

»Ihr müßt euch darüber klar sein, daß ihr keine andere Wahl habt.« Seine Stimme wurde kalt und nachdrücklich. »Eure Schwangerschaft wirkt sich auf jede Person in der Fabrik, in der Stadt, ja im ganzen Land aus. Ihr werdet abtreiben, ob ihr wollt oder nicht.«

Ich sah mir wieder die Frauen an, um die Auswirkung dieses Schlags abzuschätzen. Ah Ching, die sich manchmal in der Kindertagesstätte um Dacheng kümmerte, warf mir einen finsteren Blick zu. Ich seufzte und wandte mich ab. Besonders schlimm war es immer dann, wenn ich eine Frau persönlich kannte. Sie machte mich für diese Regierungspolitik persönlich verantwortlich. Konnte Ah Ching nicht verstehen, daß ich nur meine Pflicht tat? Außerdem war es egoistisch von ihr, auf diesem Kind zu beharren. Sie hatte bereits ein nettes fünfjähriges Mädchen, das ich schon öfters gesehen hatte. Wer war sie, daß sie nun ein zweites Kind für sich forderte, während wir uns mit einem bescheiden mußten?

»Ihr müßt euch über den Ernst eurer Lage im klaren sein. Eure Männer, eure Väter und eure Mütter haben schon zugestanden, daß wir unser Bevölkerungswachstum unter Kontrolle bringen müssen und daß die Abtreibung eure einzige Alternative ist. Nur ihr ignoriert die Notwendigkeiten des Landes und der Fabrik. Ihr steht mit eurem Widerstand gegen die Partei allein da. Ihr müßt in dieser Sache der Abtreibung ›klar denken‹.«

Wieder sah ich mir die Frauen prüfend an. Einige weinten jetzt. Hua am lautesten. Vielleicht war sie nun mit ein bißchen Unterstützung bereit, »klar zu denken«.

Sie schreckte zusammen, als ich ihre Schulter berührte. »Komm mit, Hua«, sagte ich mit sanfter Stimme. »Ich will mit dir reden.« Sie schluchzte noch lauter, leistete aber keinen Widerstand, als ich sie aus dem Lagerraum führte.

In den folgenden Tagen kapitulierten weitere Frauen und schließlich gab sogar Ah Ching auf. Zumindest für das Jahr 1983 war meine Arbeit beendet. Die Liaoning Lastwagenfabrik hatte – ganz knapp – ihre Quote eingehalten. Im Laufe des Jahres wurden 321 neue Babys ins Personenregister der Fabrik eingetragen, eines weniger, als uns zugestanden worden war. Parteisekretär Chen war mit meiner Leistung sehr zufrieden.

Anfang 1984 berief die Leiterin des Familienplanungsbüros des Distrikts, Huang Junmei, alle Familienplanungskader zu einer dringlichen Versammlung ein. Als Leiterin des Familienplanungsprogramms der Fabrik mußte ich daran teilnehmen, obwohl ich Huang persönlich nicht mochte. Mit ihrer schrillen Stimme und Neigung zu Propagandasprüchen war sie fast eine Karikatur der typischen Parteiaktivistin. Ich machte einen so weiten Bogen um sie wie nur irgend möglich.

Huang war dafür bekannt, daß sie sich geradezu fanatisch für die Ein-Kind-Politik einsetzte. Obwohl die Familienplanungsvorschriften in einigen Sonderfällen die Genehmigung eines zweiten Kindes vorsahen oder auch in der Zuteilung einer Geburtserlaubnis ein bißchen Flexibilität einräumten, gab sie selten ihre Einwilligung. Eine der vielen Geschichten, die man sich über sie erzählte, betraf eine Frau, die bei der Post arbeitete. Diese hatte, nachdem sie viele Jahre lang vergeblich versucht hatte, ein Kind zu bekommen, schließlich eine der Töchter ihrer Schwester adoptiert. Drei Monate später verkündete sie völlig außer sich vor Freude und zu jedermanns Überraschung, daß sie schließlich doch schwanger geworden war. Huang sagte ihr, daß sie, da sie nun schon ein Kind habe, abtreiben müsse. »Aber dies *ist* mein erstes Kind«, wandte die Frau ein. »Gesetzlich gesehen habe ich noch kein anderes Kind, weil ich meine Nichte nicht offiziell adoptiert habe. Ich werde sie ins Dorf meiner Schwester zurückschicken und mein Baby behalten.« Aber Huang verweigerte ihr die Geburtserlaubnis. Die Frau trieb nicht ab, sondern flüchtete sich zu Verwandten in die Provinz Shantung, wo sie blieb, bis ihr Sohn geboren war. Erst danach kehrte sie nach Shenyang zurück, um sich dem Zorn Huangs zu stellen. Und sie zahlte es Huang heim. Sie gab ihrem kleinen Jungen den Namen Hen Huang, was »hasse Huang« bedeutet.

Huang war vom tiefen Ehrgeiz beseelt, zur »Modellarbeiterin im Familienplanungsbereich« der Provinz Liaoning gewählt zu werden und die Beförderung und Preise einzuheimsen, die sich mit dieser Ehre verbanden. 1982 war sie bei der Wahl auf dem zweiten Platz gelandet, was sie dazu anspornte, ihre Anstrengungen zu verdoppeln. Sie wurde noch unbarmherziger und genehmigte noch seltener Ausnahmen von der Ein-Kind-Politik. Und sie machte kein Geheimnis aus der Tatsache, daß sie in diesem Jahr den ersten Platz zu erringen gedachte.

Bei dieser Versammlung nun war sie sehr aufgewühlt und lief im Raum auf und ab. Die Gründe dafür wurden sofort ersichtlich. »Ich bin gerade von der Versammlung der Familienplanungsleiter der Provinz zurückgekommen«, sagte sie und ließ sich ihren Ärger und ihre Enttäuschung deutlich anmerken. »Anshan wurde zur Modellstadt für Familienplanung gewählt. Und die diesjährige Modellarbeiterin im Familienplanungsbereich der Provinz Liaoning ist... die Leiterin des Familienplanungsprogramms von Anshan. Sie wurde gewählt, weil sie die Geburtenrate der Stadt auf 0,1 Prozent gehalten hat.«

Ich schnappte innerlich nach Luft. Bisher lag die offiziell genehmigte Rate für die Städte immerhin noch bei 0,5 Prozent. Wir hatten Tag und Nacht geschuftet, um sicherzustellen, daß in der Liaoning Lastwagenfabrik auf tausend Personen nicht mehr als fünf Babys kamen. Und Anshan hatte nur eine Geburt pro tausend Menschen zugelassen. Wie hatten sie es angestellt?

Huang löste dieses Rätsel sehr rasch und berichtete, daß die Familienplanungskader von Anshan sich nicht mit halben Maßnahmen zufriedengegeben hatten. Alle Frauen im gebärfähigen Alter mit Ausnahme der wenigen, die eine Geburtserlaubnis erhalten hatten, mußten sich vierteljährlich einer Unterleibsuntersuchung unterziehen. Frauen, die unerlaubt schwanger waren, flogen daher frühzeitig auf und mußten abtreiben. Nach Aussage Huangs hatten die Kader von Anshan den Frauen nur eine einfache Wahl gelassen: »Entweder ihr geht freiwillig, oder wir bringen euch mit Gewalt hin.«

Zur Untermalung berichtete sie vom Fall einer Frau, die bereits achteinhalb Monate schwanger war (solange hatte sie sich versteckt gehalten). Sie nahmen sie in Gewahrsam und vier oder fünf Familienplanungskader zerrten die um sich schlagende und weinende Frau durch die Straßen bis ins Krankenhaus. Ihr Mann und ihre Eltern folgten in Tränen aufgelöst und bildeten die Grabprozession für das zum Tode verdammte Baby, das auch prompt abgetrieben wurde. »Vielleicht haltet ihr das für einen barbarischen Akt«, schloß Huang ihren Bericht. »Aber ihr irrt euch. Die Kader von Anshan haben nur das großartige Familienplanungsprogramm der Partei ausgeführt. Wie sollen wir ohne diese Entschlossenheit je die vier Modernisierungen erreichen?« Sie sprach im Ton offener Bewunderung, sicher, daß ihr niemand widersprechen würde.

»Ich wäre nicht imstande gewesen«, meldete sich da ein Arzt, »einen solchen Eingriff vorzunehmen. Meine Hände hätten zu sehr gezittert. Drinnen die weinende Frau und draußen die heulenden Verwandten. Warum können wir in solchen Fällen nicht eine Ausnahme machen, Direktor Huang? Ich bin nicht gegen die Ein-Kind-Politik, aber ich denke, daß wir inzwischen ein bißchen zu übereifrig werden. Abtreibungen im Frühstadium, ja. Bis zum fünften Monat, ja. Aber danach, nein. Was werden die Leute sagen, wenn wir so weitermachen?«

In der darauffolgenden Stille hätte man eine Stecknadel zu Boden fallen hören können. Es war selten, daß jemand Fragen der Ethik ansprach. Die meisten Familienplanungskader nahmen kommentarlos hin, was man ihnen sagte, um nicht Zweifel an ihrer Loyalität aufkommen zu lassen.

»Genau das ist der Grund, warum wir unsere Geburtenrate nicht auf 0,1 Prozent senken können«, erwiderte Huang mit schneidender Stimme. »Weichherzige Menschen wollen stets Ausnahmen machen. Aber im nächsten Jahr gibt es keine Ausnahmen mehr. Nicht eine!«

»Aber es gibt doch tragische Fälle«, gab ein anderer weiblicher Familienplanungskader bestürzt zu bedenken. »Ich habe zum Beispiel den Fall einer Frau, deren einziger Sohn jetzt vier Jahre alt ist und der seit seiner Geburt geistig und körperlich schwer behindert ist. Unter solchen Umständen könnte doch wohl eine Ausnahme gemacht werden.«

»Denken Sie nicht mal daran«, schnappte die Distriktleiterin. »Wollen Sie, daß ich kritisiert werde, weil ich meine Quote nicht einhalte? In diesem Jahr werden wir in unserem Distrikt von Shenyang die Geburtenrate auf 0,1 Prozent senken. Wir werden es Anshan gleichtun, wenn wir sie nicht sogar überflügeln. Alle Quoten werden um achtzig Prozent gesenkt. Und es werden keine Ausnahmen gemacht.«

»Aber die Leute werden reden... Sie werden sagen, daß wir zu streng sind«, hielten einige grummelnd dagegen.

»Was macht es schon, was die Leute über euch reden«, sagte Huang. »Ich war zuerst auch nicht glücklich über den kleinen Jungen, dem man den Namen Hen Huang gab...« Ein Gekicher ging durch die Reihen, und sie blickte finster. »Aber dann dachte ich mir: Was macht es schon? Die Gewaltanwendung ist eine notwendige administrative Maßnahme. Vizepremier

Deng Xiaoping hat gesagt: ›Bedient euch zur Reduzierung des Bevölkerungswachstums jedweder Mittel, derer ihr euch bedienen müßt, aber macht es! Das Zentralkomitee der Partei unterstützt euch, ihr habt nichts zu fürchten.‹«

Die Monate vergingen, und die dunkle Seite des Familienplanungsprogramms zeigte sich so deutlich wie nie zuvor. Von Huang angetrieben, die neuen, drastisch gekürzten Quoten einzuhalten, zögerten viele Aktivisten in Shenyang nicht, ihre Zuflucht zu Zwangsmaßnahmen zu nehmen. In einigen Einheiten »begleiteten« Abtreibungstrupps schwangere Frauen in die Krankenhäuser, sobald man ihre Schwangerschaft entdeckt hatte. Es gab viele Gerüchte über Frauen, die man gefesselt und geknebelt zur Abtreibung gezwungen hatte. Die Klausel in Chinas Familienplanungsgesetz, die eine Gewaltanwendung verbot, wurde ganz einfach ignoriert.

Meiner Ansicht nach war diese Anwendung physischer Gewalt eine Schande, und so verließ ich mich weiterhin auf die »weiche und harte« Taktik, die in der Vergangenheit so gut funktioniert hatte. Es war harte Arbeit. Huang hatte mein Kontingent an Babys von 322 auf nur 65 gekürzt, und mehr und mehr Frauen wurden unerlaubt schwanger. Darunter waren viele, die noch kein Kind hatten, und diese leisteten besonders erbitterten Widerstand. Die Drohungen von Parteisekretär Chen schüchterten sie nicht ein, sondern machten sie nur wütend und rebellisch. Es sei unfair, ihnen nicht einmal ein Kind zu erlauben, schrien sie mich oft an. Ich war ständig am Rande der Erschöpfung. Kaum hatte ich eine Schulung im Lagerraum abgeschlossen, mußte ich schon die nächste starten.

Ein paar Monate später mußte ich mich auch persönlich mit Direktor Huang wegen einer Ausnahmegenehmigung auseinandersetzen. Eine junge Frau in meiner Fabrik hatte drei Jahre lang erfolglos versucht, schwanger zu werden, wobei sie dreimal hintereinander eine Geburtserlaubnis bekommen hatte. Schließlich fand man heraus, daß sie einen Eierstocktumor hatte. Bei der Operation stellte sich heraus, daß beide Eierstöcke betroffen waren. Der rechte Eierstock mußte entfernt werden; der linke, an dem man einen kleinen, gutartigen Tumor feststellte, blieb drin, weil er noch weibliche Hormone produzieren konnte. Er würde in zwei oder drei Jahren entfernt werden müssen, sagte der Chirurg. Doch sie würde ohnehin kein Kind mehr bekommen können.

Nachdem man mir von dieser Diagnose Mitteilung gemacht hatte, trug ich sie im Geburtskontrollregister als »unfruchtbar« ein und entzog ihr die Geburtserlaubnis. Einige Monate später wurde sie zum großen Erstaunen aller schwanger. Die Ärzte erklärten es zu einem Wunder. Ihre Kolleginnen sprachen ihre Glückwünsche aus. Auch ich besuchte sie, um ihr alles Gute zu wünschen, und sie war außer sich vor Freude.

Das Problem war, daß ich für 1984 keine Geburtserlaubnis mehr zur Verfügung hatte. Und nicht nur das, ich hatte bereits verkündet, wer für 1985 eine Geburtserlaubnis bekommen hatte. Mir blieb keine andere Wahl, als mein Dilemma Direktor Huang vorzutragen. Normalerweise hätte ich sie, da sie in diesem Punkt so gnadenlos war, gar nicht um eine Ausnahmegenehmigung gebeten, es wäre ohnehin umsonst gewesen. Aber hier ging es nicht um die Sondererlaubnis für ein zweites Kind, die sie in jedem Falle verweigert hätte, sondern um eine Frau, die noch gar kein Kind hatte. Und bei ihren Eierstockproblemen würde sie gewiß nicht noch einmal schwanger werden. Ihre Situation war so ungewöhnlich, daß sie einfach nach einer mitfühlenden Reaktion verlangte.

Kaum hatte ich Direktor Huang den Grund meines Besuchs vorgetragen, als sie auch schon explodierte. »Was sagen Sie da?« platzte sie heraus. »Das Kontingent des gesamten Distrikts ist für dieses Jahr schon verbraucht. Und die Genehmigungen für das nächste Jahr sind schon erteilt worden.«

»Ich hatte gehofft, daß Sie erlauben, mir eine Geburtserlaubnis für das übernächste Jahr zu leihen«, sagte ich schüchtern. »Wir werden dann dafür 1986 mit einer Geburtserlaubnis weniger auskommen.«

»Kommt überhaupt nicht in Frage«, sagte sie brüsk. »Wenn ich Ihnen erlaube, sich eine Geburtserlaubnis für 1986 auszuleihen, dann werden die anderen mit der gleichen Bitte daherkommen. Wie soll ich da meine Arbeit tun? Ich kann nicht für einen Moment locker lassen. Hier ist meine Antwort auf Ihre Bitte: Sagen Sie der Frau, daß keine Hoffnung besteht, absolut keine Hoffnung.«

Ich mußte mich geschlagen geben und kehrte zur Fabrik zurück. Ich hatte nicht das Herz, der Frau zu sagen, daß unsere Bitte verweigert worden war, und bat die Repräsentantin des Frauenverbands, ihr die schlimme Nachricht zu überbringen. Die arme Frau verbrachte viele Wochen im Lagerraum, bis ich und andere sie schließlich zu einer Abtreibung überreden konnten.

Ich verstand die Gründe für die Ein-Kind-Politik, hatte aber immer Vorbehalte hinsichtlich der unflexiblen Art und Weise gehabt, in der sie durchgesetzt wurde. Jetzt, da ich das Leid sah, das Huangs erbarmungsloses Bestehen auf der Einhaltung völlig unrealistischer Quoten verursachte, verstärkten sich meine Zweifel. Ich war es leid, schwangere Frauen zur Abtreibung zu zwingen. Ich hatte Mitgefühl mit der Forderung der kinderlosen Frauen, daß sie wenigstens Anrecht auf ein Kind hatten. Und ich verabscheute die Unehrlichkeit in meinen Bemühungen, das Vertrauen der Frauen nur aus einem einzigen Grund zu gewinnen, nämlich ihnen meinen Willen aufdrängen zu können.

Auch meine Weigerung, offen Gewalt anzuwenden, war im Grunde nichts als Schwindel. Ging eine Frau auch nur die letzten dreihundert Meter aus eigener Kraft zum Krankenhaus, dann hatte das für mich bedeutet, daß sie sich aus freiem Willen zur Abtreibung entschlossen hatte. Wie die Partei zog auch ich Frauen vor, die »freiwillig« mittaten. Aber wie konnte man hier von Freiwilligkeit reden? Willigte ein zum Strang verurteilter Gefangener in seine Hinrichtung ein, wenn er zum Galgen ging? Auch ich war, nicht anders als alle anderen, bereit, diese armen Frauen zu bedrohen, einzusperren, zu beschwatzen und zu beschimpfen, damit sie sich unterwarfen. Wessen Gewissen wollte ich beruhigen, indem ich mir etwas vormachte? In Wahrheit war ich nicht besser als Direktor Huang. Tatsächlich verkürzte diese in ihrer harten, direkten Art die seelischen und geistigen Folterqualen dieser Frauen und tat ihnen so gesehen geradezu noch einen Gefallen. Wenigstens versuchte sie nicht, so wie ich, sie zu Komplizinnen in der Tötung ihrer eigenen Kinder zu machen.

Ich hatte niemanden, der oder dem ich mich mit meinen Gedanken hätte anvertrauen können. Ich konnte auch keinen Brief an Wei Xin schreiben, in dem ich meine Vorbehalte darlegte, da ich befürchten mußte, daß er geöffnet und gelesen wurde. In ein oder zwei schwereren Fällen äußerte ich gegenüber Parteisekretär Chen einige meiner Zweifel, doch aus einer Vorsicht heraus, die mich die politischen Auseinandersetzungen in der Kulturrevolution gelehrt hatten, behielt ich meine Kritik an der Unflexibilität, mit der alles gehandhabt wurde, für mich. Ich glaube, daß er trotzdem anfing, an meiner Verläßlichkeit zu zweifeln. Ich wollte auch meiner Mutter nicht allzuviel anvertrauen, obwohl ich ihr die Geschichte von der unfruchtbaren Frau erzählte. Sie seufzte und machte Bemerkungen über die Freude, die eine Schwangerschaft und Geburt in früheren Tagen ausgelöst hatte. Im Gegensatz zu der Angst und dem Leid, die sie jetzt mit sich bringen, dachte ich bitter.

Ich arbeitete eng mit den Mitgliedern des Frauenverbands zusammen, meinen Partnerinnen bei der Durchsetzung des Quotensystems, und lernte viele von ihnen gut kennen. Meine beste Freundin, eine junge Frau namens Ah Fang, kam aus diesen Reihen. Sie war die Verbandsrepräsentantin in der kleinen Polsterwerkstatt der Fabrik, die Sitzbezüge und Frachtplanen herstellte.

Ah Fang und ich hatten eine Menge gemeinsam. Mein Mann hielt sich in den Vereinigten Staaten auf. Ihr Mann, Einkäufer für die Fabrik, war mindestens drei Wochen im Monat unterwegs. Ihr einziges Kind war ein Sohn in Dachengs Alter; beide Kinder würden im Herbst eingeschult werden. Ich brachte Dacheng oft abends in ihre Wohnung hinüber. Er spielte dann mit Ah Fangs Sohn, während ich mich mit ihr unterhielt oder mit den Frauen im Lagerraum beschäftigt war.

Ah Fang und ich waren wie Schwestern. Ich hielt sie über meine schwierigen Fälle auf dem laufenden und deutete ihr sogar gelegentlich meine Zweifel an der Ein-Kind-Politik an. Sie gestand mir ihrerseits ihre heimliche Sehnsucht nach einem zweiten Kind, ein sehr gefährliches Geständnis für einen Frauenverbandskader. Ich nahm dieses Geständnis allerdings nicht allzu ernst. Hätte man in der Fabrik eine Umfrage bei den jüngeren verheirateten Frauen veranstaltet, so hätten wahrscheinlich zwei Drittel von ihnen dasselbe gesagt. Das war ja auch der Grund, warum wir ständig mindestens ein Dutzend schwangere Frauen im Lagerraum eingesperrt hielten. Selbst ich hatte ja, wenn ich es mir eingestand, Sehnsucht nach dem kleinen Mädchen, das ich nie haben würde. Ich war mir jedoch sicher, daß Ah Fang, ganz gleich, wie ihre geheimen Gefühle waren, nie offen gegen die Politik verstoßen würde, die durchzusetzen sie beauftragt war.

Eines Morgens kam ich in der Krankenstation an und sah dort eine bleiche Ah Fang in der Schlange von Leuten stehen, die sich krank melden wollten. Ich eilte zu ihr, um zu hören, was mit ihr los sei. Sie murmelte etwas von Kopfschmerzen und Mattigkeit. Ich sagte, sie solle gut auf sich aufpassen und sich ordentlich ausruhen und begab mich dann zu meinem eigenen Arbeitsplatz.

Ein paar Abende später ging ich zu Ah Fangs Wohnung, um nach ihr zu sehen. Sie erzählte mir, daß sie sich noch immer schwach fühle, aber hoffe, daß sie sich nach dem einmonatigen Krankenurlaub, den man ihr gewährt hatte, wieder erholt haben würde. Ich äußerte mich besorgt über diesen langen Krankenurlaub, denn die Beschwerden, über die sie bei mir geklagt hatte, hatten sich nicht allzu gravierend angehört. Die Ärzte seien sich nicht sicher, was es genau sei, antwortete sie etwas vage.

In den nächsten Wochen schaute ich immer mal wieder bei ihr vorbei, aber meine Besuche schienen sie so anzustrengen, daß ich sie allmählich einstellte. Abgesehen davon schien sie überhaupt nicht begeistert darüber zu sein, mich zu sehen. Ihr Krankenurlaub wurde verlängert und dann noch einmal. Was immer ihr mysteriöses Leiden war, es schien sich nicht zu bessern.

Drei Monate vergingen. Dann suchte mich eines Tages eine Angehörige des Straßenkomitees auf, dem Ah Fangs Wohnheim zugehörte. »Ich glaube, Sie sollten bei Ah Fang einen Schwangerschaftstest machen«, sagte sie ohne Einleitung. »Niemand glaubt, daß sie ernsthaft krank ist. Wir sehen, wie sie jeden Tag auf dem Balkon die Wäsche zum Trocknen aufhängt. Wir glauben, daß sie zu Hause bleibt, um ihren Zustand zu verbergen.«

Sofort fügten sich für mich alle Puzzleteilchen zusammen. Ah Fangs mysteriöse Krankheit. Das weite Nachthemd, wenn ich sie besuchte. Ihre Kälte mir gegenüber. Ich ließ alles stehen und liegen und eilte auf der Stelle zu Ah Fang. Ich hatte vor, sie zu bitten, sich am nächsten Morgen in der Klinik untersuchen zu lassen, aber sobald ich einen Blick auf sie geworfen hatte, wußte ich, daß das überflüssig war. Obwohl sie ihr weites Nachthemd trug, konnte ich sehen, daß sie schon mindestens im fünften Monat war.

Hätte ich Ah Fangs Gedanken lesen können, hätte ich sie auf der Stelle in den Lagerraum sperren lassen. Aber angesichts ihrer tränenreichen Beteuerungen, daß sie schon längst behebende Maßnahmen hätte ergreifen wollen, wurde ich weich. Sie sei wirklich krank gewesen, sagte sie, und bräuchte nur noch ein bißchen Zeit. Die Geschichte klang unwahrscheinlich, aber ich wollte meiner Freundin gern glauben. Ich wußte, daß sie ihre Stellung im Frauenverband verlieren würde, wenn ich von ihrem Zustand Mitteilung machte, und versprach ihr, ihre Schwangerschaft unter der Bedingung nicht öffentlich werden zu lassen, daß sie ihr Problem sehr bald aus der Welt schaffte. Ich glaube zwar nicht, daß sie an irgend etwas anderem als an morgendlicher Übelkeit gelitten hatte, war mir aber sicher, daß ich sie dazu überreden konnte, das Richtige zu tun.

In den folgenden Wochen verbrachte ich so manchen Abend in Ah Fangs bescheidener Wohnung und versuchte sie und ihren Mann sanft in Richtung Abtreibung zu drängen. Ich war davon überzeugt, daß sie bald nachgeben würde. Sie nickte bei meinen Ausführungen und vermittelte mir den Eindruck, daß sie mir in allem beipflichtete. Alle unsere Gespräche endeten auf die gleiche Weise: »Du mußt dieses Problem lösen«, drängte ich sie. »Ich geh in ein oder zwei Tagen ins Krankenhaus«, erwiderte sie dann. »Laß mir nur noch ein ganz kleines bißchen Zeit.«

In der Zwischenzeit wuchs Ah Fangs Leibesumfang immer mehr an. Bei jedem Besuch war sie sichtbar dicker geworden. Schließlich verlor ich die Geduld. Wenn du nichts wegen deines Problems unternimmst, dann sorge ich dafür, daß du zur nächsten Schulung kommen mußt, sagte ich. Sie sah mich mit einem Ausdruck an, den ich nicht zu enträtseln vermochte, und fragte mich, wann das sei. »Am nächsten Montag«, antwortete ich und wandte mich zum Gehen. »Denk daran, keine weiteren Verzögerungen mehr!«

Am nächsten Montag wollte ich Ah Fang höchstpersönlich zur Schulung abholen und mußte feststellen, daß sie verschwunden war. Ihr rundgesichtiger Mann, dessen Haar schon vorzeitig ergraute Strähnen zeigte, behauptete, weder zu wissen warum noch wohin sie gegangen sei. Aber ich ahnte, daß sie sich, wie meine Schwägerin und die Mutter von Hen Huang zuvor, dazu entschlossen hatte, zu fliehen. Was ihren Aufenthaltsort anging, so hatte sie sich wohl in eine andere Stadt geflüchtet, oder, was noch wahrscheinlicher war, zu Verwandten, die irgendwo in der Nähe wohnten.

Ah Fang setzte darauf, daß sie und ihr Zustand unbemerkt blieben, wenn sie sich nicht in der Liaoning Lastwagenfabrik blicken ließ. Und wahrscheinlich hatte sie recht. Die Kader in anderen Einheiten und Städten achteten nur darauf, unerlaubte Geburten bei den Frauen zu verhindern, die ihrem Verantwortungsbereich unterstanden. Außenstehende interessierten sie nicht, da sie nicht ihrem Kontingent zugerechnet wurden. In großen Städten wie in Peking wurden die Straßen regelmäßig nach schwangeren Vagabundinnen abgekämmt, aber viele kleinere Städte unternahmen hier wenig oder gar nichts. Die meisten Quotenzuteilungen wurden auf Grund solcher sich versteckenden Frauen überschritten, weshalb Direktor Huang uns ständig in den Ohren lag, die schwangeren Frauen unter Beobachtung zu stellen, um sie an einer Flucht zu hindern. Ich wußte, daß ich Ah Fang, wenn ich nicht irgendwie herausfand, wo sie sich versteckte, erst wieder zu Gesicht bekommen würde, wenn sie ihr Kind zur Welt gebracht hatte.

Ich war auf mich selbst und auf Ah Fang wütend. Ich hatte zugelassen, daß meine Gefühle für sie mich für ihre Entschlossenheit blind gemacht hatten, dieses Baby auszutragen. Noch schlimmer, sie hatte auf zynische Weise meine Freundschaft ausgenutzt und mich manipuliert. Und doch mußte ich auch zugeben, daß mir recht geschah. War denn mein Verhalten in den letzten Jahren weniger berechnend gewesen als das ihre? Hatte ich mich denn nicht ganz bewußt und für meine eigenen Zwecke daran gemacht, das Vertrauen von Hunderten von Frauen zu gewinnen, nur um sie zu verraten? Ah Fang hatte mich lediglich mit eigenen Waffen geschlagen.

Es bereitete mir einige Schwierigkeiten, Parteisekretär Chen zu gestehen, daß eine schwangere Frau auf Grund meiner Fehleinschätzung abgängig war, aber er nahm diese Nachricht wenigstens gelassen auf. Die Wut von Direktor Huang hingegen kannte keine Grenzen, vor allem als sie hörte, daß Ah Fang schon im sechsten Monat war. Sie wies mich an, alles nur Denkbare zu unternehmen, um Ah Fang aufzuspüren, bevor es zu spät war, und sie drohte mir eine Geldstrafe und berufliche Herabstufung an.

Ah Fang mochte zwar sicher und außer Reichweite sein, ihr Mann aber war es nicht. Er bekam nun alles ab. Parteisekretär Chen, die Leiterin des Frauenverbands und ich ließen keine Gelegenheit aus, ihn unter Druck zu setzen, damit er uns den Aufenthaltsort seiner Frau verriet. Jeden Tag mußte er im Büro von Parteisekretär Chen antreten, um einen Vortrag über sich ergehen zu lassen. Ich suchte ihn jeden Abend in Begleitung mehrerer Frauenverbandskader in seiner Wohnung auf. Bei den politischen Versammlungen seiner Werkstatt, die zweimal wöchentlich stattfanden, wurde er von seinem Vorgesetzten immer wieder kritisiert. Ah Fangs Mann bekam stets dieselbe Botschaft zu hören: »Sie werden mit einer Geldstrafe belegt, kritisiert und sogar entlassen, wenn Sie nicht mit uns kooperieren. Sie müssen Ihrer Frau sagen, daß sie zurückkommen und behebende Maßnahmen ergreifen muß.«

Ah Fangs Mann schüttelte alle Drohungen ab. Nicht nur gab er vor, nicht zu wissen, wo sie sei, er behauptete auch, sie hätte ihn und ihren kleinen Sohn verlassen. Ich glaubte ihm kein Wort. Er war im Heucheln nicht annähernd so versiert wie Ah Fang. Wenn er sprach, dann wandte er die Augen ab, und seine Stimme klang hohl. Ich wußte, daß er Ah Fangs Versteck kannte. Aber was konnte ich tun? Ich wollte ihn an Ah Fangs Stelle im Lagerraum einsperren, aber Parteisekretär Chen war dagegen, weil er ein Mann war. Die Wochen vergingen.

Ich zermarterte mir das Gehirn nach irgendeinem Hinweis, wohin Ah Fang sich geflüchtet haben könnte, und entsann mich, daß sie sehr an einer Schwester hing, die in einer Landkommune in der Nähe von Shenyang lebte. Oft blieb sie übers Wochenende bei dieser Schwester, wenn ihr Mann auf Reisen war. Spät am nächsten Abend machten sich vier Mitglieder des Frauenverbands und ich auf den Weg; mit dem Polizeichef des Bezirks hatten wir vereinbart, unterwegs ein paar Patrouilleleute aufzusammeln und mitzunehmen.

Wie geplant kamen wir nach Mitternacht im Dorf an, eine Zeit, zu der sogar die Hunde im Dorf schliefen. Wir fanden das Haus, wo sich meinem Verdacht nach Ah Fang versteckte, und ließen die Patrouilleleute in Aktion treten. Die Stille der Nacht wurde sofort vom Lärm ihrer Rufe erschüttert. »Abteilung für öffentliche Sicherheit!« brüllten sie und hämmerten gegen die Tür. »Öffnen Sie!« Ein paar Augenblicke später öffnete ein völlig verstörter Mann die Tür und versuchte zu fragen, was sie wollten. Die Patrouilleleute zogen ihn nach draußen, und ich stürmte mit den anderen Mitgliedern des Frauenverbands ins Haus. Wir entdeckten Ah Fang im Bett liegend. Sie versuchte zu entkommen, aber gegen uns fünf hatte sie keine Chance. Wir rollten sie in eine Decke und trugen sie zum Lastwagen hinaus.

Ich wollte Ah Fang keine weitere Gelegenheit zur Flucht geben und ließ sie deshalb direkt zum Lagerraum bringen, wo ich sie zu anderen Widerstand leistenden Frauen sperrte. Die Frauen dieser Gruppe verhielten sich so, wie es mittlerweile zu erwarten war: Von ihren Männern getrennt, mit allen Mitteln zur Unterwerfung gedrängt, so verstört, daß sie oft nicht mehr essen und schlafen konnten, ließen sich die weinenden Frauen eine nach der anderen von mir zur Klinik führen. Nicht jedoch Ah Fang, die ohne ein Lächeln und trockenen Auges wie ein hölzerner Buddha dasaß und mich trotzig anstarrte. Parteisekretär Chen und die anderen bearbeiteten sie systematisch, um sie zu einer Abtreibung zu bringen, aber Ah Fang ließ sich durch die Drohung nicht einschüchtern.

Schließlich blieben nur noch sie und ich im Lagerraum übrig. Selbst Parteisekretär Chen ließ sich nicht mehr blicken. Er hätte schon zuviel Zeit mit diesem Fall vergeudet, sagte er zu mir. Von jetzt ab trüge ich die volle Verantwortung für die erfolgreiche Beendigung dieser Angelegenheit.

Zu diesem Zeitpunkt war Ah Fangs Schwangerschaft schon weit fortgeschritten, ich schätzte, daß es bis zu ihrer Niederkunft nur noch zwei oder drei Wochen waren. Ich verdoppelte meine Bemühungen, versuchte jede Taktik, jeden Winkelzug, der mir einfiel. Aber die reservierte, schweigsame Ah Fang der letzten Wochen gab es nicht mehr. An ihrer Stelle trat nun eine zornige, selbstbewußte Frau auf, die verächtlich meinen Rat von sich wies, das Unvermeidliche zu akzeptieren, die unsere ehemalige Freundschaft als Heuchelei abtat und wütend gegen alles argumentierte, was ich zugunsten des Familienplanungsprogramms vorzubringen hatte. Ah Fang, selbst eine Expertin in der Kunst der Überredung, ließ sich durch nichts überreden. Sie hatte eine Antwort auf alles.

»Du weißt, daß China ein Bevölkerungsproblem hat«, sagte ich einmal.

»Es ist nicht China, das sich um dieses Baby kümmern wird«, entgegnete sie. »Ich werde es tun. Mein Mann und ich können es uns leisten, dieses Kind zu ernähren und zu kleiden.«

»Aber die Kosten für die Gesellschaft...«

»Nach den Vorschriften zur Geburtenkontrolle sollen die Geldstrafen für ein Baby außerhalb des Quotensystems die zusätzlichen Kosten abdecken, die der Gesellschaft entstehen. Ich werde diese Geldstrafe zahlen.«

»Aber du und dein Mann, ihr könnt entlassen werden. Wie wollt ihr dann bezahlen?«

»Der Staat will uns also mit hohen Geldstrafen belegen und es uns dann unmöglich machen, sie zu bezahlen? Ist da nicht ein Widerspruch?«

»Es sind keine Ausnahmen von der Ein-Kind-Regelung gestattet. Das weißt du.«

»Ich weiß, daß diese Politik unnötig rigide ist. Selbst wenn jedes Paar zwei Kinder hätte, würde sich das Bevölkerungswachstum Chinas immer noch verringern.«

Und so ging es weiter, eine endlos lange und fruchtlose Unterhaltung nach der anderen.

Schließlich fand ich in den langen Stunden, die wir allein waren, heraus, was wirklich geschehen war. Wie ich schon vermutet hatte, hatte Ah Fang ihre Schwangerschaft sorgfältig geplant. Ihr Mann war zwar gegen den Gedanken eines zweiten Kindes gewesen, aber sie hatte sich nicht beirren lassen. Sie hatte eine Hebamme gefunden, die gegen ein Entgelt von fünfundzwanzig Yuan bereit war, etwas Illegales zu tun, nämlich ihr die ringförmige Spirale herauszunehmen, die ihr nach der Geburt ihres ersten Kindes eingesetzt worden war. »Sie brauchte sehr lange und es tat sehr weh«, erzählte mir Ah Fang. »Aber es hat sich gelohnt.«

Ein paar Monate später wurde sie schwanger. Ihr Mann war bestürzt, als sie ihm die Neuigkeit mitteilte, stimmte ihr aber rasch zu, daß eine Abtreibung nicht in Frage käme. Sie entschieden, daß Ah Fang, sobald der Druck zu stark würde, bei ihrer Schwester wohnen sollte. »Und da wäre ich immer noch, wenn du, meine beste Freundin, mich nicht verraten hättest«, schloß Ah Fang bitter. »Und noch eines. Wenn du vorhast, mich zu einer Abtreibung zu zwingen, dann mußt du mich schon an Händen und Füßen gefesselt zum Krankenhaus schleifen.«

Sie warf mir einen grimmigen Blick zu, und mir sank das Herz. Ich erinnerte mich daran, wie sie gekämpft hatte, als wir sie im Haus ihrer Schwester überraschten. Ich war nicht bereit, physische Gewalt anzuwenden, und das wußte sie.

Und ich wußte spätestens jetzt, daß Ah Fang beschlossen hatte, dieses Kind um jeden Preis zu bekommen. Es war mir völlig unmöglich, sie zu einer Abtreibung zu überreden. Ich wandte mich wieder an Parteisekretär Chen und bat ihn um Hilfe, aber er wiederholte nur, daß ich für den Ausgang dieses Falles persönlich verantwortlich sei. »Und wenn bei ihr die Wehen einsetzen, bevor sie in behebende Maßnahmen eingewilligt hat«, so fügte er düster hinzu, »dann lassen Sie sie ins Krankenhaus schaffen. Die wissen, was zu tun ist.«

Ein paar Tage später sah ich, als ich am Morgen zu ihr kam, wie sie sich vor Schmerzen krümmte, und wußte, daß es soweit war. Als die Wehe vorbei war, sah sie mich flehend an. »Chi An«, bettelte sie, »bitte ruf niemanden. Hilf mir, dieses Baby zu entbinden. Wir waren einmal Freundinnen. Wir können hinterher immer noch behaupten, daß ich das Baby in der Nacht bekam, als niemand da war. Niemand kann dir dann die Schuld geben.«

Ich hörte nicht auf ihr Flehen und raste zu Parteisekretär Chen, um ihn zu informieren. Ah Fang, deren Wehen nun schon voll eingesetzt hatten, leistete nur noch schwachen Widerstand, als wir sie auf einen Lastwagen hievten und zur Entbindungsstation des Krankenhauses brachten. Mitglieder des Frauenverbands eilten in den Kreißsaal, aber ich blieb zurück. Um die Wahrheit zu sagen, konnte ich es nicht über mich bringen, mitanzusehen, was nun folgen würde. Der Verrat an meiner Freundin bereitete mir eine Höllenpein. Ich wartete draußen. Die Stunden vergingen in qualvoller Langsamkeit. Bilder des kleinen Jungen, der nicht sterben wollte, stiegen wieder vor meinem inneren Auge auf, und das den Flur entlanghallende Schreien eines Babys ließ mich aufspringen. Ah Fang wurde schließlich aus dem Kreißsaal geschoben und wirkte weiß wie eine Leiche. Ihr eben noch so dicker Bauch war nun wieder flach unter dem Leintuch, das sie bedeckte. Ich folgte langsam, von dieser Geschichte so physisch erschöpft und emotional ausgelaugt, als hätte ich am Operationstisch neben ihr gestanden. Sie sah mich kurz mit ausdruckslosem Gesicht an und wandte sich dann ab. Die Worte des Trostes blieben mir in der Kehle stecken.

Parteisekretär Chen war erfreut, beglückwünschte mich zu meiner exzellenten Arbeit und versprach mir einen großen Bonus für dieses Jahr. Auch Direktor Huang brachte es über sich, mir ein knappes Kompliment zu machen, obwohl sie noch mehr als über die Abtreibung über die Tatsache erfreut war, daß Ah Fang gleichzeitig sterilisiert worden war. »Die wird uns in Zukunft keine Scherereien mehr bereiten.«

Die ganze Geschichte machte mich krank. Meine Zweifel an der brutalen Art und Weise, in der die Ein-Kind-Politik den Menschen aufgezwungen wurde, waren nicht mehr zu unterdrücken. Ich hatte genug gesehen. Mehr als genug. Ich konnte nicht mehr guten Gewissens eine Parteipolitik unterstützen, an die ich nicht mehr glaubte, und ich war nicht mehr daran interessiert, Pluspunkte bei meinem Vorgesetzten zu sammeln, indem ich andere Frauen einschüchterte und drangsalierte. Mein Mitgefühl gehörte den Frauen, denen wie Ah Fang das Recht verwehrt wurde, das Kind, mit dem sie schwanger waren, auszutragen. Ich wünschte, alles hinter mir lassen zu können, was mit der Geburtenkontrolle zu tun hatte, und mich nur noch meiner Arbeit in der Frauengesundheitsabteilung widmen – den Frauen helfen, statt ihnen und ihren ungeborenen Kindern Leid zuzufügen. Aber es schien keinen Ausweg aus meinem Dilemma zu geben, es sei denn, ich verließ die Fabrik.

1984 schaffte Direktor Huang, trotz all ihrer Bemühungen, erneut nur den zweiten Platz und mußte den Sieg im Familienplanungswettbewerb wiederum Anshan überlassen.

16 Ankunft in den USA

Noch Wochen, nachdem Ah Fang zur Abtreibung und Sterilisation gezwungen worden war, machte ich mir endlose Selbstvorwürfe. Die Vorstellung, daß ich meiner ehemaligen Freundin begegnen könnte, erfüllte mich mit Schrecken. Beim Verlassen der Klinik suchten meine Augen stets ängstlich die Gegend ab, um ihr nicht zufällig über den Weg zu laufen. Doch ich begegnete ihr nie. Wie ich später erfuhr, erholte sie sich nur sehr langsam und mühsam von der Operation. Allerdings stieß ich immer wieder auf andere Frauen, die ich einst im Lagerraum eingesperrt hatte, und jede dieser Begegnungen verdüsterte meine Stimmung noch mehr. Der Gedanke an die vielen hundert Frauen, die ich zur Verzweiflung getrieben hatte, bereitete mir nun schwere Gewissensqualen. So wie mir der kleine Junge, der nicht sterben wollte, mir die Augen für das Leid der Neugeborenen geöffnet hatte, ließ mich jetzt Ah Fangs vergeblicher Widerstand den Schaden, den ich bei anderen Frauen angerichtet hatte, in seinem ganzen Ausmaß erkennen. So viele Frauen. So viel Leid und Schmerz. Es gibt schon zu viele Frauen auf dieser Welt, die dich hassen, hielt mir die Stimme meines Gewissens immer wieder vor, und zu viele kleine Seelen, die in der nächsten Welt nach dir greifen werden.

Dieser innere Aufruhr brachte mich zu einer Entscheidung. Ich würde die Frauen nicht mehr dazu zwingen abzutreiben. Ich würde die Frauen nicht länger im Namen der Geburtenkontrolle drangsalieren. Ich würde einen Weg finden, mich für immer von dieser schrecklichen Arbeit zu befreien.

Doch das war sehr viel leichter gesagt als getan. Ich konnte ja nicht einfach eines Tages verkünden, daß ich aus dem Ein-Kind-Programm aussteigen und in Protest von meinem Posten zurücktreten würde, wie das gelegentlich einige Leute im Westen tun. In China dienen die Kader dem Willen der Partei. Jeder Versuch, aus der Arbeit im Familienplanungsbereich auszusteigen, würde aller Wahrscheinlichkeit nach als Angriff auf die Partei verstanden werden und konnte mich ins Gefängnis bringen. Ich würde, während ich im geheimen Schritte unternahm, meine Arbeit weiterhin zufriedenstellend machen müssen, um keinen Verdacht zu erwecken. Gleichzeitig mußte ich aber insoweit das Mißfallen Parteisekretär Chens erregen, daß er mich meines Postens enthob. Ich würde dafür sorgen müssen, daß ein oder zwei »illegale« Babys am Leben blieben und wir im nächsten Jahr unser Geburtenkontingent überschritten.

Je länger ich darüber nachdachte, desto stärker bedauerte ich, Ah Fangs Versteck gefunden zu haben. Hätte ihr Kind überlebt, dann wäre die der Fabrik zugeteilte Quote bereits überschritten worden. Dann wäre ich jetzt meiner Pflichten enthoben, dafür hätte Direktor Huang schon gesorgt. Ich hätte mich wieder meiner Arbeit in der Frauenhygieneabteilung widmen und Frauen helfen können, statt ihnen wehzutun. Aber so, wie die Dinge jetzt lagen, mußte ich ein weiteres Jahr schwangere Frauen drangsalieren und quälen. Der Gedanke deprimierte mich.

Dann erhielt ich einen Brief von Wei Xin mit der aufregenden Neuigkeit, daß chinesische Ehepartner neuerdings eine Ausreiseerlaubnis und ein Visum erhalten konnten. »Die Frau eines engen Freundes von mir ist letzte Woche hier eingetroffen«, schrieb er. »Vielleicht kannst du auch eine Erlaubnis für einen Aufenthalt in den Vereinigten Staaten bekommen.«

Mir war sofort klar, daß dies die Lösung meiner Probleme bedeuten konnte. Wenn ich zu Wei Xin ausreisen durfte, der noch mindestens zwei Jahre brauchte, bis er seinen Doktor hatte, dann würde zwischen mir und der Ein-Kind-Politik eine halbe

Welt liegen. Und dies würde für mich nicht nur eine zeitweilige Befreiung bedeuten. War ich erst einmal in den Vereinigten Staaten, dann konnte ich meine Englischkenntnisse so weit verbessern, daß ich Kurse in allgemeiner Krankenpflege belegen konnte. Möglicherweise könnte ich sogar einen Collegeabschluß machen. Wenn Wei Xin und ich dann nach einigen Jahren nach China zurückkehrten, würde ich zu qualifiziert sein, um meine Fähigkeiten noch auf die Ein-Kind-Politik zu verschwenden. Ich hoffte, dann einen Lehrauftrag an einer Schwesternschule zu bekommen. Und selbst wenn ich zur Rückkehr in die Liaoning Lastwagenfabrik gezwungen wurde, konnte es doch auch sein, daß die Ein-Kind-Politik dann nicht mehr so starr gehandhabt wurde, oder daß ich meine vormaligen Tätigkeiten nicht wieder aufnehmen mußte.

Parteisekretär Chen runzelte zunächst die Stirn, als ich ihm meine Bitte um eine zweijährige Beurlaubung vortrug. Erst als Wei Xin und ich einen Brief mit dem Versprechen schrieben, daß ich nach meinem Auslandsaufenthalt in die Fabrik zurückkehren würde, gab er widerwillig sein Einverständnis. Aber er wollte die Sicherheit haben, daß meine Spirale noch an ihrem Platz war. Ich zitterte vor Wut, als er mich bat – nein, anwies –, mich in die Arbeiterinnenschlange einzureihen, die auf ihre regelmäßige vierteljährige Röntgenuntersuchung wartete. Glaubst du denn etwa, daß ich, eine Familienplanungsfunktionärin, heimlich meine Spirale herausnehmen lasse, um dann, wenn ich im Ausland bin, mit einem ungenehmigten Kind schwanger zu werden? tobte ich innerlich.

Ich brauchte ein halbes Jahr, um mich mit Bitten und Bestechungen durch den Rest des Labyrinths an Verwaltungsämtern zu arbeiten, die mein Vorhaben genehmigen mußten. Die Ausstellung meines Passes verzögerte sich um Monate, weil die Behörden erst einmal Hintergrundinformationen einzogen, und mein Ausreisevisum wurde für einige Zeit zurückgehalten, als man erfuhr, daß ich Dacheng mitnehmen wollte. Niemand sprach es offen aus, aber ich wußte, daß sie Sorge hatten, ich würde, wenn sie mir erlaubten, mein einziges Kind mitzunehmen, nicht wieder nach China zurückkehren. Ich fand ihre Ängste albern. Ich hegte keinen Zweifel daran, daß Wei Xin und ich in unsere Heimat zurückkehren würden.

Schließlich war es soweit, ich konnte abreisen. Nicht einmal der Abschied von meiner Mutter auf dem Pekinger Flughafen konnte meine Freude über meine Befreiung dämpfen. Ich ließ all das Leid der Ein-Kind-Politik hinter mir und war nur noch von einem Gedanken erfüllt – wieder mit meinem Mann in den Vereinigten Staaten vereint zu sein.

Wei Xin wartete in der Ankunftshalle für Auslandsflüge auf uns, als wir auf dem New Yorker Kennedy-Flughafen landeten. Sobald wir den Zoll passiert hatten, rannte er auf uns zu, legte die Arme um uns und drückte uns in einer festen langen Umarmung an sich. Ich war von dieser unchinesischen öffentlichen Demonstration der Zuneigung völlig überrascht. Dacheng, der seinen Vater nicht mehr gesehen hatte, seit er ein kleiner Junge war, war völlig verstört. Ihm erstarb das begrüßende *Ba Ba* (Papa) auf den Lippen, und er kämpfte sich aus der unwillkommenen Umarmung dieses so außerordentlich überschwenglichen Fremden frei.

Ich fühlte mich ein bißchen verlegen, als ich nun Wei Xin so direkt gegenüberstand, und fragte mich, wie sehr er sich wohl in all den Jahren, die wir voneinander getrennt waren, verändert haben mochte. Zwar hatten wir uns im Laufe der Jahre einen ganzen Postsack voll Briefe geschrieben, aber teure zehnminütige Telefongespräche waren selten gewesen. Auf dem Weg zu seinem Wagen machten wir Scherze, doch die Unterhaltung war stockend und befangen. Selbst an seine Stimme, die mir einst so vertraut gewesen war, mußte ich mich erst wieder gewöhnen, denn er flocht nun in seine Sätze eine Menge englischer Worte ein. Dacheng hatte sich auf meine andere Seite geflüchtet und beobachtete nun aus dieser sicheren Position heraus seinen Vater. Was er sah und hörte, schien ihn offensichtlich nicht ganz zu beruhigen. »Mammi«, piepste er ängstlich, als wir in den Wagen einsteigen wollten. »Bist du sicher, daß das mein echter Papa ist?« Wei Xin und ich lachten, und das brach das Eis. Ich versicherte Dacheng, daß ich mich in der Person seines Vaters nicht geirrt hätte.

Ich war beeindruckt, daß Wei Xin ein Auto hatte – einen 1973er Plymouth Duster –, denn in China waren Automobile ein Luxus, der nur den wichtigen Führungspersonen vorbehalten war. Als er sich hinters Steuer setzte, hatte ich aber doch Bedenken. In China lenkte nur eine ganz bestimmte Klasse von ausgebildeten Chauffeuren ein Auto. »Bist du sicher, daß du dieses Ding fahren kannst?« fragte ich ängstlich, als Wei Xin den Zündschlüssel umdrehte. Er lächelte nur und brauste los. Die Fahrt auf der sechsspurigen Autobahn im Neunzig-Kilometertempo inmitten von zahllosen Autos und Lastwagen war eine neue und furchteinflößende Erfahrung für mich. Ich war an die Fahrt in Bussen gewöhnt, die sich bestenfalls halb so schnell durch die Straßen von Shenyang schoben. Wir schienen mit einer unglaublichen Geschwindigkeit dahinzurasen, obwohl Wei Xin, wie ich später noch lernen sollte, nur auf der Kriechspur blieb. Als wir schließlich an der New Yorker Staatsuniversität in Stony Brook anlangten, die für die nächsten zwei Jahre mein Zuhause sein sollte, war ich nur noch ein nervliches Wrack und total erschöpft.

Wei Xin erhielt von der chinesischen Regierung monatlich 850 Dollar, um für seine Unterkunft, Verpflegung und sonstigen Unkosten aufzukommen. Das war, solange er allein lebte, mehr als ausreichend gewesen, jetzt aber waren wir drei Personen. Um noch zusätzlich Geld zu verdienen, gab er Studenten Nachhilfeunterricht in technischem Zeichnen, was er weitgehend durch praktische Demonstration unterrichten konnte, aber ihm zudem die Gelegenheit bot, sein noch nicht perfektes Englisch zu verbessern. Trotzdem waren wir ständig knapp bei Kasse. Ich verbrachte meine ersten Wochen in einem Studentinnenwohnheim (Dacheng schlief neben mir auf dem Boden), bis wir genug Geld für die erste Monatsmiete einer Studentenwohnung gespart hatten. Für mich war diese Miete – 650 Dollar im Monat – eine schwindelerregende Summe, über hundertmal mehr als die Miete der Wohnung meiner Mutter in Shenyang. Ich wollte sofort das zweite Schlafzimmer und das Wohnzimmer an andere chinesische Studenten vermieten, aber Wei Xin sprach sich dagegen aus. Wie er mir erzählte, war die Universitätsverwaltung, was das Untervermieten anging, sehr viel strikter geworden, nachdem man im letzten Jahr dreizehn chinesische Studenten entdeckt hatte, die in einer einzigen Wohnung hausten. Der Mieter hatte sogar die Schränke als Schlafstätten untervermietet und monatlich 50 Dollar für einen Schlafplatz verlangt, auf dem man sich noch nicht einmal richtig ausstrecken konnte. Wir umgingen die Vorschriften dann schließlich doch ein wenig und vermieteten ein Bett in Dachengs Zimmer an einen Gaststudenten, was uns monatlich 150 Dollar an Miete ersparte. Unsere Ausgaben für Essen, Kleidung und anderes wurden auf dem absoluten Minimum gehalten. Für so frivole Dinge wie Vergnügungen blieb nichts mehr übrig.

In meinen ersten Wochen in den Vereinigten Staaten fühlte ich mich, als sei ich auf einem fremden Planeten gelandet. Als die Supermarktangestellte an der Kasse zum erstenmal »danke« zu mir sagte, war ich völlig verblüfft, denn die Angestellten in China sprachen ein solches Wort niemals aus. Einmal stand ich ängstlich und verwirrt vor den Türen einer Toilette: Auf der einen stand GENTLEMEN, auf der anderen LADIES, zwei Worte, die ich noch nicht in meinen Sprachschatz aufgenommen hatte. Gerade hatte ich beschlossen, es mit GENTLEMEN zu versuchen, als die Tür aufging und ein Mann herauskam, der mich damit vor einer überaus peinlichen Situation bewahrte. Mein äußerst beschränktes Englisch brachte mich oft in Verlegenheit. Vor meiner Abreise hatte ich ein Buch mit englischen Redewendungen studiert, aber meine Aussprache war grauenhaft, und die rund hundert Redewendungen, die ich erlernt hatte, reichten gerade aus, um mich immer wieder in

Schwierigkeiten zu bringen. Als ich zum erstenmal sagte: »Wie geht's?«, bekam ich zur Antwort: »Gut. Und selber?« Und selber was? dachte ich verwirrt und merkte, wie ich rot wurde.

Dacheng, den wir sofort in einer öffentlichen Schule angemeldet hatten, schwatzte bald fröhlich mit den Nachbarskindern in Englisch. Ich selbst war sehr darauf erpicht, durch einen Sprachkurs mein Englisch zu verbessern, nahm aber davon Abstand, als mir Wei Xin sagte, wie hoch die Gebühren für den Sprachunterricht für ausländische Studenten seien. Mein Mann mußte für seine Ausbildung nichts bezahlen, da er ein volles Regierungsstipendium hatte, ich aber hätte uns im Vierteljahr kolossale 2400 Dollar gekostet. Und ein einziger Kurs mit fünf Unterrichtseinheiten hätte uns mit einer ganzen Monatsmiete in Rückstand gebracht. Wei Xin bot an, noch mehr Nachhilfeunterricht zu geben, aber das konnte ich nicht zulassen. Ihm gingen dadurch ohnehin schon zwei Tage pro Woche für sein Studium verloren. Ich beschloß, meine reguläre Ausbildung etwas zu verschieben und mir statt dessen einen Job zu suchen. Warum soll ich das Geld für einen so teuren Kurs bezahlen, wenn ich die Sprache doch auch bei der Arbeit lernen kann, sagte ich mir.

Aber aus diesem Plan wurde nichts. Mein gesprochenes Englisch war so schrecklich, daß mich niemand einstellen wollte. Nicht einmal das chinesische Restaurant am Ort wollte mir Arbeit geben. Wahrscheinlich befürchteten sie, daß ich durch meine unverständlichen Äußerungen die Kunden vertreiben würde. So gab ich meine Jobsuche auf und blieb zu Hause bei Dacheng, dessen von den Spielkameraden aufgeschnapptes Englisch schon flüssiger war als das meine. Schließlich fand ich eine Möglichkeit, mir mit etwas Heimarbeit Geld zu verdienen. Ich strickte Pullover. Der Mittelsmann, ein Chinese, kam einmal die Woche mit Nachschub an Wolle vorbei und nahm die fertigen Pullover mit, wobei er mir 40 Dollar pro Stück zahlte. Da ich zwanzig Stunden für einen Pullover brauchte, verdiene ich etwa 2 Dollar die Stunde, was aber immer noch besser war als gar nichts. So saß ich Tag um Tag mit klappernden Stricknadeln vor dem Fernseher und versuchte mit nur mäßigem Erfolg zu enträtseln, was die Figuren in den Serien redeten.

Später betreute ich tagsüber bei mir zu Hause kleine Kinder, meist die Söhne und Töchter unserer amerikanischen Nachbarn. Das wurde weit besser bezahlt als das Stricken von Pullovern und gab mir zudem die Möglichkeit, mich in meinem Englisch zu üben. Glücklicherweise traten keine größeren Katastrophen auf, denn ich hätte Mühe gehabt, den Notruf zu wählen und mich verständlich zu machen.

Mir war sehr daran gelegen, mit meiner Ausbildung weiterzukommen, aber unsere finanzielle Situation ließ es nun einmal nicht zu. Wei Xin sicherte mir zu, daß ich mich ganztags meiner Weiterbildung widmen können würde, sobald er seinen Doktor hatte und mit seinem achtzehnmonatigen Praktikum anfing. Und während ich die Windeln meiner Schützlinge wechselte und sie zum Schlafen niederlegte, schmiedete ich – nach chinesischen Maßstäben – grandiose Pläne, den Magister in allgemeiner Krankenpflege zu machen.

In diesem ersten Sommer erholte ich mich vor allem bei langen frühmorgendlichen Spaziergängen auf dem baumbestandenen Campusgelände und in den umliegenden Hügeln. Ich stand schon im schwachen Licht der Dämmerung auf, während Wei Xin noch weiterschlief, aß rasch eine Schale Reissuppe und machte mich dann im graublauen Licht der Morgendämmerung auf den Weg. Abseits vom zentralen Block der Unterrichtsräume und anderen Bauten war der Campus ein einziger wunderschöner Garten mit Kiefernwäldchen und klaren Teichen. Im Gegensatz zu den abgeholzten Ebenen um Shenyang, über die ständig der Wind pfiff, schien dies ein »Pfirsichgarten« zu sein, wie wir Chinesen das Paradies nennen. Zu dieser frühen Stunde konnte ich kilometerweit gehen, ohne einem Menschen zu begegnen, etwas, das in China undenkbar war, wo die Menschen zu jeder Tages- und Nachtzeit kommen und gehen. Und während ich nur selten auf Menschen stieß, sah ich doch unglaublich viele Tiere; überall waren Hasen, Enten und Eichhörnchen.

Nach einigen Monaten fing ich trotz meiner Sprachschwierigkeiten an, mich in meiner neuen Umgebung heimischer zu fühlen. Ich war glücklich, nun nicht mehr schwangere Frauen drangsalieren zu müssen. Mein Wohlbefinden rührte allerdings in gleichem Maße von meiner wachsenden Erkenntnis her, wie unabhängig Wei Xin und ich in unserem neuen Leben waren. Als ich in die Vereinigten Staaten kam, hatte ich mir Wei Xins Universität als seine Einheit vorgestellt, aber er klärte mich rasch auf. »Wenn du an einer chinesischen Universität nicht zum Unterricht erscheinst, dann schicken sie jemanden, um nach dir zu sehen. Hier zahlst du selbst deine Studiengebühren, und es liegt an dir, ob du an den Kursen teilnimmst oder nicht. In Amerika müssen sich die Leute selbst um ihre Angelegenheiten kümmern.« Und das stimmte. Obwohl wir in einer Wohnung lebten, die der Universität gehörte, bekamen wir fast so gut wie nie einen Verwaltungsangehörigen zu Gesicht. Und trotz Wei Xins Warnung, daß das Untervermieten nicht mehr gestattet sei, inspizierte nie jemand unsere Wohnung, um nachzuprüfen, ob wir uns an die Vorschriften hielten. Es gab keine Straßenkomitees, die überall herumschnüffelten, und unsere Nachbarn ließen uns mehr oder weniger in Ruhe. Amerikaner, so entdeckte ich, drängten sich nicht auf, aber sie halfen bereitwillig, wenn man sie darum bat.

Als ich zum Beispiel einer Nachbarin gegenüber erwähnte, wie langsam ich mit meinen englischen Sprachkenntnissen vorankam, stellte sie mich einer älteren Dame vor, die mir anbot, mich umsonst zu unterrichten. Agnes, sie bestand darauf, daß ich sie mit ihrem Vornamen anredete, war ehemalige Krankenschwester und nun Anfang siebzig. Sie mußte im Rollstuhl sitzen und war nicht mehr bei guter Gesundheit, aber sie war dennoch ein glücklicher, fröhlicher Mensch, und ich genoß meine wöchentlichen Besuche bei ihr.

Jeden Dienstagnachmittag nahm ich den Bus und fuhr zu ihrem Haus. Dann saßen wir bei Tee und Plätzchen beisammen und unterhielten uns über das Wetter, die Jahreszeit oder diese oder jene amerikanischen Gepflogenheiten. Von drei Worten verstand ich immer nur eins. Ich erinnere mich an einen stürmischen Novembertag, als sie einen geschlagenen Nachmittag lang versuchte, mir die Geschichte vom Thanksgivingfest zu erzählen. Alles, was sie da von Pilgervätern, Indianern, Truthähnen und religiöser Freiheit berichtete, ging an mir vorbei. Erst als Wei Xin, Dacheng und ich unseren ersten Truthahn in ihrem Haus verspeisten, begann für mich einiges davon Sinn zu ergeben.

Dann war ich an der Reihe, ihr in meinem besten gebrochenen Englisch Geschichten vom Leben in China zu erzählen. Am Anfang hielt ich mich an unverfängliche Themen, aber später, als wir einander besser kennengelernt hatten, sprach ich auch von meinen persönlichen Erfahrungen während der Hungersnot, der Kulturrevolution und sogar der Geburtenkontrollkampagnen. Sie hatte schon von der Ein-Kind-Politik Chinas gehört, war aber schockiert, als sie erfuhr, daß die Frauen in so großer Anzahl zu Abtreibungen und Sterilisationen gezwungen wurden. »Diese armen Frauen. Diese armen Frauen«, wiederholte sie immer wieder. Es bereitete ihr Sorgen, daß ich, wenn Wei Xin und ich nach China zurückkehrten, wieder gezwungen sein würde, in der Familienplanung zu arbeiten. Sie ermunterte mich, meinen Traum zu verfolgen und den Magister zu machen, und gab mir eine ganze Kiste mit alten Lehrbüchern über Krankenpflege mit, in die ich mich vertiefen konnte.

Aus einer Vorsicht heraus, die ich in der Kulturrevolution erlernt hatte, hatte ich stets instinktiv meine Gedanken vor anderen verborgengehalten. Fast alle Chinesen verhielten sich so aus Angst, hintenherum bei den Behörden denunziert zu werden, wenn sie irgend etwas Kritisches über das Regime sagten. Aber hier in Amerika, wo alles so frei war, galten andere Spielregeln. Wei Xin und seine Freunde debattierten oft heiß und sehr kritisch über die Parteipolitik und hatten anscheinend keine Angst, bei ihrer Rückkehr nach China dafür büßen zu müssen. Eine solche Offenheit war ansteckend. Bald kam der Tag, an dem auch ich mich in die Unterhaltung einmischte und die Ein-Kind-Politik als unmenschlich und schlecht durchdacht anprangerte. Es war eine befreiende Erfahrung. Unsere neue Freimütigkeit änderte nichts an unseren Plänen, nach China zurückzukehren, gab aber nun dem Wort *Freiheit* eine echte Bedeutung. Ich beherrschte die Landessprache noch immer nicht fließend, hatte aber bereits den Wert der Gedanken- und Redefreiheit amerikanischen Stils schätzengelernt.

Um Geld zu sparen, kaufte ich Reis und Nudeln in Großpakkungen, Gemüse nur entsprechend der Jahreszeit, und Fleisch, Fisch und Milch ausschließlich für Dacheng. Ein im Wachstum befindlicher Junge brauchte zusätzliches Protein. Wei Xin und ich kamen mit Reis, Gemüse und Tee aus. Und obwohl ich so sparsam war, aßen wir besser als in China.

Trotz meiner verbesserten Ernährungsweise bekam ich Mitte 1986 wieder meine chronischen Verdauungsbeschwerden, die von den mir vertrauten Symptomen wie Blähungen, Krämpfen und Übelkeit begleitet waren. Ich kehrte zu meiner alten Diät zurück, nahm nur kleine Mahlzeiten zu mir und vermied alle Nahrung mit einem hohen Anteil an Ballaststoffen. Ich wollte nicht ernsthaft krank werden und schon gar nicht ins Krankenhaus müssen. In den Vereinigten Staaten war die medizinische Betreuung für Leute ohne Krankenversicherung unglaublich kostspielig. Wei Xin und ich hatten beschlossen, die hundert Dollar, die meine Krankenversicherung über die Universität vierteljährlich gekostet hätte, zu sparen.

Mit der Zeit fühlte ich eine zunehmende Schwere in mir. Trotz meiner vorsichtigen Ernährungsweise wurden die Schwellung und der Schmerz in meinem Unterleib immer stärker. Bald konnte ich die kleinen Kinder, die ich versorgte, nicht mehr tragen. Rennen oder auch nur ein rasches Gehen verursachten mir Magenkrämpfe oder was ich dafür hielt. Sogar längeres Stehen war beschwerlich, denn dann bekam ich ein Gefühl, als ob mir jemand auf einen Nerv drückte. So saß ich meist oder ging nur sehr langsam und mit leicht gebeugtem Rücken, um den Druck zu mindern. Aus dem gleichen Grund konnte ich auch nicht mehr auf dem Rücken schlafen – meine bevorzugte Lage –, sondern mußte auf dem Bauch liegend schlafen. Ich trank eine Menge heißen Tee, der im Verein mit regelmäßig geschluckten Aspirintabletten die Beschwerden ein wenig zu lindern schien.

Wei Xin wurde im Dezember 1986 der Doktortitel verliehen. Gleich darauf zogen wir von New York nach San Diego um, wo er einen Job in einer Konstruktionsfirma namens Scott Turbines erhalten hatte. Seinen Visumsbedingungen zufolge durfte Wei Xin ein achtzehnmonatiges Praktikum in seinem Spezialgebiet absolvieren, um dann anschließend nach China zurückzukehren. Nachdem wir eine Wohnung nahe eines Collegecampus gemietet hatten, tat ich zwei Dinge: Ich schrieb mich für einen englischen Sprachkurs ein, und ich ließ mich, da wir nun beide krankenversichert waren, gründlich untersuchen. Die frühere Diagnose einer Darmverengung war nicht korrekt, stellten die Ärzte fest. In Wirklichkeit wurden meine Probleme durch einen großen und möglicherweise bösartigen Tumor zwischen Magen und Dünndarm verursacht. Er hatte in den vergangenen Jahren auf meinen Dünndarm gedrückt und deshalb die gleichen Symptome produziert wie eine Darmblockade. Jetzt war der Tumor größer geworden und drückte auch gegen die Nerven meines Rückgrats, was die ständigen Schmerzen verursachte.

Im Februar 1987 wurde ich operiert und der Tumor problemlos entfernt. Er hatte die Größe einer Grapefruit, und der Laborbefund ergab, daß er gutartig war. Ich erholte mich rasch. Binnen weniger Wochen war ich ein neuer Mensch und konnte nun alles essen, was ich wollte. Seit ich fünfzehn gewesen war und die Schwesternschule besucht hatte, war ich jetzt zum erstenmal wieder völlig gesund.

Im Mai verzögerte sich meine Periode, was mich überraschte. Sie kam an sich immer sehr regelmäßig im Abstand eines Mondmonats und fast auf die Stunde genau. Es sei denn...

Kaum war mir dieser Gedanke durch den Kopf geschossen, als ich ihn auch schon verwarf. Ich kann nicht schwanger sein. Meine Spirale war bei meiner Abreise noch an ihrem Platz gewesen. Selbst jetzt nach zwei Jahren war ich noch immer über Parteisekretär Chens Anordnung erbost, mich deshalb röntgen zu lassen.

Die nächsten Wochen vergingen nur langsam. Das leichte Völlegefühl, das den Beginn meiner Periode anzukündigen pflegte, blieb, aber ohne daß sich irgend etwas tat. Was, wenn sich ein neuer Tumor gebildet hat, sorgte ich mich, oder was, wenn... ich bin erst achtunddreißig, zu jung für die Wechseljahre, aber nicht zu jung für... Ich gestattete mir nicht, diesen zweiten Gedanken zu Ende zu denken, aber er nagte dennoch in mir.

Ich fing an, jedesmal nach dem Duschen meinen Körper sehr genau zu studieren. In unserem Bad war ein riesiger Spiegel angebracht. Bislang hatte mein Schamgefühl mich davon abgehalten, mir meinen nackten Körper anzusehen. »Die Amerikaner sind ja so narzißtisch«, scherzte ich mit Wei Xin. »Wer hat schon je von einem mannshohen Spiegel im Badezimmer gehört?« Jetzt betrachtete ich meinen schlanken Körper von allen Seiten, ohne rot zu werden. Mein Bauch sah nicht anders aus als sonst. Aber er *fühlte* sich im Innern leicht geschwollen an. Oder war da jetzt doch eine leichte Wölbung zu sehen, nur in Andeutung? Ich war mir nicht sicher. Ich, die ich Wei Xin sonst immer alles erzählte, ließ mir bei einem Gynäkologen einen Termin geben, ohne ihm etwas davon zu sagen.

Der Arzt, der eine Ultraschalluntersuchung vornahm, wandte sich mir lächelnd zu, sicher, daß er eine gute Nachricht für mich hatte. »Ich kann keine Spirale erkennen, aber alles deutet auf ein Baby hin. Ich schätze, daß Sie in der achten Woche sind.«

Wie immer in der Gegenwart einer Autorität ließ ich mir auch diesmal keine Regung anmerken, aber ich hatte das Gefühl, in einen Brunnen gestürzt zu sein. Ich bin schwanger – obwohl ich schon achtunddreißig bin; obwohl ich eine Spirale eingesetzt bekommen habe, die irgendwie abgängig zu sein scheint; trotz meiner Pläne, eine Schwesternschule zu besuchen, sobald mein Englisch gut genug ist; trotz meiner Absicht, nach China zurückzukehren und meinem rückständigem Land zu helfen – trotz alledem bin ich schwanger.

Auf dem Gesicht des Arztes zeigte sich ein bekümmerter Ausdruck. Er sprach nun rascher. Ich zwang mich, seinen Worten Aufmerksamkeit zu schenken. »Ich hoffe, Sie wissen, daß Sie zu diesem Zeitpunkt noch mehrere Optionen haben. Sie können eine Abtreibung vornehmen lassen.«

Ich wußte nicht, was »mehrere Optionen« bedeutet, aber das Wort Abtreibung drang laut und deutlich zu mir durch. Es war eines der ersten medizinischen Vokabeln, die ich gelernt hatte, um Agnes erzählen zu können, was in China passierte. »Vielen Dank«, sagte ich. »Ich ... ich weiß über Abtreibung Bescheid.«

Ich verließ rasch die Arztpraxis und war schon halbwegs zu Hause, als mir erst klar wurde, daß mich niemand bei den Behörden melden würde – nicht der Arzt, nicht die Universität meines Mannes, nicht die amerikanische Regierung. Hier kümmerte es niemanden, ob ich ein zweites Kind bekam, oder ein drittes, was das anging. Nur in China kümmerte man sich darum, aber da lag ein ganzer Ozean dazwischen. Ich konnte das Baby behalten, wenn ich wollte. Ich fühlte ein seltsames und unangenehmes Gefühl der Leere in mir, so als sei ich schwerelos, und als könnte schon der leiseste Hauch einer Brise meinen Kurs verändern.

Als ich nachts wach im Bett lag, während Wei Xin neben mir schlief, rang ich mit meinem neuentdeckten Gefühl von Freiheit. Es war alles eine Fiktion, entschied ich, eine verführerische Fiktion. Ich hatte wohl die Freiheit, in Amerika ein zweites Kind zu bekommen, aber ich konnte nicht mit zwei Kindern nach China zurückkehren. Nicht ohne mit hohen Geldstrafen belegt zu werden und unser aller Zukunft aufs Spiel zu setzen. Und ich ging ganz bestimmt nach China zurück. Der Gedanke, daß ich es vielleicht nicht tun würde, war einer ehemaligen und sicherlich auch wieder zukünftigen Funktionärin unwürdig. Ich würde das tun, was die Partei von mir erwartete, was ich von so vielen anderen Frauen verlangt hatte. Ich würde diese unerwartete, regelwidrige und ungenehmigte Schwangerschaft beenden.

Ich sagte mir das Wort englische *Abtreibung* vor. Wie viele englische Worte, die ich aus Büchern und beim Fernsehen gelernt hatte, hatte es keine Tiefe und keine wirkliche Bedeutung für mich. Ganz anders der chinesische Ausdruck *duo tai*, dachte ich, was so etwas wie den Fötus herausreißen bedeutet. *Abtreibung*... Mit diesem fremdartigen Wort auf den Lippen schlief ich ein, getröstet von seinem nichtssagenden, harmlosen Klang.

Am nächsten Tag rief ich in einem Krankenhaus an und vereinbarte einen Termin für nächsten Freitag, der nächstmögliche Termin. Jetzt, da alles entschieden war, vermied ich jeden Gedanken an das, was ich vorhatte. In den ersten Tagen hatte ich Wei Xin alles erzählen wollen, aber es schien sich nie eine passende Gelegenheit zu ergeben. Er arbeitete lange Stunden in seiner Firma, kämpfte mit der fremden Sprache und dem Vorsprung von eineinhalb Generationen an praktischem Wissen in seinem Fachbereich des Maschinenbaus, ein Wissen, das in China völlig unbekannt war. Oder Dacheng war anwesend. Schließlich beschloß ich, ihn nicht damit zu behelligen.

Die Unterhaltungen mit meinem Mann wurden immer kürzer und kürzer. Oft saß ich einfach schweigend da, und wenn Wei Xin ein Gespräch mit mir anfangen wollte, vermied ich seinen Blick. Ich hatte keine andere Wahl. Das Geheimnis, das ich in mir bewahrte, drängte nach oben, sobald ich nur den Mund aufmachte, und drohte herauszusprudeln. Ich hatte Angst, ihm alles zu sagen, und sagte deshalb gar nichts. Am festgesetzten Tag erklärte ich Wei Xin, daß ich zum Einkaufen ginge.

Ich war im dritten Monat, die Abtreibung würde also mit der Absaugmethode vorgenommen werden. In der Klinik drückte man mir eine Broschüre in die Hand, aber viele englische Worte waren mir noch unvertraut. Ich brachte nicht die Geduld auf, mich durch sie hindurchzuarbeiten und legte sie beiseite. Ich brauche sie ohnehin nicht zu lesen, dachte ich. Ich habe ja selbst die Prozedur oft genug durchgeführt. Ich wußte, daß eine schmale Absaugkanüle in meine Vagina eingeführt und daß der Fötus herausgesogen werden würde. Ich kannte die Gefahren einer Infektion und von starken Blutungen.

Als ich nun mit angehobenen und gespreizten Beinen zur Untersuchung dalag, wünschte ich, daß ich Wei Xin doch von meinem Vorhaben erzählt hätte. Ich dachte an ihn, dachte daran, wie sehr ich ihn liebte, obwohl ich so etwas natürlich nie laut ausgesprochen hätte, so wie diese sentimentalen Amerikaner das immer im Fernsehen oder in den Kinofilmen taten. Nach meinem chinesisch geprägten Empfinden machte eine solche Äußerung die authentische Zuneigung zwischen Mann und Frau nur billig. Diese Liebe konnte sich nur über die Jahrzehnte hinweg, über ein ganzes Leben lang mitteilen.

Wenn nur Wei Xin hier wäre, um das mit mir zusammen durchzustehen, dachte ich, als die Assistentin das Laken aufhob, das über mich gebreitet worden war. Ich spürte, wie der weiche Schwamm eine Spur warmer Flüssigkeit auf meinem Bauch und meinen Oberschenkel hinterließ. Natürlich wollte ich nicht, daß er im selben Raum war wie ich. Die Assistentin umfaßte leicht mein Handgelenk und prüfte meinen Puls. Aber was für ein Trost wäre es, wenn er in der Nähe wäre, im Wartezimmer nebenan. Ich versuchte mir vorzustellen, wie er dort saß und in einem seiner Lehrbücher studierte, die er Tage dauernd mit sich schleppte. Eine Manschette wurde um meinen linken Arm gelegt, um meinen Blutdruck zu messen, und dann wieder abgenommen.

Aber wenn Wei Xin hier wäre, würde er denn auch billigen, was ich tat? Der Gedanke traf mich völlig unvorbereitet und verwirrte mich. Ich begann mit mir selbst zu diskutieren. Natürlich würde er es billigen; wieso denn nicht? Von meinen Gedanken abgelenkt, nahm ich nur halb wahr, wie der Arzt hereinkam und der Assistentin leise Anweisungen gab. Er würde mir beipflichten, daß ich das einzig Vernünftige tat. Wie konnten wir denn sonst nach China zurückkehren? Eine festere und bestimmendere Hand riß mich jetzt aus meiner Konfusion. Es fängt also an. Ich wollte loslassen, wollte, daß die Spannung aus meinem Körper wich.

Doch die Frage versetzte mir wieder einen Stich. Was, wenn Wei Xin nicht einverstanden war? Ich kniff die Augen fest zusammen, vor diesem anklagenden Gedanken, aber er fand immer wieder seinen Weg in mein Gehirn. Was, wenn Wei Xin dieses Baby wollte? Die Frage hämmerte gegen meinen Schädel und hallte durch die Ruhe und Stille, in die ich mich zu flüchten suchte. Die Hände auf meinem Körper, die ich noch einen Moment zuvor als so achtsam und beruhigend empfunden hatte, wirkten nun grob und aufdringlich auf mich.

Geradezu panisch versuchte ich mich zu entspannen, mich der Arbeit des Arztes überlassen, aber es nutzte nichts. Ich konnte diese Entscheidung nicht allein treffen, so als hätte ich keinen Gefährten, keinen Partner, keinen Ehemann, keine Familie, keine Verantwortung außer mir selbst gegenüber. Dies ist auch Wei Xins Kind, wurde mir plötzlich klar.

Es war Wei Xin, der mir die Stärke gab. Er würde dieses Kind wollen! Ich versuchte mich aufzusetzen. Mit meinen angehobenen und gespreizten Beinen war das nicht möglich, aber ich stützte mich auf meine Ellbogen und richtete mich ein wenig auf. Der Arzt hielt bereits die Absaugkanüle in der Hand und sah überrascht auf. Die Assistentin versuchte, mich zu beruhigen und zurückzuhalten, mich dazu zu bringen, daß ich mich wieder hinlegte, aber ich wehrte mich dagegen. »Es ist alles in Ordnung«, sagte sie. Aber es war nicht in Ordnung. Es konnte gar nicht in Ordnung sein. Nicht ohne Wei Xin. Nicht ohne unser Baby.

»Bitte, nein... nein«, hörte ich mich flehen. »Ich will keine...« Aber jetzt war mir dieses glatte, nichtssagende, harmlose englische Wort entfallen.

Ich strampelte mich frei. Das Laken fiel zu Boden. Ich lag nackt vor dem überraschten Arzt und seiner Assistentin, aber es war mir egal. Ich kämpfte jetzt, ich kämpfte um mein Kind, um meinen Mann, um unser Leben. Die Assistentin versuchte mich aufzuhalten, aber ich rollte mich vom Tisch und kauerte mich auf dem Boden zusammen. »Faßt mich nicht an!« schrie ich. »Wir wollen dieses Baby. Wir wollen dieses Baby.«

Der Arzt sah mich wegen meines Sinneswandels verständnislos an und streifte seine Gummihandschuhe ab. Ich merkte, ich hatte gewonnen. Es würde keine Abtreibung geben.

»Ich bin schwanger«, sagte ich einfach. »Ich wollte abtreiben, aber ich habe es nicht geschafft.«

Wei Xin enttäuschte mich nicht. Sein Gesicht leuchtete sofort auf. »Vielleicht können wir doch eine Erlaubnis für ein zweites Kind bekommen«, sagte er. »Schließlich sind wir jetzt in Amerika. Vielleicht machen sie eine Ausnahme von der Ein-Kind-Politik.«

17 »Bereinigt euer Problem«

Gleich am nächsten Tag schrieb ich einen Brief an Gong Chang, der Leiterin des Familienplanungsbüros der Liaoning Lastwagenfabrik, um zu erfahren, ob die Ein-Kind-Politik auch Paare betraf, die sich im Ausland aufhielten. Ihre Antwort erschütterte mich ziemlich. »Bitte denke, bevor Du eine Entscheidung fällst, sehr sorgfältig über die Ein-Kind-Politik unseres Landes nach und prüfe, wieviel dir an diesem Baby liegt«, hatte sie geschrieben. »Komm nicht zurück, bevor Du eine Entscheidung gefällt hast.«

Gong hat recht, sagte ich zu Wei Xin. Was immer die Behörden in China von mir verlangen, ich darf vor der Geburt dieses Babys nicht zurückkehren. Es ergab sich ein Problem, wenn wir noch weitere sechs Monate in den Staaten bleiben wollten. Das Baby würde nicht vor Februar zur Welt kommen, aber unsere Visa liefen in zwei Monaten, das heißt im Oktober aus. Wir würden versuchen müssen, eine Verlängerung zu bekommen.

Wei Xin und ich gingen selbstverständlich davon aus, daß wir nach der Geburt des Babys nach China zurückkehren würden. Aber wir wußten kaum, was uns dann erwarten würde. Auf welche Weise würde man uns wegen unseres Verstoßes gegen die Ein-Kind-Vereinbarung bestrafen? Wie hart würde man gegen uns vorgehen?

Während ich noch händeringend über dieser Frage grübelte, erhielt ich einen zweiten Brief von der Fabrik.

Genossin Chi An,
ich habe Deine Schwangerschaft Direktor Huang gemeldet, der Leiterin des Familienplanungsbüros unseres Distrikts. Ich bat sie um ihre Meinung, ob Du wohl die Genehmigung für ein zweites Kind erhalten könntest, da Du gegenwärtig in den Vereinigten Staaten lebst. Sie gab zur Antwort, daß staatliche Angestellte keinesfalls die Genehmigung für ein zweites Kind bekämen, ganz gleich, wo sie stationiert sind.

Sie sagte weiterhin, daß die Fabriken heutzutage daran gemessen werden, wie erfolgreich sie die Geburt eines zweiten Kindes verhindern. Wenn die Liaoning Lastwagenfabrik auch nur eine Frau aufweist, die ein zweites Kind hat, dann werden alle Beförderungen und Gehaltserhöhungen für ein Jahr oder noch länger eingefroren. Wir alle, von der untersten Ebene bis hinauf zum Fabrikdirektor, werden bestraft.

Es kommt hinzu, daß unsere Fabrik Aussicht auf die Vergabe eines besonderen Regierungsauftrags hat. Wird er genehmigt, so bedeutet das für uns alle Gehaltserhöhungen und einen Bonus. Alle sind hier sehr aufgeregt. Aber wenn wir unser Kontingent an Geburten auch nur um ein Baby überschreiten, werden wir diesen Auftrag nicht bekommen. Eine Frau, die ihren Genossinnen und Genossen das antun sollte, wird es sehr schwer haben. Sie bekommt keinen Bonus, keinen Ausgleich für Lebenshaltungskosten oder Überstunden. Außerdem wird eine Bewährungszeit von mindestens zwei Jahren über sie verhängt, und noch mehr, wenn sie Parteimitglied ist.

Außerdem gibt es hohe Geldstrafen. In Fällen, in denen Familien flohen, um den behebenden Maßnahmen zu entgehen, mußten sie fünftausend Yuan bezahlen, wenn sie mit ihrem ungenehmigten zweiten Kind zurückkamen. Viele von diesen Familien hatten nicht das Geld, um diese Strafe zu bezahlen, obwohl sie alle ihre Möbel und anderen Besitztümer verkauften. Sie haben ein sehr schweres Leben.

Soweit die Antwort von Direktor Huang. Wie könnt Ihr Euch so schwere politische und finanzielle Einbußen leisten?

Ob Euer Kind in Amerika oder in China gezeugt wurde, spielt keine Rolle. Ein zweites Kind ist unter keinen Umständen erlaubt.

Ich hoffe, daß Du keine Zeit verlierst und dieses Problem schnellstmöglichst bereinigst. Je früher, desto besser ist es für Dich und Deine Gesundheit.
Auf Deine Gesundheit!
Genossin Gong Chang, Familienplanungsbüro

Nach Erhalt dieses Briefes verwandelten sich meine bangen Fragen, was uns wohl nach unserer Rückkehr in China erwartete, in Angst. Nicht wegen der Geldstrafe. Fünftausend Yuan, etwa ein Fünfjahreseinkommen in China, waren für uns nicht länger eine so ungeheuerliche Summe. Wei Xin verdiente nun jeden Monat das Dreifache. Und selbst wenn Direktor Huang die Summe verdoppeln sollte, konnten wir sie immer noch lässig von den Ersparnissen bezahlen, die wir, seit Wei Xin arbeitete, angesammelt hatten. Aus dem gleichen Grund fochten mich auch die Drohungen nicht an, die meinen Bonus und den Ausgleich für die Lebenshaltungskosten und Überstunden betrafen. Es würde knapp werden, aber wir würden überleben können.

Was mich nachts wachhielt, war der Absatz über den besonderen Regierungsauftrag, auf den die Liaoning Lastwagenfabrik hoffen konnte.

Diesen Auftrag würde sie nicht bekommen, wenn sie das Geburtenkontingent auch nur um ein Baby überschritt. Und die Frau, die das zu verantworten hatte, würde es schwer haben. Diese Frau wollte ich nicht sein.

Schon allzu viele Paare machten mich für den Verlust ihres ungeborenen Kindes verantwortlich. Wenn sie nun auch noch ihres Bonus und ihrer Gehaltserhöhung verlustig gingen, nur weil ich darauf bestand, ein zweites Kind zu bekommen, das ich ihnen verweigert hatte, dann wußte ich nicht, wozu sie fähig waren. Gut möglich, daß sich jemand für den Tod seines Kindes rächen wollte. Auge um Auge, Baby um Baby. Mein Baby war dann in der Kinderkrippe der Fabrik oder auch sonstwo nicht mehr sicher.

Das waren keine wilden, irrationalen Ängste. Geschichten von Morden aus Rache waren nicht selten und standen sogar zuweilen in den Zeitungen. Kurz, bevor ich China verlassen hatte, war ein Mann exekutiert worden, weil er den Sohn eines Familienplanungskaders umgebracht und zerstückelt hatte. Er hatte dem Jungen eines Morgens auf dem Schulweg aufgelauert. Der Mann war völlig verzweifelt, weil seine Frau vor wenigen Wochen im Spätstadium der Schwangerschaft auf Anordnung des Vaters dieses Jungen zu einer Abtreibung gezwungen worden war.

»Vielleicht sollten wir doch nicht zurückgehen«, sagte ich eines Tages unvermittelt zu Wei Xin, nachdem ich Gongs Brief zum zehntenmal gelesen hatte. Meine Worte hingen im Raum. Auch nur von der Möglichkeit zu sprechen, daß wir unsere Wurzeln aus unserem Heimatboden ziehen könnten, nahm sich bereits wie ein Verrat an unserem Vaterland aus. Wir waren durch eine ungebrochene Kette von Generationen, die sich Tausende von Jahren in die Vergangenheit erstreckte, an China gebunden. Exil bedeutete das Zerreißen dieser Kette. Aber diese Kette würde ebenso zerrissen werden, wenn wir durch einen grausamen Racheakt das Kind, mit dem ich schwanger war, verlieren sollten. In uns stritt sich die Vergangenheit mit der Zukunft.

Wei Xin erinnerte mich daran, daß wir, wenn wir in den Vereinigten Staaten bleiben wollten, politisches Asyl beantragen und auch genehmigt bekommen müßten. Das war ein Akt, der nicht auf die leichte Schulter zu nehmen war. Nichts, nicht einmal ein zweites Kind, würde die Behörden in Peking wütender machen als ein solcher Schritt. Wenn bekannt wurde, daß wir Asyl auch nur beantragt hatten, waren wir als Verräter abgestempelt. Niemand wußte besser als ich, daß es unmöglich war, so einfach aus dem System auszusteigen.

Und natürlich gab es keine Garantie, daß unserer Bitte um Asyl auch stattgegeben wurde. Wir wurden ja nicht auf Grund religiöser oder politischer Überzeugungen verfolgt, sondern weil wir ein zweites Kind haben wollten. Dies waren ungewöhnliche Gründe für die Bitte um Asyl, und wir hatten keine Ahnung, wie der Bescheid ausfallen würde. Wurde uns das Asyl verweigert und wurden wir nach China deportiert, dann hatten wir einen sehr hohen Preis zu zahlen.

Wir machten uns auch Sorgen, daß wir damit unsere Familien in Gefahr bringen würden. Selbst wenn man uns Asyl gewährte, blieben doch noch immer unsere Mütter, Geschwister und deren Familien in China zurück. Die Partei würde vielleicht statt unser unsere Verwandten bestrafen, vor allem, wenn eine neue politische Kampagne im Gange war. Im Moment schien es in China ruhig zu sein, aber man wußte nie, wann der nächste Sturm losbrach.

Wir beschlossen, trotz aller Risiken um Asyl zu bitten. Mit der Hilfe eines bekannten Anwalts, der sich auf Einwanderungsprobleme spezialisiert hatte, füllten wir die nötigen Formulare für die Einwanderungsbehörden aus. Wir würden nicht für immer alle Bindungen an China zerreißen, so versicherten wir einander. Wir würden nur zeitweilig in den Vereinigten Staaten Zuflucht nehmen. Wenn sich die Politik änderte oder die Regierung gestürzt wurde, dann würden wir zurückkehren. Doch in der Zwischenzeit brauchten wir uns wenigstens keine Sorgen um das Wohlergehen und die Sicherheit unserer Kinder zu machen.

Dann erhielt ich einen Brief von meiner Mutter. Er war kurz, fast knapp gehalten und las sich ganz anders als ihre sonstigen langen und schwatzhaften Briefe. »Kader Gong Chang von der Liaoning Lastwagenfabrik und ein weiterer Familienplanungskader haben mich in den letzten beiden Wochen jeden Abend aufgesucht«, schrieb sie. »Ich bekam auch Besuch von Direktor Huang vom Familienplanungsbüro des Distrikts. Sie sagten mir, daß Du in Amerika schwanger geworden bist. Sie sagten auch, daß die Fabrik, wenn Du nicht abtreibst, nicht zur besten Einheit im Bereich der Geburtenkontrolle gewählt wird. Wenn das geschieht, wird das für unsere Familie unvorstellbare Konsequenzen haben. Dies ist eine sehr ernste Angelegenheit. Du mußt Dein Problem bereinigen. Mutter.«

Ich glaubte nicht für einen Moment, daß Mutter hier ihre eigene Ansicht geäußert hatte. Ihre Strategie zum Überleben von politischen Kampagnen bestand darin, daß sie grundsätzlich keine Stellung bezog. »Es hat keinen Sinn, dich mit den Parteiaufsehern und politischen Aktivisten herumzustreiten«, hatte sie mir oft genug gesagt. »Sie kämpfen mit dir, bis du überhaupt keine Meinung mehr hast. Sag einfach, was sie von dir hören wollen, schreib, was sie wollen, daß du schreibst, und vergiß es.« Ich hegte keinen Zweifel, daß Mutter dieser Brief von den Familienplanungskadern diktiert worden war.

Der Briefinhalt war also ein Schwindel, aber er bewies, daß Mutter nun zur Zielscheibe geworden war. Da Direktor Huang auf Wei Xin und mich nicht direkt Druck ausüben konnte, hatte sie sich einen Ersatz gesucht. Ich wurde ganz krank vor Sorge. Mutter hatte sich nie ganz vom Schock des Todes meines Vaters und des Terrors der Kulturrevolution erholt. Sie hatte seither immer wieder unter hohem Blutdruck und Depressionsanfällen zu leiden gehabt. Aus Gesundheitsgründen war sie schon 1982, ein Jahr vor dem gesetzlichen Rentenalter von fünfundfünfzig, in Rente gegangen. Wie die alten Taoisten hatte sie sich von einer Welt zurückgezogen, deren Umtriebe sie unerträglich fand, und verbrachte nun lieber ihre Tage in Ruhe mit ihren Enkelkindern. Nun wurden ihr dieser Friede und diese Geruhsamkeit wegen meiner unerlaubten Schwangerschaft verwehrt.

Meine Sorgen nahmen noch zu, als mir mein ältester Bruder Liang-yue einen Brief schrieb und mir mitteilte, daß Mutter an Angstzuständen und Depressionen litt. »Sie kann aus Angst, was mit Euch passieren wird, wenn Ihr mit einem zweiten Kind zurückkommt, nicht mehr essen und schlafen. Mutters Gesundheitszustand ist nicht gut, wie Du weißt, und er hat sich verschlechtert, seit sie diese Besuche bekommt. Ihr Blutdruck ist gestiegen, und sie hat Kopfschmerzen. Bitte bereinige Deine Probleme um ihretwillen bald. Liang-yue.«

Wei Xin war der Meinung, daß Direktor Huang hinter diesem Brief meines Bruders stand. »Was macht das für einen Unterschied?« antwortete ich gereizt. »Mutters Leiden ist real.« Ich war entschlossen, dieses Kind um jeden Preis zu bekommen. Aber was, wenn der Preis der war, daß Mutter einen Schlaganfall erlitt?

Meine Stimmung schwankte von Tag zu Tag. Den einen Tag war ich mir ganz sicher und fest entschlossen. Ich dachte an das Kind, das in mir heranwuchs, stellte mir sein Aussehen vor oder seine winzigen Finger und Zehen, oder wie es am Daumen lutschte. Ich werde niemals abtreiben, sagte ich mir grimmig. Das waren meine starken Tage.

Am nächsten Tag wachte ich dann geradezu panisch vor Sorge um meine Mutter auf. Wenn ich nur irgendwie den Druck von ihr nehmen könnte, dachte ich immer wieder. Aber ich wußte, hier gab es nur einen Ausweg. Ich legte eine Hand auf meinen anschwellenden Bauch und die andere auf meine pochende Stirn. Beide Stellen schmerzten.

Ich träumte schlecht. Oft tauchte der kleine Junge, der nicht sterben wollte, in meinen Träumen auf. Manchmal lachte und spielte er, dann wieder stieß er seine letzten verzweifelten Schreie aus. Manchmal verschwand sein Gesicht und wurde durch ein anderes mir vertrautes Gesicht ersetzt, das ich dann bald als das meine oder Wei Xins oder, noch schrecklicher, als das meiner Mutter erkannte.

»Wir müssen der Anweisung der Partei gehorchen!« schrie ich eines Morgens nach einem besonders schlimmen Alptraum den noch schläfrigen Wei Xin an. »Denk daran, was Mutter passieren wird, wenn wir es nicht tun«, fügte ich dann mit etwas sanfterer Stimme hinzu. Vor meinem inneren Auge sah ich die Gestalt meines Babys schwanken und sich auflösen wie eine Fata Morgana, die verschwindet, sobald man sich ihr nähert.

Angesichts meiner Verzweiflung beschloß Wei Xin, Zuflucht zu einem Täuschungsmanöver zu nehmen. Er schrieb meiner Mutter und teilte mir mit, daß ich meinen Vorgesetzten gehorcht und abgetrieben hätte. Als Mutter das nächste Mal von Gong Chang und ihren Kohorten aufgesucht wurde, zeigte sie ihnen diesen Brief, und die nächtlichen Besuche hatten ein Ende.

Dann machte Wei Xin allerdings einen gravierenden taktischen Fehler. Aus Sorge, daß man uns vielleicht doch kein politisches Asyl gewähren würde, unternahm er einen letzten Versuch, die Genehmigung für ein zweites Kind zu erhalten. Er schrieb an seine Universität und hoffte, daß seine Kollegen unsere Situation in einem versöhnlicherem Licht sehen würden, als meine Fabrik es tat. Er formulierte die Frage hypothetisch: »Was wäre, wenn meine Frau in Amerika schwanger werden würde?« Aber das spielte keine Rolle. Die Liaoning Lastwagenfabrik erfuhr von diesem Brief, und meine Mutter, Wei Xin und ich wurden erneut unter Druck gesetzt.

Bisher hatte Gong Chang versucht, mich zu einer Abtreibung zu überreden. Jetzt aber, ganz offensichtlich unter dem Druck von Direktor Huang und Parteisekretär Chen, befahl sie mir ganz direkt, abzutreiben. Ein »außerordentlich dringlicher Warnbrief«, wurde mir per Expreß (das mußte an die sechzig Yuan gekostet haben) zugestellt.

25. September 1987

Genossin Chi An,

wie geht es Dir? Nachdem wir Dir unsere Familienplanungspolitik in unserem letzten Brief erläutert haben, gingen wir davon aus, daß Du Dein Problem sofort bereinigst. Aber auf Grund des letzten Briefes Deines Mannes an die Shenyang Universität wissen wir, daß Du nach wie vor schwanger bist.

Wir sind vom Familienplanungsbüro des Distrikts scharf kritisiert und angewiesen worden, Dir diesen außerordentlich dringlichen Brief zur Warnung zuzuschicken.

Die Familienplanung ist ein wesentlicher Bestandteil der Politik unseres Landes. Jeder Familie und jeder einzelnen Person in diesem Land ist die »Ein Paar – ein Kind«-Politik bekannt. Du bist ein Kader und arbeitest zudem im medizinischen Bereich. Von daher ist es kaum notwendig, Dir diesen Slogan wieder ins Gedächtnis zu rufen. So lange bist Du noch nicht außer Landes. Wenn Du mit einem zweiten Kind zurückkommst, werden Du und Dein Mann hart bestraft werden.

Laß mich Dir ein Beispiel erzählen, damit Du verstehst, was auf dem Spiel steht. Vor kurzem hat eine Frau vom Zhuangliu Getreidelager alle offiziellen Warnungen ignoriert und ein zweites Kind zur Welt gebracht. Zur Strafe verloren sowohl sie als auch ihr Mann ihren Arbeitsplatz und bekamen ein Jahr Bewährungszeit. Während dieser Zeit erhalten sie monatlich nur dreißig Yuan für ihre Lebenshaltungskosten. Sie wurden angewiesen, die finanzielle Unterstützung, die sie für die medizinische Betreuung und den Kindergarten ihres ersten Kindes bekommen haben, zurückzuzahlen. Den für die Arbeitsplätze des Ehepaares zuständigen Kadern sowie ihren Vorgesetzten wurde der Bonus für einige Monate vorenthalten.

Im Moment wird die Liaoning Lastwagenfabrik mit Regierungszuschüssen erweitert. Alle dazu nötigen Prüfungen und Gutachten fielen zu unseren Gunsten aus. Aber wenn wir unser Geburtenkontingent auch nur um eine Geburt überschreiten, wird alles gestoppt. All die großen Anstrengungen, die unsere fünfzehntausend Angestellten unternommen haben, um dieses Ziel zu erreichen, sind dann umsonst gewesen. Mehr noch, unsere ganze Fabrik ist dann für jeden künftigen Produktionswettbewerb disqualifiziert, und all dies wird sich auf den Bonus und alle Vergünstigungen für alle unsere Angestellten negativ auswirken. Wir alle, vom Fabrikdirektor bis zu den Abteilungsleitern und den Familienplanungskadern, werden bestraft werden.

Die Konsequenzen, die das für Dich hat, lassen sich gar nicht ausmalen. Du würdest von der gesamten Fabrikbelegschaft verdammt werden. Wie kannst Du all die Verluste ertragen, die du verursachen und selbst erleiden würdest?

Du solltest diese Konsequenzen sehr gut überdenken und Dich schnell dazu entscheiden, Dein Problem zu bereinigen. Du darfst es nicht mehr hinausschieben! Wenn du Schwierigkeiten haben solltest (in den Vereinigten Staaten eine Abtreibung zu bekommen), dann kehre sofort nach China zurück.

Wir erwarten von Dir, daß Du, sobald Du diesen Brief erhalten hast, den zuständigen Kadern der Fabrik sofort über Deine Maßnahmen Bericht erstattest, damit wir dies an höhere Stelle weiterleiten können. Vergeude keine Zeit mehr.

Auf Deine Gesundheit!
Genossin Gong Chang

Etwa zu dieser Zeit kam mir der Verdacht, daß ich beobachtet würde. Ein Chinese mittleren Alters hatte begonnen, in der Nähe unserer Wohnung herumzulungern, und ich sah ihn ein- oder zweimal, als ich einkaufen ging. Alle chinesischen Studenten und Dozenten, die hier auf Besuch waren, wußten, daß die Regierung unter ihnen Spitzel angeworben hatte. Jeder Campus hatte seine Informanten, die regelmäßig ihre Berichte über die Meinungen und Aktivitäten ihrer Mitstudenten beim nächsten chinesischen Konsulat ablieferten. Wir alle äußerten unsere offene Meinung nur unter vertrauenswürdigen Freunden.

Zunächst machte sich Wei Xin über meine Ängste lustig, aber als wir dann eine Reihe von Telefonanrufen bekamen, bei denen außer schwerem Atem nichts zu hören war, und als zwei Tage lang ein Wagen mit fremden Chinesen vor unserem Apartmentgebäude parkte, war auch er überzeugt, daß ich mir nicht nur etwas einbildete. Wir gaben Annoncen auf und fanden ein Haus in einem abgelegenen Vorortsgebiet, das wir für eine erschwingliche Miete beziehen konnten. Eine Woche später lud Wei Xin mitten in der Nacht unsere kärgliche Habe in den Wagen und fuhr Dacheng und mich zu unserem neuen Heim. Wir brachen den Kontakt mit unseren wenigen chinesischen Bekannten ab und ließen uns eine Geheimnummer geben. Hier wird uns die chinesische Regierung nicht so leicht aufspüren, beruhigte mich Wei Xin. Die herumlungernden Fremden verschwanden nach unserem Umzug, nicht aber meine Ängste, daß sie uns wieder aufspüren könnten.

Nicht lange danach kam ein weiterer Eilbrief von der Fabrik, der diesmal an die Adresse von Wei Xins Arbeitsstelle geschickt worden war. Er war noch unverblümter als alle anderen:

Oktober 1987

Genossin Chi An,
hast Du unseren letzten Eilbrief erhalten? Hast Du daraufhin Maßnahmen ergriffen?

Die Verantwortlichen in der Fabrik möchten dringend wissen, ob Du unseren Anweisungen entsprochen hast oder nicht, da sich Dein Handeln auf die Vergünstigungen aller Fabrikangestellten sowie auf die Zukunft der Fabrik auswirkt. Die Strafe für den Verstoß gegen unsere Anweisungen ist sehr hart. Wir raten Dir sehr, dies nicht zu riskieren.

Für den Fall, daß die Abtreibung nicht im Ausland vorgenommen werden kann, weist Dich der Fabrikdirektor an, umgehend nach China zurückzukehren. Sollte es noch irgendwelche weiteren Verzögerungen geben, wirst Du dem Gesetz entsprechend bestraft.

Unsere Anweisung ist klar und deutlich! Entschließe Dich sofort!

Auf Deine Gesundheit!
Genossin Gong Chang

Diesem Brief war auch noch eine Nachricht von meiner Mutter beigelegt. »Ich wurde von Direktor Huang besucht«, begann Mutter ohne Einleitung. »Sie sagt, daß sie, wenn Du Dein Baby bekommst, gezwungen würde, von ihrem Posten als Leiterin des Familienplanungsbüros des Distrikts zurückzutreten. Dies sei nicht wichtig, sagt sie, aber Du solltest begreifen, daß die Arbeiter der Liaoning Lastwagenfabrik Dir nie vergeben werden. Halte Dich an die Vorschriften zur Geburtenkontrolle. Nimm ein Flugzeug und bereinige Dein Problem hier. Mutter.«

Mutter wurde wieder unter Druck gesetzt – und ich auch. Während ich noch angstvoll grübelte, was zu tun war, kam ein weiterer Brief in Wei Xins Büro an. Die Absenderadresse war mir unbekannt, aber ich erkannte sofort die Handschrift meiner Mutter. Sie schrieb:

Liebe Chi An,
vergiß meine anderen Briefe. Sie wurden unter Druck geschrieben. Ich will, daß Du dieses Baby bekommst. Als mir Direktor Huang befahl, Dir zu schreiben, daß Du wegen der Abtreibung nach China zurückkommen sollst, habe ich mich gefügt. Aber innerlich kochte ich vor Wut. Sie behandelt Dich wie ein Tier, das zum Schlachthof gekarrt werden soll.

Ich möchte von Herzen gern noch ein weiteres hübsches Enkelkind. Ich möchte, daß Du noch ein Kind zu unserer nächsten Familiengeneration hinzufügst. Ich mache mir auch Sorgen, daß Deine Gesundheit darunter leiden wird, wenn Du im Spätstadium einen Schwangerschaftsabbruch vornehmen solltest. Du warst schon immer kränklich. Mach Dir keine Sorgen um meine Gesundheit. Mir geht es gut.

Noch eines. Komm nach der Geburt des Kindes nicht mehr nach China zurück. Komm nicht mehr zurück, sonst haben meine Enkelkinder darunter zu leiden. Bleib in Amerika und fang ein neues Leben an. Ich wiederhole: Was immer geschieht, komm nicht zurück.

Mutter
P. S. Aus Gründen, die Du verstehen wirst, schicke ich diesen Brief unter dem Absender einer Freundin.

Als ich den Brief meiner Mutter zu Ende gelesen hatte, standen mir die Tränen in den Augen. Falls ich noch irgendein Quentchen Groll gegen meine Mutter wegen der Dinge gehegt hatte, die sie, als ich ein Kind war, gesagt oder getan hatte, so vergab ich ihr jetzt. Durch ihre Bereitschaft, um ihres ungeborenen Enkelkindes willen zu leiden, hatte sie alles wieder gutgemacht. Sie war sogar mit diesem Brief ein gewisses Risiko eingegangen, denn Briefe, die ins Ausland geschickt wurden, wurden oft von den Behörden geöffnet.

Nachdem wir nun sicher waren, daß meine Mutter uns ohne Vorbehalte unterstützte, wandten wir uns wieder unserem Versuch zu, in den Vereinigten Staaten bleiben zu können. Wir saßen wie auf glühenden Kohlen, während wir darauf warteten, ob unser Antrag auf politisches Asyl genehmigt wurde.

Was immer passierte, für uns stand eine Rückkehr nach China nicht mehr zur Debatte.

18 Ich habe eine Tochter

Ein paar Tage vor Weihnachten 1987 rief Wei Xin Steven Mosher an, wozu ihm ein amerikanischer Freund geraten hatte. Steve, ein Chinabeobachter, war für seine Berichte über Chinas Familienplanungsprogramm wohlbekannt. Er hatte sich zwischen 1979 und 1980 ein Jahr lang in einem chinesischen Dorf aufgehalten, wo er Zeuge wurde, wie Dutzende von jungen Frauen, von denen viele schon im sechsten Monat oder darüber hinaus waren, in Gewahrsam genommen und zur Abtreibung gezwungen wurden. Er kannte die dunkle Seite der Ein-Kind-Politik sehr gut, und wir hofften, daß er sich bereit erklären würde, zu unseren Gunsten als Zeuge auszusagen. Vielleicht konnten seine Aussagen die Einwanderungsbehörden davon überzeugen, daß unsere Befürchtungen durchaus nicht grundlos waren. Zwar würde man nicht am Flughafen mit einer Pistole oder einem Strick auf uns warten, aber ganz bestimmt würden wir, wenn wir zurückkehren mußten, der Verfolgung ausgesetzt sein.

Steven hörte zu, als ihm Wei Xin von den Briefen und Drohungen, die wir erhalten hatten, berichtete, und war schockiert zu erfahren, daß erbarmungslose chinesische Familienplanungsfunktionäre sogar noch den Versuch unternahmen, ihre Politik einem in den Vereinigten Staaten lebenden Paar aufzuzwingen. Er willigte ein, eine schriftliche Aussage zu unseren Gunsten einzureichen, und gab Wei Xin zum Abschied noch einen Rat. »Wenn es danach aussieht, daß euer Antrag auf Asyl abgelehnt wird, dann sollten wir den Fall dem amerikanischen

Volk vortragen. Ich bin sicher, daß die Menschen hinter euch stehen werden.«

»Nur als allerletzten Ausweg«, hörte ich Wei Xin rasch entgegnen. »Wir haben Familie in China, und man setzt sie schon jetzt unter gewaltigen Druck.« Ich sprach mich sogar noch vehementer gegen eine Veröffentlichung unserer Geschichte aus. Wenn wir in aller Öffentlichkeit zugaben, daß wir um Asyl gebeten hatten, dann würde sich der Zorn der Behörden noch gewaltiger über meine Mutter ergießen. Das kommt nicht in Frage, sagte ich zu Wei Xin.

Unser Rechtsanwalt erklärte uns, daß wir mit unserem Antrag auf Gewährung von politischem Asyl Neuland betraten. Nach dem Asylgesetz von 1980 hatten Ausländer nur dann ein Anrecht auf eine dauerhafte Zuflucht in den Vereinigten Staaten, wenn sie auf der Grundlage von Rasse, Religion, Zugehörigkeit zu einer Minderheitengruppe oder politischer Überzeugung »eine wohlbegründete Angst vor Verfolgung« nachweisen konnten. Er war zuversichtlich, belegen zu können, daß wir, wenn wir zur Rückkehr nach China gezwungen wurden, der Verfolgung ausgesetzt wären. Allein die Drohbriefe, die wir bekommen hatten, waren Beweis genug.

Das Problem bestand darin, daß wir nicht in eine der vorgeschriebenen Dissidentenkategorien paßten. Man wollte uns ja nicht aus rassischen, religiösen oder politischen Gründen zu einer Abtreibung oder Sterilisation zwingen. Und das Recht auf Kinder, das uns das Regime in Peking entziehen wollte, war nicht allgemein als grundsätzliches und universell gültiges Menschenrecht anerkannt. Wir konnten nur hoffen, daß sich die Einwanderungsbehörden nicht allzu eng an den Buchstaben des Gesetzes klammerten, sondern im Sinne seiner umfassenden humanitären Absicht entschieden. Wurde uns das Asyl verweigert, dann stand uns die Deportation bevor.

Die erste Anhörung verlief nicht gut. Der Rechtsanwalt der Einwanderungsbehörden vertrat vor dem Richter mit allem

Nachdruck das Argument, daß die Schleusen für einen gewaltigen Strom illegaler chinesischer Immigranten geöffnet würden, wenn man Wei Xin und mir erlaubte, in den Vereinigten Staaten zu bleiben. Wir fanden, daß diese düstere Prophezeiung sowohl die geographischen wie politischen Gegebenheiten ignorierte. China ist von den Vereinigten Staaten durch den riesigen Pazifischen Ozean getrennt, nicht nur durch einen Fluß, wie etwa Mexiko. Und darüber hinaus hielt das Pekinger Regime die Emigration unter starker Kontrolle. Wie sollten Millionen meiner Landsleute aus China herauskommen und über den Pazifik in die Vereinigten Staaten gelangen? Steven fand, daß dies nach einer modernen Version der alten irrationalen Angst vor der »gelben Gefahr« roch.

Dieser Rechtsanwalt versuchte überdies, den Richter davon zu überzeugen, daß die »Ein-Kind-Politik« nur eine reine soziale Maßnahme sei. Da sie in ganz China angewandt wurde und nicht auf eine bestimmte Gruppe beschränkt war, enthalte sie keine politischen Implikationen. Menschen, die sich dieser Politik widersetzten, hätten keinen Anspruch auf Asyl; sie seien mit der Gesellschaft nur unzufrieden und keine echten politischen Dissidenten.

Wei Xin und ich hielten diesen Standpunkt für naiv, wenn nicht sogar für unredlich. In China galt *jede* abweichende Meinung von *jeglicher* offiziellen Politik als Akt politischer Rebellion. Im Falle der Ein-Kind-Politik besagten die Vorschriften klipp und klar, daß die, die sich den Familienplanungsmaßnahmen widersetzten, als »Konterrevolutionäre« behandelt würden. Wei Xin und ich hatten uns durch die Verweigerung einer Abtreibung politischer Abweichung schuldig gemacht.

Später mischte sich auch das Außenministerium in die Kontroverse ein. Unserem Anwalt zufolge sprachen sich die für China zuständigen Diplomaten vehement dagegen aus, daß uns Asyl gewährt wurde, obwohl ihre Begründung noch dubioser war als die der Einwanderungsbehörden: Wir sollten den Olympischen Spielen von Seoul geopfert werden.

Bis zu den Olympischen Spielen waren es nicht mehr ganz neun Monate, und Nordkorea hatte gedroht, eine ganze Welle terroristischer Anschläge in den Süden zu tragen, um die Spiele zu sprengen. Nach Aussage der Diplomaten konnte allein China die verrückten Nordkoreaner zurückhalten. Aber die Chinesen würden sich nur zugunsten der südkoreanischen Alliierten der Amerikaner einsetzen, wenn sich die Vereinigten Staaten China gegenüber wohlverhielten. Wenn bekannt würde, daß wir oder irgendwelche anderen Chinesen politisches Asyl erhalten hatten, dann wäre China äußerst verärgert, was möglicherweise katastrophale Konsequenzen für die Olympischen Spiele hätte. Was auch immer für unseren Fall sprechen mochte, die Geopolitik hatte Vorrang.

Wei Xin konnte nicht glauben, daß sich das amerikanische Außenministerium tatsächlich von einer so absurden Logik leiten ließ. Und auch Steven nicht, der uns erzählte, daß die meisten Asienspezialisten davon ausgingen, daß die Sowjetunion, Nordkoreas größter Waffenlieferant, mehr Einfluß auf Nordkorea habe als China. Ganz abgesehen davon, daß Peking seine eigenen Gründe hatte, die Olympischen Spiele zum Erfolg werden zu lassen – nämlich um seine Beziehungen mit Südkorea zu verbessern –, und daß chinesische Funktionäre bereits hinter den Kulissen Pyongyang drängten, von seinen Drohungen Abstand zu nehmen.

Die Beamten des Außenministeriums, das ging aus ihren Argumenten ganz klar hervor, fühlten sich unter beträchtlichem Druck, Peking zu besänftigen. Fast nichts erzürnt die politischen Führer Chinas mehr als die westliche Praxis, politischen Dissidenten Asyl zu gewähren, denn für sie bedeutet das einen Gesichtsverlust vor den Augen der Welt. Als die Vereinigten Staaten 1984 dem chinesischen Tennisstar Hu Na Asyl gewährten, war Peking in vollem Aufruhr. Die vehemente Reaktion der Chinesen versetzte dem amerikanischen Außenministerium einen Schock, und anscheinend hatte man beschlossen, daß die Aufrechterhaltung freundschaftlicher Beziehungen mit

Peking wichtiger war als Dissidenten beizustehen. Was immer die Gründe auch sein mochten, unter den chinesischen Studenten war es allgemein bekannt, daß das Außenministerium Asylanträge äußerst ungern sah und sie dann auch häufig genug ablehnte.

Im Januar sagte uns unser Anwalt, daß wir nun jeden Tag den Bescheid der Einwanderungsbehörden bekommen konnten. Er selbst war nicht sehr optimistisch. Wei Xin, der das Schlimmste befürchtete, bedrängte mich, Steven unseren Fall veröffentlichen zu lassen. Obwohl ich um die Sicherheit meiner Mutter bangte, willigte ich schließlich ein.

Meine dritte Schwangerschaft bereitete mir zumindest im Frühstadium weitaus weniger Probleme als meine beiden anderen Schwangerschaften. Die morgendliche Übelkeit, die mir immer so zu schaffen gemacht hatte, trat nie auf. Ich arbeitete nicht mehr außer Haus und betreute auch keine kleinen Kinder mehr und hatte deshalb sehr viel Zeit und Ruhe. Und was das beste war: Eine Ultraschalluntersuchung im sechsten Monat enthüllte, daß es ein Mädchen werden würde. Das heiterte mich ungemein auf.

Als der voraussichtliche Geburtstermin, der 8. Februar, allmählich näherrückte, fühlte ich mich allerdings immer weniger wohl. Das Baby wuchs nun sehr rasch und beanspruchte immer mehr Platz in mir. Es drückte auf meine Blase, was mich alle ein oder zwei Stunden zur Toilette eilen ließ. Nachts konnte ich nie durchschlafen und war daher ständig müde. Meine Füße und Hände begannen anzuschwellen, so wie sie es vor so vielen Jahren während der großen Hungersnot getan hatten; ich litt an einem mit der Schwangerschaft verbundenem Ödem. Mein Körper fühlte sich schwer und überreif an, wie eine Frucht, die schon zu lange am Baum gehangen hat.

Die Nächte waren noch schlimmer. Das Baby verhielt sich, wenn ich untertags herumging, still, aber sobald ich mich zur Ruhe begeben wollte, fing es an, Purzelbäume zu schlagen.

Seine ständigen Saltos und meine schwache Blase bewirkten, daß ich nie in einen tiefen Schlaf fiel, jedoch ständig träumte – das heißt, ich hatte Alpträume. Manchmal sah ich mich wieder in China im Lagerraum, wo ich versuchte, die eingesperrten schwangeren Frauen zur Einwilligung in die Abtreibung zu bringen. Oder ich stand im Operationssaal und assistierte bei einer Abtreibung im Spätstadium. Die Babys kamen immer lebendig zur Welt und lagen dann im Sterben. Ich wachte auf und hatte noch ihre Schreie im Ohr, mein Herz raste, und meine Hände waren schweißnaß.

Die Tage vergingen zäh, und die Stunden wurden mit jedem Tag noch länger. Wei Xin war bei der Arbeit, Dacheng in der Schule, und ich war meist allein. Da wir erst kürzlich umgezogen waren, hatte ich noch nicht mit meinen neuen Nachbarinnen Bekanntschaft geschlossen, die im übrigen alle außer Haus arbeiteten. Auch abends hatte ich nicht viel Gesellschaft. Dacheng hatte Computerspiele entdeckt, während Wei Xin meist vor einem anderen Monitor saß, wo er irgendein kompliziertes fachliches Programm mit Hilfe von Computersimulationen zu knacken versuchte.

Eine solche Einsamkeit war mir fremd. Ich war inmitten eines unendlichen Ozeans an Menschen aufgewachsen, wo selbst in der Nacht das Husten, Stöhnen und verstohlene Gewisper all dieser vielen Menschen um mich herum zu hören gewesen waren. Auch in den Vereinigten Staaten hatten wir zunächst eine ganze Menge Besucher gehabt – Wei Xins Studienkollegen, die Studenten, denen er Nachhilfeunterricht gab, unsere Nachbarn. Jetzt, in der beängstigendsten, stürmischsten Phase meines Lebens, in einer Zeit, in der ich mich zutiefst nach Gesellschaft sehnte, saß ich isoliert in einem Haus, das dreimal so groß war wie die Wohnung meiner Mutter in Shenyang, in einem Vorortgebiet, das untertags praktisch völlig menschenleer war. Ich saß oft im Wohnzimmer und blickte aus dem Fenster in diese schweigende Welt hinaus, in der Hoffnung, wenigstens ein einziges anderes menschliches Wesen zu entdecken. Aber es fuhr nur ab und zu ein Auto vorbei, der Kopf des Fahrers hinter der Windschutzscheibe kaum sichtbar.

Ich wandte mich mit meinen Gedanken immer mehr nach innen, und meine Ängste bauten sich immer stärker auf. Ich machte mir Sorgen wegen unserer Entscheidung, uns mit unserem Fall an die Öffentlichkeit zu wenden, denn danach würde meine Mutter wieder belästigt werden. Wieviel Druck würden die Behörden in Peking auf meine Mutter ausüben, wenn sie erfuhren, daß wir politisches Asyl beantragt hatten? Ich machte mir auch Gedanken wegen der bevorstehenden Geburt. Was, wenn in letzter Minute noch etwas schiefging, so wie bei Dacheng? Was, wenn Peking irgendeinen Weg fand, mir und meinem Baby ein Leid anzutun?

Ich versank immer tiefer in meinem emotionalen Abgrund von Entfremdung und Schuldgefühlen und hatte nicht die Kraft, diesen Abstieg aufzuhalten. Aus meinen gelegentlichen Reueanfällen wegen meiner früheren Tätigkeit als Zwangsvollstreckerin der Familienplanungspolitik wurde nun eine einzige unendliche Gewissensqual. Ich bin an sich keine überaus emotionale Person, aber nun fand ich mich ein dutzendmal am Tag in Tränen aufgelöst. Schon der geringste Anlaß genügte, ein unbedachtes Wort von Wei Xin, ein kleiner rebellischer Akt von Dacheng, das Weinen eines Babys im Fernsehen.

Trotz meiner großen Angst, daß bei der Geburt etwas schiefgehen könnte, wollte ich sie doch auch endlich hinter mir haben. Sie schien der einzige Weg aus dem Abgrund zu sein, in den ich gefallen war. Danach, so sagte ich mir, würde alles anders sein. Die Behörden würden meine Mutter nicht mehr belästigen. Ich konnte die Schrecken der Vergangenheit hinter mir lassen. Das Baby würde mir helfen, von meinen Schuldgefühlen loszukommen und mich auf die Zukunft zu konzentrieren.

Ich wollte eine natürliche Geburt. Aber der mich betreuende Arzt riet mir davon ab, nachdem er die Narben meines früheren Kaiserschnitts abgetastet hatte. Die Gefahr, daß es bei den Preßwehen zu einem Riß im Uterus kommen könnte, war zu groß. Wie Dacheng würde auch dieses Kind durch einen Kaiserschnitt zur Welt kommen. Mein Arzt willigte ein, bis zum Einsetzen der Wehen abzuwarten, damit wir auch sicher waren, daß das Kind nun für seinen Eintritt in die Welt bereit war. Am 1. Februar 1988 um Mitternacht spürte ich meine erste leichte Wehe. Und ein paar Stunden später wurde ich, während Wei Xin bange draußen wartete, für die Operation vorbereitet.

Der Anästhesist ließ mich auf einem Stuhl tief nach unten gebeugt sitzen, wobei mein Baby unangenehm gegen mein Zwerchfell drückte, und suchte nach der richtigen Stelle im unteren Rückgratbereich, um die Spritze anzusetzen. Nachdem er die Nadel in die richtige Position gebracht hatte, injizierte er mir ein Betäubungsmittel. Ein paar Minuten später lag ich auf dem Operationstisch und spürte, wie mein Körper taub wurde.

Als der Arzt den ersten Schnitt machte, fühlte ich keinerlei Schmerz, nur ein leichtes Ziehen. Ich konnte auch nichts sehen, weil die unteren Körperpartien vor meinen Blicken abgeschirmt waren. Aber dieses ziehende Gefühl reichte aus, um all meine Erinnerungen an Dachengs Geburt in mir hochkommen zu lassen. Etwas geht schief! schrie es in mir wie ein verängstigtes Kind. Eine ganz irrationale Angst legte sich auf meine Brust und machte mir das Atmen schwer. Ich hatte das Gefühl zu ersticken. Etwas geht schief! schrie es wieder in mir! Ein unerträglicher Schmerz stieg aus meinem tiefsten Innern hoch bis hinauf in meine Kehle. Ich versuchte, vor diesem Schmerz zurückzuweichen, aber ich konnte mich nicht bewegen.

Etwas geht schief! Ich verschloß fest die Augen vor dieser Stimme in meinem Kopf und sagte mir, daß dies nur eine Ausgeburt meiner Ängste sei. Ich kämpfte um die Kontrolle über mein mühsames Atmen.

Etwas geht schief! Ich hörte, wie der Arzt einen kurzen Fluch ausstieß. Angst würgte meine Kehle, und der Schmerz in mir wurde so grauenhaft stark, daß ich sterben wollte. Peking hat schließlich doch einen Weg gefunden, meinem Baby etwas anzutun! dachte ich hysterisch.

»Es tut mir leid, Chi An«, sagte der Arzt ein paar Augenblicke später hinter dem Schirm.

Was stimmt mit meinem Baby nicht? Dann ein anderer Gedanke. Ich habe so vielen Frauen ihr Baby genommen. Warum sollte der Himmel mir erlauben, das meine zu behalten?

Die kräftigen Schreie eines Babys durchdrangen den Nebel meiner Verzweiflung. Die nächsten Minuten klammerte ich mich – wie das Opfer eines Schiffbruchs an eine Planke – an dieses an- und abschwellende Geschrei. Die Laute entfernten sich ein wenig von mir, und ich wußte vage, daß mein Baby nun untersucht wurde.

Dann kam das Geschrei wieder näher, und die Kinderärztin trat in mein Gesichtsfeld. »Es ist ein Mädchen«, sagte sie und senkte ein kleines rosafarbenes Bündel auf meine Augenhöhe. »Ein gesundes kleines Mädchen. An die siebeneinhalb Pfund, denke ich.« Ich betrachtete das winzige Gesicht meiner schreienden Tochter. Meine Augen blieben an einem drei Zentimeter langen Schnitt über ihrem linken Wangenknochen haften.

Das Gesicht meines Arztes tauchte hinter dem Schirm auf. »Mein Skalpell ist ein wenig abgerutscht«, entschuldigte er sich. »Aber sonst ist alles in Ordnung.«

Zwei Stunden später hatte man mich auf eine reguläre Krankenstation verlegt, und eine Krankenschwester brachte mir mein Baby. Wei Xin sah zu, als ich die Arme ausstreckte, um meine Tochter in Empfang zu nehmen, und plötzlich wurde ich mir der Bedeutung dieses Augenblicks bewußt. Um dieses winzigen menschlichen Wesens willen hatte ich so viele Monate der Erpressung und persönlichen Qual erduldet. Ich drückte meine kleine Tochter an mich und war voller Dankbarkeit, daß Wei Xin und ich den Behörden getrotzt hatten. Ich genoß den Triumph.

Ich betrachtete das ernste kleine Gesicht, die kleinen Augen mit der schwarzen Iris, den schwarzen Haarschopf. Ich fand, daß sie meine kleine Stupsnase geerbt hatte. Ihre hohen Wangenknochen und ihr wohlgeformter roter Mund waren ein Beitrag ihres Vaters. Der nun mit einem Pflaster versorgte Schnitt in ihrem Gesicht fiel kaum auf. »Du bist jetzt sicher, meine kleine ›illegale‹ Tochter«, flüsterte ich. »Was immer auch geschieht, niemand kann dich mir je wegnehmen.«

Als ich aus dem Krankenhaus nach Hause zurückkehrte, war der erste Artikel, den Steven über unseren Fall geschrieben hatte, bereits im *Catholic Twin Circle* erschienen. Er schloß mit einem Appell an die Leser, sich bei den Einwanderungsbehörden für uns einzusetzen. Und dies tat auch eine überraschende Anzahl von Menschen. Steven zeigte mir einige Briefe, die er erhalten hatte:

Ich schreibe in Unterstützung der Bitte um Gewährung politischen Asyls für Chi An und ihren Ehemann. Die Aussagen des Artikels machen mir schmerzlich klar, daß unser Land diesem Paar seinen Schutz gewähren muß. Wenn sie in ihr Heimatland zurückkehren müssen, würden sie ein schlimmeres Schicksal erleiden als den Tod: Ächtung und tiefste Armut. Die kommunistische Regierung in China hat der freien Welt wieder einmal einen weiteren Aspekt ihres grausamen Gesichts gezeigt. Diese arme Familie würde über allen menschlichen Anstand hinaus bestraft werden, nur weil es Kinder haben will!
Bitte lassen Sie das nicht zu! Genehmigen Sie ihren Antrag um der Freiheit und der persönlichen Rechte willen, und zeigen Sie den Kommunisten, daß die freie Welt von ihrer unmenschlichen Behandlung nicht nur der Ungeborenen und Neugeborenen, sondern auch der Mütter und ihrer Familien Kenntnis genommen hat. Wir können als Nation nicht angesichts dieser Greueltaten überall in der Welt tatenlos zusehen.
Chris Heath, Costa Mesa, CA

Wir haben den vietnamesischen Flüchtlingen, den Mexikanern von jenseits der Grenze und so vielen anderen hoffnungsvollen Menschen Zuflucht gewährt. Warum können wir nicht dieser jungen chinesischen Familie helfen, hier in unserem schönen freien Land einen sicheren Ort zu finden? Sie bitten nur darum, das Leben ihres ungeborenen Kindes zu retten. Sie und auch kein anderes Paar sollten zur Abtreibung und zum Kindsmord gezwungen werden. Bitten prüfen Sie ihren Antrag auf Gewährung politischen Asyls wohlwollend. Gott segne Sie.

Lucille Smith, Hopkins, MI

Ich schreibe in Unterstützung des Antrags von Chi An und ihrem Ehemann auf Gewährung von Asyl in den Vereinigten Staaten. Ich bin die Mutter von vier Kindern (zwei Stiefkindern und zwei eigenen Kindern), und mein Mann und ich empfinden diese Kinder als Geschenk Gottes. Eine Familie sollte nicht dafür bestraft werden, daß sie die Freuden und die Verantwortung der Elternschaft übernimmt. Leben ist kostbar.

Vielen Dank für Ihre Bemühungen in dieser Angelegenheit.

Susan Stancher, Springfield, WV

Diese Briefe rührten mich zu Tränen, obwohl ich die Motive der Menschen, die sie geschrieben hatten, kaum verstehen konnte. Warum sollten sie, die sie alle Fremde waren, sich darum kümmern, was mit uns und unserem Baby passierte? Was hofften sie durch einen solchen Akt zu gewinnen? Ich war in einer Gesellschaft aufgewachsen, in der sich nur die Menschen, die sich sehr gut kannten – Familienangehörige, Arbeitskollegen, Klassenkameraden oder enge Nachbarn –, für einen einsetzten, und dann erwarteten sie auch etwas dafür. Hier aber hatten sich Hunderte von Amerikanern im ganzen Land die Zeit genommen, um sich bei ihrer Regierung für uns einzusetzen. Ich wußte nicht, was ich von einer solchen Großmütigkeit halten sollte. »Die Amerikaner haben ein gutes Herz«, sagten Wei Xin und ich verwundert zu Steven.

»Tu anderen, wie du willst, daß sie dir tun«, gab Steven zur Antwort. »Die Amerikaner würden nicht wollen, daß sie von ihrer Regierung zur Abtreibung *ihrer* ungeborenen Kinder gezwungen werden, und so ist es ganz natürlich, daß sie mit euch sympathisieren.«

Diese »goldene Regel«, wie sie laut Steven genannt wurde, klang uns irgendwie vertraut. Unter den Lehren des Konfuzius findet sich ein ganz ähnliches Gebot: »Was du nicht willst, daß man dir tu, das füg auch keinem andern zu.« Aber je mehr ich über diese beiden Formulierungen nachdachte, desto gewaltiger erschien mir der Unterschied zwischen beiden. Konfuzius hatte den Menschen nur verboten, einander ein Unrecht anzutun, er hatte sie nicht zur aktiven Ausübung der Nächstenliebe ermahnt. Wenn die Amerikaner nach ihrer Regel lebten, dann war es kein Wunder, daß so viele zu unserer Unterstützung Briefe geschrieben hatten – und das, ohne etwas dafür zu erwarten.

Das Wissen um das, was andere nun für mich taten, verurteilte mich auf ein Neues für das, was ich anderen angetan hatte. Ich hatte nicht nur einmal, sondern tausendmal gegen diese neue Regel oder ihre konfuzianische Variante verstoßen. Ich hatte anderen Frauen etwas angetan, was ich selbst für mich nicht wollte, und hatte schließlich auch nicht zugelassen, daß es mir angetan wurde. Der Schrecken, den ich hoffte, nun hinter mir lassen zu können, kehrte mit voller Wucht zurück. Wozu soll deine Reue gut sein? sagte ich verächtlich zur neu erwachten Stimme meines Gewissens. Wie kann sie den bedrängten und verzweifelten Frauen helfen, die jetzt für immer unfruchtbar sind, die du gequält und zur Abtreibung und Sterilisation gebracht hast?

In den folgenden Wochen konzentrierte ich mich ganz und gar auf die Sorge für meine winzige Tochter. Als ich sie nun in den Armen hielt, konnte ich endlich von der Erinnerung an das andere kleine Mädchen (oder den kleinen Jungen) lassen, das mir vor zwölf Jahren genommen worden war. Aber in die Freude über das Baby, das »alles wieder gut machte«, mischte sich auch Kummer. Meine Tochter war heilender Balsam und auch eine Wunde, Trost und Anklage, denn allein schon ihre

Gegenwart schien mir von all den anderen Kindern zu sprechen, die nie leben würden. Ich hatte den Kampf um die Geburt dieses Kindes gewonnen, aber wie viele Hunderte von Frauen hatten durch mich ihr Kind verloren? Ich konnte meine Tochter in den Armen halten, aber wie viele Frauen würden ihr Kind nie in den Armen halten? Was für ein Recht habe ich nach allem, was ich getan hatte, auf dieses Kind? dachte ich voller Bitterkeit.

Eines Tages sagte Wei Xin, wobei er sehr verlegen dreinsah, daß er zur Kirche gehen wolle. »Ich weiß, daß die Partei uns gelehrt hat, daß Religion Aberglaube ist, aber viele meiner Arbeitskollegen gehen zur Kirche, und ich möchte gerne herausfinden, was es damit auf sich hat. Abgesehen davon«, so fügte er ironisch hinzu, »sollten wir vielleicht dafür sein, wenn die Kommunistische Partei dagegen ist.«

Wei Xins Ansinnen kam völlig unerwartet. Weder in seiner noch in meiner Familie gab es irgendwelche Christen. Meine Eltern waren Atheisten und die seinen Buddhisten. Ich war mit dem Kommunismus zwangsernährt worden, der, seit ich sprechen konnte, die Staatsreligion der Volksrepublik China war, und gedachte nicht, mich nun einem neuen Kult hinzugeben, ganz gleich, wie erfreulich sich seine Regeln und Gebote anhörten.

Ich wußte nicht, ob der gütige Himmel des alten chinesischen Volksglaubens existierte oder nicht, aber es schien mir auch nie der Mühe wert gewesen zu sein, es zu erfahren. Der Vorschlag Wei Xins, wenigstens einen Versuch zu machen, erschien mir albern.

Doch Wei Xin überzeugte mich schließlich, indem er an mein Verantwortungsgefühl gegenüber Dacheng appellierte, der im Herbst in die sechste Klasse kam. Soweit ich wußte, erhielt er in der Schule keinen Ethikunterricht. Die Lehrer in China legen großen Wert darauf, daß die Kinder Recht von Unrecht unterscheiden lernen, wenn sich dies auch mit einer Menge marxistischer Ideologie vermischt. Hier schien es aber überhaupt nichts dergleichen zu geben. Wei Xin klärte mich darüber auf, daß diese Dinge in den amerikanischen Kirchen, nicht in den Schulen gelehrt werden.

Als wir am nächsten Sonntag durch die Türen der Sankt Michaeliskirche, einer katholischen Kirche, schritten, hatte ich das Gefühl, verbotenes Gelände zu betreten. In China wurde die Teilnahme an einem Gottesdienst stark mißbilligt oder sogar ganz verboten. Ich war nie zuvor in einem sakralen Gebäude gewesen, es sei denn, man wollte den buddhistischen Tempel mitrechnen, den ich mit einer Horde fanatischer Rotgardisten während der Kulturrevolution mithalf zu zerstören. Die einzige christliche Kirche in Shenyang, von der ich wußte, war in den fünfziger Jahren von der Regierung in ein Lagerhaus umfunktioniert worden.

Voller Interesse sah ich mir die vielen hundert Menschen an, die hier versammelt waren. Neben Angloamerikanern sah ich Amerikaner mexikanischer, philippinischer, koreanischer, afrikanischer und vietnamesischer Herkunft und sogar ein oder zwei chinesische Familien.

Niemand hatte diesen Menschen befohlen, hierher zu kommen. Wie Wei Xin und ich waren sie alle hier, weil sie hier sein wollten. Als wir uns hinsetzten, wurde mir plötzlich klar, daß dies für mich die erste Versammlung war, die nicht von der Kommunistischen Partei für ihre eigenen Zwecke organisiert worden war. Aber warum kamen diese Menschen hier freiwillig zusammen? Um die goldene Regel zu praktizieren? Um sich zu bessern? Um Umgang mit anderen Menschen zu pflegen? Um eine Gottheit der Liebe anzubeten?

Von dem, was folgte, begriff ich so gut wie nichts. Ich war nicht darauf gefaßt, daß ein Gottesdienst so viel Singen und Sprechen, so viel Stehen und Knien, so viele Anrufungen und Beschwörungen beinhaltet. Ich bemühte mich, so gut mitzumachen, wie ich konnte, aber es gelang mir kaum. Nur ein merkwürdiger Satz fiel mir auf: »Wie es war im Anfang, so auch jetzt...« Was war am Anfang und ist jetzt? »Heilig, heilig, heilig.«

Die Leidensgestalt am Kreuz, die über dem Altar hing, faszinierte mich. Warum beten sie einen toten Gott an? fragte ich mich. Die chinesischen Götter sehen immer robust und glücklich aus – dicke, lachende Buddhas, in deren Gesichtern auch nicht die geringste Spur von Leid zu erkennen ist, oder die kräftige und riesige Gestalt des Kuan-ti, der ursprünglich ein berühmter General war und dessen Körper aus den zahlreichen siegreichen Schlachten nie eine Narbe davontrug. Natürlich konnte man sie auch leicht als Projektionen menschlicher Sehnsüchte abtun – Glück und Erfolg, in kleinen Gottheiten aus Holz verkörpert. Aber die Vorstellung von einem toten Gott war einfach absurd. Allein die Tatsache, daß dieser Mann getötet worden war, bewies doch schon, daß er kein Gott war. Wer würde vor einem so geschlagenen Geschöpf niederknien wollen, es sei denn, es war eben kein bloßes Geschöpf, sondern der Schöpfer? dachte ich. Aber warum hatte er dann seinen Tod zugelassen? All das überstieg das Glaubensvermögen, jedenfalls alle menschliche Vorstellungskraft. Selbst die wildesten Träume der Menschen, dessen war ich mir sicher, hätten keinen toten Gott heraufzubeschwören vermocht. Vielleicht war doch irgend etwas an der Sache.

Ich dachte an die vielen hundert Frauen, die ich zur Abtreibung gezwungen hatte, die sich gewunden, die geschrien und geweint hatten. Und ich dachte an meine eigene Abtreibung und wie ich mich gewunden, wie ich geschrien und geweint hatte. Wenn diese gequälte Gestalt Gott war, dann verstand er ganz sicherlich den Schmerz und das Leid, das ich erlebt und verursacht hatte. Lag in seinem Tod eine tiefere Bedeutung?

Schon seit ich ein kleines Mädchen war, hatte ich immer anderen helfen wollen. Aus diesem Grund war ich Krankenschwester geworden. Ich hatte mich, von meinem Egoismus verbogen, zuweilen zu Handlungen hinreißen lassen, die ich nun bereute, aber mein einziger aufrichtiger Wunsch war und blieb es, zu dienen, zu lieben. Wie hatte ich achtunddreißig Jahre alt werden können, ohne mir darüber klar zu werden? Es war ein Mangel an Liebe, der mich dazu gebracht hatte, anderen tiefes Leid zuzufügen.

Wei Xin und ich gingen zum Religionsunterricht für Erwachsene. Dacheng in den Katechismusunterricht. Monate später ging ich zum erstenmal zur Beichte – und fühlte mich noch lange danach in tiefem Frieden mit mir. Die vielen kleinen Hände, die nach mir griffen, konnten mich an dem neuen Ort, wo ich nun lebte, nicht mehr erreichen. In meinem Innern konnte ich nun endlich den kleinen Jungen, der nicht sterben wollte, zur Ruhe betten. Von jetzt an war das einzige Wesen eines Babys, das mich in der Nacht aufschrecken ließ, das meiner kleinen Tochter.

Mir war vergeben worden, aber die Gerechtigkeit verlangte, daß ich mehr tat. Ich würde den Rest meines Lebens damit verbringen, anderen Gutes zu tun – ein Ziel, das ich mir voller Glück setzte, da es in Einklang mit meinen tiefsten Wünschen stand. Ich wußte nicht, welche Waagschale sich senken würde, wenn ich am Ende meines Weges angekommen war; ich konnte nur den Versuch machen, daß sie sich zugunsten des Erbarmens und der Gnade senkte. Ich würde, indem ich für andere sorgte, für die Verbrechen meiner Vergangenheit sühnen. Aber wie konnte ich den Frauen in China helfen? Ich faßte den Entschluß, einen Anfang zu machen, indem ich meine Geschichte Steven erzählte, so schmerzlich das auch sein mochte, damit er sie aufschreiben konnte.

19 Asyl!

Unser Rechtsanwalt hatte uns schon vorgewarnt, uns allzu große Hoffnungen zu machen. Dennoch war es ein Schock, als er uns am 29. Februar 1988 anrief und mitteilte, daß unser Antrag auf Gewährung politischen Asyls abgelehnt worden sei. Wie wir schon befürchtet hatten, hatten sich die Beamten der Einwanderungsbehörden eng an den Buchstaben des Gesetzes gehalten. Sie brachten vor, daß der Widerstand gegen die Familienplanungspolitik Pekings nicht als »politisches Dissidententum« zu bewerten sei und es deshalb keine ausreichenden Gründe gäbe, uns Asyl zu gewähren. Das Außenministerium hatte sich der Entscheidung der Einwanderungsbehörden unverzüglich angeschlossen und unsere Besorgnis, daß wir bei einer Rückkehr nach China verfolgt werden würden, mit einem Formbrief abgetan. Der Anwalt teilte uns auch mit, daß die Einwanderungsbehörden unsere Deportation einleiten würden, da unsere Visa bereits abgelaufen waren. Nur der Justizminister, der in Asylangelegenheiten das letzte Wort hatte, konnte den Beschluß der Einwanderungsbehörden noch aufheben.

Steven ermutigte uns, um das Asyl zu kämpfen, als er davon erfuhr. Er würde uns beistehen, indem er unseren Fall in Washington und dem amerikanischen Volk vortrug. Als erstes veröffentlichte er einen Artikel in der in der Hauptstadt der Nation viel gelesenen *Washington Post* und in *Human Events*. Wenige Monate später wurde der in der *Washington Post* erschienene Artikel vom *Readers Digest* übernommen. In einem neu verfaßten Nachwort appellierte Steven an dessen riesige Leserschaft – über 27 Millionen Leser, so schätzt man –, Briefe an den Justizminister zu schreiben. Daraufhin trafen Tausende von Briefen im Justizministerium ein.

Diese Artikel zogen die Aufmerksamkeit von Robert Hill auf sich, dem damaligen Leiter der Abteilung für Asylpolitik und Revisionsverfahren im Justizministerium. Die Abteilung war zwei Jahre zuvor eingerichtet worden, um eine Wiederholung des sogenannten Medved-Falls zu vermeiden. Ein sowjetischer Matrose hatte versucht, sich in die Vereinigten Staaten abzusetzen. Alle seine Bitten um politisches Asyl waren auf taube Ohren gestoßen, und man hatte ihn zweimal unter Zwang auf sein Schiff zurückgebracht. Hills Aufgabe war es, die Entscheidungen der Einwanderungsbehörden zu überprüfen und notfalls einzugreifen. Er persönlich hatte zwar keine Vollmacht, die Entscheidungen der Einwanderungsbehörden außer Kraft zu setzen, aber der Justizminister und sein Stellvertreter folgten oft seinen Empfehlungen.

Hill entschied, daß es sich lohnte, unseren Fall genauer unter die Lupe zu nehmen. Er setzte nach einer kurzen Fehde mit den Einwanderungsbehörden durch, daß die Einleitung unseres Deportationsverfahrens solange gestoppt wurde, wie er den Fall genauer untersuchte. Um vor dem Auge des Gesetzes unsere wohlbegründete Angst vor Verfolgung zu untermauern, brauchte Hill eine Antwort auf zwei Fragen: Hatten wir jetzt, da unser Kind zur Welt gekommen war, immer noch mit Verfolgung zu rechnen, wenn wir nach China zurückkehrten? Und konnte unsere Weigerung, eine Abtreibung vorzunehmen, als ein Akt *politischen* Dissidententums betrachtet werden?

Nachdem Hill die Briefe gelesen hatte, die Gong Chang an mich geschrieben hatte, war ihm sofort klar, daß die erste Frage mit ja zu beantworten war. Da stand schwarz auf weiß, daß man mir alles von hohen Geldstrafen über Hausarrest bis zum Verlust unserer Arbeitsplätze angedroht hatte. Gongs Briefe ließen auch keinen Zweifel darüber bestehen, daß ich, da sie ihren Bonus verloren hatten, zur Zielscheibe des Hohns und der

Verachtung der gesamten Fabrikbelegschaft werden würde. Auch unsere beiden Kinder würden zu leiden haben, da man ihnen die medizinische Betreuung und die Ausbildungsmöglichkeiten, die den Ein-Kind-Familien vorbehalten waren, verweigern würde. Sie wären Parias in einer Gesellschaft von Einzelkindern, und würden von der Regierung in jeder Hinsicht benachteiligt werden.

Die Antwort auf die zweite Frage war für Hill weniger leicht zu beantworten. Allerdings war eines klar: Mit der Geburt unseres zweiten Kindes hatten wir nicht nur gegen die Ein-Kind-Politik verstoßen, sondern uns auch einem direkten Befehl von unseren Parteioberen widersetzt. Wenn wir jetzt nach China zurückkehrten, würden wir als Dissidenten, oder wie es im Parteijargon heißt, als Konterrevolutionäre behandelt werden. Hill wußte, daß wir uns in dieser Hinsicht keinerlei Illusionen hingegeben hatten, und kam zu dem Schluß, daß unsere Weigerung, eine Abtreibung vorzunehmen, richtig gesehen einen bewußten Akt politischen Dissidententums darstellte. Wenn wir und das Regime in Peking uns über unseren Dissidentenstatus einig waren, dann, so folgerte er, sollte er auch von der Regierung der Vereinigten Staaten anerkannt werden.

Hill brachte ein Memorandum auf den Weg nach oben, in dem er sich vehement dafür einsetzte, daß Wei Xin und mir Asyl gewährt wurde. Als Außenministerium und Einwanderungsbehörden davon Wind bekamen, reagierten sie wütend. In Anbetracht dieser Tatsache waren weder Hills unmittelbarer Vorgesetzter noch der stellvertretende Justizminister bereit, im Sinne von Hills Empfehlung Schritte zu unternehmen. Und sie waren auch nicht bereit, die Sache dem Justizminister selbst zu einer endgültigen Entscheidung vorzulegen. Hill war durch den Widerstand seiner Vorgesetzten blockiert. Er hatte alles getan, was möglich war, außer einem, nämlich unseren Fall unter Umgehung des üblichen Dienstwegs dem Justizminister direkt vorzulegen. Wenn er das tat, konnte ihn das seinen Job kosten. Hill steckte in einer Sackgasse.

Mutter war wieder zur Zielscheibe geworden. Ich hatte mir schon lange Sorgen gemacht, was das Pekinger Regime mit meiner Familie anstellen würde, sobald es davon erfuhr, daß Wei Xin und ich um politisches Asyl gebeten hatten. Jetzt bekam ich einen kurzen Brief von meiner Mutter, der den unglaublichen Befehl enthielt: »Komm sofort nach China zurück!« Erst später fand ich heraus, unter was für einen Druck man sie gesetzt hatte.

Als wir uns an die amerikanische Öffentlichkeit gewandt hatten, nahm Direktor Huang binnen weniger Tage ihre Besuche bei Mutter wieder auf. Ihre Botschaft war immer dieselbe: Wir wissen, daß Ihre Tochter die Regierung der Vereinigten Staaten um politisches Asyl gebeten hat. Dadurch erleidet China einen Gesichtsverlust. Sie muß ihren Antrag sofort zurückziehen und nach China zurückkehren – oder sonst...

Mutter wurde diesmal mit Direktor Huangs Drohungen sehr viel besser fertig. Sie bezog Kraft aus der Nachricht über die sichere Ankunft ihrer jüngsten Enkeltochter. Huang war nur eine Funktionärin der Stadtverwaltung auf Distriktebene, so sagte sie sich, nichts, worüber sie sich Sorgen machen mußte.

Dann erschien Direktor Huang eines Tages in Begleitung eines großgewachsenen Mannes im gut geschnittenen Maoanzug bei ihr. Huang stellte ihn nicht namentlich vor, sondern sagte nur, daß er von der Provinzregierung käme. Die Ehrerbietung, die sie ihm gegenüber bezeugte, ließ aber meine Mutter darauf schließen, daß er einen hohen Rang bekleidete. Meine Mutter hatte nach vielen Monaten zum erstenmal wieder Angst.

Nach außen hin gab sich dieser unbekannte Funktionär sehr höflich, obwohl er nicht ganz das herrische Wesen eines Mannes verbergen konnte, der zu befehlen gewohnt war. »Wir sind gekommen um *zou fang*«, sagte er, womit er andeutete, daß er lediglich der Familie eines im Ausland studierenden Studenten einen Höflichkeitsbesuch abstattete. Er sprach Mutter korrekt an und erkundigte sich nach ihrer Gesundheit und ihrer finanziellen Situation.

Wei Xin ist nun schon sechs Jahre im Ausland, dachte Mutter mißtrauisch, während sie seine Fragen beantwortete, und noch nie hat sich hier irgendein Funktionär blicken lassen, um sich nach unserem Wohlergehen während seiner Abwesenheit zu erkundigen, von einem so hochrangigen Funktionär, wie du es bist, ganz zu schweigen. Was willst du wirklich hier?

»Wir haben gehört, daß Ihre Tochter in Amerika ein Mädchen zur Welt gebracht hat«, sagte er schließlich. »Wir freuen uns sehr für Sie. Wir sind gekommen, um Ihnen unsere Glückwünsche auszusprechen.« Und dann fragte er übergangslos: »Wußten Sie davon?«

»Ich war mir nicht sicher«, antwortete Mutter zurückhaltend, da sie nicht wußte, worauf das Ganze hinauslief. »Woher wissen *Sie* davon?«

»Wir haben die Information aus Peking bekommen...«, begann Direktor Huang, aber ein scharfer Blick des Funktionärs ließ sie sofort verstummen.

»Direktor Huang hat mich vor einigen Monaten um eine Sondererlaubnis für Ihre Tochter gebeten, damit sie ein zweites Kind bekommen kann«, fuhr er nun fort. »Leider war es mir zu jenem Zeitpunkt unmöglich, sofort ja dazu zu sagen. Sie verstehen, warum. Die Provinz hat ein Limit für die Geburten gesetzt. Wir müssen weiterhin Druck ausüben.« Er preßte Daumen und Zeigefinger fest zusammen, um seine Aussage zu unterstreichen. Mutter schauderte bei dieser Geste.

»Ich kann nicht so ohne weiteres offen sprechen. Das Limit, Sie wissen. Aber angesichts der besonderen Umstände Ihrer Tochter stand ich dieser Bitte sehr wohlwollend gegenüber. Ich wollte ihr zu gegebener Zeit stattgeben. So war es doch, Direktor Huang?«

Sie nickte mit einem marionettenhaften Ruck. Dieser Funktionär ist sehr sehr hochrangig, dachte Mutter. Solche Leute durfte man nicht unterschätzen, noch durfte man ihnen trauen. Ihre Worte schmecken süß auf der Zunge und verwandeln sich im Magen in eine ätzende Brühe.

»Ich bin gekommen, um Ihnen eine gute Nachricht zu überbringen. Ich habe beschlossen, Chi An eine Geburtserlaubnis zu geben. Das bedeutet, daß ihr zweites Kind nun genehmigt ist und sie in keiner Weise bestraft wird. Sie kann ihren alten Arbeitsplatz behalten. Tatsächlich werden wir sie nicht einmal auffordern« – er machte eine ausholende Geste –, »ihr Preisgeld für die Ein-Kind-Vereinbarung zurückzuerstatten. Sie kann es behalten.« Mutter mußte sich bemühen, sich ihre Ungläubigkeit nicht anmerken zu lassen.

»Ich hoffe doch sehr, daß Chi An mit ihrem Kind nach China zurückkehrt«, sagte er mit einem breiten Grinsen. »Ich würde diesen kleinen Fratz gern mal sehen.« Das kann ich mir denken, dachte Mutter. Du würdest sie nur allzugern in deine Klauen kriegen.

»Ich muß Sie um einen Gefallen bitten. Ich möchte, daß Sie Ihrer Tochter einen Brief schreiben und ihr sagen, daß sie zurückkommen soll. Sagen Sie ihr, daß sie in keiner Weise bestraft werden wird.« Sein Gesichtsausdruck blieb immer freundlich, aber seinem Ton war klar zu entnehmen, daß dies ein Befehl war.

Mutter war überrascht, wie klein ihre »Leber« – in China das Organ und der Sitz des Mutes – geworden war. Die höflichen Worte und die dominante Ausstrahlung dieses unbekannten Funktionärs wirkten einschüchternder, als alle Drohungen Direktor Huangs es je gewesen waren. Sie zögerte nicht, schrieb rasch einen Brief und überreichte ihn dem Funktionär. Er überflog ihn und drückte mit einem Nicken sein Einverständnis aus. Er würde ihn selbst abschicken, sagte er zu Mutter, faltete den Brief zusammen und steckte ihn in seine Tasche.

Den Rest des Tages verbrachte Mutter in innerem Aufruhr. Der Funktionär mochte wohl der Provinzregierung angehören, aber er hatte auf Befehl von Peking gehandelt. Versprechen Sie Chi An und Wei Xin alles, hatte man ihm gesagt, aber sorgen Sie dafür, daß sie zurückkommen. Alles, was er gesagt hatte, war Lüge gewesen. Es gab keine Geburtserlaubnis für das neue

Baby. Es gab kein Pardon für Wei Xin und mich. Wir würden sogar noch härter bestraft werden, wenn wir tatsächlich zurückkehrten. Zu viele Menschen hatten wegen uns ihr Gesicht verloren. Peking würde sich rächen wollen. Der unbekannte Funktionär würde sich rächen wollen. Direktor Huang würde sich rächen wollen. Diese Funktionäre taten das immer.

»Chi An kann nie mehr zurückkommen«, hatte meine Mutter Liang-yue zugerufen, als er am Abend die Wohnung betrat. »Sie muß unbedingt wegbleiben.« Mein Bruder brauchte lange, bis er sie etwas beruhigt hatte. Er ließ uns umgehend durch eine Mitteilung wissen, die Verwandte für ihn abschickten, daß wir unter keinen Umständen zurückkehren sollten.

In diesem Sommer 1988 sprachen Wei Xin und Steven viel miteinander, obwohl es weder aus Washington noch aus Peking allzu gute Nachrichten auszutauschen gab. Wir erzählten ihm von Mutters Begegnungen mit den Funktionären. Er erzählte uns von der Sackgasse, in der Robert Hill steckte. Trotzdem versuchte Steven uns aufzumuntern, indem er uns an die Briefe erinnerte, die Tausende von Amerikanern zu unserer Unterstützung geschrieben hatten. »Haltet die Ohren steif«, sprach er uns Mut zu. »Wenn die Entscheidung der Einwanderungsbehörden revidiert wird, dann wegen des natürlichen Anstandsgefühls des amerikanischen Volkes und seines Justizministers.«

Ende Juli schien die Zeit für uns knapp zu werden. Die Einwanderungsbehörden ließen uns wissen, daß im Rahmen unseres Deportationsverfahrens eine Anhörung anberaumt worden war. Und noch entmutigender: Der Justizminister reichte beim Präsidenten sein Rücktrittsgesuch ein. Er würde in drei Wochen seinen Posten räumen, und an seiner Stelle würde sein Vize, der sich vormals geweigert hatte, sich für unseren Fall einzusetzen, amtierender Justizminister werden. Angesichts dieser Entwicklungen beschloß Robert Hill, ein kalkuliertes Risiko einzugehen. Er würde ein Memorandum zu unserem Fall direkt an die Spitze schleusen.

Am 4. August nahm der Justizminister Hills Befürwortung unserer Bitte um Asylgewährung in seiner Abendpost mit nach Hause. Am nächsten Tag unterzeichnete er als eine seiner letzten Amtshandlungen eine Note an den Leiter der Einwanderungsbehörden. Sie enthielt die Anweisung, daß Staatsangehörigen der Volksrepublik China, die ihrer Aussage nach bei einer Rückkehr in die Volksrepublik China mit Verfolgung rechnen mußten, weil sie sich einem Schwangerschaftsabbruch oder einer Sterilisation verweigern, unter Umständen Asyl gewährt werden kann. Steven rief an, um uns den Text vorzulesen.

»Wenn eine solche Weigerung als ein Gewissensakt betrachtet werden kann«, hatte der Justizminister geschrieben, »in vollem Bewußtsein über die Priorität, die hochrangige Funktionäre der VRC und Parteikader auf lokaler Ebene dieser Politik zumessen... (und) über die gravierenden Konsequenzen, die ein Verstoß gegen diese Politik nach sich zieht, dann ist es angemessen, eine solche Weigerung als einen für die Anerkennung des Flüchtlingsstatus hinreichenden Akt des politischen Widerstands zu betrachten... Es gibt Beweise zur Unterstützung der Annahme, daß ein solcher Akt von den Funktionären der VRC als ›politisches Dissidententum‹ gewertet wird.«

In einer zweiten Note hatte der Justizminister geschrieben: »Ich habe entschieden, daß die folgenden Staatsangehörigen der Volksrepublik China ihre Befürchtung, bei einer Rückkehr in die VRC mit Verfolgung rechnen zu müssen, hinreichend begründet haben und... verfüge mit dem heutigen Tage, daß folgende Personen mit ihren hier lebenden Familienangehörigen Asyl gewährt wird.«

Wei Xins Name stand ganz oben auf der Liste! Als wir diese Nachricht hörten, fielen Wei Xin und ich uns in die Arme. Dacheng, der inzwischen besser Englisch als Chinesisch sprach, tanzte mit dem Überschwang eines typisch amerikanischen Schuljungen im Zimmer herum. Ich drückte meine kleine Tochter an mich. »Das ist jetzt dein Land«, sagte ich mit gespielter Ernsthaftigkeit. »Es war schon mit dem ersten Atemzug dein

Land, aber jetzt kann es dir niemand mehr nehmen.« Sie gluckste fröhlich und in völliger Ahnungslosigkeit darüber, welchen Aufruhr ihre Existenz verursacht hatte.

Die chinesische Botschaft in Washington legte sofort wütenden Protest ein, der aber nichts fruchtete. Die Entscheidung des Justizministers war unwiderruflich. Bald darauf hörte man auf, Druck auf meine Mutter auszuüben, denn den Behörden in China war nun klar, daß sie keine Handhabe mehr hatten, uns zur Rückkehr nach China zu zwingen.

Peking weigert sich bis heute zuzugeben, daß das umstrittene Familienplanungsprogramm auf Zwangsmaßnahmen beruht. Doch die Fakten erzählen eine andere Geschichte. Die »technischen Maßnahmen zur Durchführung der Familienplanungspolitik« bleiben in Kraft. Die entsprechenden Verfügungen besagen: die Spirale für Frauen mit einem Kind, die Sterilisation bei Paaren mit zwei Kindern, und Abtreibung bei Frauen, die außerhalb der Planung schwanger wurden. Paare, die gegen diese Politik verstoßen, werden bedroht und verfolgt.

Ich verließ China voller Abscheu vor einer Regierung, die mit den grausamsten Methoden versucht, den Bürgern ihres Landes vorzuschreiben, wie viele Kinder sie haben dürfen. Mit welchem Recht verweigert der Staat den Paaren das Recht auf so viele Kinder, wie sie für ihr Glück haben möchten?

China ist ein sehr armes Land, wenden hier hohe Parteifunktionäre ein, und es kann seinen Bürgern nicht gestattet werden, so viele Kinder zu haben, wie sie wollen. Das Argument scheint logisch. Zehn Menschen können sich nicht aus einem Reistopf satt essen, der nur für zwei gedacht ist.

Es gab eine Zeit, in der ich diesem Argument beigestimmt hätte. Auch nachdem ich meine Einstellung geändert hatte und gegen die erzwungene Abtreibung und Sterilisation war, blieb ich doch davon überzeugt, daß die Überbevölkerung meines Landes das Haupthindernis für eine Entwicklung zum Wohlstand war.

Jetzt glaube ich das nicht mehr. Inzwischen habe ich erfahren, daß der enorme Reichtum der Vereinigten Staaten von einzelnen Menschen, nicht von der Regierung geschaffen wurde. Und ich bin nun auch darüber informiert, daß die meisten Länder der hoch entwickelten Welt – Japan, Taiwan und große Teile von Westeuropa – dichter bevölkert sind als China. Trotz dieser Bevölkerungsdichte hat keines dieser Länder seinem eigenen Volk den Krieg erklärt, so wie China es getan hat. Ganz im Gegenteil. Viele dieser Länder brauchen Arbeitskräfte und befürworten einen Anstieg der Geburtenrate. Bis vor kurzem haben sie sogar Arbeitskräfte aus dem Ausland in ihr Land geholt. Warum, so frage ich mich, spricht man nur bei armen Ländern von Überbevölkerung? Könnte es sein, daß das, was fälschlicherweise Überbevölkerung genannt wird, in Wirklichkeit nur Unterentwicklung ist? Könnte es sein, daß China nicht sosehr ein Bevölkerungsproblem, als vielmehr ein ökonomisches Problem hat?

Nach meiner Erfahrung hat die Kommunistische Partei in China in den über vier Jahrzehnten, die sie nun an der Macht ist, außer Elend wenig produziert. Der in staatlichem Besitz befindliche Bereich der Wirtschaft, von der Partei in den fünfziger Jahren geschaffen, um China zum Sozialismus zu führen, ist längst bankrott. (Die Liaoning Lastwagenfabrik hat jahrelang Verluste gemacht.) Abermillionen meiner Landsleute sind bei den Hungerkatastrophen ums Leben gekommen. Abermillionen wurden während der ständigen politischen Kampagnen gequält und gepeinigt. Immer und immer wieder wurden große Bevölkerungsgruppen – die Kapitalisten, die Großgrundbesitzer, die Intellektuellen, die Studenten am Tiananmen Platz – herausgegriffen und verfolgt auf Grund von Problemen, die die Partei weitgehend selbst verschuldet hat.

Ich erkenne nun, daß die in China weiterhin bestehenden Übel – Armut, Hunger, Gesundheitsprobleme, Wohnungsmangel, Transportprobleme, mangelhafte Ausbildung, Arbeitslosigkeit, Ausbeutung der Naturressourcen, Bodenerosion und

Umweltschädigung – weitgehend die direkte Folge der nun fast ein halbes Jahrhundert andauernden Mißwirtschaft der Partei sind. Wie bequem für die Regierung und Behörden, hier eine allgemein anerkannte, aus dem Ausland importierte Theorie – Überbevölkerung – zur Hand zu haben, die ihnen wieder einmal erlaubt, die Schuld dem chinesischen Volk zuzuschieben.

Die Partei bedient sich bei der Ein-Kind-Kampagne dieser Theorie und macht so in der Tat Frauen und Kinder für alle Probleme Chinas verantwortlich. Im Westen hat man einen Ausdruck für dieses Täuschungsmanöver: Dem Opfer die Schuld zuweisen.

Ich sehe zu, wie sich die Mundwinkel meiner kleinen Tochter nach oben verziehen – sie lächelt im Schlaf. Wie sehr sich ihre Erinnerungen von den meinen unterscheiden werden! »Du hast ein chinesisches Gesicht«, sage ich im Innern zu ihr, »aber du wirst mit einem amerikanisch geprägtem Verstand aufwachsen. Alle diese Dinge, die deinem Vater und mir so große Mühe bereiten, die Grammatik der Sprache, die uns zum Wahnsinn treibt, die Festtage zu den falschen Zeiten im Jahr und die rätselhaften Anlässe dazu, die Entscheidungen, die uns abverlangt werden, und die Freiheiten dieses riesigen und fremdartigen Landes, werden für dich selbstverständlich sein. Du wirst in Englisch träumen, angesichts prunkvoll glitzernder Weihnachtsbäume in die Hände klatschen, vor Freude quietschen, wenn du an Ostern farbenfrohe Eier findest, und dich an Halloween als Gespenst verkleiden und fremde Leute um Süßigkeiten bitten. Du wirst frei und stolz aufwachsen und tun, was du willst, und nicht das, was der Staat beschließt. Du und dein großer Bruder werden die Freiheit kennen und nicht Verfolgung. Ihr werdet eure Vorfahren überflügeln, und selbst eure Eltern werden Mühe haben, mit euch Schritt zu halten.«

Ihre Augen mit der dunklen Iris öffnen sich und blinzeln mich an, so als ob sie dieser Gedanke nachdenklich gestimmt hätte. »Trotzdem solltest du noch auf deine alten Eltern hören«, sage ich mit gespielter Strenge. »Auch wenn sie komisches Zeug reden.«

Und wieder lächle ich beim Gedanken an den Namen, den Wei Xin und ich für unsere Tochter gewählt haben, denn er ist mehr als nur ein Name. Sie heißt Mei. So sagen wir Chinesen zu Amerika, dem Land ihrer Geburt. Dem Land ihrer Geburt ist ihr Name gewidmet.

GOLDMANN

Schicksale

Torey L. Hayden,
Jadie   12574

Natalie Kusz,
Toschka   12354

Ines Veith,
Dany   12497

Evelyn Lau,
Wie ein Vogel ohne Flügel   12453

Goldmann · Der Taschenbuch-Verlag

GOLDMANN

Schicksale

Pauline Collins,
Eine neue Mutter für Louise 12513

Elizabeth Mehren,
Zu früh geboren 12578

Gerd Gramke,
Kinder aus zweiter Hand 12478

Monique Lafon,
Die Liebe läßt uns weiterleben 12461

Goldmann · Der Taschenbuch-Verlag

GOLDMANN TASCHENBÜCHER

Das Goldmann Gesamtverzeichnis erhalten Sie im Buchhandel oder direkt beim Verlag.

Literatur · Unterhaltung · Thriller · Frauen heute
Lesetip · FrauenLeben · Filmbücher · Horror
Pop-Biographien · Lesebücher · Krimi · True Life
Piccolo Young Collection · Schicksale · Fantasy
Science-Fiction · Abenteuer · Spielebücher
Bestseller in Großschrift · Cartoon · Werkausgaben
Klassiker mit Erläuterungen

✳ ✳ ✳ ✳ ✳ ✳ ✳ ✳ ✳

Sachbücher und Ratgeber:
Gesellschaft / Politik / Zeitgeschichte
Natur, Wissenschaft und Umwelt
Kirche und Gesellschaft · Psychologie und Lebenshilfe
Recht / Beruf / Geld · Hobby / Freizeit
Gesundheit / Schönheit / Ernährung
Brigitte bei Goldmann · Sexualität und Partnerschaft
Ganzheitlich Heilen · Spiritualität · Esoterik

✳ ✳ ✳ ✳ ✳ ✳ ✳ ✳ ✳

Ein SIEDLER-BUCH bei Goldmann
Magisch Reisen
ErlebnisReisen
Handbücher und Nachschlagewerke

Goldmann Verlag · Neumarkter Str. 18 · 81664 München

Bitte senden Sie mir das neue kostenlose Gesamtverzeichnis

Name: _____

Straße: _____

PLZ / Ort: _____